KB125287

노자의
캐구성

정치이념으로 본 도덕경

노자의 재구성

[안성재 著]

道

德

經

어문학사

들어가는 글

餘他(여타) 諸子學(제자학)들이 그러하듯이, 老子(노자) [道德經(도덕경)]의 집필 의도 역시 궁극적으로는 자신의 가치관을 알리려는 '이해'와 '설득'의 修辭學(수사학) 범주에 속한다고 볼 수 있다. 이에 필자는 4년 전 [도덕경]에 대해 수사학적 접근을 시도하였는데, 그 과정 특히 각 문장구조를 분석하면서 필자가 섭렵했던 기존 한국과 중국에서 출판된 번역본들의 해석이 [도덕경]의 本義(본의)와 일정한 괴리감이 있다고 판단하였다.

이에 필자는 王弼本(왕필본)을 근간으로 하여 처음부터 다시 [도덕경] 全文(전문)을 번역하게 되었는데, 특히 사전에서 漢字(한자)를 일일이 찾아 그 글자가 지니는 다양한 의미들 중에서 각각의 문장구조와 [도덕경] 전반을 아우르는 문맥의 흐름에 가장 적합한 뜻을 선별하고자 노력하였다. 다음은 필자가 사용한 사전들의 목록이다.

[說文解字注(설문해자주)] 1981년 上海古籍出版社(상해고적출판사)

[說文解字今釋(설문해자금석)] 1997년 岳麓書社(악록서사)

[辭源(사원)] 1988년 商務印書館(상무인서관)

[中漢大辭典(중한대사전)] 1995년 高麗大學校民族文化硏究所(고려대학교 민족문화연구소)

[漢韓大字典(한한대사전)] 1990년 民衆書林(민중서림)

[最新弘字玉篇(최신홍자옥편)] 1997년 民衆書林(민중서림)

필자는 [도덕경]을 번역하고 또 그 내용들을 정리하면서 노자의 핵심 사상이 바로 '太平聖代(태평성대)'로의 복귀 그 중에서도 특히 '大同(대동)'으로의 복귀에 있다고 확신하게 되었는데, 이러한 일개인의 주관적인 확신을 객관적으로 증명하기 위해서는 직간접적으로 이를 뒷받침해주는 史料(사료)들을 찾아내는 것이 급선무였다.

주지하다시피, 여타의 先秦時代(선진시대) 典籍(전적)들과 마찬가지로 노자 [도덕경]의 각 문장 역시 微言大義(미언대의: 짧은 말 속에 심오한 의미가 담겨져 있음)라고 볼 수 있기 때문에, 이를 명확하게 파악하기 위해서는 다른 관련 있는 전적들과 상호 비교하며 분석해야 마땅하다. 하지만 노자의 다른 저작이나 그의 사상을 엿볼 수 있는 사료들은 거의 남아있지 않은 것이 현실이다. 이에 필자는 다른 해결책을 모색해야 했는데, 여기서 문득 떠오른 단서가 바로 司馬遷(사마천)의 [史記(사기)] 〈老子韓非列傳(노자한비열전)〉에 기록된 다음과 같은 짤막한 기록이었다.

老子者, 楚苦縣厲鄉曲仁里人也, 姓李氏, 名耳, 字聃, 周守藏室之史也. 孔子適周, 將問禮于老子. 老子曰: "子所言者, 其人與骨皆已朽矣, 獨其言在耳. 且君子得其時則駕, 不得其時則蓬累而行. 吾聞之, 良賈深藏若虛, 君子盛德, 容貌若愚. 去子之驕氣與多欲, 態色與淫志, 是皆無益於子之身. 吾所以告子, 若是而已." 孔子去, 謂弟子曰: "鳥, 吾知其能飛; 魚, 吾知其能遊; 獸, 吾知其能走. 走者可以爲罔, 遊者可以爲綸, 飛者可以爲矰. 至于龍吾不能知, 其乘風雲而上天. 吾今日見老子, 其猶龍邪!" 老子修道德, 其學以自隱無名爲務. 居周久之, 見周之衰, 乃遂去. 至關, 關令尹喜曰: "子將隱矣, 強爲我著書." 于是老子乃著書上下篇, 言道德之意五千餘言而去, 莫知其所終.

노자라는 사람은, 초나라 고현의 여향 곡인리 사람으로, 성은 이씨이고, 이름은 이, 자는 담이었으며, 주나라의 書庫(서고)를 지키는 사관이었다.

공자가 주나라에 가서, 장차 노자에게 예에 대하여 묻고자 하였다. 노자
가 말했다: "그대가 말하는 바는, 그 육신과 뼈가 모두 이미 썩었고, 오직
그 말만이 있을 따름이오. 게다가 군자는 때를 만나면 마차를 타지만, 때
를 만나지 못하면 떠도는 것이오. 내가 들으니, 훌륭한 장사꾼은 깊숙이
숨겨 마치 비어있는 듯 하고, 군자가 덕이 가득차면 용모가 우매한 것처럼
보인다고 하오. 그대의 교기와 다욕, 태색과 음지를 버리시오. 이는 모두
그대의 몸에 무익하오. 내가 그대에게 말해줄 것은 이와 같을 따름이오."
공자가 떠나, 제자들에게 말했다: "새는, 내가 날 수 있음을 알고, 물고기
는, 내가 헤엄칠 수 있음을 알며; 짐승은, 내가 달릴 수 있음을 안다. 달리
는 것은 그물로 잡을 수 있고, 헤엄치는 것은 낚시로 잡을 수 있으며, 나
는 것은 활을 쏘아 잡을 수 있다. 용에 대해서는 내가 알 수 없으니, 바람
과 구름을 타고 하늘에 오른다. 내가 오늘 노자를 보았는데, 마치 용과도
같구나!" 노자는 도와 덕을 닦았는데, 배움에 있어 스스로 숨기고 드러내
지 않음에 힘썼다. 오랫동안 주나라에 있었지만, 주나라가 쇠해지는 것을
보고는, 이에 마침내 떠났다. 관(함곡관)에 이르러, 관지기 윤희가 말했다:
"선생께서 장차 은둔하려 하시니, 어렵지만 저를 위해 저서를 해주십시
오." 그래서 노자는 이에 상, 하편을 저술했고, 도덕의 뜻 오천여 자를 말
해주고는 떠났으니, 그 끝(노자가 후에 어떻게 되었는지)을 알 수 없었다.

[史記(사기)] 〈老子韓非列傳(노자한비열전)〉

즉 필자는 [도덕경]을 번역하고 난 후, 노자와 공자의 사상이 世間(세간)
에서 말하는 '道不同, 不相爲謀(도불동, 불상위모: 추구하는 도가 다르면, 함께 도모하
지 않는다).'의 관계처럼 전혀 동떨어진 것이 아니라, 어떠한 측면에서 긴밀
하고도 유기적으로 상호 연계하여 작용하고 있는 것으로 보았던 것이다.
이에 [도덕경] 각 문장의 眞義(진의)를 구체적으로 파악하기 위해서, [尙書(상

서)], [周禮(주례)], [禮記(예기)], [史記(사기)], [十八史略(십팔사략)]에 나타난 文句(문구)들과 상호 비교해가며 대비시켜 서술하였는데, 필자는 이러한 전적의 문구들을 번역하는 과정에서 원문의 뜻을 정확하게 전달하기 위해 가급적 直譯(직역)을 원칙으로 하였다. 다음은 필자가 참고한 전적들의 목록이다.

[尙書譯註(상서역주)] 1995년 吉林文史出版社(길림문사출판사)

[十三經註疏(십삼경주소)] 1980년 中華書局(중화서국)

[文白對照十三經(문백대조십삼경)] 1995년 廣東敎育出版社(광동교육출판사)

[史記註譯(사기주역)] 1988년 三秦出版社(삼진출판사)

[新增音義釋文古今曆代十八史略(신증음의석문고금역대십팔사략)] 2006년 北京圖書館出版社(북경도서관출판사)

아울러 노자가 周(주)나라 말기 즉 春秋時代(춘추시대) 초기의 인물이었던 사실에 초점을 맞추고, 그의 가치관을 분석하기 위해서 춘추시대 이전인 三皇五帝(삼황오제)와 夏(하) 商(상) 周(주) 三代(삼대)의 史實(사실)만을 뽑아 분석했음을 알려둔다. 특히 노자 사상의 궁극이 '대동' 이기 때문에, 삼황오제의 기록에 대한 부분을 집중적으로 파악하려고 노력했다.

또한, 각 章(장)의 문단 구분은 가급적 한 문장씩 끊어서 분석하는 것을 원칙으로 하고 있으나, 그 의미가 연결되어 분리하기가 용의치 않는 경우에는 하나의 문단으로 묶어 설명하였음을 밝혀둔다. 이제 상술한 방법들을 전제로 노자의 [도덕경]을 살펴보기로 하자.

차례

第1章 : 無名(무명)

1-1: 道¹⁾, 可道, 非常²⁾道; 名³⁾, 可名, 非常名.

□, 可□, 非常□; □, 可□, 非常□.

[대구법]

도라는 것은, 말할 수 있으면, 영원한 도가 아니고;
명(이름)이라는 것은, 부를 수 있으면, 영원한 이름이 아니다.

*이 말은 이름 부를 수 있는 것은 그 존재가 명확해지는 것이고, 그 존재가 명확해지면 세상의 보편타당한 개념 즉 구체적인 사물이 되므로, 유한한 존재로 전환됨을 이르는 것이다. '道(도)' 라는 것은 간단한 말로 형용할 수 없기 때문에 그 존재가 명확하게 지칭될 수 없고, 또 그러하기 때문에 영원하다. 즉 노자는 '도' 를 명확하게 이름 지을 수 없는 '無名(무명)' 과 상통하는 개념으로 보고 있는 것이다. 그렇다면 노자가 이야기하는 '도' 는 궁극적으로 무엇을 지칭하는 것일까? 우선 다음 문장을 살펴보자.

> 天命之謂性, 率性之謂道, 修道之謂敎.
> 하늘이 명한 것을 성이라 하고, 성을 따르는 것을 도(道)라하며, 도를 닦는 것을 교라고 한다.　　　　　　　　　　　　　[禮記(예기)] 〈中庸(중용)〉

> 道也者, 不可須臾離也, 可離, 非道也.
> 도라는 것은, 잠시도 떠날 수 없는 것이니, 떠날 수 있다면, 도가 아니다.
> 　　　　　　　　　　　　　　　　　　　　　　[禮記(예기)] 〈中庸(중용)〉

---

1) 道(도): 앞의 "도" 는 명사, 뒤의 "도" 는 "말하다" 라는 동사로 쓰인다.
2) 常(상): 변하지 않다, 영원하다.
3) 名(명): 앞의 "명" 은 명사, 뒤의 "도" 는 "이름하다, 지칭하다" 라는 동사로 쓰인다.

즉 이 두 문장을 통해서, 우리는 최소한 '도'라는 것이 '天命(천명)' 또는 '天性(천성)'을 따르는 것이고, 이는 잠시도 떠날 수 없는 것이니 바로 '常(상)'임을 이해할 수 있다. 결론부터 이야기하자면, 노자의 '도'는 '천명 혹은 천성을 따르는 도리'라는 것을 알 수가 있는데, 자세한 내용은 뒤에서 계속 논하기로 한다.

*이 문장에서 핵심은 바로 '常(상)'인데, 이 '常'은 '도'의 주된 특징으로 '영원함, 변치 않음'을 나타낸다. '常'에 대한 개념은 16장의 16-5에서 구체적으로 설명하기로 한다.

*그렇다면, '명(名)'은 과연 어떠한 의미를 지니고 있을까? 이에 대한 해답은 32장 32-4에서 구체적으로 논하기로 한다.

1-2: 無名, 天地之始; 有名, 萬物之母[4].
□名, □□之□; □名, □□之□.

[대구법]
무명은 천지의 시작이고; 유명은 만물의 근원이다.

*위에서 '道(도)'와 '無名(무명)'은 상통하는 개념이라고 언급한 바 있는데, 여기서 '도'와 '무명'의 개념이 명확해지니, 4장의 4-4를 보면 노자는 '도'가 만물의 종주인 듯하고, 조물주보다 앞선다고 하였다. 따라서 '무명'은 '도'의 또 다른 명칭으로 봐도 무방한 것이다. 태초에는 그 어떠한 바라는 바나 구하는 바도 없었기 때문에 굳이 이름을 지어 개념을 만들 필요가 없었지만, 有名(유명)의 시대로 들어서면서 사람들에게 바라는

---

4) 母(모): 근원, 근본.

바나 구하는 바가 생기게 되면서 우리가 아는 制度(제도)나 概念(개념)으로 이름 지어지기 시작하니, 이는 무한에서 유한으로의 전환을 의미한다. 여기서 '유명'은 단순히 '이름이 있다'로 해석하면 안 되는데, 구체적인 내용은 32장의 32-4에서 설명하기로 한다.

> **1-3: 故常無欲⁵⁾, 以觀其妙; 常有欲, 以觀其徼⁶⁾.**
> **故常□欲, 以觀其□; 常□欲, 以觀其□.**

[대구법]

그러므로 항상 바라는 바가 없어, 그럼으로써 그(무명=도) 오묘함을 살피고; 항상 바라는 바가 있어, 그럼으로써 그(유명) 구함을 살핀다.

* '도'가 존재하던 태초에는 사람들이 바라는 바가 없었기에 '무명=도'의 오묘함을 살피기만 하면 되었는데, 세상 만물에 이름을 짓기 시작하여 유한의 시대가 도래하면서 바라는 바가 생겨 '유명'을 추구하기 시작했다. 여기서 앞의 '其(기)'는 '妙(묘)' 즉 오묘하다고 했으니 '무명=도'를 지칭하고, 뒤의 '其'는 구한다(바란다)고 하였으니, '유명'을 뜻한다. 상세한 이유는 뒤에서 자연스럽게 드러나는데, 예를 들어 3장을 참조한다.

---

5) 欲(욕): [도덕경]에 나오는 "欲"은 크게 두 가지 의미로 나누어 해석할 수 있다. 하나는 "바라다, 하려 하다"라는 의미의 조동사로 해석되고 또 하나는 "욕망"으로 해석되는데, 여기서 "欲"은 후자의 의미로서 이는 "道"와 상반되는 소극적인 의미를 지닌다. 이와 같은 맥락으로 해석되는 "欲"은 3장, 19장, 34장, 37장과 57장에도 보인다.

6) 徼(요): 구하다.

> **1-4:** 此兩者同出而異名⁷⁾, 同謂之玄⁸⁾, 玄之又玄,
> 衆妙之門⁹⁾.
>
> 此兩者同出而異名, 同謂之玄, □之又□, 衆
> 妙之門.

[반복법]

이 두 가지(道. 無名)는 같은 곳에서 나오지만 외형이 다른데,
다 같이 그것을 일컬어 심오하다고 하니, 심오하고도 또
심오하여, 수많은 오묘함의 문(비결)이 된다.

*이 부분에서 노자는 '도'와 '무명'이 외형만 다를 뿐, 사실상 본질은
같은 것이라고 명확하게 규정하고 있다.

---

7) 名(명): 외형, 외관. "異名(이명)"의 "名"을 "이름"으로 번역하는 것은 적합하지 않아 보인다.
   노자가 위에서 강조하였다시피 이름 지어지는 것(有名)은 그 자체로 유한해지는 것이므로 여
   기서는 외형이나 외관으로 해석하여야 할 것이다.
8) 玄(현): 오묘하다, 심오하다.
9) 門(문): 비결, 방도.

第2章 : 相生(상생)

天下皆知美之爲美, 斯惡已¹⁰⁾; 皆知善之爲善, 斯不善已.

天下皆知□之爲□, 斯□已; 皆知□之爲□, 斯□□已.

[대구법]

세상이 모두 아름다움이 아름다움이 되는 것을(어떤 것이 아름다운지를) 아는 것, 이는 바로 추함일 따름이고(추함이 있기 때문이고); 모두 선함이 선함이 되는 것을(어떤 것이 선인지를) 아는 것, 이는 선하지 못함일 따름이다(선하지 못함이 있기 때문이다).

*이는 '陰(음)'과 '陽(양)'의 조화를 표현한 구절로서, 바로 '도'의 궁극적인 특징을 설명한 부분이다. 즉 아름다움과 선함이 '양'이면, 추함과 선하지 못함은 '음'이니, 이는 '음'이 있어야 '양'도 존재할 수 있다는 共生(공생)과 調和(조화)를 의미하는 것이다. 중국에서는 上古時代(상고시대)에 음양과 五行(오행)의 개념이 이미 확립되었는데, 다음에 제시하는 문장들을 살펴보면 당시 음양과 오행의 조화를 얼마나 중시했었는지 이해할 수 있다.

炎帝欲侵陵諸侯, 諸侯咸歸軒轅. 軒轅乃修德振兵, 治五氣, 蓺五種, 撫萬民, 度四方, (생략).

염제가 제후들을 침해하여 욕보이려 하자, 제후들은 다 헌원에게 귀의했다. 헌원은 이에 덕을 닦고 군대를 정돈했으며, 오행의 기를 바로 잡고, 오곡을 심었으며, 만백성을 위로하고, 사방을 헤아려서, (생략).

---

10) 已(이): 뿐이다, 따름이다.

順天地之紀, 幽明之占, 死生之說, 存亡之難. 時播百穀草木, 淳化鳥獸蟲蛾,
旁羅日月星辰水波土石金玉, 勞勤心力耳目, 節用水火材物. 有土德之瑞, 故
號黃帝.

천지의 규율, 음양의 점, 죽음과 삶의 말씀, 국가 존망의 어려움을 따랐다.
때마다 온갖 곡식과 초목을 뿌리고, 금수와 곤충을 순화시켰으며, 일월성
신, 물결, 토석, 금옥을 두루 망라하고, 마음과 힘 귀와 눈에 힘쓰며, 물불
목재와 재물을 아껴 썼다. 토덕의 상서로움이 있어서, 따라서 황제라고
불렸다. [史記(사기)] 〈五帝本紀(오제본기)〉

幽王二年, 西周三川皆震. 伯陽甫曰: "周將亡矣. 夫天地之氣, 不失其序; 若
過其序, 民亂之也. (생략) 陽失而在陰, 原必塞; 原塞, 國必亡.

유왕 2년, 서주의 세 하천이 모두 흔들렸다. 백양보가 말했다: "주나라는
장차 망할 것입니다. 무릇 천지의 기운은, 질서를 잃지 않으니; 만약 질서
가 지나치면, 백성들이 그것을 어지럽힐 것입니다. (생략) 양기가 (자리를)
잃고 음에 있으면, 근원이 반드시 막히게 되니; 근원이 막히면, 나라가 반
드시 망합니다. [史記(사기)] 〈周本紀(주본기)〉

2-2: 故有無相生, 難易相成, 長短相較[11], 高下相
傾, 音聲相和, 前後相隨.
故□□相□, □□相□, □□相□, □□相
□, □□相□, □□相□.

[대구법, 열거법]

그러므로 있음과 없음이 함께 생겨나고, 어려움과 쉬움이
함께 형성되며, 길고 짧음이 함께 견주고, 높고 낮음이 함께
기울며, 소리와 음률이 함께 조화를 이루고, 앞과 뒤가 함께
따른다.

*노자의 '도'는 '음'과 '양', '유'와 '무'가 공생하고 조화로운 세계
를 일컫는다. 따라서 세상에 존재하는 모든 긍정적인 것과 부정적인 것
이 함께 존재하여 공생한다고 말하는 것이다. 11장에서도 이와 유사한 도
리를 설명하고 있는데, 이러한 도리를 구체적으로 체현한 것이 바로 14장
14-1에서 말하는 '夷(이)'이다. 이와 관련하여 다음의 두 문장을 보면, 노
자가 말하고자 하는 바를 이해할 수 있을 것이다.

帝曰: "夔! 命汝典樂, 敎胄子, 直而溫, 寬而栗, 剛而無虐, 簡而無傲. 詩言
志, 歌永言, 聲依永, 律和聲. 八音克諧, 無相奪倫, 神人以和."
(순)임금이 말했다: "기! 그대를 전악으로 명하니, (귀족들의) 맏아들을 가르
침에, 곧으면서도 온화하고, 관대하면서도 엄숙하며, 강건하면서도 포악
해서는 안 되고, 간략하되 오만해서는 안 되오. 시는 뜻을 말하는 것이고,
노래는 말씀을 길게 늘인 것이며, 소리는 읊는 것을 따르는 것이고, 음률

---

11) 較(교): 견주다.

은 소리를 조화롭게 하는 것이오. 팔음이 어울릴 수 있게 하여, 서로의 차례를 빼앗지 말아야, 귀신과 사람이 그럼으로써 화합할 것이오."

[尙書(상서)] 〈舜典(순전)〉

이러한 내용은 다음의 기록에도 보인다.

舜曰: "然. 以夔爲典樂, 教稚子, 直而溫, 寬而栗, 剛而毋虐, 簡而毋傲; 詩言意, 歌長言, 聲依永, 律和聲, 八音能諧, 毋相奪倫, 神人以和."
순임금이 말했다: "그렇소. 기를 전악으로 삼을 것이니, 자제들을 가르침에, 곧으면서도 온화하고, 관대하면서도 엄숙하며, 강건하면서도 포악해서는 안 되고, 간략하되 오만해서는 안 되니; 시는 생각을 말하는 것이고, 노래는 말씀을 길게 늘인 것이며, 소리는 읊는 것을 따르는 것이고, 음률은 소리를 조화롭게 하는 것으로, 팔음이 어울릴 수 있게 하여, 서로의 차례를 빼앗지 말아야, 귀신과 사람이 그럼으로써 화합할 것이오."

[史記(사기)] 〈五帝本紀(오제본기)〉

즉 노자의 '도'는 조화를 일컫는 것임을 짐작할 수 있는데, 구체적으로 어떠한 방면에서의 조화를 말하는 것인지는 뒤에 나오는 내용들을 통해서 점차 확연히 드러난다.

2-3: 是以聖人處無爲之事, 行不言之教.
是以聖人□□□之□, □□□之□.

[대구법]

이 때문에, 성인은 억지로 작위하지 않는 일로 처리하고(무위로서 일을 처리하고), 억지로 말하지 않는(불언의) 가르침을 행한다.

*노자는 일관되게 '無爲(무위)' 즉 억지로 작위하지 말 것을 주장하고 있는데, 여기서 노자는 그 근거로 聖人(성인)이 '무위'로 일을 처리했기 때문이라고 말하고 있다. 그렇다면 '무위'란 과연 어떠한 것을 뜻하는 것일까? 다음의 기록을 살펴보자.

乃命羲和, 欽若昊天, 歷象日月星辰, 敬授民時. 分命羲仲, 宅嵎夷, 曰暘谷.
寅賓出日, 平秩東作. 日中, 星鳥, 以殷仲春. 厥民析, 鳥獸孶尾. 申命羲叔,
宅南交. 平秩南訛, 敬致. 日永, 星火, 以正仲夏. 厥民因, 鳥獸希革. 分命和
仲, 宅西, 曰昧谷. 寅餞納日, 平秩西成. 宵中, 星虛, 以殷仲秋. 厥民夷, 鳥獸
毛毨. 申命和叔, 宅朔方, 曰幽都. 平在朔易. 日短, 星昴, 以正仲冬. 厥民隩,
鳥獸氄毛. 帝曰: "咨! 汝羲暨和. 期三百有六旬有六日, 以閏月定四時, 成
歲. 允釐百工, 庶績咸熙."

이에 (요임금은) 희씨와 화씨에게 명하여, 큰 하늘을 공손히 좇고, 일월성신에 따라, 삼가 백성들에게 계절을 전수했다. 희중에게 따로 명하여, 욱이에 살게 하였으니, 양곡이라고 불렸다. 뜨는 해를 공경하여 대접하고, 봄 농사를 가지런하게 했다. 해가 중간에 오면, 성조(28수중의 하나)로 춘분을 바로잡았다. 백성들은 흩어졌고(일을 하고), 조수는 교미하여 새끼를 가졌다. 거듭 희숙에게 명하여, 남교에 살게 하였다. 여름 농사를 가지런히 하여, 삼가 다하도록 했다. 일을 고르게 다스리도록 하고 공경하여 다루게 했다. 해가 길어지면, 화성으로, 중하(한여름)를 바로 잡았다. 백성들은 이어 받고(계속 농사를 지었고), 조수는 털갈이를 하느라 털이 적었다. 화중에게 따로 명하여, 서쪽에 살게 하니, 매곡이라 불렸다. 지는 해를 공손히 보내, 가을 추수를 가지런하게 했다. 밤이 중간에 오면, 성허로, 추분을 바로 잡았다. 백성들은 평안해지고, 조수는 털에 윤기가 돌았다. 거듭 화숙에게 명하여, 북쪽에 살게 하니, 유도라고 불렀다. 해가 바뀜을 가지런하게 했다. 해는 짧아지면, 묘성으로, 동지를 바로 잡았다. 백성들은 따뜻하였고, 조수는 털이 무성했다. 임금(요)께서 말씀하셨다: 아! 그대 희씨와 화씨여. 일 년을 366일로 하고, 윤달로 사계절을 바로잡아서, 일 년을 이루었도다. 진실로 모든 관리들을 다스리니, 여러 공적이 모두 흥하게 되었다.

[尚書(상서)] 〈堯典(요전)〉

이러한 내용은 다음의 기록에도 보인다.

乃命義, 和, 敬順昊天, 數法日月星辰, 敬授民時. 分命義仲, 居郁夷, 曰旸谷, 敬道日出, 便程東作. 日中, 星鳥以殷中春. 其民析, 鳥獸孳微. 申命義叔, 居南交, 便程南爲, 敬致. 日永, 星火, 以正中夏. 其民因, 鳥獸希革. 申命和仲, 居西土, 曰昧谷, 敬道日入, 便程西成. 夜中, 星虛以正中秋. 其民夷易, 鳥獸毛毨. 申命和叔, 居北方, 曰幽都, 便在伏物. 日短, 星昴以正中冬. 其民燠, 鳥獸氄毛. 歲三百六十六日, 以閏月正四時. 信飭百官, 衆功皆興.
이에 (요임금은) 희씨와 화씨에게 명을 내려, 공손히 하늘에 따르고, 일월성신을 헤아려서, 삼가 백성들에게 계절을 전수했다. 희중에게 따로 명을 내려, 욱이에 머물도록 했으니, 양곡이라 불렸는데, 삼가 해가 떠오름에 따라, 봄 농사 일정을 준비했다. 해가 중간에 오면, 성조(28수중의 하나)로 춘분을 바로잡았다. 백성들은 흩어졌고(농사를 지었고), 조수는 은밀하게 사랑을 나눴다(교미했다). 거듭 희숙에게 명을 내려, 남교에서 머물도록 하니, 여름 농사 일정을 준비하여, 삼가 다하도록 했다. 해가 길어지면, 화성으로, 중하(한여름)를 바로잡았다. 백성들은 이어 받고(계속 농사를 지었고), 조수는 털갈이를 하느라 털이 적었다. 거듭 화중에게 명을 내려 서토에 머물게 했으니, 매곡이라 불렸는데, 삼가 해가 짐에 따라, 가을 추수 일정을 준비했다. 밤이 중간에 오면, 성허로 추분을 바로잡았다. 백성들은 편안하고 즐거웠으며, 조수는 털에 윤기가 돌았다. 거듭 화숙에게 명을 내려, 북방에 머물도록 했으니, 유도라 불렸는데, 곡식을 감추는 장소를 바로잡았다. 해가 짧아지면, 묘성(28수중의 하나)으로 동지를 바로잡았다. 백성들은 따뜻하게 지냈고, 조수는 털이 무성했다. 1년을 366일로 하고, 윤달로 사계절을 바로잡았다. 모든 관리들을 단단히 타일러 경계하였으므로, 수많은 공적이 모두 흥하게 되었다.　　　[史記(사기)] 〈五帝本紀(오제본기)〉

상술한 내용을 살펴보면, 중국의 堯(요)임금은 자연의 섭리를 거스르지 않고 그 법칙에 따라 백성들을 다스렸다. 그렇다면 여기서 말하는 聖人(성인)은 요임금을 포함한 중국 古代(고대)의 聖君(성군)과 聖賢(성현)을 지칭하는 것임을 유추할 수 있다. 또한, 이 문장 맨 마지막을 보면 '불언의 가르침을 행한다.' 라고 하였는데, 이러한 개념은 5장 5-4의 '말이 많으면 누차 곤궁해지니, 중간을 지키는 것이 낫다.', 23장 23-1의 '말을 드물게 하는 것이 스스로 그러하게 하는 것이다.', 43장 43-4의 '불언의 가르침, 무위의 이로움, 세상에는 이에 미치는 것이 드물다.', 56장 56-1의 '아는 이는 말하지 않고, 말하는 이는 알지 못한다.' 그리고 81장과도 맥락이 서로 통한다. 이러한 노자의 의도를 파악하기 위해서는 16장의 16-4에서 말한 '근본으로 돌아감을 고요함이라고 하니, 이를 복명(복귀)이라고 한다.' 와 16-5

의 '복명을 '상' 이라고 하고, '상' 을 아는 것을 '명' 이라고 한다.' 는 말에 주의를 기울일 필요가 있는데, 이 두 句(구)를 종합해보면 결국 '常(상)' 의 주요 특징 중 하나가 바로 '靜(정)' 이라는 것을 알 수 있다. 이와 관련하여 다음 문장들을 살펴보자.

帝曰:"來, 禹! 降水儆予, 成允成功, 惟汝賢. 克勤于邦, 克儉于家, 不自滿假, 惟汝賢. 汝惟不矜, 天下莫與汝爭能. 汝惟不伐, 天下莫與汝爭功. 予懋乃德, 嘉乃丕績, 天之歷數在汝躬, 汝終陟元后. 人心惟危, 道心惟微, 惟精惟一, 允執厥中. 無稽之言勿聽, 弗詢之謀勿庸. 可愛非君? 可畏非民? 衆非元后, 何戴? 后非衆, 罔與守邦. 欽哉! 愼乃有位, 敬修其可願, 四海困窮, 天祿永終. 惟口出好興戎, 朕言不再."

(순)임금이 말했다: "오시오, 우여! 물이 내려(홍수가 발생하여) 나를 주의시켰는데, 믿음을 이루고 공을 이루었으니, 그대의 어질음 때문이오. 나라에 능히 부지런하고, 집안에 능히 검소하며, 스스로 만족하여 위대한 체하지 않으니, 그대의 어질음 때문이오. 그대는 자랑하지 않기에, 세상은 그대와 기량을 다툴 수 없고, 그대가 드러내지 않기에, 세상은 그대와 공을 겨룰 수가 없소. 나는 그대의 덕을 독려하고, 그대의 큰 공을 기리니, 하늘의 헤아림이 그대 몸에 있어서, 그대가 결국에는 임금에 오를 것이오. 사람의 마음은 위태롭고, 도의 마음은 희미하니, 정성스럽고도 한결같이, 그 중을 진실로 잡아야 하오. 상의하지 않은 말은 듣지 말고, 상의하지 않은 계책은 쓰지 마시오. 사랑할 만한 것이 임금이 아니겠소? 두려워할 만한 것이 백성이 아니겠소? 백성들은 임금이 아니면 누구를 받들겠소? 임금은 백성이 아니면, 더불어 나라를 지킬 사람이 없소. 공경하시오! 삼가면 이에 자리가 있게 되고, 공경하여 베풀면 바랄 수 있으니, 온 나라가 곤궁해지면, 하늘이 준 복록도 영영 끝나게 되오. <u>입에서 나는 것(말)</u>은 곧잘 전쟁을 일

으키니, 나는 다시 말하지 않겠소."　　　　　[尙書(상서)]〈大禹謨(대우모)〉

　여기서, 우리는 노자가 太平聖代(태평성대)의 통치법을 통해 불언의 가르침 즉 '靜(정)'을 이해하고 주장한 것임을 알 수 있으니, 이는 바로 신중하고 삼가는 태도를 일컫는 것이다.

2-4: 萬物作焉[12]而不辭[13], 生而不有, 爲而不恃[14],
　　　功成而弗居. 夫唯弗居, 是以不去.
　　　萬物□□而□□, □而□□, □而□□, □
　　　□而□□. 夫唯弗居, 是以不去.

[대구법, 열거법]

만물을 만들지만 간섭하지 않고, 낳아 기르지만 소유하지 않으며, 행하지만 의지하지 않고, 공적을 이루지만 머무르지 않는다. 무릇 머무르지 않기에, 이 때문에 (그의 공적은) **사라지지 않는다.**

　*이 문장의 의미는 10장의 10-7과 51장의 51-5에서도 유사한 내용이 반복해서 보이고 있으니, 노자는 태평성대의 성인들이 그 어떤 공적도 자신의 공적으로 취하지 않았던 모습들을 통해서 지도자로서의 마음가짐을 강조하고 있는 것이다. 2-3의 맨 마지막에 제시했던 [상서]〈대우모〉기록과 연계하여, 이제 다음의 내용을 살펴보면 그 취지를 이해할 수 있을 것

---

12) 焉(언): 어조사.
13) 辭(사): 말하다, 관여하다, 간섭하다.
14) 恃(시): 의지하다.

이다.

帝曰: "格, 汝禹! 朕宅帝位三十有三載, 耄期倦于勤. 汝惟不怠, 總朕師." 禹
曰: "朕德罔克, 民不依. 皐陶邁種德, 德乃降, 黎民懷之. 帝念哉! 念玆在玆,
釋玆在玆, 名言玆在玆, 允出玆在玆, 惟帝念功."

(순)임금이 말했다: "오시오, 그대 우여! 짐이 재위에 있은 지 33년이니, 늙
어서 힘써 일함에 더듬거리고 게을러지오. 그대는 게으르지 말고, 짐의
백성들을 이끌어 주시오." 우가 말했다: "저의 덕으로는 견디어낼 수 없
으니, 백성들이 따르지 않을 것입니다. 고요가 힘써 덕을 폈고, 덕이 이에
내려져, 수많은 백성들이 그를 따릅니다. 임금께서는 유념하십시오! 그
를 생각함은 그것(그 공적)이 있고, 그를 버려도 그것(그 공적)이 있으며, 그
이름을 말하는 것은 그것(그 공적)에 있어, 진실로 그가 나음은 그것(그 공적)
에 있으니, 임금께서는 오로지 공적을 생각하십시오."

[尙書(상서)] 〈大禹謨(대우모)〉

禹(우)는 치수에 성공하여 큰 업적을 세웠으나, 오히려 자신의 덕이 부
족하다면서 皐陶(고요)를 추천했다. 이처럼 노자는 태평성대를 이끌었던
성인들이 자신의 공적에 연연해하지 않음으로써 오히려 그 공로가 더욱
빛남을 부각하고 있는데, 이러한 그의 가치관은 뒤에서도 계속해서 드러
나니 유의하여 살펴볼 필요가 있다.

第3章：無知(무지)

[대구법, 열거법]

재물을 숭상하지 않으면, 백성들이 다투지 않게 할 수 있다.
희귀한 물품을 귀히 여기지 않으면, 백성들이 도둑질하지
않게 할 수 있다. 욕망을 일으킬만한 일을 접하지 않으면,
민심이 동요하지 않는다.

이 문장은 12장과 연계되는데, 다음의 내용을 살펴보면 노자의 취지를
이해할 수 있을 것이다.

分寶玉于伯叔之國, 時庸展親, 人不易物, 惟德其物. 德盛不狎侮, 狎侮君
子, 罔以盡人心, 狎侮小人, 罔以盡其力. 不役耳目, 百度惟貞. 玩人喪德, 玩
物喪志, (생략)犬馬, 非其土性不畜, 珍禽奇獸, 不育于國. 不寶遠物, 則遠人
格, 所寶惟賢, 則邇人安.

보옥을 백숙(같은 성씨)의 나라에 나누어줌으로써, 친함을 펴시면, 사람들
이 물건을 경시하지 않고, 그 물건을 덕스럽게 생각할 것입니다. 덕이 성
하면 업신여기지 않게 되는데, 군자를 업신여기면, 사람의 마음을 다할 수
없게 되고, 소인(신분이 낮은 백성)을 업신여기면, 그 힘을 다할 수 없게 됩니
다. 귀와 눈을 부리지 않으면, 온갖 법도가 바르게 됩니다. 사람을 경시하

---

15) 賢(현): 현명하다, 덕망이 높다, 능력이 있다. 이 문장은 "不+동사+명사"의 형태로 쓰였는데,
다른 명사들이 모두 부정적인 의미로 쓰였으므로, "賢" 역시 일반인들이 추구하는 명예욕의
하나로 봐야 한다.

면 덕을 잃게 되고, 사물을 경시하면 본심을 잃게 됩니다. (생략) 개와 말은, 그 토양의 것이 아니면 기르지 말고, 진귀한 새와 짐승은, 나라에서 키우면 안 됩니다. 멀리 있는 물건을 귀중하게 여기지 않으면, 멀리 있는 사람들이 이르게 될 것이고, 어진 이들이 귀중히 여겨지면, 곧 가까이 있는 사람들이 편안해지게 됩니다.　　　　　　　　　　　[尚書(상서)]〈旅獒(여오)〉

즉, 노자는 史實(사실)을 통해 지도자의 도리를 강조하고 있으니, 지도자는 마땅히 백성들을 생각해야지 私利私慾(사리사욕)을 탐해서는 안 됨을 훈계하고 있는 것이다.

3-2: 是以聖人之治, 虛其心, 實其腹, 弱其志[16], 强其骨.
是以聖人之治, □其□, □其□, □其□, □其□.

[대구법, 열거법]
이 때문에 성인의 다스림은, 그(백성) 마음(궁리)을 비우게 하고, 그(백성) 배를 배불리 채워주며, 그(백성) 의지를 약화시키고, 그(백성) 뼈대를 강화시키는 것이다.

*여기서 '志(지)'는 아래 3-3의 '知(지)'와 의미가 상통하다고 볼 수 있는데, 이러한 '知'의 구체적인 함의는 뒤의 10장 10-4에서 구체적으로드러나겠지만, 미리 언급하자면 '기민함, 영리함, 사리사욕'으로 풀이할 수

---

16) 志(지): 여기에서는 일반적으로 쓰이는 순수한 의지로 해석하지 않고, 남들보다 잘되려는 의지 즉 욕망으로 봐야 한다.

있다. 또한 이는 65장 65-1의 '明(명)' 과도 일맥상통한다.

3-3: 常使民無知無欲, 使夫智者不敢爲也, 爲無爲, 則無不治.

늘 백성들로 하여금 무지하고 욕망도 없게 하여, 무릇 슬기로운 이가 감히 작위하는 바가 없도록 하는 것이니, 무위로서 행하면(자연에 순응하여 일을 처리하면), 곧 다스리지 못할 것이 없다.

*태평성대에는 이러한 私的(사적)인 의지나 욕망이 없이, 다 같이 함께 행복하고자 했기 때문에 평화로울 수 있었던 것이다. 엄밀히 따지면 노자는 태평성대로 돌아가자고 주장한 즉 이상향을 꿈꾼 사람이라고 볼 수 있으니, 이는 10장의 10-4 '백성을 사랑하고 나라를 다스림에 있어, 앎이 없을 수 있겠는가?' 라는 말과 연계하여 살펴볼 수 있다.

第4章 : 不盈(불영)

4-1: 道沖[17], 而用之或不盈[18].

도는 비어있으나, 그것을 씀에는 다함이 없다.

　*脚注(각주)에서 언급했듯이, 이 문장에서 '盈(영)'은 45장 45-2의 '窮(궁)'과 같은 의미로 해석해야 하니, '用(용)'에 있어 '盈'은 '씀이 가득하다' 즉 '다 쓰다'라는 의미로 해석해야 하는 반어법인 것이다. 다시 말해서, 도는 자기의 것을 자기의 것으로 여기지 않아서 겉으로는 마치 없는 듯하지만, 남을 위해 베풀기에 실제로는 끊임없이 생겨나는 것이다. 이러한 도리는 5장의 5-3 '비우지만 불합리하지 않고, 사용하지만 더욱 생성된다.'와 15장의 15-11 '이러한 도리를 견지하는 자는 가득 채우려 하지 않고, 무릇 가득 채우지 않으므로, 그러므로 능히 포괄하여 새로이 만들지 않는다.'는 말을 함께 연계하여 살펴보면 그 의미를 보다 깊이 이해할 수 있다.

4-2: 淵兮, 似萬物之宗.

심오하니, 마치 만물의 종주인 듯하다.

　*1장 1-2에서 '무명은 천지의 시작이고, 유명은 만물의 근원이다.'라고 하였는데, '무명'은 '도'와 같은 개념이기에, '무명'은 바로 '만물

---

17) 沖(충): "씻어 내다, 가시다"라는 뜻이 있는데, 여기서는 깨끗이 비운다는 의미로 쓰였다. 42, 45장 해석과 비교해보기 바란다.
18) 盈(영): 가득하다, 충만하다는 뜻이 있는데, 노자는 78장 78-4에서 "正言若反"이라고 설명했듯이 이는 45장의 "窮(궁)"과 같은 의미로 해석해야 한다.

의 종주'가 되는 것이다. 즉 노자는 만물이 인식되는 '유명'의 사회보다, '무명'의 사회를 한 단계 더 높은 상위개념으로 파악한 것이다. 이 문장은 직유법으로 쓰였다.

4-3: 挫其銳, 解其紛¹⁹⁾, 和其光, 同其塵²⁰⁾.
□其□, □其□, □其□, □其□.

[대구법, 열거법]

그 날카로움을 억누르게 하고, 그 분규를 해결하며, 그 광채를 조화롭게 하고, 그 속세와 함께 한다(한데 어우러진다).

*이 표현은 52장의 52-3, 56장의 56-2에도 나타나는데, 이와 관련하여 우선 다음의 문장들을 살펴보자.

克明俊德, 以親九族. 九族旣睦, 平章百姓. 百姓昭明, 協和萬邦. 黎民于變時雍.
(요임금은) 능히 큰 덕을 밝힘으로써, 구족을 친하게 하고, 구족이 이미 화목해지자, 수많은 성씨(귀족)가 명확히 구분되어지고, 온 나라가 합하여 어울리게 되니, 백성들이 항상 화목해짐에 이르게 되었다.

[尙書(상서)] 〈堯典(요전)〉

帝顓頊高陽者, 黃帝之孫而昌意之子也. 靜淵以有謀, 疏通而知事; 養材以任

---

19) 56장에 중복구가 있는데, "解其紛"의 "紛"이 "分"으로 되어있다. 이는 왕필(王弼)이 둘 중의 하나는 잘못 쓴 것으로 추정된다.
20) 塵(진): 티끌, 속세(塵埃: 진애).

地, 載時以象天, 依鬼神以制義, 治氣以敎化, 絜誠以祭祀. (생략) 動靜之物, 大小之神, 日月所照, 莫不砥屬.

전욱제 고양은, 황제의 자손이고 창의의 아들이다. 조용하여 지모가 있었고, 도리와 조리에 밝아 일을 주재하였으니; 재목을 길러 관리를 부임시키고, 때에 맞춰 하늘을 점쳤으며, 귀신에 의탁하여 법도를 바로잡고, (음양의) 기를 바로잡아 교화하였으며, 깨끗하고도 정성을 다해 제사를 지냈다. (생략) 운동과 정지하는 만물이나, 크고 작은 신들, 해와 달이 비치는 곳이면, 고루 귀속되지 않는 것이 없었다.

[史記(사기)] 〈五帝本紀(오제본기)〉

於是虁行樂, 祖考至, 群后相讓, 鳥獸翔舞, 簫韶九成, 鳳皇來儀, 百獸率舞, 百官信諧. 帝用此作歌, 曰:"陟天之命, 維時維幾." 乃歌曰:"股肱喜哉! 元首起哉! 百工熙哉!" 皐陶拜手稽首揚言曰:"念哉! 率爲興事, 愼乃憲. 敬哉!" 乃更爲歌曰:"元首明哉, 股肱良哉, 庶事康哉!" 又歌曰:"元首叢脞哉, 股肱惰哉, 萬事墮哉!" 帝拜曰:"然, 往欽哉!"

그래서 기가 악기를 연주하자, 돌아가신 선조(귀신)께서 이르고, 여러 왕후들이 서로 양보하였으며, 조수가 날면서 춤추었는데, 소 아홉 곡 연주가 끝나자, 봉황이 와서 예절을 갖추고, 모든 짐승들이 모두 춤추었으며, 모든 관리들이 믿고 화합했다. (순)임금은 이에 노래를 지어, 불렀다: "하늘의 명을 공경하여 받들어, 때에 맞추기를 살피리니." 이에 노래하여 불렀다: "팔 다리(중신)가 행복하니! 원수(임금)가 입신하고! 온갖 장인이 흥성하리니!" 고요가 손을 들어 맞잡고 절하며 머리를 조아려 소리 높여 말했다: "삼가소서! 대략 국가의 대사를 일으킴에, 삼가면 이에 흥성합니다. 공경하소서!" 이에 다시 노래를 불렀다: "원수(임금)가 명철하면, 팔 다리(중신)가 어질어져, 모든 일이 편안하네!" 또 노래를 불렀다: "원수(임금)가 통일

성이 없으면, 팔 다리(중신)들이 불경해져, 만사가 무너지네!" 임금이 절하
며 말했다: "그렇소, 가서 삼가시오!"　　　　　　　[史記(사기)] 〈夏本紀(하본기)〉

이 문장은 또한 도의 특징을 구체화한 부분으로서, '和(화: 조화롭다)'와
'同(동: 어우러지다)'에 주목할 필요가 있는데 다음 문장들을 살펴보자.

喜怒哀樂之未發, 謂之中, 發而皆中節, 謂之和.
희로애락이 드러나지 않은 것, 그것을 중이라고 일컫고, 드러나지만 모두
절도에 맞은 것, 그것을 화라고 한다.　　　　　[禮記(예기)] 〈中庸(중용)〉

中也者, 天下之大本也, 和也者, 天下之達道也.
중이라는 것은, 세상의 큰 근본이고, 화라고 하는 것은, 세상이 도에 닿은
것이다.　　　　　　　　　　　　　　　　　[禮記(예기)] 〈中庸(중용)〉

致中和, 天地位焉, 萬物育焉.
중과 화에 이르면, 천지가 자리를 잡고, 만물이 자란다.

[禮記(예기)] 〈中庸(중용)〉

汝則從, 龜從, 筮從, 卿士從, 庶民從, 是之謂大同, 身其康彊, 子孫其逢, 吉.
그대가 곧 따르고, 거북의 껍데기(갑골로 치는 점)가 따르며, 시초(톱풀로 치는
점)가 따르고, 경대부(장관이상의 벼슬)가 따르며, 수많은 백성들이 따르면,
이를 대동이라고 일컬으니, 몸(자신)은 편안하고 굳세며, 자손들은 크고 넓
게 되니, 길한 것입니다.　　　　　　　　　　[尙書(상서)] 〈洪範(홍범)〉

상술한 내용을 보면, '和'와 '同'이란 '어느 것 하나 소외됨이 없이

함께 어우러짐'이라는 것을 알 수 있다. 즉 '和'와 '同'이란 '도'가 있는 태평성대를 구성하는 중요한 요소가 되는 것이다. 여기서 우리는 특히 '和'에 주의해야 하니, 이는 5장의 5-4에 나오는 '中(중)'과 함께 노자가 일관되게 주장하는 지도자가 갖춰야 하는 '德(덕)'을 구성하는 兩大(양대) 요소가 된다.

4-4: 湛²¹⁾兮似或存, 吾不知誰之子²²⁾, 象帝²³⁾之先.

맑고 투명하지만(보이지 않지만) 마치 존재하는 듯하니, 나는 (그것이) 누구의 후대인지는 몰라도, 상제의 앞이다(상제보다 우선한다).

*여기서 말하는 '象帝(상제)'는 구체적인 형상이나 형태가 존재하는 '유명'의 시작, 다시 말해 무명의 시대와 상대되는 유한의 시대를 일컫는다. 따라서 노자는 여기서 '도'가 '유명' 즉 有限(유한)의 시대 이전인 '무명' 즉 無限(무한)의 시대에 이미 존재했음을 구체적으로 표현한 것이니, 이는 14장 14-6의 '옛날의 '도'를 파악하고, 그럼으로써 오늘날의 '유'를 다스리면, 옛날의 시작을 알 수 있으니, 이를 '도'의 규율이라고 한다.'와 25장의 25-1 '혼연일체인 사물이 있으니, 천지가 형성되기보다 앞선다.' 라는 말과 함께 이해할 수 있다. 이 문장은 직유법으로 쓰였다.

---

21) 湛(잠): 맑다.
22) 子(자): 자식, 후대.
23) 象帝(상제): 형상의 군주.

第5章 : 守中(수중)

5-1: 天地不仁, 以萬物爲芻狗[24]; 聖人不仁, 以百姓爲芻狗.
　　□□不仁, 以□□爲芻狗; □□不仁, 以□□爲芻狗.

[대구법, 은유법, 반어법]

천지는 어질지 않아서, 만물을 추구로 여기고; 성인은 어질지 않아서, 백성을 추구로 여긴다.

* '어질지 않다'라는 것은 다시 말해서 '吝嗇(인색)하다'는 뜻인데, 이와 관련하여서는 59장의 59-1에서 보다 상세하게 설명하기로 한다. 노자는 반어법을 즐겨 썼는데, 그 취지가 40장의 40-1 '반대(대립면)는, 도의 움직임이요; 유약함은, 도의 효용이다.'와 78장의 78-4 '본래의 의미는 반대인 것과 같다.'라는 말에 잘 나타나고 있으니, 천지나 성인이 만물이나 백성들을 마구 대했다는 의미가 아니라 그만큼 만물이나 백성들에 집착하지 않고 그들이 자연스레 생겨나고 사라지도록 즉 天性(천성)에 따르도록 하였다라고 해석해야 한다. 따라서 이는 노자의 '無爲(무위)', 다시 말해서 억지로 작위하지 않아야 함을 강조한 것이라고 할 수 있다. 이러한 노자의 반어법적 표현은 59장의 59-1 '백성을 다스리고 하늘을 섬김에 있어 인색한 것 만한 것이 없다.'라는 표현에서도 나타난다.

---

24) 芻狗(추구): 제사 때 쓰기 위해 짚으로 만든 개인데, 제사가 끝나면 쓸모가 없어지므로 쓸데없이 되어버린 물건을 비유하는데 많이 쓰인다.

5-2: 天地之間, 其猶橐籥²⁵⁾乎?

세상은, 탁약과 같을지니?

*이 문장은 직유법, 설의법이 쓰였다.

5-3: 虛²⁶⁾而不屈²⁷⁾, 動²⁸⁾而愈出.
□而□□, □而□□.

[대구법]

비우지만 불합리하지 않고, 사용하지만(사용할수록) 더욱 생성된다.

*이 문장의 의미는 4장 4-1의 '도는 비어있으나, 그것을 씀에는 다함이 없다.', 15장 15-11의 '이러한 도리를 견지하는 자는 가득 채우려 하지 않고, 무릇 가득 채우지 않으므로, 그러므로 능히 포괄하여 새로이 만들지 않는다.' 라는 말과 연계하면, 더욱 이해하기가 쉽다. 여기서는 점층법이 활용되었다.

---

25) 橐籥(탁약): 바람을 일으키는 제사용 도구. 사물의 계기를 비유하는데 많이 쓰인다.
26) 虛(허): 비우다. 문맥상 동사로 봐야 한다.
27) 屈(굴): 이치에 어긋나다, 불합리하다. 문맥상 동사로 봐야 한다.
28) 動(동): 쓰다, 사용하다.

5-4: 多言²⁹⁾數³⁰⁾窮, 不如守中³¹⁾.

말(명령)이 많으면 누차 곤궁해지니, 중간을 지키는 것이 낫다.

*이 문장 앞 구절의 '말이 많으면 누차 곤궁해진다.'라는 말은 2장 2-3의 '이 때문에, 성인은 억지로 작위하지 않는 일로 처리하고, 억지로 말하지 않는 가르침을 행한다.', 23장 23-1의 '말을 드물게 하는 것이 스스로 그러하게 하는 것이다.', 43장 43-4의 '불언의 가르침, 무위의 이로움, 세상에는 이에 미치는 것이 드물다.', 56장 56-1의 '아는 이는 말하지 않고, 말하는 이는 알지 못한다.' 그리고 81장과도 맥락이 통하니, 상호 연계하여 살펴볼 필요가 있다. 문제는 뒤 구절에 나오는 '中(중)'인데, 이는 과연 어떠한 의미를 지니는 것일까? 우선 4장의 4-3에서 인용했던 '中'과 '和'에 대한 기록을 다시 한 번 살펴보자.

> 喜怒哀樂之未發, 謂之中, 發而皆中節, 謂之和.
> 희로애락이 드러나지 않은 것, 그것을 중이라고 일컫고, 드러나지만 모두
> 절도에 맞은 것, 그것을 화라고 한다.　　　　　　[禮記(예기)] 〈中庸(중용)〉

> 中也者, 天下之大本也, 和也者, 天下之達道也.
> 중이라는 것은, 세상의 큰 근본이고, 화라고 하는 것은, 세상이 도에 닿은
> 것이다.　　　　　　　　　　　　　　　　　　[禮記(예기)] 〈中庸(중용)〉

---

29) 言(언): 말, 참견, 명령, 법령.
30) 數(삭): 자주 삭. 누차, 빈번히, 자주.
31) 中(중): 중간, 중용(자연법칙).

致中和, 天地位焉, 萬物育焉.

중과 화에 이르면, 천지가 자리를 잡고, 만물이 자란다.

[禮記(예기)] 〈中庸(중용)〉

또 다음의 기록들을 함께 살펴보자.

子曰: 舜其大知也與, 舜好問而好察邇言, 隱惡而揚善. 執其兩端, 用其中於
民, 其斯以爲舜乎.

공자가 말씀하시기를: 순임금은 크게 지혜로우셨으니, 순임금은 묻기를
좋아하시고 천근한 말(깊이가 없는 얕은 말)도 살피기를 좋아하셨으며, 악함
은 숨기시고 선함을 드러내셨다. 그 양 극단을 잡아, 백성들에게 그 중간
을 쓰셨으니, 이 때문에 순임금이 되셨다.　　　[禮記(예기)] 〈中庸(중용)〉

誠者天之道也, 誠之者人之道也. 誠者, 不勉而中, 不思而得, 從容中道, 聖
人也. 誠之者, 擇善而固執之者也.

진실함은 하늘의 도이고, 진실하게 하는 것은 사람의 도이다. 진실한 사
람은 힘쓰지 않아도 중하고, 생각하지 않아도 얻게 되어, 차분하게 도에
들어맞는 것이니, 성인이다. 진실하게 한다는 것은, 선을 가리어 굳게 잡
는 것이다.　　　[禮記(예기)] 〈中庸(중용)〉

帝曰: "(생략) 予懋乃德, 嘉乃丕績, 天之歷數在汝躬, 汝終陟元后. 人心惟
危, 道心惟微, 惟精惟一, 允執厥中. (생략)."

(순)임금이 말했다: "(생략) 나는 그대의 덕을 독려하고, 그대의 큰 공을 기
리니, 하늘의 헤아림이 그대 몸에 있어서, 그대가 결국에는 임금에 오를
것이오. 사람의 마음은 위태롭고, 도의 마음은 희미하니, 정성스럽고도 한

결같이, 그 중을 진실로 잡아야 하오. (생략).” [尙書(상서)] 〈大禹謨(대우모)〉

“佑賢輔德, 顯忠遂良, 兼弱攻昧, 取亂侮亡, 推亡固存, 邦乃其昌. 德日新,
萬邦惟懷, 志自滿, 九族乃離, 王懋昭大德, 建中于民.(생략)”
어진 이를 돕고 덕이 있는 이를 도우며, 충성스러운 이를 드러내고 어진
이를 이루게 하며, 약한 이는 포용하고 어리석은 이는 책망하며, 어지러
운 이를 돕고 망하는 이를 업신여기며, 없애야 할 것을 밀어내고 존재해야
할 것을 튼튼히 하면, 나라가 이에 번창합니다. 덕이 날로 새로워지면, 만
방이 그리워하고, 마음이 자만하면, 구족이 이에 떠날 것이니, 임금께서는
힘써 큰 덕을 밝혀, 백성들에게 중을 세워야 합니다. (생략)”

[尙書(상서)] 〈仲虺之誥(중훼지고)〉

王曰: “君陳, 爾惟弘周公丕訓, 無依勢作威, 無倚法以削, 寬而有制, 從容以
和. 殷民在辟, 予曰宥, 爾惟勿辟, 予曰宥, 爾惟勿宥, 惟厥中.”
임금(성왕)이 말했다: “군진이여, 그대는 주공의 큰 교훈을 넓히고, 권세에
의지하여 위세를 떨치지 말며, 법에 의거하여 모질게 하지 마시오. 너그
럽고도 법도가 있고, 침착하고 덤비지 않음으로써 화합하시오. 은나라 백
성들이 벗어났을 때(위법을 했을 때), 내가 벌하라고 말해도, 그대는 벌하지
말고, 내가 용서하라고 말해도, 그대는 용서하지 말며, 오직 중을 따르시
오.”

[尙書(상서)] 〈君陳(군진)〉

帝嚳溉執中而遍天下, 日月所照, 風雨所至, 莫不從服.
제곡은 이미 중을 잡아 두루 세상에 미쳤으므로, 해와 달이 비치는 곳과,
바람과 비가 이르는 곳이면, 복종하지 않는 것이 없었다.

[史記(사기)] 〈五帝本紀(오제본기)〉

상술한 내용을 살펴보면, '中'이라 함은 '어느 한 쪽에 치우치지 않고 그 중간 즉 객관적이고도 공정한 태도를 유지하는 것'임을 알 수 있으니, 다음 문장을 살펴보면 왜 '中'이 그토록 중요한지 이해할 수 있을 것이다.

無偏無黨, 王道蕩蕩, 無黨無偏, 王道平平, 無反無側, 王道正直, 會其有極, 歸其有極.
치우치지 않고 편들지 않으면, 임금의 도는 평탄하고, 편들지 않고 치우치지 않으면, 임금의 도는 평평하며, 어기지 않고 배반하지 않으면, 왕의 도는 정직해지고, 지극함이 있는 이들을 모으면, 지극함이 있음으로 돌아가게 됩니다.
[尙書(상서)] 〈洪範(홍범)〉

이미 위에서 언급했다시피, 이 '中'은 '和'와 함께 '德(덕)'을 이루는 근간이 된다. 참고로 子程子(자정자)의 '中庸(중용)'에 대한 풀이를 밑에 소개한다.

中者, 不偏不倚無過不及之名, 庸, 平常也.
중이라는 것은, 편벽되지 않고 치우치지 않으며 지나치거나 미치지 못함이 없는 것의 이름이요, 용은 늘 그러함이다.

여기서 '庸(용)'은 '늘 그러함'이니 바로 '常(상)'과도 같은 의미가 되니, 이는 다시 이야기해서 지도자의 '항상 객관적으로 편벽되거나 치우치지 않아야' 하는 자세를 나타내는 것이라고 할 수 있다.

第6章：綿綿(면면)

6-1: 谷神³²⁾不死, 是謂玄牝³³⁾, 玄牝之門, 是謂天地根.

계곡의 오묘함은 그침이 없으니(영원하니), 이를 심오한 모성(생명의 발단, 부드러움)이라고 일컫고, 심오한 모성(부드러움)의 문, 이를 천지의 근원이라고 일컫는다.

*노자는 여기서도 '不死(불사)'와 아래 문장의 '綿綿(면면)'으로 '도'의 특징인 '常(상)' 즉 '영원함, 변치 않음'을 강조하고 있다. '常'에 대한 개념은 1장 1-1에서 언급한 바 있듯이, 16장의 16-5에서 구체적으로 살펴보기로 한다. 그리고 이 문장에서 말하는 '심오한 모성의 문'이란 10장의 10-5에 나오는 '하늘의 문'과 맥락이 상통하니, 서로 비교해볼 수 있다.

*노자는 2장 2-2의 '그러므로 있음과 없음이 함께 생겨나고, 어려움과 쉬움이 함께 형성되며, 길고 짧음이 함께 견주고, 높고 낮음이 함께 기울며, 소리와 음률이 함께 조화를 이루고, 앞과 뒤가 함께 따른다.'와 11장 및 28장에서 언급한 바와 같이 '도'를 '양'과 '음', '유'와 '무', '남성'과 '여성', '강함'과 '부드러움'의 조화라고 보았다. 하지만 또 한편으로는 36장의 36-2, 43장의 43-1, 76장, 78장의 78-1, 78-2에서와 같이 유약함이 강함을 이긴다고 피력하고 있다. 좀 더 구체적으로 말해서, 이 문장에서 '谷(곡)'은 계곡 즉 '음'을 일컫고 따라서 이는 '모성, 여성, 부드러움'과 같은 의미로 쓰였는데, 특히 계곡이 천지의 근원이라고 하였으니, 노자는 1장 1-2에서 '무명은 천지의 시작이고, 유명은 만물의 근원이다.'라고 언급했다시피 '부드러움(모성)'을 '도'와 같은 개념으로까지 보고 있는 것

---

32) 神(신): 오묘하다, 신비하다, 신묘하다로 해석. 여기서는 오늘날의 신의 개념이 아니다.
33) 牝(빈): 암컷, 여성, 모성.

이다. 그렇다면, 노자는 여기서 가치관의 모순을 일으키고 있는 것일까? 이 문제에 대해서는, 36장의 36-2에서 논하기로 한다.

6-2: 綿綿若存, 用之不勤[34].

끊이지 않고 존재하는 듯하니, 작용에 다함이 없다.

*이 문장은 직유법으로 쓰였는데, '끊이지 않고, 작용에 다함이 없다.' 고 하였으니, 여기서 노자는 '계곡의 오묘함이자 심오한 모성'의 특징이 '常'이라고 강조하고 있다. 즉 '계곡의 오묘함이자 심오한 모성'과 '도' 의 공통된 특징이 모두 '常'이 되니, 兩者(양자) 간에는 어떠한 공통분모가 형성되는데, 이에 관해서는 역시 36장의 36-2에서 논하기로 한다.

---

34) 勤(근): 다하다. 41장의 41-1, 52장의 52-3과는 다르게 쓰였다.

第7章：無私(무사)

7-1: 天長地久. 天地所以能長且久者, 以其不自生, 故能長生.

천지는 장구히 존재한다. 천지가 장구할 수 있는 것은, 그가
자기만 살려고 하지 않기 때문에, 그러므로 장구히 존재할
수 있다.

*노자는 여기서도 '長久(장구)함'으로 '영원함, 변치 않음'을 강조하고
있는데, 위에서 언급했듯이 이에 대해서는 16장의 16-5에서 구체적으로
논하기로 한다. 노자는 또한 共生(공생)하기 때문에 장구할 수 있다고 피력
하고 있는데, 이와 관련하여, 다음 문장을 살펴보자.

> 予違, 汝弼, 汝無面從, 退有後言. 欽四鄰! 庶頑讒說, 若不在時, 侯以明之,
> 撻以記之, 書用識哉, 欲並生哉! 工以納言, 時而颺之, 格則承之庸之, 否則
> 威之."
> 나의 어긋남을, 그대가 바로잡아야 하니, 그대는 면전에서는 따르고, 물
> 러나서 뒷말을 남기지 마시오. 사방을 공경하시오! 모든 요사스럽고 간특
> 한 말은, 만약 좋지 않으면, 과녁으로 밝히고, 회초리로 기억하며, 글로 기
> 록하여, 함께 살고자 하오! 악관이 바친 말로서, 때에 맞춰 드높이니, 바로
> 잡으면 곧 받아들여 그를 등용하고, 그렇지 않으면 그를 떨치겠소."
>
> [尙書(상서)] 〈益稷(익직)〉

> 伊尹乃明言烈祖之成德, 以訓于王. 曰: "嗚呼! 古有夏先后, 方懋厥德, 罔有
> 天災. 山川鬼神, 亦莫不寧, 暨鳥獸魚鼈咸若."
> 이윤이 이에 열조(탕왕)가 이룬 덕을 분명히 말함으로써, 임금(태갑)을 훈계
> 하였다. 아! 옛날 하나라의 선왕들은, 바야흐로 그 덕을 힘쓰셨기에, 천재

(天災)가 없었습니다. 산천의 귀신들은, 역시 편안하지 않음이 없었고, 조수나 어별(물에 사는 동물)들이 더불어 좇았습니다.

[尙書(상서)] 〈伊訓(이훈)〉

위에 열거한 두 문장은 모두 함께 더불어 살아가야 하는 相生(상생)의 도리를 강조하였는데, 이는 상생의 도리가 바로 '無名(무명)', '無限(무한)'이 핵심이 되는 태평성대의 주된 특징이기 때문인 것이니, 노자는 여기서 바로 '和(화)'를 다시 한 번 강조하고 있는 것이다.

7-2: 是以聖人後其身而身先, 外其身而身存.
是以聖人□其身而身□, □其身而身□.

[대구법]

이 때문에, 성인은 자기를 (남의) 뒤에 두지만 자기가 (남보다) 앞서게 되고, 자기를 도외시하지만 자기를 보존할 수 있다.

*그렇다면 노자는 왜 상생의 도리가 태평성대의 주된 특징이라고 보았을까? 다음 문장을 살펴보면, 보다 쉽게 이해할 수 있을 것이다.

曰: "后克艱厥后, 臣克艱厥臣, 政乃乂, 黎民敏德." 帝曰: "兪! 允若玆, 嘉言罔攸伏, 野無遺賢, 萬邦咸寧. 稽于衆, 舍己從人, 不虐無告, 不廢困窮, 惟帝時克."

(우가) 말했다: "임금이 능히 그 임금 자리를 어려워하고, 신하가 능히 그 신하 자리를 어려워하면, 정치가 이에 다스려지고, 수많은 백성들이 덕에 힘쓰게 될 것입니다." (순)임금이 말했다: "그렇소! 진실로 이와 같다면,

좋은 말이 숨겨지는 바가 없고, 현명한 이들이 모두 등용되어 민간에 인물이 없게 되어, 만방이 모두 평안할 것이오. 여러 사람들에게 상의하고, 자기를 버리고 남을 따르며, 의지할 곳이 없는 이들을 깔보지 않고, 곤궁한 이들을 버리지 않는 것은, 오직 (요)임금만이 늘 해내셨소."

[尚書(상서)]〈大禹謨(대우모)〉

高辛生而神靈, 自言其名. 普施利物, 不於其身. 聰以知遠, 明以察微, 順天之義, 知民之急. 仁而威, 惠而信, 脩身而天下服.
고신(제곡)은 태어나면서 신통하고 영묘하여, 스스로 자신의 이름을 말했다. 두루 베풀어 만물을 이롭게 하였지만, 자신에게는 아니었다(자신을 돌보지 않았다). 귀가 밝아 멀리까지 알았고, 눈이 밝아 작은 것을 살폈다. 하늘의 법도를 따르고, 백성의 긴요함을(백성들이 무엇을 긴요하게 생각하는지를) 알았다. 어질면서도 위엄 있고, 은혜로우면서도 믿음이 있었으며, 자신을 닦았기에 세상이 복종했다.   [史記(사기)]〈五帝本紀(오제본기)〉

즉 노자는 고대 聖君(성군)과 聖賢(성현)들의 治世方法(치세방법)을 통해서, 자신을 버리고 돌보지 않으면 오히려 세상을 평안하게 다스릴 수 있음을 역설하고 있는 것이다. 이러한 논리는 8장에서도 여실히 드러나니 함께 연계하여 이해할 수 있다.

7-3: 非以其無私邪? 故能成其私.

자기를 사사로이 하지 않기 때문이 아닌가? 그러므로 (오히려) 사사로움을 이룰 수 있는 것이다.

*이 문장은 '非-邪?(-이 아니겠는가?)'라는 설의법 형식으로 쓰였다. 여기서 '邪(야)'는 '사악할 사'가 아니라 '어조사 야'로 쓰였음에 유의해야 하는데, 이러한 문장구조는 39장 39-5에서도 나타나니 참고한다.

*이는 고대의 성현들이 자신을 돌보지 않고 상생을 도모하여 사사로움을 버림으로써, 온 세상을 평안하게 다스릴 수 있었거니와 나아가 대대손손 칭송을 누릴 수 있었음을 나타낸다. 이제 다음 기록을 살펴보면, 노자의 뜻을 이해할 수 있을 것이다.

今王嗣厥德, 罔不在初, 立愛惟親, 立敬惟長, 始于家邦, 終于四海. 嗚呼! 先王肇修人紀, 從諫弗咈, 先民時若. 居上克明, 爲下克忠, 與人不求備, 檢身若不及. 以至于有萬邦, 玆惟艱哉.

이제 임금(태갑)께서 그 덕을 이으시려면, 처음부터 살피지 않으면 안 되니, 사랑을 세우는 것은 부모를 생각하시고, 공경함을 세우는 것은 연장자를 생각하시며, 집안과 나라에서 시작하여 온 천하에서 마쳐야 합니다. 아! 선왕께서는 백성의 기강을 바로잡아 다스리셨고, 간언을 따라 어기지 않으셨으니, 이전의 백성들은 늘 따랐습니다. 윗자리에 있으면 능히 밝히고, 아랫자리에 있으면 능히 충성하며, 사람들과 함께 함에 모든 것을 갖추기를 바라지 않았고, 자신의 몸을 단속함에 미치지 못하는 것처럼 하셨습니다. 그럼으로써 만방을 소유하기에 이르렀으니, 이것은 어려운 것입니다.

[尚書(상서)]〈伊訓(이훈)〉

자신의 사사로움을 버리고 백성들을 위함으로써 결국에는 온 나라를 소유하기에 이르렀으니, 이것이야말로 노자가 말하는 '사사로움을 버리니, 사사로움을 얻는다.'는 도리가 아니겠는가?

第8章：若水(약수)

8-1: 上善若水, 水善利萬物而不爭.

최고의 선은 물과 같으니, 물은 만물을 편리하게 하지만
그들과 다투지 않는다.

*이 문장은 직유법이 사용되었다. 노자는 이밖에 78장에서도 '물'로
자신의 '도'를 비유하는데, 78-1에서 구체적으로 설명하겠지만 여기서
'물'은 단순한 '물의 성질'을 뜻하는 것이 아니라, 궁극적으로는 '부드러
움의 덕치를 통한 도'를 뜻함을 미리 밝혀둔다.

8-2: 處衆人之所惡³⁵⁾, 故幾³⁶⁾於道.

많은 이들이 싫어하는 곳에 머물기에, 그러므로 도에
근접한다.

*노자가 추구하는 궁극의 '도'는 남보다 앞서지 않고, 오히려 남들이
싫어하는 곳에 처하고 남보다 밑에 처한다는 의미로서, 그 본질은 66장에
명확하게 기술되어 있다. 이와 연계하여 다음의 문장을 살펴보면, 노자가
피력하고자 하는 의미를 보다 명확하게 이해할 수 있다.

其一曰: 皇祖有訓, 民可近, 不可下. 民惟邦本, 本固邦寧. 予視天下, 愚夫愚
婦, 一能勝予. 一人三失, 怨豈在明, 不見是圖. 予臨兆民, 懍乎若朽索之馭

---

35) 惡(오): 미워하다, 싫어하다.
36) 幾(기): 거의, 하마터면. "도"와 거의 같다, 비슷하다는 의미로 해석한다.

六馬, 爲人上者, 奈何不敬.

그 첫째가 말했다: "선조께서 훈계하심이 있으니, 백성들은 가까이할 수 있으나, 얕잡아 보면 안 된다. 백성은 나라의 근본이고, 근본이 단단해야 나라가 안녕하다. 내가 세상을 살피니, 어리석은 남자와 어리석은 여자가, 모두 나보다 훌륭하다. 한 사람이 거듭 실수함에, 원망이 어찌 드러나기를 살피노니, 보지 않고도 알 수 있다. 내 백성들을 다스림에, 썩은 새끼줄로 말 여섯 마리를 모는 듯 삼가니, 위에 있는 사람이, 어찌 공경하지 않겠는가?" [尙書(상서)] 〈五子之歌(오자지가)〉

이러한 취지의 내용은 7장 7-2의 '이 때문에, 성인은 자기를 뒤에 두지만 자기가 앞서게 되고, 자기를 도외시하지만 자기를 보존할 수 있다.', 28장 28-1의 '그 강함을 알고, 그 부드러움을 지키면, 세상이 모두 귀속된다.', 32장 32-5의 '비유컨대 도가 세상에 존재하는 것은, 마치 하천과 계곡이 강과 바다로 유입되는 것과도 같다.', 39장, 41장 41-6의 '높은 덕은 마치 계곡과 같고, 대단히 깨끗한 것은 마치 더러운 듯하다.', 61장 61-2의 '모성이 항상 고요함으로 부성을 제압하는 것은, 고요함으로 아래에 처하기 때문이다.' 라는 말도 그 맥락이 상통하니, 상호 비교하여 이해할 수 있다.

8-3: 居善地, 心善淵, 與善仁, 言善信, 正善治, 事
善能, 動善時.
□善□, □善□, □善□, □善□, □善□,
□善□, □善□.

[대구법, 열거법]

기거함에 있어서는 지세(地勢)를 잘 선택하고, 속(도량)은
고요함에 능하며, 더불어 함께함에 있어서는 어질음에
능하고, 말은 신용을 지킴에 능하며, 올바름은 다스림에
능하고(올바르게 다스릴 수 있고), 일을 처리함에 있어서는 능력을
발휘함에 능하며, 행동에 있어서는 시기를 선택함에
능하다.

*이는 태평성대를 이룩한 聖賢(성현)들의 공통적인 특징을 총괄한 대목
이라고 볼 수 있으니, 이와 관련하여 다음의 기록들을 살펴보면 그 문맥을
이해할 수 있을 것이다. 이제 위에 열거된 각각의 내용에 상응하는 史實(사
실)들을 일일이 대입하여 살펴볼 터인데, 이러한 방법은 단지 독자들의 이
해를 돕기 위한 것으로, 사실 아래에 제시하는 기록들은 엄밀히 말해서 위
의 내용을 복합적으로 수용하고 있음을 미리 밝혀둔다.

慮善以動, 動惟厥時. 有其善, 喪厥善, 矜其能, 喪厥功. 惟事事乃其有備, 有
備無患.
선하다고 생각되면 움직이고, 행동은 그 때에 맞아야 합니다. 선하다고
여기면 선함을 잃고, 재능을 자랑하면 그 공을 잃게 됩니다. (해야 할) 일에
종사하면 이에 준비하게 되니, 준비함이 있으면 후환이 없습니다.

[尙書(상서)] 〈說命(열명)〉

이는 '행동에 있어서는 시기를 선택함에 능하다.'와 관련이 되니, 또 다음 기록을 살펴보자.

惟王不邇聲色, 不殖貨利. 德懋懋官, 功懋懋賞, 用人惟己, 改過不吝, 克寬克仁, 彰信兆民.

임금께서는 음악과 여색을 가까이 하지 않고, 재물과 이익을 불리지 않았으며, 덕이 많으면 관직을 높이고, 공이 많으면 상을 후하게 하였으며, 사람을 등용하되 자기처럼 대우하고, 허물 고치기를 인색하게 하지 않아, 능히 너그럽고 능히 인자하여, 백성들에게 믿음을 보이셨습니다.

[尙書(상서)] 〈仲虺之誥(중훼지고)〉

任官惟賢材, 左右惟其人. 臣爲上爲德, 爲下爲民, 其難其愼, 惟和惟一.

관리를 임용함에 어진 이와 재능 있는 이를 생각하고, 좌우에는 그 사람(임용한 어질고 재능 있는 이)을 세우십시오. 신하(臣下)는 위로는 덕을 행하고, 아래로는 백성들을 위하는 것이라, 어렵고도 신중히 해야 하니, 오직 조화롭고 한결같아야 합니다.

[尙書(상서)] 〈咸有一德(함유일덕)〉

이들은 '더불어 함께함에 있어서는 어질음에 능하고, 말은 신용을 지킴에 능하다.' 및 '올바름은 다스림에 능하고, 일을 처리함에 있어서는 능력을 발휘함에 능하다.'와 관련이 있다.

帝顓頊高陽者, 黃帝之孫而昌意之子也. 靜淵以有謀, 疏通而知事; 養材以任地, 載時以象天, 依鬼神以制義, 治氣以敎化, 絜誠以祭祀.

전욱제 고양은, 황제의 자손이고 창의의 아들이다. 조용하여 지모가 있었고, 도리와 조리에 밝아 일을 주재하였으니; 재목을 길러 관리를 부임시키고, 때에 맞춰 하늘을 점쳤으며, 귀신에 의탁하여 법도를 바로잡고, (음양의) 기를 바로잡아 교화하였으며, 깨끗하고도 정성을 다해 제사를 지냈다.

[史記(사기)] 〈五帝本紀(오제본기)〉

이는 '속은 고요함에 능하다.' 와 관련이 있으니, 또 다음의 기록을 살펴보자.

高辛生而神靈, 自言其名. 普施利物, 不於其身. 聰以知遠, 明以察微. 順天之義, 知民之急. 仁而威, 惠而信, 脩身而天下服.

고신(제곡)은 태어나면서 신통하고 영묘하여, 스스로 자신의 이름을 말했다. 두루 베풀어 만물을 이롭게 하였지만, 자신에게는 아니었다(자신을 돌보지 않았다). 귀가 밝아 멀리까지 알았고, 눈이 밝아 작은 것을 살폈다. <u>하늘의 법도를 따르고, 백성의 긴요함을</u>(백성들이 무엇을 긴요하게 생각하는지를) <u>알았다.</u> 어질면서도 위엄 있고, 은혜로우면서도 믿음이 있었으며, 자신을 닦았기에 세상이 복종했다.　　　　　[史記(사기)] 〈五帝本紀(오제본기)〉

舜耕歷山, 歷山之人皆讓畔 ; 漁雷澤, 雷澤上人皆讓居 ; 陶河濱, 河濱器皆不苦窳. 一年而所居成聚, 二年成邑, 三年成都.

순이 역산에서 농사를 짓자, 역산의 사람들이 모두 밭을 양보했고; 뇌택에서 낚시를 하자, 뇌택의 사람들이 모두 자리를 양보하였으며, 황하 가에서 그릇을 구우니, 황하 가의 그릇이 모두 이지러지지 않았다. 1년이 되자 머무르는 곳이 무리를 이루었고, 2년이 되자 고을을 이루었으며, 3년이 되자 도시를 이뤘다.　　　　　　[史記(사기)] 〈五帝本紀(오제본기)〉

이 내용은 다음의 기록에도 보인다.

耕歷山, 民皆讓畔, 漁雷澤, 人皆讓居, 陶河濱, 器不苦窳, 所居, 成聚, 二年, 成邑, 三年, 成都. 堯聞之聰明, 擧於畎畝, 妻以二女, 曰娥皇女英, 釐降於嬀汭.

역산에서 경작하니, 백성들이 모두 밭두둑을 양보하고, 뇌택에서 낚시를 하니, 사람들이 모두 자리를 양보하였으며, 황하 가에서 그릇을 구우니, 그릇이 이지러지지 않고, 머무르니, 무리가 되고, 2년이 지나자, 고을을 이뤘으며, 3년이 되자, 도시를 이뤘다. 요임금이 그의 총명함을 듣고, 밭두렁에서 올려 두 딸을 아내로 삼게 하니, 아황과 여영이라고 하고, 규와 예로 내려와 다스렸다.　　　　　　[十八史略(십팔사략)]〈五帝篇(오제편)〉

위에서 열거한 기록들은 '기거함에 있어서는 지세(地勢)를 잘 선택한다.' 및 '행동에 있어서는 시기를 선택함에 능하다.'와 통한다고 볼 수 있다. 결국 총체적으로 말해서, 노자는 이처럼 상고시대의 태평성대를 이끈 성인들의 행적들을 바탕으로 '덕치'를 주장하고 있으니, 노자의 이러한 가치관은 1장부터 81장까지 관철되고 있다.

8-4: 夫唯不爭, 故無尤[37].

무릇 다투지 않기에, 그러므로 과오가 없다.

*이는 상술한 태평성대를 일군 성군들의 업적을 총괄한 부분으로, 다음 문장을 참고하기로 한다.

---

37)　尤(우): 허물, 과실, 결점.

帝堯者, 放勳. 其仁如天, 其知如神. 就之如日, 望之如雲. 富而不驕, 貴而不舒.(생략) 能明馴德, 以親九族. 九族旣睦, 便章百姓. 百姓昭明, 合和萬國.

요임금은, 방훈이다. 그 인자함은 하늘과 같았고, 그 지혜로움은 귀신과도 같았다. 그를 좇으면 태양과 같았고, 그를 바라보면 구름과도 같았다. 부유하면서도 교만하지 않고, 고귀하면서도 오만하지 않았다. (생략) 능히 덕을 밝히고 따름으로써, 구족(같은 종족의 9대: 고조부터 현손까지)이 가까워졌다. 구족이 이미 화목해지니, 수많은 성씨(귀족)를 상의하여 처리했다. 수많은 성씨(귀족)가 명확히 구분되어지자, 온 나라가 합하여 잘 어울리게 되었다.   [史記(사기)] 〈五帝本紀(오제본기)〉

이처럼 노자는 堯(요)임금과 같은 성군들이 '德(덕)'을 바탕으로 하여 백성들을 다스렸으니 다툴 일이 없었고, 결국 온 나라가 화합하게 하였으니 과오가 없었던 것임을 밝히고 있다.

第9章 功遂身退(공수신퇴)

9-1: 持而盈之, 不如其已[38].

그것을 가득 움켜지는 것은, 그것을 멈추느니만(그렇게 하지 않느니만) 못하다.

*이는 집착하는 것이 그렇지 않느니만 못하다는 도리를 설명한 것으로, 다음 구문을 살펴보면 그 뜻을 쉬이 이해할 수 있을 것이다.

湯出, 見野張網四面, 祝曰：“自天下四方皆入吾網.” 湯曰：“嘻, 盡之矣！” 乃去其三面, 祝曰：“欲左, 左；欲右, 右；不用命, 乃入吾網.” 諸侯聞之, 曰：“湯德至矣, 及禽獸.”

탕이 나가서, 들에 사면으로 그물을 펼쳐놓고, “세상 사방 모두가 내 그물로 들어오게 하소서”라고 비는 이를 보았다. 탕이 말했다: “아, 다 잡으려 하는구나！” 이에 삼면을 거두고, “왼쪽으로 가려면, 왼쪽으로, 오른쪽으로 가려면, 오른쪽으로 가게 하소서; 명령을 따르지 않으면, 이에 내 그물로 들어오게 하소서.”라고 빌었다. 제후들이 듣고, 말했다: “탕의 덕이 지극하니, 금수에게까지 미쳤구나.”　　　[史記(사기)] 〈殷本紀(은본기)〉

이러한 내용은 다음의 기록에서도 보인다.

湯出, 見有張網四面而祝之曰: 從天降, 從地出, 從四方來者, 皆罷吾網. 湯曰: 嘻, 盡之矣. 乃解其三面, 改祝曰: 欲左左, 欲右右, 不用命者, 入吾網. 諸侯聞之曰: 湯德至矣, 及禽獸.

탕이 나가다가, 그물을 사방에 펼치고는 하늘에서 내려오고, 땅에서 나오

---

38) 已(이): 그치다, 멈추다.

며, 사방에서 온 것이, 모두 내 그물에 걸려라하고 비는 사람을 보았다. 탕
이 말했다: 아, 지나치다. 이에 그 삼면을 풀고, 바꿔 기원하며 말했다: 왼
쪽으로 가고 싶으면 왼쪽으로 가고, 오른쪽으로 가고 싶으면 오른쪽으로
가며, 목숨이 필요 없는 자는 내 그물에 들어오라. 제후들이 듣고 말했다:
탕의 덕이 지극하여, 금수에게까지 미쳤구나.

[十八史略(십팔사략)] 〈殷王朝篇(은왕조편)〉

탕이 이처럼 행동한 것은 財物(재물)을 얻는 차원에서는 손해인 듯하지
만, 궁극적으로는 諸侯(제후)들의 신임을 얻게 되었으니, 장기적인 안목에
서는 더욱 큰 것을 얻은 것이라는 사실을 이해할 수 있다.

9-2: 揣而銳之, 不可長保.

날카로운데도 그것을 날카롭게 하면, 오래 보존할 수 없다.

*칼의 날이 이미 충분히 예리한데도 불구하고 계속 날카롭게 갈면, 결
국 그 칼은 磨耗(마모)되어 오래 쓸 수가 없다. 백성들을 억압하여 불만이
팽배한데도 그들을 누르기 위해 법률이나 형벌 등의 제도를 강화한다면,
그 정치는 오래 갈 수 없다. 이와 관련하여 다음 문장을 살펴보면 그 도리
를 이해할 수 있을 것이다.

帝乙崩, 子辛立, 是爲帝辛, 天下謂之紂. 帝紂資辨捷疾, 聞見甚敏 ; 材力過
人, 手格猛獸 ; 知足以距諫, 言足以飾非 ; 矜人臣以能, 高天下以聲, 以爲皆
出己之下. (생략) 厚賦稅以實鹿臺之錢而盈鉅橋之粟. (생략) 百姓怨望而諸侯

有畔者, 於是紂乃重刑辟, 有炮格之法.

을임금이 죽고, 아들 신이 즉위하니, 이 사람이 신제이다. 세상은 그를 주라고 불렀다. 주임금은 천성적으로 말솜씨가 좋고 행동이 빨랐으며, 보고 들음에 매우 영리했고; 능력이 일반인을 능가했으며, 맨손으로 맹수와 맞섰고; 지혜는 충분히 간언을 막을 수 있었으며, 말은 충분히 거짓으로 꾸며낼 수 있었고; 능력을 신하들에게 자랑하고, 명성을 세상에 드높이려 했으며, 모두가 자기 아래라고 여겼다. (생략) 부세를 두터이 함으로써 녹대의 돈을 채우고 거교를 곡식을 메웠다. (생략) 귀족들이 원망하고 제후들 중에는 배반하는 이들이 있었으니, 그래서 주는 이에 형벌을 무겁게 하여, 포락이라는 형벌이 있게 되었다.　　　　　　　[史記(사기)] 〈殷本紀(은본기)〉

炮烙(포락)은 죄인을 굽고 지지는 형벌로, 기름 바른 쇠기둥을 불로 달군 후 건너가게 하여 죽게 하였다고 한다. 결국 이처럼 잔인한 紂(주)임금은 불행한 최후를 맞이하게 되었으니, 어찌 자신의 지위를 보존할 수 있었겠는가?

9-3: 金玉滿堂, 莫之能守.

금과 옥이 집에 가득하면, 그것을 지킬 수 없다.

9-4: 富貴而驕, 自遺其咎[39].

부귀하고도 교만하면, 스스로 그 재앙을 남기는(주는)
것이다.

*9-3과 9-4는 문장 맥락상 함께 묶어서 봐도 무방한데, 이는 지나치게
재물을 끌어 모으려 하면 결국에는 재앙을 낳게 된다는 도리를 설명하고
있다. 이제 다음 기록들을 살펴보자.

帝堯者, 放勳. 其仁如天, 其知如神. 就之如日, 望之如雲. 富而不驕, 貴而不
舒.(생략) 能明馴德, 以親九族. 九族旣睦, 便章百姓. 百姓昭明, 合和萬國.
요임금은, 방훈이다. 그 인자함은 하늘과 같았고, 그 지혜로움은 귀신과
도 같았다. 그를 좇으면 태양과 같았고, 그를 바라보면 구름과도 같았다.
부유하면서도 교만하지 않고, 고귀하면서도 오만하지 않았다. (생략) 능히
덕을 밝히고 따름으로써, 구족(같은 종족의 9대: 고조부터 현손까지)이 가까워졌
다. 구족이 이미 화목해지니, 수많은 성씨(귀족)를 상의하여 처리했다. 수
많은 성씨(귀족)가 명확히 구분되어지자, 온 나라가 합하여 잘 어울리게 되
었다.   [史記(사기)] 〈五帝本紀(오제본기)〉

요임금은 이처럼 부귀하면서도 교만하지 않았기에 나라를 화합으로
이끌 수 있었다. 이제 이와 상반되는 예를 살펴보기로 하자.

厲王卽位三十年, 好利, 近榮夷公. 大夫芮良夫諫厲王曰:"王室其將卑乎.
夫榮公好專利而不知大難. 夫利, 百物之所生也, 天地之所載也, 而有專之,

---

39) 咎(구): 재앙, 허물.

其害多矣. 天地百物皆將取焉, 何可專也? (생략) 夫王人者, 將導利而布之
上下者也. 使神人百物無不得極, 猶日怵惕, 懼怨之來也. (생략) 匹夫專利, 猶
謂之盜, 王而行之, 其歸鮮矣.

여왕은 30년 동안 재위했는데, 이익을 좋아하고 영이공을 가까이 했다.
대부 예랑부가 여왕에게 간하여 말했다: "왕실이 장차 쇠할 것입니다. 무
릇 영이공은 이익을 독점하기를 좋아하나 큰 재앙은 알지 못합니다. 무릇
이익이란, 만물에서 생기는 바이고, 천지가 완성하는 바인데, 독점하게 되
면, 그 피해가 많아집니다. 천지와 만물은 모두가 얻기를 바라는데, 어찌
사사로이 할 수 있겠습니까? (생략) 무릇 왕이란 사람은, 장차 이익을 이끌
어 위아래로 베푸는 사람입니다. 귀신과 사람 만물로 하여금 지극함을 얻
지 못하는 바가 없도록 하고, 오히려 날마다 두려워 조심해야 하며, 원망
이 이르게 될까 걱정해야 합니다. (생략) 필부가 이익을 독점해도, 가히 도
적이라 일컫는데, 왕이 그것을 행하면, 귀속하는 이들이 드물 것입니다."

[史記(사기)] 〈周本紀(주본기)〉

　　신하들의 諫言(간언)에도 불구하고, 여왕은 영이공에게 國事(국사)를 맡
기는 등 포악하고 사치스러운 생활을 계속하자, 급기야 백성들이 반란을
일으키게 되고 결국 쫓겨나 타지에서 客死(객사)하였으니, 이에 周(주)나라
의 國勢(국세)도 약해지게 되었다.

9-5: 功遂[40]身退, 天之道.

공을 이루면 자신은 물러나는 것이, 하늘의 도리이다.

*이 문장을 통해 여실히 드러나는 것은, 소위 노자가 주창하는 '도'가
세상과 괴리되는 은거, 은둔사상과는 사뭇 다르다는 것이다. 노자는 세상
과 더불어 사는 적극적인 사고방식을 지녔지만, 다만 나아갈 때와 물러날
때를 명확하게 구분해야 한다고 말한다. 태평성대의 聖君(성군)과 성현들
은 어떠하였는가? 신하로서 할 일을 다 했지만 그 업적을 자신의 것으로
여기지 않았고, 임금은 禪讓制度(선양제도)를 통해 자신의 혈통이 아닌 능력
있는 이로 하여금 그 뒤를 잇도록 하지 않았는가? 따라서 이 문장은 바로
자신의 권력에 집착하지 않고 객관적으로 인재를 중용하여 나라와 백성
들을 위하는 통치도리를 설명한 것이다. 이와 관련하여, 다음에 제시하는
기록들을 살펴보면, 그 의미를 명확히 이해할 수 있다.

帝曰: "格, 汝禹! 朕宅帝位三十有三載, 耄期倦于勤. 汝惟不怠, 總朕師." 禹
曰: "朕德罔克, 民不依. 皐陶邁種德, 德乃降, 黎民懷之. 帝念哉! 念茲在茲,
釋茲在茲, 名言茲在茲, 允出茲在茲, 惟帝念功."
(순)임금이 말했다: "오시오, 그대 우여! 짐이 재위에 있은 지 33년이니, 늙
어서 힘써 일함에 더듬거리고 게을러지오. 그대는 게으르지 말고, 짐의
백성들을 이끌어 주시오." 우가 말했다: "<u>저의 덕으로는 견디어낼 수 없
으니, 백성들이 따르지 않을 것입니다. 고요가 힘써 덕을 폈고, 덕이 이에
내려져, 수많은 백성들이 그를 따릅니다.</u> 임금께서는 유념하십시오! 그

---

40) 遂(수): 이루다, 성취하다.

를 생각함은 그것(그 공적)이 있고, 그를 버려도 그것(그 공적)이 있으며, 그 이름을 말하는 것은 그것(그 공적)에 있어, 진실로 그가 나음은 그것(그 공적)에 있으니, 임금께서는 오로지 공적을 생각하십시오."

[尚書(상서)] 〈大禹謨(대우모)〉

君罔以辯言亂舊政, 臣罔以寵利居成功. 邦其永孚于休.
임금이 교묘한 말 때문에 옛 정치를 어지럽히지 않고, 신하가 총애와 이익 때문에 성공에 머무르지 않으면, 나라가 오래도록 아름답게 빛날 것입니다."

[尚書(상서)] 〈太甲下(태갑하)〉

堯知子丹朱之不肖, 不足授天下, 於是乃權授舜. 授舜, 則天下得其利而丹朱病; 授丹朱, 則天下病而丹朱得其利. 堯曰: "終不以天下之病而利一人", 而卒授舜以天下. 堯崩, 三年之喪畢, 舜讓辟丹朱於南河之南. 諸侯朝覲者不之丹朱而之舜, 獄訟者不之丹朱而之舜, 謳歌者不謳歌丹朱而謳歌舜. 舜曰 "天也", 夫而後之中國踐天子位焉, 是爲帝舜.
요임금은 아들 단주가 못나고 어리석어, 세상을 넘겨주기에 부족하다는 것을 알았고, 그래서 이에 정권을 순에게 주었다. 순에게 주면, 곧 세상이 이로움을 얻고 단주가 원망을 하지만; 단주에게 주면, 곧 세상이 원망하고 단주가 이로움을 얻게 되는 것이다. 요임금이 말했다: "<u>결국에는 세상이 원망함으로써 한 사람을 이롭게 할 수 없다</u>", 그래서 마침내 세상을 순에게 주었다. 요임금이 죽고, 3년상이 끝나자, 순은 단주에게 양보하고 남하의 남쪽으로 물러났다. 제후 중에 조정에 알현하는 이들이 단주에게 가지 않고 순에게 갔으며, 소송을 하는 이들이 단주에게 가지 않고, 순에게 갔으며, 칭송하는 이들이 단주를 칭송하지 않고 순을 칭송했다. 순이 "운명이로다!" 라고 말하고, 대저 중원으로 돌아가 천자의 자리에 올랐으니, 이가 순임금이다.   [史記(사기)] 〈五帝本紀(오제본기)〉

위에 제시한 史實(사실)들의 내용을 정리해보면, 모두가 '功遂身退(공수신퇴)' 즉 '공을 이루면 자신은 물러난다.'는 도리이니, 결국 이들은 하늘의 뜻 즉 天性(천성)에 따랐기 때문에 나라를 평안하게 할 수 있었던 것이다.

第10章 : 抱一(포일)

10-1: 載⁴¹⁾營魄抱一, 能無離乎?
載□□□□, 能□□乎?

정신을 경영(경구)하여 하나(=도)로 파악함에 있어, 분리됨이 없을 수 있는가?

*10장은 노자 사상의 궁극이 집결되어 있는 부분으로, 마지막 문장을 제외하고는 모두 대구법의 형태로 연결된다. 이 문장에서 '하나로 파악하여 분리됨이 없다.'는 것은 음과 양을 분산시키지 않고 '도'로 복귀함을 의미하니, 2장에서 말하는 '有無(유무)'와 '陰陽(음양)'의 조화를 말하는 것으로, 이와 관련하여서는 42장의 42-1에서 보다 구체적으로 설명하기로 한다. '하나'는 이외에도 14장의 14-2, 22장의 22-2, 39장의 39-1에도 보이는데, 모두 같은 의미를 지닌다. 이제 다음의 기록을 살펴보자.

嗚呼! 天難諶, 命靡常, 常厥德, 保厥位, 厥德匪常, 九有以亡. 夏王弗克庸德, 慢神虐民, 皇天弗保, 監于萬方, 啓迪有命, 眷求一德, 俾作神主. 惟尹躬暨湯, 咸有一德, 克享天心, 受天明命. (생략) 非天私我有商, 惟天佑于一德, 非商求于下民, 惟民歸于一德. 德惟一, 動罔不吉, 德二三, 動罔不凶.

아! 하늘을 믿기 어려운 것은, 천명이 항구하지 않기 때문이니, 그 덕이 항구하면, 그 지위를 보존하고, 그 덕이 항구하지 못하면, 구주가 망하게 됩니다. 하나라 왕이 덕을 능히 변치 않게 하지 못하여, 귀신을 업신여기고 백성들을 해치자, 황천이 보호하지 않고, 만방을 살펴보아, 천명이 있는 이를 가르쳐 길을 열었고, 순일(純一)한 덕(德)이 있는 이를 찾아 돌보시니, 귀신을 받드는 주인이 되게 하였습니다. 저 이윤은 몸소 탕(탕왕)과 함께,

---

41) 載(재): 어조사.

모두 순일한 덕을 갖춰서, 능히 천심을 누릴 수 있었으니, 하늘의 밝은 명을 받은 것입니다. (생략) 하늘이 우리 상나라에 사사로움이 있는 것이 아니라, 하늘이 순일한 덕을 도운 것이고, 상나라가 백성들에게 청한 것이 아니라, 백성들이 순일한 덕으로 귀속한 것입니다. 덕이 한결같으면, 움직여서 길하지 않은 것이 없고, 덕이 두셋으로 나뉘면(한결같지 않으면), 움직여서 흉하지 않은 것이 없습니다.　　　[尙書(상서)] 〈咸有一德(함유일덕)〉

이 문장을 살펴보면 여기서 '하나' 란 '순일한 덕' 을 암시하는 것임을 알 수 있는데, 이러한 '순일한 덕' 은 바로 天命(천명)에 따라 두 마음을 품지 않고 한결같게 행하는 것이다.

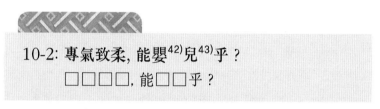

10-2: 專氣致柔, 能嬰[42]兒[43]乎 ?
□□□□, 能□□乎 ?

기운을 집중하여 유순함(부드러움)에 도달함에 있어, 능히 1. 아이(순수함)를 2. 부성(강함)을 지닐 수 있는가?

*[道德經(도덕경)]을 보면 '能(능)' 뒤에 바로 명사가 오는 경우는 전혀 보이지 않는다. 7장의 '天地所以能長且久者, 以其不自生, 故能長生.' 과 '故能成其私.', 9장의 '莫之能守.', 14장의 '能知古始', 15장의 '孰能濁以靜之徐淸, 孰能安以久動之徐生.' 과 '故能蔽不新成.', 22장의 '故天下莫能與之爭.', 23장의 '天地尙不能久', 32장의 '天下莫能臣也.' 와 '侯王若能

---

42) 嬰(영): 지니다, 더하다, 잇다.
43) 兒(아): 갓난아기, 젖먹이(순수함), 부성(남성, 수컷).

守之', 34장의 '故能成其大.', 37장의 '侯王若能守之', 63장의 '故能成其大.', 66장의 '江海所以能爲百谷王者'와 '故能爲百谷王.' 그리고 '故天下莫能與之爭.' 67장의 '故能勇'과 '故能成器長.', 70장의 '天下莫能知, 莫能行.', 77장의 '孰能有餘以奉天下？', 78장의 '而攻堅强者莫之能勝'과 '莫能行.'을 보면 모두 '能+본동사'의 어순으로, '能' 뒤에 바로 명사가 오는 경우는 나타나지 않고 있다(8장의 '事善能'은 보조동사가 아니라 본동사 그 자체로 쓰였기 때문에 제외하기로 한다). 따라서 여기서 '嬰(영)'은 본동사로 풀이해야 한다.

*10장의 모든 후반 句(구)는 '能+동사+명사+乎'의 형태로 쓰였기 때문에, 여기서 '嬰兒(영아)'는 오늘날 통용되는 뜻으로 해석해서는 안 된다. 이 문장은 두 가지로 해석이 가능한데, 하나는 兒(아)를 '갓난아기, 젖먹이'로 해석하여 아이의 특징인 '순수함을 지니다'라고 확대해석할 수 있다. 반면에, 노자는 2장, 11장, 28장에서 언급한 바와 같이 '음'과 '양'의 조화가 '도'라고 보았기 때문에, 兒(아)를 부성(강함, 수컷, 양), 柔(유)를 모성(부드러움, 암컷, 음)으로 보아 '부드러움에 도달함에 있어, 능히 강함을 지니다' 즉 '음양의 조화'로 해석할 수도 있는 것이다. 이와 관련하여서는, 28장의 28-2에서 좀 더 구체적으로 논하기로 한다.

*노자는 36장 36-2의 '유약함이 강직함을 이긴다.', 76장 76-3의 '강경한 것은 죽음의 부류에 속하고, 연약한 것은 삶의 부류에 속한다.', 78장 78-2의 '약한 것이 강한 것을 이기고, 연약한 것이 강경한 것을 이긴다.'라는 말에서 보이는 바와 같이 일관되게 부드러움(유순함)이 강함을 이긴다고 강조하고 있기 때문에, 여기서 말하는 유순함에 도달함이란 바로 '도'에 도달함 다시 말해서 태평성대를 이룩한다는 것을 의미하는데, 이러한 '유순함'의 개념은 36장의 36-2에서 구체적으로 설명하기로 한다.

10-3: 滌⁴⁴⁾除⁴⁵⁾玄⁴⁶⁾覽, 能無疵⁴⁷⁾乎?
□□□□, 能□□乎?

관직을 줌에 깨끗하고 들여다봄(관찰)에 통달함에 있어,
결점이 없을 수 있는가?

*53장 53-3의 '조정은 관직을 줌이 심하고, 밭에는 잡초가 무성함이 심하며, 창고는 비어있음이 심하다.', 75장 75-1의 '백성들이 기아에 허덕이는 것은, 그 위쪽이 세금을 많이 받기 때문이니, 이 때문에 기아에 허덕인다.', 77장 77-4의 '세상의 도리는 그렇지 않아서, 부족함을 착취하여 그럼으로써 남는 것을 돕는다.' 라는 표현에도 이와 관련된 내용이 보이는데, 이를 통해서 노자는 당시의 정치관행에 상당히 불만을 품고 있었음을 알 수 있다. 그렇다면 노자가 이상향으로 여기는 태평성대에는 과연 어떻게 관직을 주었을까? 아래 열거한 문장들을 살펴보자.

官不及私, 昵惟其能, 爵罔及惡, 德惟其賢.
관직은 사사로이 미치지 않도록 하여야 하니, 오직 유능한 자를 가까이 하고, 작위는 악한 이에게 미치지 않도록 하여야 하니, 오직 현명한 이에게 베풀어야 합니다.   [尙書(상서)] 〈說命(열명)〉

帝曰:"疇咨若時登庸?"放齊曰:"胤子朱啓明."帝曰:"吁! 嚚訟可乎?"
帝曰:"疇咨若予采?"歡兜曰:"都! 共工方鳩僝功."帝曰:"吁! 靜言庸違,

---

44) 滌(척): 씻다, 깨끗이 하다.
45) 除(제): 관직을 주다, 제수(除授)하다, 임관하다. 53장에도 이와 유사한 내용이 나와 있다.
46) 玄(현): 통달하다.
47) 疵(자): 흠, 결점, 하자.

象恭滔天." 帝曰:"咨! 四岳, 湯湯洪水方割, 蕩蕩懷山襄陵, 浩浩滔天. 下民其咨, 有能俾乂?" 僉曰:"于! 鯀哉." 帝曰:"吁! 咈哉, 方命圮族." 岳曰:"異哉! 試可乃已." 帝曰, "往, 欽哉!" 九載, 績用弗成.

(요)임금이 말했다. "누구를 꾀하여 때에 따라 등용하겠소?" 방제가 말했다. "맏아들 주가 총명합니다." 임금이 말했다. "아! 시끄럽게 다투니 되겠소?" 임금이 말했다. "누구를 꾀하여 나를 따르게 하겠소?" 환두가 말했다. "아! 공공이 두루 안정시키고, 공적을 갖췄습니다." 임금이 말했다. "아! 말은 깨끗하나 채용함이 위배되고, 외양은 공손하나 하늘을 업신여기오." 임금이 말했다. "아! 사악이여, 세차게 흐르는 홍수가 나라를 가르고, 넓고도 넓게 흘러 산을 둘러싸고 언덕을 넘쳐, 백성들이 탄식하니, 시켜 다스릴 수 있는 이가 있겠소?" 모두가 말했다. "아! 곤입니다." 임금이 말했다. "아! 안되오, 명을 거스르고 친족을 무너뜨렸소." 악이 말했다. "뛰어납니다! 되는지 시험해보는 것이니 단지 그뿐입니다." 임금이 말했다. "가서, 공경하라!" 9년이 되었지만, 공적을 이루지 못했다.

[尙書(상서)] 〈堯典(요전)〉

이와 유사한 내용이 [史記(사기)]에도 보인다.

堯曰:"誰可順此事?" 放齊曰:"嗣子丹朱開明." 堯曰:"籲! 頑凶, 不用." 堯又曰:"誰可者?" 讙兜曰:"共工旁聚布功, 可用." 堯曰:"共工善言, 其用僻, 似恭漫天, 不可." 堯又曰:"嗟, 四嶽, 湯湯洪水滔天, 浩浩懷山襄陵, 下民其憂, 有能使治者?" 皆曰鯀可. 堯曰:"鯀負命毀族, 不可." 嶽曰:"異哉, 試不可用而已." 堯於是聽嶽用鯀. 九歲, 功用不成. 堯曰:"嗟! 四嶽:朕在位七十載, 汝能庸命, 踐朕位." 嶽應曰:"鄙德忝帝位." 堯曰:"悉擧貴戚及疏遠隱匿者." 衆皆言於堯曰:"有矜在民間, 曰虞舜." 堯曰:"然, 朕

聞之. 其何如 ?" 嶽曰 : "盲者子. 父頑, 母嚚, 弟傲, 能和以孝, 烝烝治, 不至
奸." 堯曰 : "吾其試哉." 於是堯妻之二女, 觀其德於二女.

요임금이 말했다: "누가 이 일을 이어받을 수 있겠소?" 방제가 말했다:
"대를 이을 아들 단주가 지혜가 열리고 문화가 발달하였습니다." 요임금
이 말했다: "아! 완고하고 시비를 벌이니 쓸 수 없소." 요임금이 또 말했
다: "누가 할 수 있소?" 환두가 말했다: "공공이 두루 갖춰지고 공적을 베
풀었으니, 쓸 수 있습니다." 요임금이 말했다: "공공은 말을 잘하지만, 쓰
는 것이 치우쳐서, 공손한듯하지만 하늘을 멀리하니, 불가하오." 요임금
이 또 말했다: "아, 사악이여, 세차게 흐르는 홍수가 하늘까지 넘치고, 넓
고도 넓게 흘러 산을 둘러싸고 언덕을 넘쳐, 백성들이 우려하니, 보내어
다스릴 수 있는 이가 있겠소?" 모두가 곤이 할 수 있다고 말했다. 요임금
이 말했다: "곤은 명령을 어기고 동족의 사이를 어그러뜨렸으니, 불가하
오!" 사악이 말했다: "뛰어나니, 시험해보고, 쓸 수 없으면 그뿐입니다."
요임금은 이에 곤을 썼다. 9년이 되었지만, 공적을 이루지 못했다. 요임금
이 말했다: "아, 사악이여! 짐이 재위한 지 70년인데, 그대는 천명을 변치
않게 할 수 있으니, 짐의 자리에 오르시오." 사악이 대답했다: "덕이 낮아
임금 자리를 욕되게 할 것입니다." 요임금이 말했다: "귀족이거나 관계
가 먼 사람 숨어 사는 사람 모두를 천거해주시오." 모두가 요임금에게 말
했다: "민간에 홀아비가 있는데, 우순이라 합니다." 요임금이 말했다: "그
러한가, 짐은 그에 대해 들었소. 그는 어떠하오?" 사악이 말했다: "장님의
아들입니다. 아버지는 완고하고, 어머니는 간사하며, 동생은 교만하지만,
능히 온화하게 부모님을 섬기고, 나아가 수양하니, 어지러움에 이르지 않
게 되었습니다." 요가 말했다: "내가 그를 시험해보겠소." 이에 요는 두
딸을 그에게 시집보내어, 두 딸에게서 그의 덕을 살폈다.

[史記(사기)] 〈五帝本紀(오제본기)〉

즉 태평성대에는 인재를 등용할 때 덕을 중시하였음을 알 수 있으니, 이는 당시에 능력이나 명성보다 덕망을 더욱 중시하였음을 보여주는 대목이다. 이제 계속해서 아래의 기록들을 살펴보자.

舜曰：“咨, 四岳! 有能奮庸熙帝之載, 使宅百揆, 亮采惠疇？”
순이 말했다：“상의할 것이니, 사악이여! 힘써 임금의 사업을 변치 않고 빛내고, 관직을 맡겨, 진실로 가려 백성들에게 베풀 수 있는 이가 있겠소？”
[尙書(상서)]〈舜典(순전)〉

於是舜乃至於文祖, 謀于四嶽, 辟四門, 明通四方耳目, 命十二牧論帝德, 行厚德, 遠佞人, 則蠻夷率服. 舜謂四嶽曰：“有能奮庸美堯之事者, 使居官相事.”
그래서 순임금은 이에 문조에 이르러, 사악에게 의논하여, 사문을 열어, 사방의 귀와 눈을 밝게 통하게 하고, 12목에게 명하여 임금의 덕에 대해 논하게 하였으며, 두터운 덕을 행하고, 아첨하는 사람을 멀리하니, 곧 만이(오랑캐)가 따라서 복종하였다. 순임금이 사악에게 말했다：“요임금의 사업을 힘써 변치 않게 하고 기릴 수 있는 이가 있다면, 관직을 맡겨 업무를 돕게 하겠소.”
[史記(사기)]〈五帝本紀(오제본기)〉

순임금은 인재를 적재적소에 배치하여, 그 능력을 최대한 발휘할 수 있도록 하였다. 사악이 伯禹(백우), 垂(수), 益(익), 伯夷(백이)를 추천하였고, 순임금이 이들을 임명하였으나, 백우는 稷(직), 契(설) 皋陶(고요)에게, 수는 殳(설), 斨(장), 伯與(백여)에게, 익은 朱(주), 虎(호), 熊(웅), 羆(비)에게, 백이는 夔(기)와 龍(용)에게 사양하였다. 그러자 순임금은 이들 모두에게 알맞은 자리를 주어, 그 능력을 십분 발휘할 수 있도록 하였다. 이러한 내용은 그 양이 비교적 방대하기에, 아래에 간단하게 정리한 기록을 제시하기로 한다.

此二十二人鹹成厥功：皋陶爲大理, 平, 民各伏得其實；伯夷主禮, 上下鹹讓；垂主工師, 百工致功；益主虞, 山澤辟；棄主稷, 百穀時茂；契主司徒, 百姓親和；龍主賓客, 遠人至；十二牧行而九州莫敢辟違；(생략).

이 스물두 사람은 모두 그 공적을 세웠는데: 고요는 대리가 되어, 가지런하게 하니, 백성들이 모두 실제에 맞아 복종했고, 백이가 예를 주관하니, 위아래가 모두 양보했으며; 수가 공사를 책임지니, 모든 공인들이 공적을 이루었고; 익이 우를 맡으니, 산과 물이 다스려졌으며; 기가 직을 맡으니, 온갖 곡식이 때맞춰 무성하였고; 설이 사도를 맡으니, 귀족들이 화목해졌고; 용이 빈객을 책임지니, 멀리 있는 사람들이 왔으며; 12목이 실행하자 9주(나라 안)가 감히 회피하거나 어기지 않게 되었으니; (생략).

[史記(사기)] 〈五帝本紀(오제본기)〉

10-4: 愛民治國, 能無知乎 ?
□□□□, 能□□乎 ?

백성을 사랑하고 나라를 다스림에 있어, 앎이 없을 수 있겠는가?

*노자는 줄곧 '無知(무지)'를 주장한다. 주의할 것은 여기서 '무지'라 함은 오늘날의 의미와 달리 쓰인다는 점인데, 이는 '大知(대지: 큰 앎)'와 상반되는 '小知(소지: 작은 앎)' 즉 하늘의 뜻에 順應(순응)하여 통치했던 시대와 달리 禮樂(예악)이나 법률 등의 制度(제도)를 강화하여 지배하는 시대를 나타낸 것으로, 3장 3-2와 3-3의 '이 때문에 성인의 다스림은, 그 마음을 비

우게 하고, 그 배를 배불리 채워주며, 그 의지를 약화시키고, 그 뼈대를 강화시키는 것이다. 늘 백성들로 하여금 무지하고 욕망도 없게 하여, 무릇 슬기로운 이가 감히 작위하는 바가 없도록 하는 것이니, 무위로서 행하면, 곧 다스리지 못할 것이 없다.' 라는 말과도 상호 일치한다. 이와 연계하여 다음 문장을 보면 위에서 소개한 두 시대의 차이점을 어느 정도 이해할 수 있을 것이다.

出見罪人, 下車問而泣曰:"堯舜之人, 以堯舜之心爲心, 寡人爲君, 百姓各自以其心爲心, 寡人痛之."

(우 임금이) 밖으로 나가다가 죄인을 보고, 수레에서 내려 묻고는 울며 말했다:"요순시절의 사람들은, 요순임금의 마음을 마음으로 삼았는데, 과인이 임금이 되고는, 백성들 각자 그들의 마음을 마음으로 삼으니, 과인이 그것을 애석히 여긴다."   [十八史略(십팔사략)] 〈夏王朝篇(하왕조편)〉

일반적으로 堯舜(요순)임금까지를 大同時代(대동시대)라고 하고, 禹(우)임금부터 小康時代(소강시대)라고 일컫는데 그 이유는 18장의 18-1의 설명을 참고하고, 또한 '대동'과 '소강'의 개념은 각각 80장의 80-3과 32장의 32-4에서 구체적으로 풀이하기로 한다.

10-5: 天門開闔, 能爲雌[48]乎？
□□□□, 能□□乎？

하늘의 문이 열고 닫힘에(무에서 유가 탄생함에) 있어,
모성(부드러움)이 될 수 있겠는가?

　*'하늘의 문'은 6장의 6-1에 보이는 '심오한 모성의 문'과 같은 의미로, 이 문장은 10-7에서 구체적으로 풀이되고 있다.

10-6: 明白四達[49], 能無爲[50]乎？
□□□□, 能□□乎？

세상을 이해함에 있어, 작위함이 없을 수 있겠는가?

　*노자는 억지로 행하지 말 것을 주장하여 세상에 나가지 않고도 세상을 알 수 있음을 강조하고 있으니, 47장에 서술된 내용과 합치된다. 또한 '無爲(무위)'는 노자가 일관되게 주장하는 지도자의 정치방법으로 억지로 작위하지 않는 것인데, 이에 대한 구체적인 내용은 64장의 64-3에 기술한 柳宗元(유종원)의 [種樹郭橐駝傳(종수곽탁타전)]을 참고하기로 한다.

---

48) 雌(자): 牝(빈)과 상통하는 의미로 봐야한다.
49) 四達(사달): 사방으로 통한다는 것이니, 온 세상을 의미한다.
50) 無爲(무위): 아무것도 하지 않는다는 의미가 아니라, 억지로 하지 않다, 작위하다는 것을 뜻한다.

[대구법, 열거법]

그것(만물)을 낳고, 낳지만 소유하지 않고, 행하지만 의지하지 않으며, 자라게 하지만 지배하지 않으니, 이를 현덕(심오한 덕)이라고 이른다.

*이는 노자가 이상향으로 생각한 태평성대의 모습을 표현한 것으로, 2장 2-4의 '만물을 만들지만 간섭하지 않고, 낳아 기르지만 소유하지 않으며, 행하지만 의지하지 않고, 공적을 이루지만 머무르지 않는다.', 51장 51-5의 '낳지만 소유하지 않고, 행하지만 의지하지 않으며, 자라게 하지만 지배하지 않으니, 이를 현덕이라고 이른다.' 라는 표현과 문맥상 상통하는데, 이제 이와 관련하여 다음의 기록을 살펴보자.

高辛生而神靈, 自言其名. 普施利物, 不於其身. 聽以知遠, 明以察微, 順天之義, 知民之急. 仁而威, 惠而信, 脩身而天下服. 取地之財而節用之, 撫敎萬民而利誨之, 曆日月而迎送之, 明鬼神而敬事之. 其色郁郁, 其德嶷嶷. 其動也時, 其服也士. 帝嚳漑執中而遍天下, 日月所照, 風雨所至, 莫不從服.

고신(제곡)은 태어나면서 신통하고 영묘하여, 스스로 자신의 이름을 말했다. 두루 베풀어 만물을 이롭게 하였지만, 자신에게는 아니었다(자신을 돌보지 않았다). 귀가 밝아 멀리까지 알았고, 눈이 밝아 작은 것을 살폈다. 하늘의 법도를 따르고, 백성의 긴요함을(백성들이 무엇을 긴요하게 생각하는지를) 알았다. 어질면서도 위엄 있고, 은혜로우면서도 믿음이 있었으며, 자신을 닦았기에 세상이 복종했다. 땅의 재물을 얻어 아껴 쓰고, 백성을 위로하고 가르치면서 이롭게 인도하였으며, 해와 달을 셈하여 맞이하거나 전송하였고, 귀신을 밝혀서 공손히 섬겼다. 그 얼굴빛은 그윽하고, 그 덕은 높았다. 그 움직임은 때에 맞았고, 그 의복은 士의 것이었다(임금의 복장이 아니었다). 제곡은 이미 중을 잡아 두루 세상에 미쳤으므로, 해와 달이 비치는 곳과, 바람과 비가 이르는 곳이면, 복종하지 않는 것이 없었다.

[史記(사기)] 〈五帝本紀(오제본기)〉

위에서 제시한 기록은 태평성대 특히 대동의 사회를 이끌었던 三皇五帝(삼황오제) 중의 하나인 帝嚳高辛(제곡고신)에 대해 묘사한 문장인데, 그 내용이 노자의 주장과 일치하고 있음을 알 수 있다.

第11章 : 無,有(무, 유)

11-1: 三十輻[51]共一轂[52], 當其無, 有車之用.
當其無, 有□之用.

30개의 바퀴살이 하나의 바퀴통에 모였는데, 바퀴통 속이
비어있어야 수레의 작용이 있다.

*11장 역시 마지막 문장을 제외하고는 모두 대구법의 형태로 연결된
다. 바퀴통이 비어 있고 바퀴축이 바퀴살에 연결되어 힘이 고르게 전달되
어야, 바퀴가 움직여 수레가 앞으로 나아가게 된다. 바퀴통이 비어 있지
않으면 수레는 움직여지지 않는 것이다.

11-2: 埏[53]埴[54]以爲器, 當其無, 有器之用.
□□以爲□, 當其無, 有□之用.

진흙을 빚어 그릇을 만드는데, 그릇에 빈 공간을 만들어야
그릇의 쓰임이 있다.

---

51) 輻(복): 수레바퀴살.
52) 轂(곡): 바퀴, 바퀴통.
53) 埏(선): 흙을 이기다.
54) 埴(식): 점토, 찰흙.

11-3: 鑿⁵⁵⁾互牖⁵⁶⁾以爲室, 當其無, 有室之用.
□□□以爲□, 當其無, 有□之用.

창문을 내어 집을 짓는데, 집에 빈 공간을 만들어야 집의
쓰임이 있다.

11-4: 故有之以爲利, 無之以爲用.
故□之以爲□, □之以爲□.

[대구법]
그러므로 있음으로써 이롭게 되고, 없음으로써 쓰이게 되는
것이다.

*이 문장에서도 역시 2장과 마찬가지로 '양' 과 '음', '유' 와 '무',
'긍정적인 것' 과 '부정적인 것' 이 공생해야 작용한다는 도리를 강조하
였다. 여기서 주의해야 할 것은 이미 2장에서 언급했듯이, 이러한 '음' 과
'양' 의 조화는 노자의 독창적인 가치관이 아니라 上古時代(상고시대)부터
존재했던 것이라는 점이다.

---

55) 鑿(착): 뚫다.
56) 牖(유): 창, 창문.

第12章 : 聖人(성인)

12-1: 五色令人目盲, 五音令人耳聾, 五味令人口
爽[57], 馳騁[58]畋獵令人心發狂, 難得之貨令
人行妨[59].
□□令人□□, □□令人□□, □□令人
□□, □□□□令人□□□, □□□□令
人□□.

[대구법]

**화려한 색은 사람의 눈을 어지럽히고, 번잡한 소리는
사람의 귀를 영활하지 못하게 하며, 푸짐한 음식은 사람의
입을 어긋나게**(미각을 상하게) **하고, 질주하여 하는 사냥**(마음껏
하는 사냥)**은 사람의 마음을 방탕하게 하며, 희소한 물건은
사람으로 하여금 순조롭지 못하게**(규칙을 어기게) **한다.**

*이 문장에서 노자는 사치스럽고도 방탕한 생활과 희귀한 물건을 경
계해야 한다고 역설하고 있으니, 물질적인 삶을 경계한 3장 3-1의 '재물을
숭상하지 않으면, 백성들이 다투지 않게 할 수 있다. 희귀한 물품을 귀히
여기지 않으면, 백성들이 도둑질하지 않게 할 수 있다. 욕망을 일으킬만한
일을 접하지 않으면, 민심이 동요하지 않는다.' 라는 내용과 그 맥락이 상
통한다. 이와 관련하여 아래에 제시하는 내용들을 살펴보면, 노자가 피력
하는 바를 쉬이 이해할 수 있을 것이다.

分寶玉于伯叔之國, 時庸展親, 人不易物, 惟德其物. 德盛不狎侮, 狎侮君
子, 罔以盡人心, 狎侮小人, 罔以盡其力. 不役耳目, 百度惟貞. 玩人喪德, 玩

---

57) 爽(상): 동사로 쓰여 "어긋나다" 라고 해석한다.
58) 馳騁(치빙): 내달리다, 질주하다.
59) 妨(방): 방해하다, 거리끼다, 순조롭지 못하게 방해되다, 손상시키다.

物喪志, (생략) 犬馬, 非其土性不畜, 珍禽奇獸, 不育于國. 不寶遠物, 則遠人格, 所寶惟賢, 則邇人安.

보옥을 백숙(같은 성씨)의 나라에 나누어줌으로써, 친함을 펴시면, 사람들이 물건을 경시하지 않고, 그 물건을 덕스럽게 생각할 것입니다. 덕이 성하면 업신여기지 않게 되는데, 군자를 업신여기면, 사람의 마음을 다할 수 없게 되고, 소인(신분이 낮은 백성)을 업신여기면, 그 힘을 다할 수 없게 됩니다. 귀와 눈을 부리지 않으면, 온갖 법도가 바르게 됩니다. 사람을 경시하면 덕을 잃게 되고, 사물을 경시하면 본심을 잃게 됩니다. (생략) 개와 말은, 그 토양의 것이 아니면 기르지 말고, 진귀한 새와 짐승은, 나라에서 키우면 안 됩니다. 멀리 있는 물건을 귀중하게 여기지 않으면, 멀리 있는 사람들이 이르게 될 것이고, 어진 이들이 귀중히 여겨지면, 곧 가까이 있는 사람들이 편안해지게 됩니다.   [尙書(상서)] 〈旅獒(여오)〉

太康尸位以逸豫, 滅厥德, 黎民咸貳, 乃盤遊無度, 畋于有洛之表, 十旬弗反.

태강은 덕이 없이 임금 자리에 오름으로써 멋대로 즐기며 놀았으니, 그 덕이 놀고 게으름만 피우며 덕을 망쳤다. 수많은 백성들이 다 두 마음을 갖게 되었는데, 이에 즐거이 놀고 절도가 없었으니, 낙수의 바깥으로 사냥을 가서, 백날이 지나도 돌아오지 않았다.

                    [尙書(상서)] 〈五子之歌(오자지가)〉

其二曰, 訓有之, 內作色荒, 外作禽荒, 甘酒嗜音, 峻宇彫牆, 有一于此, 未或不亡.

그 둘째가 말했다: "훈계하심이 있으니, 안으로 여색에 빠지거나, 밖으로 사냥에 빠지거나, 술을 달게 여기거나 음악을 즐기거나, 집을 크고 높게 짓거나 담장에 무늬를 새기거나, 이들 중에 한 가지가 있으면, 나라가 망

하지 않은 이가 없다."   [尙書(상서)] 〈五子之歌(오자지가)〉

즉 노자는 이 글을 통해서, 지도자로서 사치스럽고 방탕한 생활을 하
면 안 된다고 경각심을 불러일으키고 있는 것이다.

12-2: 是以聖人爲腹不爲目, 故去彼取此.

이 때문에 성인은 배부름에 종사하지(배불림을 구하지) **눈에
종사하지**(눈의 유혹을 구하지) **않는데, 그러므로 저것**(눈의 유혹)**을
버리고 이것**(배부름)**을 취한다.**

*노자는 지나친 물질적인 삶으로의 추구를 경계하고, 백성들을 위한
가장 기본적인 조치로 몸과 마음의 평안을 강조하고 있는데, 그 이유로 다
음의 기록을 제시한다.

> 咨十有二牧曰: "食哉惟時! 柔遠能邇, 惇德允元, 而難任人, 蠻夷率服."
> 십이목과 상의하여 말했다: "먹는 것은 때를 맞춰야 하나니! 먼 곳을 편안
> 하게 하여 능히 가깝게 하고, 덕에 힘써 백성들에게 진심으로 대하며, 사
> 람을 씀에 삼가면, 오랑캐들이 좇아 복종할 것이오."
>
> [尙書(상서)] 〈舜典(순전)〉

따라서 노자의 이러한 논리 역시 위와 마찬가지로 지도자로서의 修養
(수양)과 백성들에 임하는 자세를 말하는 것이라고 할 수 있으니, 즉 노자가
말하는 '聖人(성인)'이란 바로 나라를 평안하게 다스린 태평성대를 이끈
지도자를 말하는 것임을 짐작할 수 있다.

第13章：無身(무신)

13-1: 寵辱若驚, 貴大患若身.

총애함과 모욕에 마치 놀란 듯 하는 것은, 자신을 중시하는
것처럼 큰 재앙을 중시하는 것이다.

*이 문장은 직유법으로 쓰였다. 일반적으로 말해서, 총애를 얻게 되
면 기뻐하고 반면에 총애를 잃게 되면 실망하여 굴욕감을 느끼는데, 이러
한 것들에 놀란 듯 하는 것은 그만큼 총애를 얻고자 하는데 집착한다는 것
을 의미한다. 소위 집착이라 함은 9장에서 언급한 바 있듯이 자기 자신에
게 지나치게 미련을 갖는다는 것을 이르는 것이니, 이러한 태도는 결국 재
앙을 부르게 된다. 이와 관련하여 아래 제시하는 문장을 살펴보면, 노자의
취지를 좀 더 이해할 수 있을 것이다.

> 君罔以辯言亂舊政. 臣罔以寵利居成功. 邦其永孚于休.
> 임금이 교묘한 말 때문에 옛 정치를 어지럽히지 않고, 신하가 총애와 이
> 익 때문에 성공에 머무르지 않으면, 나라가 오래도록 아름답게 빛날 것입
> 니다."
> [尙書(상서)] 〈太甲下(태갑하)〉

> 慮善以動, 動惟厥時. 有其善, 喪厥善, 矜其能, 喪厥功. 惟事事乃其有備, 有
> 備無患. 無啓寵納侮 .無恥過作非. 惟厥攸居, 政事惟醇. 黷于祭祀, 時謂弗
> 欽, 禮煩則亂, 事神則難.
> 선하다고 생각되면 움직이고, 행동은 그 때에 맞아야 합니다. 선하다고
> 여기면 선함을 잃고, 재능을 자랑하면 그 공을 잃게 됩니다. (해야 할) 일에
> 종사하면 이에 준비하게 되니, 준비함이 있으면 후환이 없습니다. <u>총애</u>
> <u>하거나 업신여기지 말고, 허물을 부끄러워하여 잘못을 저지르지 말아야</u>
> <u>합니다. 그 머무르는 바를 생각하면</u>(자신의 자리에 있으면), 정치가 순박해짐

<u>니다.</u>　　　　　　　　　　　　　[尙書(상서)] 〈說命(열명)〉

　상술한 내용들은 모두 공통적으로 총애나 모욕에 집착하지 않고 자신의 자리에서 해야 할 바를 고민하고 노력해야 한다는 도리를 천명한 것이니, 노자는 지도자와 신하가 이렇게 하면 나라를 장구히 보존할 수 있다고 강조하고 있다. 여기서 하나 더 설명해야 할 점은, 1장의 1-1에서 '常(상)'이란 '영원함, 변하지 않음'이라고 말한 바 있는데, 16장의 16-5에서 보다 구체적으로 설명하겠지만 이는 즉 '나라를 오랫동안 다스리고 유지하는 도리'를 말하는 것이다.

13-2: 何謂寵辱若驚, 寵爲下.

어떠한 것을 총애를 얻음과 굴욕을 받음에 놀란 듯하다고 일컫는가하니, 총애를 얻음은 아래에 있는(하등의) 것이다.

13-3: 得之若驚, 失之若驚, 是謂寵辱若驚.
　　　　□之若驚, □之若驚, 是謂寵辱若驚.

[대구법, 직유법]

그것(총애)을 얻음에 놀라는 듯하고, 그것을 잃음에 놀라는 듯하니, 이를 총애를 얻음과 굴욕을 얻음에 놀라는 듯하다고 이른다.

13-4: 何謂貴大患若身？

어떠한 것을 자신을 중시하는 것처럼 큰 재앙을 중시한다고
이르는가?

13-5: 吾所以有大患者, 爲吾有身.

내게 큰 화가 있는 것은, 나 자신을 돌보기 때문이다.

*노자는 역사적 기록들 즉 史實(사실)을 토대로 하여, 나라를 패망으로
이끈 지도자들의 공통점이 바로 자신만을 돌본다는 점이었음을 깨달았
기에 이러한 도리를 力說(역설)하고 있다. 그렇다면 노자는 어떻게 이와 같
이 上古時代(상고시대)의 역사에 정통하였을까? 이 문제에 대해서는 21장의
21-8에서 논의하기로 하고, 우선 아래의 기록을 살펴보면 노자의 의도를
보다 쉽게 이해할 수 있을 것이다.

> 王行暴虐侈傲, 國人謗王. 召公諫曰:"民不堪命矣!" 王怒, 得衛巫, 使監謗
> 者, 以告則殺之.(생략) 召公曰:"是鄣之也.防民之口, 甚於防水. 水壅而潰,
> 傷人必多, 民亦如之. 是故爲水者決之使導, 爲民者宣之使言."
> (여)왕이 횡포하고 잔악하며 사치하고도 오만하자, 나라 사람들이 임금을
> 비방했다. 소공이 간언하여 말했다: "백성들이 명을 견디지 못합니다!"
> 왕은 노하여, 위나라의 무당을 불러, 비방하는 자들을 감시하게 하고, 보
> 고하면 곧 살해했다. (생략) 소공이 말했다: "이는 막는 것입니다. 백성들
> 의 입을 막는 것은, 물을 막는 것보다 심합니다. 물이 막히면 무너져, 많은
> 이들이 필히 다치게 되니, 백성 역시 이와 같습니다. 이 때문에 물을 다스

리는 자는 물을 흐르게 하여 인도하고, 백성을 다스리는 자는 백성들을 밝혀 말하게 하는 것입니다."   [史記(사기)] 〈周本紀(주본기)〉

이와 같은 내용은 다음에도 보이고 있다.

子厲王胡立, 無道暴虐侈傲, 得衛巫, 使監國人之謗者, 以告則殺之, 道路以目. 王喜曰: 吾能弭謗矣. 或曰: 是障也, 防民之口, 甚於防川, 水壅而潰, 傷人必多. 王弗聽, 於是國人相與畔, 王出奔彘.

아들 여왕 호가 즉위하였으니, 무도하고 잔악하며 사치스럽고도 거만하였는데, 위나라의 무당을 불러, 백성들 중에 비방하는 자를 감시하게 하고, 보고하면 곧 죽였으니, (백성들이) 길에서 눈짓으로만 전달했다. 왕이 기뻐하여 말했다: 나는 능히 비방을 그치게 할 수 있다. 어떤 사람이 말했다: 이는 막는 것으로, 백성의 입을 막는 것은, 냇물을 막는 것보다 심하니, 물이 막히면 무너져, 많은 이들이 필히 다치게 됩니다. 왕이 듣지 않자, 나라 사람들이 서로 더불어 배반하니, 왕이 체 땅으로 달아났다.

[十八史略(십팔사략)] 〈周王朝篇(주왕조편)〉

9장 9-4에서도 언급했듯이, 厲王(여왕)은 백성들의 安危(안위)는 고려하지 않고 자신만을 돌보려 하다가 결국 타지에서 客死(객사)하는 불행한 최후를 맞이하게 된다. 이와 별개로 위의 내용과 직접적인 관련은 없지만, 기왕 물의 성질에 대해 언급하고 있으니 간단하게 治水(치수)와 관련된 史實(사실)을 소개하고자 한다. 상고시대에도 오늘날과 마찬가지로 물을 다스리는 것은 범국가적 사업이었는데, 홍수가 빈번히 일어나 피해가 여간 심각한 것이 아니었다. 따라서 堯(요)임금은 鯀(곤)을 불러 해결하도록 하였는데 9년이 지나도 뚜렷한 성과가 없자, 요임금의 뒤를 이은 舜(순)임금이 羽山(우산)에서 곤을 처형시키고 그의 아들 禹(우)로 하여금 그 사업을 잇게 하였다. 우는 아버지 곤의 흙을 쌓아 넘치는 물을 막는 방법을 쓰지 않고, 오히려 땅을 파서 물길을 만들어 그 물이 흘러가게 함으로써 치수에 성공하였다. 곤은 물의 天性(천성)을 거슬렀기 때문에 실패한 것이고, 반면에 우는 물의 천성을 살렸기 때문에 治水(치수)에 성공하여 결국 王位(왕위)에까지 오르게 되었으니, 이러한 도리 역시 노자의 '천성' 을 따르는 통치와 무관하다고 볼 수는 없을 것이다.

13-6: 及吾無身, 吾有何患 ?

이에 나 자신을 돌보지 않는다면, 내게 무슨 화가 있겠는가?

*이 문장은 설의법으로 쓰였다. 상고시대의 聖君(성군)들은 자신을 돌보지 않고 항상 백성들을 위해 노력했으며, 禪讓制(선양제)를 통해 다른 능력 있는 인재를 찾아 임금 자리를 양보했다. 즉 어떠한 것에도 집착하지 않으니, 그만큼 자신에게 화가 미치지 않고 오히려 자신의 위치를 오래 보존할 수 있었던 것이다. 이러한 도리는 7장 7-2의 '이 때문에, 성인은 자기를 뒤에 두지만 자기가 앞서게 되고, 자기를 도외시하지만 자기를 보존할 수 있다.' 라는 말과 맥락이 상통하는데, 이제 다음 기록을 살펴보면, 노자의 의도를 보다 명확하게 이해할 수 있을 것이다.

周公曰: 嗚呼! 我聞曰: 昔在殷王中宗, 嚴恭寅畏, 天命自度, 治民祗懼, 不敢荒寧. 肆中宗之享國七十有五年. 其在高宗, 時舊勞于外, 爰曁小人. 作其卽位, 乃或亮陰, 三年不言. 其惟不言, 言乃雍, 不敢荒寧, 嘉靖殷邦, 至于小大, 無時或怨. 肆高宗之享國五十有九年. 其在祖甲, 不義惟王, 舊爲小人.
作其卽位, 爰知小人之依, 能保蕙于庶民, 不敢侮鰥寡. 肆祖甲之享國三十
有三年.

주공이 말했다: '아! 제가 듣건대: 옛날 은나라 임금 중종은, 엄숙히 삼가
며 공경하고 두려워하여, 천명을 스스로 헤아렸고, 백성을 다스림에 공경
하고 두려워하여, 감히 편안함에 빠지지 않았습니다. 드디어 중종은 나라
를 칠십 오년 누리셨습니다. 고종이 재위했을 때, 오랫동안 밖에서 수고
로우셨고, 이에 소인(신분이 낮은 백성)들과 함께 하였습니다, 그 즉위를 해
서는, 이에 상을 입으시고, 삼년동안 말하지 않았습니다. 말하지 않았으
나, 말하면 온화했지만, 감히 편안함에 빠지지 않았으니, 은나라가 아름답
고도 평안해졌습니다. 낮은 사람이건 높은 사람이건, 원망하는 이가 없게
되었습니다. 드디어 고종은 나라를 오십 구년 누리셨습니다. 조갑이 재위
해서는, 의로운 왕이 아니라 하고, 오래 소인(신분이 낮은 백성)이 되었습니
다. 즉위하여서는, 이에 소인(신분이 낮은 백성)의 의지함을 알고, 수많은 백
성들을 능히 보호하고 사랑하였으며, 감히 홀아비나 과부를 업신여기지
않았습니다. 드디어 조갑은 나라를 삼십 삼년 누리셨습니다.

[尙書(상서)]〈無逸(무일)〉

이처럼 태평성대를 이끈 성인들은 천명에 따라서 자신을 버리고 백성
들을 위해 애썼기 때문에 하나같이 왕위를 오랫동안 지킬 수 있었으니, 이
것이야 말로 '내게 무슨 화가 있겠는가?' 라는 뜻이 아니겠는가?

[대구법, 직유법]

그러므로 귀히 여김이라 함은 자신을 돌보듯 세상을 귀히
여기는 것이니, 만약 그럴 수 있다면 세상을 맡길 수 있다;
우러러 섬김이라 함은 자신을 돌보듯 세상을 사랑하는
것이니, 만일 그럴 수 있다면 세상을 부탁할 수 있다.

*이 문장 역시 태평성대를 이룩한 聖君(성군)이나 聖賢(성현)과 같은 지
도자세로 돌아가야 함을 강조하고 있으니, 다음의 기록을 살펴보자.

后非民罔使, 民非后罔事, 無自廣以狹人. 匹夫匹婦, 不獲自盡, 民主罔與成
厥功.
임금은 백성이 아니면 부릴 수 없고, 백성은 임금이 아니면 섬길 이가 없
으니, 스스로 크다고 하여 다른 사람을 경시하면 안 됩니다. 평범한 남녀
가, 정성을 다함을 얻지 못하게 되면, 백성의 주인은 더불어 그 공을 이룰
수 없습니다."   [尙書(상서)〈咸有一德(함유일덕)〉

결국 노자는 다시 한 번 지도자의 자세를 언급하여, 백성들을 어려워
하고 자신을 사랑하듯 그들을 사랑할 수 있다면 '만일 그럴 수 있다면 세
상을 부탁할 수 있다.' 즉 백성들의 지도자가 될 수 있다고 한 것이다.

第14章：恍惚(황홀)

14-1: 視之不見名曰夷[60], 聽之不聞名曰希[61],
搏[62]之不得名曰微.
□之不□名曰□, □之不□名曰□, □之不
□名曰□.

[대구법]

그것(도)을 보아도 볼 수 없으니 "이"(평탄함)라고 이름하고,
그것을 들어도 들을 수 없으니 "희"(드묾. 성김)라고 이름하며,
그것을 잡아도 가질 수 없으니 "미"(정묘함)라고 이름 한다.

　　*夷(이)는 '양' 과 '음', '높음' 과 '낮음' 이 없는 평탄함을 뜻하니, 즉
'도' 라는 것은 '양과 음의 조화' 를 의미하는 것인데, 이 문장을 전체적으
로 보면 볼 수도 없고 들을 수도 없으며 잡을 수도 없으니, 이는 '도' 라는
것이 외형이 없는 개념 즉 '무명' 과 동일한 것임을 밝히고 있다. 이와 관
련하여 다음 문장을 살펴보면, 좀 더 구체적으로 이해할 수 있다.

　　少昊之衰, 九黎亂德, 民神雜糅, 不可方物.
　　소호가 쇠하자, 구주에서 덕이 문란하게 되고, 백성들과 귀신이 뒤섞여 혼
　　잡해졌으며, 만물이 동등해지지 못했다.

　　　　　　　　　　　　　　　　　[十八史略(십팔사략)] 〈五帝篇(오제편)〉

　　다시 말해서, '도' 라는 것은 본래 평평한 것인데 무너지자 혼란스럽고
상하의 차이가 생겨나게 되었다는 것을 밝히고 있는 것으로, 여기에 '德

---

60) 夷(이): 평탄하다.
61) 希(희): 稀와 같은 의미로 통용된다.
62) 搏(박): 잡다, 쥐다.

(덕)이 문란하게 되었다.' 고 하였으니 '도' 와 '덕' 사이에는 어떠한 相關(상관관계)가 있음을 엿볼 수 있는데, 이에 대해서는 38장의 38-7에서 구체적으로 논하기로 하고, 또 다음의 문장들을 살펴보자.

是故君子, 戒愼乎其所不睹, 恐懼乎其所不聞.

이 때문에 군자는, 보이지 않는 바를 조심하고 삼가며, 들리지 않는 바를 두려워한다.

[禮記(예기)] 〈中庸(중용)〉

莫見乎隱, 莫顯乎微, 故君子愼其獨也.

숨기는 것보다 더 드러나는 것이 없고, 미세한 것보다 더 잘 나타나는 것이 없으니, 따라서 군자는 그 홀로 있음을 삼가는 것이다.

[禮記(예기)] 〈中庸(중용)〉

즉 궁극적으로는 보이지 않고 들리지 않으며 잡을 수도 없는 것이 '도' 의 특징이기 때문에, 이에 군자는 홀로 있을수록 더욱 삼가는 태도를 지니는 것이라고 표명하고 있는 것이다.

14-2: 此三者不可致詰, 故混而爲一.

이 세 가지는 구분할(따질) 수 없으니, 그러므로 뒤섞여 하나가 된다.

*'평탄함' 과 '성김' 그리고 '정묘함' 은 구분할 수 없다고 하였으니, 이 세 가지는 바로 '하나' 를 구성하는 요소들이자 특징이 된다. 또한 10장의 10-1에서 이미 구체적으로 밝힌바 있듯이 '하나' 는 바로 '순일한 덕'

을 나타내는데, 이를 통해서 노자의 '도'와 '덕'에는 대단히 긴밀한 관계
가 형성되어 있음을 짐작할 수 있다. 이는 22장의 22-2와 39장의 39-1에서
도 모두 같은 의미를 지니는데, 이와 관련하여서는 42장 42-1의 분석과 연
계하여 이해할 필요가 있다.

14-3: 其上不皦⁶³⁾, 其下不昧⁶⁴⁾, 繩繩不可名, 復
歸於無物.
其□不□, 其□不□, 繩繩不可名, 復歸於
無物.

[대구법]
그(도) 위는 밝지 않고, 그 아래는 어둡지 않으며, 면면이
이어져 이름 지을 수 없으니, 외형이 없는 상태로 다시
돌아간다.

* '위는 밝지 않고 그 아래는 어둡지 않다.'는 것은 평탄하다는 의미이
니 바로 '夷(이)'를 지칭하는 것이고, 따라서 노자는 '道'와 '夷'를 같은
의미로 썼음을 알 수 있다. 또 '면면히 이어진다.'고 하였으니 이는 바로
'도'의 특징인 '常(상)' 즉 '영원함, 변치 않음'을 말하는 것임을 알 수 있
다. 뿐만 아니라 '이름 지을 수 없으니, 외형이 없는 상태로 다시 돌아간
다.'고 하였으니, '도'는 평평하고 밝거나 어둡지도 않아서 무엇이라고
단정 지을 수 없는 외형이 없는 것 즉 '無名(무명)'과 동일한 것임을 더욱
명확하게 밝히고 있는 것이다.

---

63) 皦(교): 희다, 밝다.
64) 昧(매): 어둡다.

14-4: 是謂無狀之狀, 無物之象, 是謂惚恍[65].

이를 일컬어 형태가 없는 상황이라 하고, 외형이 없는 형태이니, 이를 일컬어 희미하고 어렴풋하다고 한다.

14-5: 迎之不見其首, 隨之不見其後.
　　　□之不見其□, □之不見其□.

[대구법]

그것(도)을 (앞에서) 맞이해도 그 앞부분이 보이지 않고, 그것을 뒤따라도 그 뒷부분이 보이지 않는다.

*이는 '도'가 명확한 형태가 없는 즉 無形(무형)의 상태임을 강조한 것으로, 내용상 앞의 14-4와 연결된다.

14-6: 執古之道, 以御今之有, 能知古始, 是謂道紀.

옛날의 '도'를 파악하고, 그럼으로써 오늘날의 '유'(유명=구체적인 사물)를 다스리면, 옛날의 시작을 알 수 있으니, 이를 '도'의 규율이라고 한다.

*10장의 10-4에서 간략하게 언급한 바 있듯이 '有(유)'는 '有名(유명)'

---

65) 惚恍(홀황): 희미하다, 어렴풋하다.

즉 구체적인 사물의 세상을 뜻하니 바로 禮樂制度(예악제도)가 자리를 잡은 사회를 지칭하는 것이고, 옛날의 '도'는 이러한 사회보다 앞서거니와 옛 날의 시작을 알 수 있기 때문에, 이와 상대되는 개념인 상고시대의 태평성 대를 지칭하는 것이다. 이는 4장 4-4의 '맑고 투명하지만 마치 존재하는 듯하니, 나는 (그것이) 누구의 후대인지는 몰라도, 상제의 앞이다.' 와 25장 25-1과 25-2의 '혼연일체인 사물이 있으니, 천지가 형성되기보다 앞선다. 소리도 없고 공허하나, 독립되어 존재하여 변하지 않고, 반복 순환하여 위 태롭지 않으니, 세상의 근본이 될 수 있다.' 라는 말과 연계하여 음미해볼 수 있다.

第15章：猶豫(유예)

15-1: 古之善爲士⁶⁶⁾者, 微妙玄通, 深不可識.

**옛날의 뛰어난 선비는 현묘하고 깊이 통달하였으니,
심오하여 이해할 수 없었다.**

＊'士(사)'는 41장의 41-1, 41-2, 41-3과 68장의 68-1에서도 보인다. 일반적으로 '士'는 文人(문인)으로서의 선비를 지칭하는데, 이 문장에서 '善爲 士者(선위사자)'는 뛰어난 선비 즉 '성인'을 지칭한다.

＊'도'라는 것은 일반인들이 쉬이 이해할 수 없기 때문에, 뛰어난 선비 즉 성인만이 이를 이해하고 통달하였다는 것을 의미한다.

15-2: 夫唯不可識, 故强爲之容⁶⁷⁾.

**무릇 이해할 수 없으니, 그러므로 억지로 그 형태를
만들었다.**

＊여기서 노자는 일반인들이 쉬이 이해할 수 없기 때문에, 그들이 이해할 수 있도록 세상의 구체적인 사물(유명)로 억지로 설명한다고 밝혔는데, 아래에 열거한 문장들이 바로 그 구체적인 사례들이다. 즉 이 말은 '도'라는 것은 대단히 심오하여 일반인들이 쉬이 이해할 수 없고, 그렇기 때문에 억지로 그 형태 즉 유형의 것(유명)을 만들어 좀 더 구체적으로 설명하고자 한다는 말이다. 이는 일반인들에게 무형의 형이상학적인 개념을 설명하

---

66) 士(사): 선비, 군인.
67) 容(용): 모양, 형태.

기란 쉬운 일이 아니므로, 부득이하게 유형의 형이하학적 개념을 빌어 설명하고자 한다는 뜻이니, 노자의 [도덕경]이야말로 전형적인 이해와 설득을 위한 글쓰기, 즉 修辭學(수사학)의 범주에 속하는 것이라고 볼 수 있다.

15-3: 豫⁶⁸⁾焉若冬涉川.
□焉若□□□.

[직유법]

주저하니 마치 겨울철 강을 건너는 듯하다.

*이 구절에서만 어조사 '焉(언)' 이 쓰였고, 아래는 모두 어조사 '兮(혜)' 로 대체되는 대구법 형태로 쓰였다. 이 문장은 원래 '덩치가 대단히 큰 코끼리가 마치 겨울철에 강을 건너는 듯하다.' 라고 해석되는데, 주지하다시피 겨울철에는 강이 얼어붙어 온갖 동물들이 건너다니지만, 코끼리는 항시 신중하다보니 겨울철에 얼어붙은 강을 건널 때에도 신중에 신중을 거듭하여 조심스러워했다는 의미로 이해할 수 있다.

---

68) 豫(예): 고대 덩치가 대단히 큰 코끼리과의 동물로, 매사 조심스럽고 신중했다고 전해진다.

15-4: 猶⁶⁹⁾兮若畏四鄰.
□兮若□□□.

[직유법]

망설이니 마치 사방을 두려워하는 듯하다.

*이 문장은 원래 '원숭이는 마치 사방을 두려워하는 듯하다.' 라고 해석되는데, 주지하다시피 원숭이는 나무 위에서 생활하거나 나무에서 내려와 먹이를 먹을 때에도 항시 신중하여 사방을 끊임이 없이 둘러보기에, 그만큼 신중하고 조심스러워했다는 뜻으로 풀이할 수 있다. 바로 이 '猶(유)'와 위에서 설명한 '豫(예)'를 합쳐서 오늘날 '猶豫(유예)'라는 말로 활용하고 있는데, 중국어에서는 이 '猶豫(유예)'를 '망설이다, 주저하다' 라는 의미로 쓰고 있고, 우리나라에서도 '執行猶豫(집행유예)' 등의 단어로 활용하고 있다.

*15-3과 15-4를 통해서 옛 聖賢(성현)들은 '도'를 행함에 있어 신중함과 삼감을 대단히 중시했음을 알 수 있으니, 다음 문장들을 살펴보면 그 일면을 엿볼 수 있다.

> 益曰："吁! 戒哉! 儆戒無虞, 罔失法度.罔游于逸, 罔淫于樂.(생략) 罔違道以幹百姓之譽, 罔咈百姓以從己之欲.無怠無荒, 四夷來王."
> 익이 말했다："아! 경계하소서! 근심이 없을 때 경계하고, 법도를 잃지 말아야 합니다. 편안히 놀지 말고, 즐거움을 탐하지 말아야 합니다. (생략) 도를 어김으로써 귀족들의 찬양을 일으키지 말고, 귀족들을 어김으로써 자기의 욕망에 따르지 말아야 합니다. 게으르지 않고 허황되지 않으면, 사

---

69) 猶(유): 고대 원숭이과의 동물로, 의심이 많고 조심스러웠다고 전해진다.

방의 오랑캐들이 임금에게 올 것입니다."   [尚書(상서)]〈大禹謨(대우모)〉

曰若稽古, 皐陶曰：“允迪厥德, 謨明弼諧.” 禹曰：“兪!如何？” 皐陶曰：“都!
愼厥身, 修思永. 惇敍九族, 庶明勵翼, 邇可遠在玆.”
이에 옛일을 상고하여, 고요가 말했다. "진실로 그 덕을 따르면, 계책이
밝아져 조화롭도록 도울 것입니다." 우가 말했다. "그렇습니다! 어찌해야
합니까?" 고요가 말했다. "아! 그 몸을 삼가고, 의지를 오래 닦아야 합니
다. 구족을 도탑게 펴고, 많은 어진 사람들이 힘써 도우면, 가까운 곳에서
먼 곳으로 갈 수 있음이 여기에 있습니다."   [尚書(상서)]〈皐陶謨(고요모)〉

先王克謹天戒, 臣人克有常憲, 百官修輔, 厥后惟明明.
선왕께서 하늘이 보이는 경계를 삼가면, 신하들이 변치 않는 법도를 지닐
수 있어, 백관들이 행하고 보필하였기에, 그 임금이 명확히 밝혔다.

[尚書(상서)]〈胤征(윤정)〉

15-5: 儼[70]兮其若容[71].
□兮其若□.

[직유법]
정중하니 그것은 마치 포용하는 듯하다.

*'容(용)'을 '客(객)'의 誤字(오자)로 보아 '손님처럼 겸손해하다' 라고

---

70) 儼(엄): 정중하다, 공손하다.
71) 容(용): 용서하다, 받아들이다.

해석해야 한다는 견해도 있으나, 여기서는 원문 그대로의 의미를 살리기로 한다. 이 문장은 바로 고대 성현들의 포용하는 모습을 형용하였는데, 다음 문장들을 통해서 태평성대의 면모를 엿볼 수 있다.

> 堯子丹朱, 舜子商均, 皆有疆土, 以奉先祀. 服其服, 禮樂如之. 以客見天子, 天子弗臣, 示不敢專也.
> 요의 아들 단주, 순의 아들 상균, 모두 봉토를 얻어, 그럼으로써 선조께 제사를 올렸다. 그 옷(천자의 아들이 입는 옷)을 입었고, 예악 역시 마찬가지였다. 빈객으로써 천자를 만났고, 천자는 신하로 대하지 않았으니, 감히 전횡하지 않았음을 보여준다. [史記(사기)] 〈五帝本紀(오제본기)〉

이처럼 禹(우)는 임금이 되고 나서도 先王(선왕)들의 후손을 홀대하지 않고 정중하게 대했으며 포용하였다.

> 王若曰: "猷! 殷王元子, 惟稽古崇德象賢, 統承先王, 修其禮物."
> 임금이 이와 같이 말했다. "아! 은나라 임금의 큰아들이여, 오직 옛날을 상고하여 덕을 높이고 어질음을 본받아, 거느려 선왕의 전통을 계승하고, 그 예와 문물을 닦으시오." [尙書(상서)] 〈微子之命(미자지명)〉

이는 成王(성왕)이 微子(미자)를 제후로 봉하며 한 말인데, 이처럼 德(덕)이 있는 임금은 이전의 王朝(왕조)를 멸망시키고도 후사를 끊지 않았다. 즉 옛 성군들은 상대를 배척하기 보다는, 포용을 앞세우는 德治(덕치)를 몸소 실천한 것이다. 또 다음 기록을 살펴보면 '정중하니 포용하는 듯하다' 는 것이 어떠한 의미인지 더욱 잘 이해할 수 있을 것이다.

公季卒, 子昌立, 是爲西伯. 西伯曰文王. 遵后稷·公劉之業, 則古公·公季之
法, 篤仁, 敬老, 慈少. 禮下賢者, 日中不暇食以待士, 士以此多歸之, 伯夷·
叔齊在孤竹, 聞西伯善養老, 盍往歸之.

공계가 죽고 아들 창이 즉위하니, 이 사람이 서백이다. 서백은 (후대에) 추
존된 문왕으로, 후직과 공류의 사업을 따르고 고공과 공계의 법도를 본받
아 성실하고 인자하며 늙은이를 공경하고 아랫사람에게 사랑을 베풀었
다. 어진 사람에게는 예의로 자신을 낮추었는데, 한낮에는 식사할 겨를도
없이 士들을 접대하였으므로, 士들은 이 때문에 서백에게 많이 몰려들었
다. 백이와 숙제는 고죽에 있었는데 서백이 노인을 잘 봉양한다는 소문을
듣고 함께 가서 서백에게 귀의했다.   [史記(사기)] 〈殷本紀(은본기)〉

15-6: 渙[72]兮若冰之將釋.
　　□兮若□□□□.

[직유법]
풀어지니 마치 얼음이 장차 녹는 것과 같다.

*여기서 '渙(환)'은 얼음이 녹듯이 오해나 의심이 완전히 해소된다는
의미로 쓰였는데, 다음의 기록을 살펴보면 그 뜻을 보다 명확하게 이해할
수 있다.

皐陶曰:"帝德罔愆, (생략) 好生之德, 洽于民心, 玆用不犯于有司." 帝曰:
"俾予從欲以治, 四方風動, 惟乃之休."

---

72) 渙(환): 의심이나 오해 등이 풀리거나 없어지는 모양.

고요가 말했다. "임금의 덕에 허물이 없어서, (생략) 죽일 형벌에 처한 죄인을 특별히 살려주는 임금의 덕이, 백성들의 마음을 적셔, 이러한 효용이 관리들을 거스르지 않았습니다." (순)임금이 말했다. "내가 하고자 하는 바에 따라 다스려, 사방이 감화되었으니, 그대의 훌륭함이오."

[尚書(상서)]〈大禹謨(대우모)〉

帝舜有虞氏, 姚姓, 或曰名重華, 瞽瞍之子, 顓頊六世孫也. 父惑於後妻, 愛小子象, 常欲殺舜, 舜盡孝悌之道, 烝烝乂, 不格姦.

제순 유우씨는, 요가 성인데, 혹자가 말하기를 이름은 중화라고 하니, 고수의 아들이자, 전욱의 6세손이다. 아버지가 후첩에게 미혹되어, 작은 아들 상을 사랑하고, 항상 순을 죽이고자 하였는데, 순이 부모에 대한 효도와 형제에 대한 우애의 도를 다하니, 이에 어질음으로 나아가, 환난에 이르지 않았다.

[十八史略(십팔사략)]〈五帝篇(오제편)〉

즉 이 문장은 옛 성현들이 '덕'을 펼침으로써, 상호간의 오해나 의심 갈등을 해소했다는 의미로 풀이할 수 있는 것이다.

15-7: 敦兮其若樸[73].
　　□兮其若□.

[직유법]

돈후하니 그것은 마치 가공하지 않은 목재인(질박한) 듯하다.

---

73) 樸(박): 가공하지 않은 목재, 질박하다, 소박하다.

노자의 재구성 ┃ 정치이념으로 본 도덕경

*19장의 19-5, 28장의 28-6, 32장의 32-1, 37장의 37-2와 37-3, 57장의 57-7에서도 보이듯이, '樸(박)'은 '가공하지 않은 순수함' 즉 '질박함'이고, 이는 바로 '道(도)'와 同格(동격)의 또 다른 표현이거나 최소한 '도'의 주된 특징이 된다. '樸(박)'과 '道(도)'의 관계는 뒤에서 차차 논하기로 하고, 이제 다음의 기록을 살펴보자.

皐陶作士以理民. 帝舜朝, 禹·伯夷·皐陶相與語帝前. 皐陶述其謀曰: "信其道德, 謀明輔和." 禹曰: "然, 如何?" 皐陶曰: "於! 愼其身修, 思長, 敦序九族, 衆明高翼, 近可遠在已." 禹拜美言, 曰: "然." 皐陶曰: "於! 在知人, 在安民." 禹曰: "吁! 皆若是, 惟帝其難之. 知人則智, 能官人; 能安民則惠, 黎民懷之. 能知能惠, 何憂乎驩兜, 何遷乎有苗? 何畏乎巧言善色佞人?" 皐陶曰: "然, 於! 亦行有九德, 亦言其有德." 乃言曰: "始事事, 寬而栗, 柔而立, 願而共, 治而敬, 擾而毅, 直而溫, 簡而廉, 剛而實, 强而義, 章其有常, 吉哉. 日宣三德, 蚤夜翊明, 有家. 日嚴振敬六德, 亮采, 有國. 翕受普施, 九德鹹事, 俊乂在官, 百吏肅謹. 毋敎邪淫奇謀. 非其人居其官, 是謂亂天事.(생략)"

고요는 士(사: 선비)로서 백성을 다스렸다. 순임금이 조회하면 우, 백이, 고요는 순임금 앞에서 서로 더불어 임금 앞에서 의논하였다. 고요가 계책을 펴서 말했다: "정말로 덕을 따르면, 계책은 명확해지고 재상들은 화합할 것입니다." 우가 말했다. "그렇소, 어떻게 해야 하오?" 고요가 말했다: "아! 몸 수양을 삼가고, 오랫동안 생각하며, 구족을 돈독하게 하고 차례를 매기면, 많은 현명한 이들이 보좌할 것이니, 가까운 데서부터 먼 곳에 이를 수 있을 따름입니다." 우는 훌륭한 말에 절하여, 말했다: "그렇습니다." 고요가 말했다: "아! 사람을 이해하는데 있고, 백성을 편안하게 하는데 있습니다." 우가 말했다: "아! 모두가 이와 같으니, 요임금도 그것을 어려워하셨습니다. 사람을 이해하면 곧 지혜로우니, 관리가 될 수 있고; 백성을 편안하게 할 수 있으면 은혜로우니, 일반 백성들이 그를 그리워할 것입니다. 이해할 수 있고 은혜로울 수 있으면, 어찌 환두를 근심할 것이고, 어찌 유묘를 내쫓을 것이며, 어찌 교묘하게 말하고 얼굴빛을 꾸미는 간사하고도 아첨하는 사람을 두려워하겠습니까? 고요가 말했다: "그렇습니다, 아! 또한 아홉 가지 덕을 갖춰 행해야 하니, 그 덕을 갖춤에 대해 쉽게 말해보겠습니다." 이에 말했다: "국가의 대사에 종사하기 시작하면, 관대하면서도 엄격하고, 온유하면서도 확고히 서며, 정중하면서도 함께 하고, 다스리면서도 공경하며, 길들이면서도 강인하고, 정직하면서도 부드러우며, 질박하면서도 청렴하고, 강직하면서도 정성스러우며, 굳세면서도 의로운 것이니, 항상 그러함을 밝히면, 길합니다. 날마다 세 가지 덕을 널리 펴고, 아침저녁으로 삼가 밝히면 가문을 소유할 수 있습니다. 날마다 여섯 가지 덕을 엄격하게 떨치고 공경하며, 명확하게 분간하면, 나라를 소유할 수 있습니다. 합해 거두어 널리 베풀어서, 아홉 가지 덕을 모두 섬기면, 뛰어난 인재가 관직에 있게 되어, 모든 관료들이 엄숙하고 삼갈 것입니다. 간사함과 음란함 기묘한 꾀를 본받지 마십시오. 그 사람이 아닌데 그 관직에 있으면, 이를 하늘의 대사를 어지럽히는 것이라 일컫습니다. (생략)

[史記(사기)] 〈夏本紀(하본기)〉

다시 말해서, 이 문장은 태평성대를 이룩한 옛 성군들은 이러한 질박함의 '德治(덕치)'로 나라를 다스렸다는 것을 의미하는 것이다.

15-8: 曠⁷⁴⁾兮其若谷.
□兮其若□.

[직유법]

깊고 넓으니 그것은 마치 깊은 계곡과도 같다.

*6장의 6-1에서 이미 설명한 바 있듯이, '계곡' 은 '도' 의 모습을 형상화한 것이다. 노자는 '도' 의 개념을 종종 '계곡' 에 빗대어 표현했는데, 이는 6장의 6-1, 15장의 15-8, 28장의 28-5와 28-6, 32장의 32-5, 39장의 39-1과 39-2, 41장의 41-6, 66장의 66-1에서도 보인다.

15-9: 混兮其若濁.
□兮其若□.

[직유법]

혼탁하니 그것은 마치 흐린 듯하다.

*노자는 '도' 라는 것이 모든 것을 포괄적으로 수용하여 혼재하기 때문에 얼핏 보기에는 명확하게 보이지 않는다고 말하고 있는데, 이러한 '도' 의 형상에 대한 묘사는 이미 14장에서도 언급한 바 있으니 함께 연계하여 이해할 수 있다.

---

74) 曠(광): 광활하다, 넓고 탁 트이다.

15-10: 孰能濁以靜之徐[75]清, 孰能安以久動之徐生?
孰能□以□之徐□, 孰能□以□□之徐□?

[대구법, 설의법]

누가 흐림에서 그것을 고요하게 하여 서서히 맑게 할 수 있으며, 누가 평안함에서 그것을 장구히 꿈틀거리게 하여 서서히 회생시킬 수 있겠는가?

*여기서는 '고요함' 과 '長久(장구)함' 에 주의를 기울일 필요가 있다. 이와 관련하여서는 2장의 2-3에서 이미 상세하게 설명한 바 있듯이, 16장 16-4와 16-5의 '근본으로 돌아감을 고요함이라고 하니, 이를 복명(복귀)이라고 한다. 복명을 '상' 이라고 하고, '상' 을 아는 것을 '명' 이라고 한다.' 는 말을 종합해보면, 결국에는 '常(상)' 과 '靜(정)' 을 부각시키고 있는 것이고 또 이 둘은 상호 동등한 개념이기도 한 것이다. 즉 혼탁하여 흐린 듯 명확하게 이해하기 힘든 '도' 라는 것이 '고요함' 과 '장구함' 을 통해서 깨달을 수 있다는 의미로, 노자는 16장에서 보다 구체적으로 논하고 있다.

---

75) 徐(서): 서서히, 천천히.

15-11: 保此道者不欲盈, 夫唯不盈, 故能蔽⁷⁶⁾不新成.

이러한 도리를 견지하는 자는 가득 채우려(자만하려) 하지 않고, 무릇 가득 채우지(자만하지) 않으므로, 그러므로 능히 포괄(수용)하여 새로이 만들지 않는다.

*이 문장에서 '蔽(폐)'를 15-1의 '古(고)'와 연결하여 '敝(폐)'로 보아 '헐다, 낡다'로 해석해야 한다는 견해도 있으나, 여기서는 문자 그대로 해석하기로 한다.

*이 문장은 '도'의 성질과 그 특성에 대해 서술한 부분이다. 만족하지 못하거나 부족함을 느끼면 자꾸 새로운 것을 추구하고 만들어 채우게 되지만, 비움으로써 능히 모든 것을 포용한다면 굳이 새로운 것을 찾아 만들 필요가 있겠는가? 上古時代(상고시대)의 태평성대에는 天命(천명) 즉 자연의 순리에 따랐기 때문에, 사람들의 마음에 욕망이 생기지 않았던 것이다. 이제 4장 4-1의 '도는 비어있으나, 그것을 씀에는 다함이 없다.'와 5장 5-3의 '비우지만 불합리하지 않고, 사용하지만 더욱 생성된다.'라는 말과 함께 연계하여 다음의 기록들을 살펴보도록 하자.

> 湯出, 見野張網四面, 祝曰:"自天下四方皆入吾網." 湯曰:"嘻, 盡之矣!"
> 乃去其三面, 祝曰:"欲左, 左;欲右, 右;不用命, 乃入吾網." 諸侯聞之, 曰:
> "湯德至矣, 及禽獸."
> 탕이 나가서, 들에 사면으로 그물을 펼쳐놓고, "세상 사방 모두가 내 그물로 들어오게 하소서"라고 비는 이를 보았다. 탕이 말했다:"아, 다 잡으려

---

76) 蔽(폐): 총괄, 개괄하다, 덮다.

하는구나!" 이에 삼면을 거두고, "왼쪽으로 가려면, 왼쪽으로, 오른쪽으로 가려면, 오른쪽으로 가게 하소서; 명령을 따르지 않으면, 이에 내 그물로 들어오게 하소서."라고 빌었다. 제후들이 듣고, 말했다: "탕의 덕이 지극하니, 금수에게까지 미쳤구나."

[史記(사기)] 〈殷本紀(은본기)〉

이러한 내용은 다음의 기록에도 보인다.

湯出, 見有張網四面而祝之曰: 從天降, 從地出, 從四方來者, 皆罹吾網. 湯曰: 噫, 盡之矣. 乃解其三面, 改祝曰: 欲左左, 欲右右, 不用命者, 入吾網. 諸侯聞之曰: 湯德至矣, 及禽獸.

탕이 나가다가, 그물을 사방에 펼치고는 하늘에서 내려오고, 땅에서 나오며, 사방에서 온 것이, 모두 내 그물에 걸려라하고 비는 사람을 보았다. 탕이 말했다: 아, 지나치다. 이에 그 삼면을 풀고, 바꿔 기원하며 말했다: 왼쪽으로 가고 싶으면 왼쪽으로 가고, 오른쪽으로 가고 싶으면 오른쪽으로 가며, 목숨이 필요 없는 자는 내 그물에 들어오라. 제후들이 듣고 말했다: 탕의 덕이 지극하여, 금수에게까지 미쳤구나.

[十八史略(십팔사략)] 〈殷王朝篇(은왕조편)〉

湯(탕)의 행동은 단기적인 안목에서는 손해이지만 장기적으로 보았을 때는 諸侯(제후)들의 신임을 얻게 되었으니, 이것이야말로 '견지하는 자는 가득 채우려하지 않고, 무릇 가득 채우지 않으므로, 그러므로 능히 수용한다.'라는 도리가 아니겠는가? 또 다음의 기록을 살펴보자.

獯鬻攻之, 去邠, 渡漆沮, 踰梁山, 邑於岐山之下居焉, 邠人曰: 仁人也, 不可失. 扶老携幼以從, 他旁國皆歸之.

훈육(흉노족)이 침입하자, 빈 지역을 떠나, 칠저를 건너, 기산 아래에 도읍을 이루어 사니, 빈 지역 사람들이 말했다: (고공단보는) 어진 사람이니, 잃을 수 없다. 노인을 부축하고 어린이를 이끌고 따르니, 다른 옆의 나라 사람들이 모두 그에게 귀속했다.

[十八史略(십팔사략)] 〈周王朝篇(주왕조편)〉

古公亶父(고공단보) 역시 현실에 집착하지 않고 비우려 하였으니, 오히려 더 많은 이들을 수용하게 되었던 것이다. 이 말의 뜻을 뒤집어 말하면 '가득 채우려 하면, 자꾸 새로이 만들게 된다.' 는 논리가 형성되니, 이제 다음의 기록을 살펴보자.

子厲王胡立, 無道暴虐侈傲, 得衛巫, 使監國人之謗者, 以告則殺之, 道路以目. 王喜曰, 吾能弭謗矣. 或曰: 是障也, 防民之口, 甚於防川, 水壅而潰, 傷人必多. 王弗聽, 於是國人相與畔, 王出奔彘.

아들 여왕 호가 즉위하였으니, 무도하고 잔악하며 사치스럽고도 거만하였는데, 위나라의 무당을 불러, 백성들 중에 비방하는 자를 감시하게 하고, 보고하면 곧 죽였으니, (백성들이) 길에서 눈짓으로만 전달했다. 왕이 기뻐하여 말했다: 나는 능히 비방을 그치게 할 수 있다. 어떤 사람이 말했다: 이는 막는 것으로, 백성의 입을 막는 것은, 냇물을 막는 것보다 심하니, 물이 막히면 무너져, 많은 이들이 필히 다치게 됩니다. 왕이 듣지 않자, 나라 사람들이 서로 더불어 배반하니, 왕이 체 땅으로 달아났다.

[十八史略(십팔사략)] 〈周王朝篇(주왕조편)〉

厲王(여왕)은 백성들이 자신을 비방하자 탄압하기 시작했는데, 이는 곧 마음을 비워 잘못을 깨닫지 못하고 오히려 자신의 욕망을 채우려 거듭 새

로운 방법을 동원했다는 뜻이니, 노자의 '새로이 만든다.' 라는 말의 의미
는 바로 '새로운 법률이나 제도' 를 지칭하는 것임을 알 수 있는 것이다.

第16章：復命(복명)

16-1: 致虛極, 守靜篤[77].

지극히 공허함에 도달하고, 지극히 고요함을 견지한다.

*이 문장은 이미 15장의 15-10과 15-11에서 언급한 바 있듯이, '도'를 이해하고 또 '도'에 도달하기 위한 방법을 제시한 것이다. '공허함' 이란 '채우지 않음' 즉 앞에서 줄곧 강조한 사리사욕을 탐하지 않음이고, '고요함' 이란 2장의 2-3에서 언급한 바 있듯이 신중하고 삼가는 태도를 일컫는 것이니, 이는 태평성대를 이끈 聖君(성군)과 聖賢(성현)들의 자세를 집약적으로 묘사한 것이 되는 것이다.

16-2: 萬物並作, 吾以觀復.

만물은 견주어 만들어 지는데, 나는 그럼으로써 반복(순환)함을 본다.

*이 문장을 통해서, 우리는 노자의 신분이 史官(사관)이었음을 엿볼 수 있다. 다시 말해서, 노자는 당시에 周(주)나라의 史官(사관)을 지냈기 때문에, 史料(사료)속에 담겨있는 역사의 반복 순환을 인식함으로써 옛 사람들의 '도'를 이해할 수 있었던 것이다. 이와 관련하여서는, 21장의 21-8에서 좀 더 구체적으로 알아보기로 한다.

---

77) 篤(독): 충실하다, 두텁다, 심하다.

16-3: 夫物蕓蕓[78], 各復歸其根.

무릇 만물은 무성하니, 각자 그 근본으로 다시 돌아간다.

*노자는 42장의 42-1에서 '도는 하나를 낳고, 하나는 둘을 낳으며, 둘은 셋을 낳고, 셋은 만물을 낳는다.' 라고 하였고, 40장의 40-2에서는 또 '세상 만물은 유에서 생겨난다.' 고 하였으니, '有名(유명)' 은 '만물' 의 산실이 된다. 따라서 이러한 '유명' 이 근원으로 다시 돌아간다 함은 '유명' 의 사회에서 '무명' 의 사회 즉 '도' 로 회귀하는 것을 의미한다. 보다 구체적인 내용은 42장의 42-1에서 논하기로 하고, 우선은 '근본, 근원' 의 의미를 이해하기 위해서 다음 기록을 살펴보자.

> 是故君子先愼乎德.有德此有人, 有人此有土, 有土此有財, 有財此有用, 德者, 本也; 財者, 末也. 外本內末, 爭民施奪. 是故財聚則民散, 財散則民聚.
> 이 때문에 군자는 먼저 덕을 신중히 하니, 덕이 있으면 이에 따르는 사람이 있고, 따르는 사람이 있으면 이에 땅이 있고, 땅이 있으면 이에 재물이 있고, 재물이 있으면 이에 쓰임이 있는 것이니, 덕이라는 것은, 근본이고; 재물이라는 것은, 끝이다. 근본을 밖으로 하고 끝을 안으로 하면, 백성들을 다투고 빼앗도록 하게 된다. 이 때문에 재물이 모이면 백성들이 흩어지고, 재물이 흩어지면, 백성들이 모이게 된다.
>
> [禮記(예기)] 〈大學, 傳(대학, 전)〉

상술한 내용을 보면 덕이 근원이자 근본이라고 하였는데, 노자는 일

---

78) 蕓蕓(운운): 무성한 모양.

관되게 '도' 를 이야기할 때마다 항상 '덕' 을 함께 논한다. 이는 노자에게 있어, '덕' 이라는 것이 '도' 와 同格(동격) 혹은 최소한 '도' 에 버금가는 지위를 지니고 있음을 알려주는데, 구체적인 것은 21장의 21-1과 38장의 38-7에서 계속해서 논하기로 한다.

16-4: 歸根曰靜; 是謂復命[79].

근본으로 돌아감을 고요함이라고 하니, 이를 복명(복귀) 이라고 한다.

*이미 15장의 15-10과 16장의 16-1에서 언급한 바 있듯이, '고요함' 이란 신중하고 삼가는 태도를 일컫는 것으로, 이러한 태도를 통해 근원으로 돌아간다 함은 바로 태초의 '도' 로 복귀함을 뜻하는 것이다. 이처럼 노자는 일관되게 태초의 '도' 로 복귀할 것을 주장하고 있는데, 그렇다면 노자에게 있어 '태초의 도' 라는 것은 도대체 무슨 의미를 지니는 것일까? 이와 관련해서는, 18장에서 그 윤곽이 점차 드러나고 있다.

---

79) 復命(복명): 명령을 집행하고 보고하다. 여기서는 "복귀하다" 로 해석한다.

16-5: 復命曰常, 知常曰明;不知常, 妄作, 凶.
□□曰□, □□曰□;不知常, 妄作, 凶.

[대구법]

복명을 "상"(변치 않음, 영원함)**이라고 하고, "상"을 아는 것을 "명"이라고 하는데; "상"을 알지 못하면, 경거망동하게 되고, 불행해진다.**

*노자는 이 문장을 통해서 '常(상)'과 '明(명)'의 정의에 대해 피력하고 있는데, 먼저 '明(명)'의 의미에 대해서 살펴보려면 다음 문장을 참고할 필요가 있다.

> 康誥曰: "克明德." 太甲曰: "顧諟天之明命." 帝典曰: "克明峻德." 皆自明
> 也.
> 〈강고〉에 이르기를: "능히 덕을 밝힌다."라고 하였다. 〈태갑〉에 이르기를: "이 하늘의 밝은 명을 돌아본다."라고 하였다. 〈제전〉에 이르기를: "능히 큰 덕을 밝힌다."라고 하였다. 모두가 스스로 밝히는 것이다.
>
> [禮記(예기)]〈大學, 傳(대학, 전)〉

즉 노자는 '상'을 아는 것을 '명'이라고 했는데, 바로 위에서 제시한 기록을 보면 '명'이란 '덕'을 밝히는 것이니, '덕을 밝히는 것'이 바로 '영원함, 변치 않음'을 깨닫는 것이라는 말이 된다.

'常(상)'은 1장 1-1에서 이미 언급한 바 있듯이, '도'의 주된 특징으로 '영원함, 변치 않음'을 나타내는데, 이러한 '상'의 특징은 30장 30-6의 '사물이 강대해지면 곧 쇠퇴하니, 이는 도에 부합되지 않는다고 일컫는다. 도에 부합되지 않으면 일찌감치 사라진다.', 55장 55-6의 '사물이 강대해지면 곧 쇠퇴하니, 그것을 일컬어 도에 부합되지 않는다고 한다. 도에 부합되지 않으면 일찌감치 사라진다.', 59장 59-4와 59-5의 '나라를 가질 수 있음의 근본은, 장구히 보존할 수 있는 것이다. 이를 일컬어 기초가 튼튼하다고 하니, 오랫동안 유지하는 도리이다.' 라는 말에서도 명확하게 드러나고 있으니, 바로 나라를 장구히 보전하는 것이다. 이제 '상' 과 '명' 을 정리해서 말하면, 이는 '덕을 밝혀서 백성들을 다스려야 즉 덕치를 실행해야만, 오랫동안 백성들을 평안하게 다스리고 나라가 변치 않고 영원할 수 있다는 논리가 형성되는 것이다.

또한 노자는 '복명(복귀)' 을 '常(상)' 이라고 한다고 하였으니, 노자에게 있어서 '常' 은 바로 '도' 그 자체이거나 또는 최소한 '도' 의 주요한 특징 혹은 본질이 되는 것이다. 그렇다면 노자는 어디로의 복귀를 주장하는 것일까? 이는 밑에서 바로 밝히고 있다.

16-6: 知常容, 容乃公, 公乃王, 王乃天, 天乃道, 道乃久.
知常□, □乃■, ■乃○, ○乃●, ●乃◇, ◇乃◆.

[연쇄법]

"상"을 알면 포용하고, 포용하면 이에 공정하고, 공정하면 이에 군주(우두머리)가 되고, 군주가 되면 이에 하늘에 순응하게 되고, 하늘에 순응하면 이에 도를 따르게 되고, 도를 따르게 되면 이에 장구(오래 지속)하게 된다.

* '포용하면 이에 공정하고, 공정하면 이에 君主(군주)가 되고, 군주가

되면 이에 하늘에 순응하게 된다.' 는 개념은 태평성대 성현들의 정치에서 누차 강조되는 바이니, 다음의 기록을 살펴보면 쉬이 이해할 수 있다.

周公曰: 嗚呼! 我聞曰: 昔在殷王中宗, 嚴恭寅畏, 天命自度, 治民祗懼, 不敢荒寧. 肆中宗之享國七十有五年. 其在高宗, 時舊勞于外, 爰曁小人. 作其卽位, 乃或亮陰, 三年不言. 其惟不言, 言乃雍, 不敢荒寧, 嘉靖殷邦. 至于小大, 無時或怨. 肆高宗之享國五十有九年. 其在祖甲, 不義惟王, 舊爲小人. 作其卽位, 爰知小人之依, 能保蕙于庶民, 不敢侮鰥寡. 肆祖甲之享國三十有三年.

주공이 말했다: 아! 제가 듣건대: 옛날 은나라 임금 중종은, 엄숙히 삼가며 공경하고 두려워하여, 천명을 스스로 헤아렸고, 백성을 다스림에 공경하고 두려워하여, 감히 편안함에 빠지지 않았습니다. 드디어 중종은 나라를 칠십 오년 누리셨습니다. 고종이 재위했을 때, 오랫동안 밖에서 수고로우셨고, 이에 소인(신분이 낮은 백성)들과 함께 하였습니다, 그 즉위를 해서는, 이에 상을 입으시고, 삼년동안 말하지 않았습니다. 말하지 않았으나, 말하면 온화했지만, 감히 편안함에 빠지지 않았으니, 은나라가 아름답고도 평안해졌습니다. 낮은 사람이건 높은 사람이건, 원망하는 이가 없게 되었습니다. 드디어 고종은 나라를 오십 구년 누리셨습니다. 조갑이 재위해서는, 의로운 왕이 아니라 하고, 오래 소인(신분이 낮은 백성)이 되었습니다. 즉위하여서는, 이에 소인(신분이 낮은 백성)의 의지함을 알고, 수많은 백성들을 능히 보호하고 사랑하였으며, 감히 홀아비나 과부를 업신여기지 않았습니다. 드디어 조갑은 나라를 삼십 삼년 누리셨습니다.

[尙書(상서)] 〈無逸(무일)〉

또한 '도를 따르게 되면 이에 장구(오래 지속)하게 된다.' 는 것은 바로

'常' 을 지칭하는 것이니, 여기서 지칭하는 '복명' 은 다름 아닌 '德治(덕치)를 통한 하늘에의 순응' 즉 억지로 작위하지 않고 천성을 따르는 상태로의 복귀를 지칭한다.

16-7: 沒身不殆.

평생 위험이 없다.

* '沒身(몰신)' 은 '몸이 없어지다' 는 뜻이니, '죽을 때까지, 평생' 이라는 의미로 해석할 수 있다.

第17章 : 自然(자연)

17-1: 太上, 下知有之.

가장 훌륭한 지도자는 그(지도자)가 존재함을 안다.

 *堯(요)임금이 통치하던 태평성대에는 백성들이 '임금이 자신들을 위해서 한 것이 무엇이 있느냐?'며 불만을 표출했다고 하니, 이는 바로 그러한 상황을 표현한 것이 아니겠는가? 이제 다음의 기록을 살펴보자.

治天下五十年, 不知天下治歟, 不治歟, 億兆願戴己歟, 不願戴己歟. 問左右, 不知, 問外朝, 不知, 問在野, 不知. 乃微服, 游於康衢, 聞童謠曰: 立我烝民, 莫非爾極, 不識不知, 順帝之則, 有老人, 含哺鼓腹, 擊壤而歌曰: 日出而作, 日入而息, 鑿井而飮, 耕田而食, 帝力, 何有於我哉.

세상을 다스린 지 50년, 세상이 다스려지는지 다스려지지 않는지, 억조(수많은 백성)가 자기를 원하는지 원하지 않는지 알 수가 없었다. 좌우에 물었으나, 알지 못하고, 조정 바깥으로 물었으나, 알지 못했으며, 재야에 물었으나, 알지 못했다. 이에 미복하고, 큰 거리로 나아가니, 동요가 들렸는데 이르기를: 우리 많은 백성을 일으킴에, 그대의 지극함이 아닌 것이 없네. 알지 못하는 사이에, 임금의 법을 따른다고 하였다. 한 노인이 있어, 입에 음식을 잔뜩 물고 배를 두드리며, 땅을 치며 노래하기를: 해가 뜨면 일하고, 해가 지면 쉬며. 우물을 파서 마시고, 밭을 갈아서 먹으니, 임금의 힘이, 어찌 나에게 있을까라고 하였다.

[十八史略(십팔사략)] 〈五帝篇(오제편)〉

위의 기록은 오늘날 '鼓腹擊壤歌(고복격양가: 배를 두드리고 땅을 치며 부른 노래)'로 더 유명하다. 즉 노자는 태평성대의 '도'로 복귀할 것을 일관되게 강조하고 있는데, 이것이 바로 노자가 주장하는 가장 이상적인 세계인 것이다. 이러한 내용은 39장 39-6의 '그러므로 최고의 영예에 이르면 영예가 없는 것이다.' 라는 말과 연계하여 살펴볼 수 있다.

17-2: 其次, 親而譽之. 其次, 畏之. 其次, 侮之.

그 다음가는 지도자는 그와 친근하고 그를 칭찬한다. 그 다음가는 지도자는 그를 두려워한다. 그 다음가는 지도자는 그를 경멸한다.

*여기서는 점강법이 쓰였다. 이 문장을 보면, 노자가 이상향으로 여기는 태평성대와 우리가 역사를 통해서 이해하는 태평성대에는 일정한 차이가 있어 보인다. 다시 말해서, 노자는 우리가 일반적으로 인지하고 있는 태평성대를 오히려 자신이 추구하는 이상향의 하위개념으로 보고 있는 것이다. 그렇다면 노자의 이상향은 도대체 무엇일까? 자세한 내용은 18장에서 다루기로 한다.

17-3: 信不足焉, 有不信焉.

(지도자의) 신용이 부족하면, (지도자에 대한) 불신이 생긴다.

*이 말은 23장의 23-5에서도 보이고 있으니, 노자가 얼마나 지도자의 신뢰를 중시하고 있는지 알 수 있다. 이제 아래에서 제시하는 신뢰가 있는 지도자와 그렇지 않은 지도자의 기록을 통해서, 두 상반되는 인물이 역사

적으로 어떠한 평가를 받고 있는지 살펴보자.

帝乙崩, 子辛立, 是爲帝辛, 天下謂之紂. 帝紂資辨捷疾, 聞見甚敏 ; 材力過人, 手格猛獸 ; 知足以距諫, 言足以飾非 ; 矜人臣以能, 高天下以聲, 以爲皆出己之下. (생략) 厚賦稅以實鹿臺之錢而盈鉅橋之粟. (생략) 百姓怨望而諸侯有畔者, 於是紂乃重刑辟, 有炮格之法.

을임금이 죽고, 아들 신이 즉위하니, 이 사람이 신제이다. 세상은 그를 주라고 불렀다. 주임금은 천성적으로 말솜씨가 좋고 행동이 빨랐으며, 보고들음에 매우 영리했고 ; 능력이 일반인을 능가했으며, 맨손으로 맹수와 맞섰고 ; 지혜는 충분히 간언을 막을 수 있었으며, 말은 충분히 거짓으로 꾸며낼 수 있었고 ; 능력을 신하들에게 자랑하고, 명성을 세상에 드높이려 했으며, 모두가 자기 아래라고 여겼다. (생략) 부세를 두터이 함으로써 녹대의 돈을 채우고 거교를 곡식을 메웠다. (생략) 귀족들이 원망하고 제후들중에는 배반하는 이들이 있었으니, 그래서 주는 이에 형벌을 무겁게 하여, 포락이라는 형벌이 있게 되었다.　　　　　　　[史記(사기)]〈殷本紀(은본기)〉

이는 역사상 폭군으로 기록되고 있는 紂(주)임금에 대한 기록이다. 반면에 아래에서 제시하는 기록은 역사상 성군으로 기록되고 있는 禹(우)임금에 대한 기록이니, 이제 두 역사 기록을 비교해보면 노자가 왜 그렇게 지도자의 신뢰를 중시했는지 이해할 수 있을 것이다.

禹爲人敏給克勤 ; 其筍不違, 其仁可親. 其言可信 ; 聲爲律, 身爲度. 稱以出 ; 亹亹穆穆, 爲綱爲紀. (생략) 禹傷先人父鯀功之不成受誅, 乃勞身焦思, 居十三年, 過家門不敢入. 薄衣食, 致孝於鬼神. 卑宮室, 致費於溝淢. (생략) 食少, 調有餘相給, 以均諸侯.

우는 사람됨이 민첩하고도 부지런했으니; 싹(바탕)은 어긋남이 없고, 인자함은 가까이할 수 있었다. 말은 믿을 수 있었으니; 말하면 규율이 되고, 행하면 법도가 되었다. (명확하게) 헤아려 드러내었으니; 부지런하고도 온화하여, 기강이 되었다. (생략) 우는 돌아가신 아버지 곤이 공을 이루지 못해 형벌을 당한 것이 마음 아팠기에, 이에 몸을 수고롭게 하고 애태우며, 밖에서 지냈지 13년 동안, 집 문을 지나도 감히 들어가지 않았다. 입고 먹는 것을 소홀히 하고, 귀신을 극진히 섬겼다. 거처를 누추하게 하고, 수로에 비용을 다 썼다. (생략) 식량이 적으면, 남음이 있는 곳에서 옮겨 서로 공급하여, 그럼으로써 제후들을 고르게 하였다. [史記(사기)]〈夏本紀(하본기)〉

17-4: 悠⁸⁰⁾兮, 其貴言.功成事遂, 百姓皆謂我
自然.

유유하여, 말을 귀히 여긴다(명령을 함부로 내리지 않는다). 일이
완성되어도, 백성들은 모두 우리가 본래 이러한 것이라고
말한다.

*이는 17-1의 '가장 훌륭한 지도자는 그가 존재함을 안다.' 라는 말과 연계하면 쉬이 이해할 수 있으니, 즉 지도자가 함부로 백성들에게 명령을 내리지 않아서 백성들이 지도자의 존재에 대해 특별히 관심을 가지지 않는 것이다. 특히 2장의 2-3에서도 이미 설명한 바 있듯이, 노자는 불언의 가르침을 중시하여 여기에서도 다시 한 번 '말(명령)'을 함부로 하지 말 것을 강조하고 있는데, 이와 관련하여 다시 한 번 다음의 기록을 음미해보면

---

80) 悠(유): 유유하다, 한적하다.

노자의 생각을 더욱 명확하게 이해할 수 있을 것이다.

帝曰：“來, 禹! 降水儆予, 成允成功, 惟汝賢. 克勤于邦, 克儉于家, 不自滿
假, 惟汝賢. 汝惟不矜, 天下莫與汝爭能. 汝惟不伐, 天下莫與汝爭功. 予懋
乃德, 嘉乃丕績, 天之歷數在汝躬, 汝終陟元后. 人心惟危, 道心惟微, 惟精
惟一, 允執厥中. 無稽之言勿聽, 弗詢之謀勿庸. 可愛非君？可畏非民？衆
非元后, 何戴？后非衆, 罔與守邦. 欽哉! 愼乃有位, 敬修其可願, 四海困窮,
天祿永終. 惟口出好興戎, 朕言不再.”

(순)임금이 말했다: “오시오, 우여! 물이 내려(홍수가 발생하여) 나를 주의시
켰는데, 믿음을 이루고 공을 이루었으니, 그대의 어질음 때문이오. 나라에
능히 부지런하고, 집안에 능히 검소하며, 스스로 만족하여 위대한 체하지
않으니, 그대의 어질음 때문이오. 그대는 자랑하지 않기에, 세상은 그대와
기량을 다툴 수 없고, 그대가 드러내지 않기에, 세상은 그대와 공을 겨룰
수가 없소. 나는 그대의 덕을 독려하고, 그대의 큰 공을 기리니, 하늘의 헤
아림이 그대 몸에 있어서, 그대가 결국에는 임금에 오를 것이오. 사람의
마음은 위태롭고, 도의 마음은 희미하니, 정성스럽고도 한결같이, 그 중을
진실로 잡아야 하오. 상의하지 않은 말은 듣지 말고, 상의하지 않은 계책
은 쓰지 마시오. 사랑할 만한 것이 임금이 아니겠소? 두려워할 만한 것이
백성이 아니겠소? 백성들은 임금이 아니면 누구를 받들겠소? 임금은 백성
이 아니면, 더불어 나라를 지킬 사람이 없소. 공경하시오! 삼가면 이에 자
리가 있게 되고, 공경하여 베풀면 바랄 수 있으니, 온 나라가 곤궁해지면,
하늘이 준 복록도 영영 끝나게 되오. <u>입에서 나는 것(말)은 곧잘 전쟁을 일
으키니, 나는 다시 말하지 않겠소.</u>”　　　　　　　[尙書(상서)] 〈大禹謨(대우모)〉

第18章：大道(대도)

18-1: 大道廢, 有仁義.
□□□, 有□□.

큰 도가 폐기되면, 인의가 출현한다.

 *17장의 17-2에서 노자가 이상향으로 여기는 태평성대와 우리가 역사를 통해서 이해하는 태평성대에는 일정한 차이가 있어 보이는데, 이는 노자는 우리가 일반적으로 인지하고 있는 태평성대를 오히려 자신이 추구하는 이상향의 하위개념으로 보고 있는 것이라고 말한 바 있다. 노자는 여기에서 '大道(대도)'가 仁義(인의)보다 위에 있는 개념임을 노골적으로 드러냈으니, 이제 우리는 노자가 '仁義(인의)' 중심의 小康社會(소강사회)를 반대하고, 소강 이전의 시대 즉 大同社會(대동사회)로 돌아가야 한다고 주장했음을 명확하게 이해할 수 있는 것이다. 여기서 우리는 노자가 왜 굳이 '道(도)'가 아니라 '大道(대도)'라는 표현을 썼는지에 대해 의문점을 가질 필요가 있는데, 이는 34장의 34-1에서 구체적으로 설명하기로 한다. 대동사회라 함은 三皇五帝(삼황오제) 즉 伏羲氏(복희씨)와 神農氏(신농씨) 그리고 女媧氏(여와씨)의 三皇(삼황)과 黃帝軒轅(황제헌원), 顓頊高陽(전욱고양), 帝嚳高辛(제곡고신), 帝堯放勳(제요방훈), 제순중화(帝舜重華)의 五帝(오제)가 통치하던 시기를 일컫는데, 이때는 인재를 선발하여 王位(왕위)를 넘겨주는 禪讓制(선양제)를 통해 왕위를 계승했다. 반면에 제순중화(帝舜重華) 즉 舜(순)임금에게서 왕위를 선양받은 禹(우)임금 이후로는 아들에게 왕위를 물려주는 世襲制(세습제)가 시작되었는데, 이것이 소강사회의 시작이다. 대동사회와 소강사회의 개념에 대해서는 각각 80장의 80-3과 32장의 32-4에서 구체적으로 설명하기로 하고, 앞으로 이와 연계하여 전개되는 문장들을 보면 대동과 소강의 차이점 그리고 노자가 왜 소강사회를 반대하고 대동사회로의 복귀를 주장했는지 이해할 수 있을 것이다. 이제 다음 기록을 살펴보자.

唯仁人放流之, 迸諸四夷, 不與同中國. 此謂唯仁人爲能愛人, 能惡人.

오직 어진 사람만이 그들을 내쫓아, 사방의 오랑캐 지역으로 물리쳐, 나라 안에서 더불지 못하게 한다. 이를 일컬어 오직 어진 사람만이 능히 타인을 사랑할 수 있고, 능히 타인을 미워할 수 있다고 하는 것이다.

[禮記(예기)] 〈大學, 傳(대학, 전)〉

이처럼 소강사회에서는 '仁人(인인)' 즉 어진 이가 지도자가 되어, 자신과 뜻을 같이 하는 사람을 지키고 그렇지 못한 사람은 배척하여 오랑캐 지역으로 물리쳤다. 이는 소강사회가 오랑캐 지역을 구별 지음으로써, 共生(공생)이 아닌 차별의 사회를 지향하고 있었음을 간접적으로 밝히고 있는 것이니, 또 다음의 기록을 살펴보자.

三旬, 苗民逆命. 益贊于禹曰: "惟德動天, 無遠弗屈. 滿招損, 謙受益, 時乃天道. 帝初于歷山, 往于田, 日號泣于旻天, 于父母, 負罪引慝. 祗載見瞽瞍, 夔夔齋栗, 瞽亦允若. 至誠感神, 矧茲有苗." 禹拜昌言曰: "兪!" 班師振旅. 帝乃誕敷文德, 舞干羽于兩階, 七旬, 有苗格.

삼십 일 동안, 묘족이 명을 거역했다. 익이 우를 도와 말했다: "오직 덕만이 하늘을 움직이니, 먼 곳이라도 굴복합니다. 자만은 손해를 부르고, 겸손은 이익을 받으니, 늘 이와 같은 하늘의 도리입니다. (순)임금께서는 처음 역산에서, 밭에 나가셨을 때, 매일 하늘과 부모에게 울부짖으시며, 죄를 스스로 짊어지고 사특함을 이끌었습니다(모든 죄를 자기 탓으로 돌렸습니다). 고수를 공경하여 받들고, 조심하고 재계하여 삼가시니, 고수 역시 진실로 따르게 되었습니다. 지극한 정성은 귀신을 감동시키니, 하물며 이 묘족이야." 우는 훌륭한 말에 절하며 말했다: "그렇습니다!" 군사를 돌려 제사를 바로잡았다. (순)임금은 이에 위엄과 덕망을 넓게 펴고, 두 섬돌에

서 방패춤(武舞)과 깃털춤(文舞)을 추시니, 칠십 일이 지나, 묘족들이 감복
했다.   [尙書(상서)] 〈大禹謨(대우모)〉

반면에 대동의 사회에서는 오랑캐를 배척하지 않고 '中(중)'과 '和
(화)'를 기반으로 하는 '德(덕)'으로 귀화시켜 共生(공생) 즉 함께하고자 하
였으니, 이는 노자가 왜 '仁義(인의)'를 그가 지향하는 '도'의 하위개념으
로 보고 있는지 알 수 있는 대목이다. 이 문장은 아래 문장과 구조상 대구
를 이룬다.

18-2: 智慧出, 有大僞.
□□□, 有□□.

지혜가 나타나면, 심각한 허위가 발생한다.

*이 문장 역시 '지혜' 즉 억지로 하고자 하는 욕망이나 상승의지가 출
현함으로써, 평화가 깨짐을 피력하였다. 여기서는 노자가 왜 '知(지)'를 반
대했는지 표명하고 있는데, 아래에 제시한 기록과 함께 연계하여 살펴보
면 그 이유를 알 수 있을 것이다.

> 子曰: 道之不行也, 我知之矣. 知者過之, 愚者不及也.
> 공자가 말씀하시기를: 도가 행해지지 않음, 나는 그것을 안다. 지혜로운
> 이는 도를 지나치고, 우매한 이는 미치지 못한다.
>
> [禮記(예기)] 〈中庸(중용)〉

다시 말해서, 이는 지혜를 가지고는 참된 '도'에 이를 수 없음을 시사

하고 있는 것이니, 여기서 노자와 공자의 '지혜'에 대한 가치관이 매우 유사함을 어렴풋이나마 알 수 있다.

18-3: 六親不和, 有孝慈.
□□□□, 有□□.

가정이 화목하지 않으면, 효도와 자애가 생겨난다.

*이는 과연 무엇을 의미하는 것일까? 이와 관련하여 아래에 제시한 다음의 기록을 살펴보자.

> 舜父瞽叟頑, 母嚚, 弟象傲, 皆欲殺舜. 舜順適不失子道, 兄弟孝慈. 欲殺, 不可得;卽求, 嘗在側.
> 순의 아버지 고수는 고집 세고, 어머니는 간사하고, 동생 상은 교만하여, 모두 순을 죽이고자 하였다. 순은 거스르지 않고 좇아 자식 된 도리를 잃지 않았고, 동생에게 형 노릇하여 효성스럽고도 자애로웠다. 죽이고 싶어도, 얻을(죽일) 수 없었지만: 부르면, 항상 곁에 있었다.
>
> [史記(사기)] 〈五帝本紀(오제본기)〉

舜(순)의 아버지 瞽叟(고수)가 재혼하여 象(상)을 낳았는데, 모두 순을 미워하여 죽이고자 하였다. 이는 정상적인 家庭(가정)이 아니니, 이에 순은 더욱더 정성을 다하여 '孝(효)'와 '慈愛(자애)'로 가족들을 대하였다. 즉 노자는 가정이 화목하다면 '효도'와 '자애'라는 개념은 애당초 필요하지 않다는 것을 강조한 것임을 자연스럽게 이해할 수 있는 것이다.

18-4: 國家昏亂 有忠臣.
□□□□ 有□□.

국가가 혼란에 빠지면, 충신이 나타난다.

*여기서 노자는 '無爲(무위)' 의 중요성에 대해 力說(역설)하고 있으니, 즉 세상 본래의 성질을 잘 가꿔주기만 하면, '仁義(인의)' 나 '知慧(지혜)', '忠孝(충효)' 라는 개념을 구할 필요가 없는데, 그러한 세상 본래의 자연스러운 성질을 거스르기 때문에, '도' 가 무너지게 되고, '도' 가 무너지면 '인의' 나 '지혜', '충효' 가 나타난다고 본 것이다. 이 문장은 18-3과 비교해보면, 가정에서 국가로 그 범위가 확대되는 점층법 구조를 이루고 있음을 알 수 있다.

第19章：抱樸(포박)

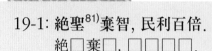

19-1: 絶聖[81]棄智, 民利百倍.
   絶□棄□, □□□□.

슬기로움을 단절하고 지혜를 버리면, 백성들이 백배 이익을
누릴 수 있다.

*여기서의 '聖(성)' 과 '智(지)' 역시 오늘날의 개념이 아닌, 억지로 자
연에 거스르는 욕망, 상승의지를 나타낸다. 다시 말해서 이는 18장 18-2의
'지혜가 나타나면, 심각한 허위가 발생한다.' 라는 말과 마찬가지로, 지혜
를 가지고는 참된 '도'에 이를 수 없음을 시사하고 있는 것이니, 다시 한
번 다음 문장의 의미를 음미해보자.

> 子曰: 道之不行也, 我知之矣. 知者過之, 愚者不及也.
> 공자가 말씀하시기를: 도가 행해지지 않음, 나는 그것을 안다. 지혜로운
> 이는 도를 지나치고, 우매한 이는 미치지 못한다.
>
> [禮記(예기)] 〈中庸(중용)〉

이 문장은 문장 구조상 아래의 두 구절과 대구를 이룬다.

---

81) 聖(성): 슬기로움, 지혜.

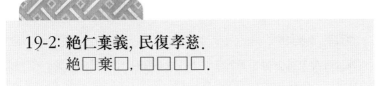

19-2: 絶仁棄義, 民復孝慈.
絶□棄□, □□□□.

인을 단절하고 의를 버리면, 백성들이 효도와 자애로 돌아간다.

*노자는 18장의 18-1에서 '큰 도가 폐기되면, 인의가 출현한다.' 라고 하였고, 또 18-3에서는 '가정이 화목하지 않으면, 효도와 자애가 생겨난다.' 라고 한 바 있는데, 여기서는 또 '인을 단절하고 의를 버리면, 백성들이 효도와 자애로 돌아간다.' 라고 말하고 있으니, 이는 과연 어떠한 의미로 풀이해야 할까? 이 문제에 대해서는, 아래의 19-3과 연계하여 살펴볼 필요가 있다.

19-3: 絶巧[82]棄利, 盜賊無有.
絶□棄□, □□□□.

재주를 단절하고 이익을 버리면 도적이 없어질 수 있다.

*이는 19-2와 마찬가지로, 어떠한 일에 있어서 잘못의 근본적인 원인을 바로잡거나 원천적으로 봉쇄하면 그 문제점을 바로 해결할 수 있다는 원리를 설명한 것으로, 이제 다음에 제시하는 기록을 살펴보자.

無以巧言令色便辟側媚, 其惟吉士.僕臣正, 厥后克正, 僕臣諛, 厥后自聖.后

---

82) 巧(교): 실속은 없고 겉만 번지르르한 재주. 여기서는 소인배들이나 쓰는 잡기를 말하는 것이다.

德惟臣, 不德惟臣.

교묘하게 꾸미는 말을 하거나 아첨하는 태도나 남의 비위를 맞추거나 아양을 떠는 이는 거느리지 말고, 어진 선비를 세워야 합니다. 따르는 신하가 바르면, 그 임금이 능히 바르게 될 것이고, 따르는 신하가 아첨하면, 그 임금은 스스로 성스러워할 것이니, 임금의 덕은 신하 때문이고, 부덕한 것도 신하 때문입니다.   [尙書(상서)]〈冏命(경명)〉

이는 어진 선비를 신하로 내세우면 자연스럽게 그 임금이 바르게 될 것이고, 아첨하는 신하를 세우면 그 임금이 스스로 성스럽다고 착각하여 오만해질 것이니, 결국에는 근본을 바로 잡아야 모든 문제를 해결할 수 있다는 것이다. 바꿔 말해서, 노자는 '인'과 '의' 그리고 '재주'와 '이익'을 모두 불필요한 것으로 간주하여, 이들을 제거하면 자연스럽게 세상이 평안해질 수 있다고 본 것이다. 따라서 이러한 개념을 18장 18-1의 '큰 도가 폐기되면, 인의가 출현한다.'라는 말에 적용시켜보면, 결국에는 '인의가 없게 되면, 큰 도가 존재하는 세상이 된다.'라는 논리가 형성되는 것이다. 아울러, 노자는 '인'과 '의'를 '효도'와 '자애'보다도 하위개념으로 보고 있음을 알 수 있다.

19-4: 此三者, 以爲文⁸³⁾不足, 故令⁸⁴⁾有所屬.

(聖智, 仁義, 巧利) 이 세 가지로서 수식하기는 (감추기는)
부족하기에, 그러므로 (백성들이) 속하는 바가 있도록 (순종하도록)

---

83) 文(문): 1. 수식하다 2. 감추다, 가리다.
84) 令(령): 명령하다, -하도록 시키다.

해야 한다.

*'속하는 바가 있다, 순종하도록 한다.' 함은 바로 그보다 상위개념을 따르도록 해야 함을 의미하는 것이니, 즉 노자는 바로 여기에서 '도'가 이 세 가지보다 상위에 있는 개념임을 분명히 하고 있다.

19-5: 見素抱樸, 少私寡欲. 絶學無憂.
□□□□, □□□□. □□□□.

[대구법]
수수함을 살피면 질박함을 유지하고, 사사로운 마음을 줄이면 욕망이 줄어든다. 학문을 버리면 근심이 없어진다.

*15장의 15-7에서 '樸(박)'은 '가공하지 않은 순수함' 즉 '질박함'이고, 이는 바로 '道(도)'와 同格(동격)의 또 다른 표현이거나 최소한 '도'의 주된 특징이 된다고 설명한 바 있다. 노자는 여기서도 '수수함을 살피면 질박함을 유지할 수 있다.'고 언급했으니, '질박함'이란 '수수함'을 포함하는 즉 오늘날의 '素樸(소박)함'을 나타내는 것임을 알 수 있다.

*19장에서는 18장과 서로 상반되는 내용을 대구의 형태로 열거하고 있는데, 이 19-5 역시 노자가 '소강'보다 '대동'을 上位(상위)의 것으로 생각하여 강조한 문장으로, '사사로운 마음을 줄이면 욕망이 줄어든다. 학문을 버리면 근심이 없어진다.'는 것은 바로 16장의 16-4와 16-5에서 보이는 '복명' 즉 자연스러운 상태로 복귀하는 결과로 나타나는 현상을 풀이하는 것이다.

第20章：食母(식모)

20-1: 唯[85]之與阿[86], 相去幾何[87] ?
□之與□, 相去□何 ?

공손히 대답하는 것과 소홀히 대답하는 것은, 서로
떨어짐(차이)이 얼마일까?

*이 문장은 아래 문장과 구조상 대구를 이룬다. 上古(상고)시대에 태평
성대를 구가했던 聖君(성군)과 聖賢(성현)들은 하나같이 모두 天命(천명) 즉
天性(천성)에 순응하여 나라를 다스렸는데, 여기에서 주의해야 할 것은 상
고시대의 '천명에 따르는 정치'란 바로 '德治(덕치)'라는 점이다. 이는 뒤
에서 점차 밝혀지겠지만, 바로 태평성대를 이루고 유지하는 바탕이자 기
틀이 되기도 하다. 즉 이 문장에서 공손히 대답하고 소홀히 대답하는 대
상은 바로 '천명'이 되는 것인데, 이제 이와 관련하여 다음 기록을 살펴보
자.

> 自太甲, 歷沃丁, 太庚, 小甲, 雍己, 至太戊, 亳有祥桑穀共生于朝, 一日暮大
> 拱, 伊陟曰, 妖不勝德, 君其脩德, 太戊修先王之政, 二日而祥桑枯死, 殷道
> 復興, 號稱中宗.
>
> 태갑으로부터 옥정 태경 소갑 옹기를 거쳐, 태무에 이르러, 박에 요망한
> 뽕나무와 곡식(또는 닥나무)이 함께 아침에 나서 하루가 지나 저물녘에 크
> 게 한 아름만 해지니 이척(이윤의 아들)이 말하기를, "요망함은 덕을 이기지
> 못하니 임금님께서는 그 덕을 닦으소서." 하였다. 태무가 선왕(선대의 어진
> 임금)의 정치를 닦으니 이틀 만에 요망한 뽕나무가 말라죽고 은나라의 왕

---

85) 唯(유): 아랫사람이 윗사람에게 공손히 대답하는 것.
86) 阿(아): 윗사람이 아랫사람에게 소홀히 대답하는 것.
87) 幾何(기하): 몇, 얼마.

도가 다시 일어나니 이를 불러 중종이라 일컬었다.

[十八史略(십팔사략)]〈殷王朝篇(은왕조편)〉

이처럼, 노자는 이 문장을 통해서 '천명에 따라 덕으로 다스림'과 '그렇지 못함'의 결과 차이를 설명하고자 하였다.

20-2: 善之與惡[88], 相去若何[89] ?
□之與□, 相去□何 ?

옳게 여기는 것과 싫어하는 것은, 서로 떨어짐(차이)이 어떠한가?

*이 문장과 관련하여서는, 13장의 13-5에서 이미 제시했던 관련 기록들을 다시 한 번 살펴보자.

王行暴虐侈傲, 國人謗王. 召公諫曰 : "民不堪命矣!" 王怒, 得衛巫, 使監謗者, 以告則殺之. (생략) 召公曰 : "是鄣之也. 防民之口, 甚於防水. 水壅而潰, 傷人必多, 民亦如之. 是故爲水者決之使導, 爲民者宣之使言."
(여)왕이 횡포하고 잔악하며 사치하고도 오만하자, 나라 사람들이 임금을 비방했다. 소공이 간언하여 말했다 : "백성들이 명을 견디지 못합니다!" 왕은 노하여, 위나라의 무당을 불러, 비방하는 자들을 감시하게 하고, 보고하면 곧 살해했다. (생략) 소공이 말했다 : "이는 막는 것입니다. 백성들

---

88) 惡(오): 미워하다, 싫어하다.
89) 若何(약하): 어떠하다.

의 입을 막는 것은, 물을 막는 것보다 심합니다. 물이 막히면 무너져, 많은 이들이 필히 다치게 되니, 백성 역시 이와 같습니다. 이 때문에 물을 다스리는 자는 물을 흐르게 하여 인도하고, 백성을 다스리는 자는 백성들을 밝혀 말하게 하는 것입니다."   [史記(사기)] 〈周本紀(주본기)〉

이와 같은 내용은 다음에도 보이고 있다.

子厲王胡立, 無道暴虐侈傲, 得衛巫, 使監國人之謗者, 以告則殺之, 道路以目. 王喜曰, 吾能弭謗矣. 或曰: 是障也, 防民之口, 甚於防川, 水壅而潰, 傷人必多. 王弗聽, 於是國人相與畔, 王出奔彘.

아들 여왕 호가 즉위하였으니, 무도하고 잔악하며 사치스럽고도 거만하였는데, 위나라의 무당을 불러, 백성들 중에 비방하는 자를 감시하게 하고, 보고하면 곧 죽였으니, (백성들이) 길에서 눈짓으로만 전달했다. 왕이 기뻐하여 말했다: 나는 능히 비방을 그치게 할 수 있다. 어떤 사람이 말했다: 이는 막는 것으로, 백성의 입을 막는 것은, 냇물을 막는 것보다 심하니, 물이 막히면 무너져, 많은 이들이 필히 다치게 됩니다. 왕이 듣지 않자, 나라 사람들이 서로 더불어 배반하니, 왕이 체 땅으로 달아났다.

                    [十八史略(십팔사략)] 〈周王朝篇(주왕조편)〉

　　노자는 史官(사관)으로서 과거의 역사를 이해하고 있었기에, 이 문장을 통해서 천명을 받아들여 그에 따라 다스림과 그렇지 않음의 차이점을 명확하게 짚고 넘어가고자 하였다.

20-3: 人之所畏, 不可不畏.

사람들이 두려워하는 바는, 두려워하지 않을 수 없다.

* '도' 에 위배될수록 세상이 혼란스러워지니, 사람들마다 두려워하는
것은 더욱 삼가고 신중해야 할 터이다. 그렇지 못하면 '도' 를 잃게 되고,
이는 다시 말해서 '덕치' 를 행하지 못함을 뜻하는 것이니, 그 결과는 오직
멸망이 있을 뿐이다. 이제 이와 관련하여 다음의 기록들을 살펴보면, 노자
의 뜻을 보다 명확하게 이해할 수 있을 것이다.

子曰: "聽訟, 吾猶人也, 必也使無訟乎!" 無情者不得盡其辭. 大畏民志. 此
謂知本.

공자가 말씀하시기를: "송사를 들음에 있어 나도 다른 사람과 같으나, 반
드시 송사가 없도록 할 것이다!" 성심이 없는 이는 그 말을 다하지 못한
다. 백성의 뜻을 크게 두려워하는 것이다. 이를 근본을 안다고 일컫는 것
이다.   [禮記(예기)] 〈大學, 傳(대학, 전)〉

其三曰, 惟彼陶唐, 有此冀方, 今失厥道, 亂其紀綱, 乃厎滅亡.

그 셋째가 말했다: "저 도당(요임금)부터, 이 기 나라가 있었는데, 지금 그
도를 잃고, 그 기강을 어지럽혀, 이에 멸망함에 이르렀다."

[尙書(상서)] 〈五子之歌(오자지가)〉

20-4: 荒兮, 其未央⁹⁰⁾哉!

황량하니, 그것이 끝나지 않았도다!

*여기서 '그것'은 아래에 열거된 '도'에 위배되는 당시의 풍조, 즉 大同(대동)으로 복귀하려하지 않는 풍조를 가리키는 것으로, 이는 18장과 19장에 보다 구체적으로 기술되어 있으니 참고하기 바란다.

20-5: 衆人熙熙⁹¹⁾, 如享大牢⁹²⁾, 如春登臺.
衆人熙熙, 如□□□, 如□□□.

[의태법, 대구법, 직유법]
많은 이들이 화목하고 즐거워 하는 것이, 마치 잘 차린 음식을 즐기는 듯하고, 봄날에 누각에 오르는 듯하다.

*이는 위에서 이미 간략하게 설명한 바 있듯이 '도'를 망각한 풍조를 말하는 것으로, 여기서 '화목하고 즐거워한다.'는 것은 긍정적인 것이 아니라 부정적인 의미로 쓰였음에 유의해야 하니, 즉 오늘날의 '희희낙락하다'는 말로 이해할 수 있다.

---

90) 央(앙): 다하다, 끝나다.
91) 熙熙(희희): 화목한 모양.
92) 大牢(대뢰): 제사에 소, 양, 돼지 세 가지 제물이 다 갖춰진 것. 기름지고 푸짐한 음식.

20-6: 我獨泊[93]兮, 其未兆, 如嬰兒之未孩[94].

나 홀로 담담하여, 그 조짐이 없으니, 마치 순수함을 지녀서
아직 1. 아직 타협 못한 것과도 2. 웃지 못하는 것과도 같다.

*여기서 '孩(해)'는 1. '달래다, 어르다'로 해석하여 '아직 달래지지
않다' 즉 '타협하지 않다'로 풀이할 수 있는 경우와, 2. '웃다'로 해석하
여, '아직 웃지 못하다' 즉 '아직 순수함을 간직하다'로 풀이할 수 있는
경우가 있는데, 어느 쪽으로 해석해도 뜻에는 큰 차이가 없다. 결국 이 문
장은 노자만이 다른 사람들과 달리 '大同(대동)'을 추구하고 있음을 강조
하고 있는 것이다.
    * '嬰兒(영아)'의 의미는 10장의 10-2, 28장의 28-2, 55장의 55-1을 참조
하기로 한다. 이 문장은 직유법이 쓰였다.

20-7: 儽[95]儽兮, 若無所歸.
       □□兮, 若□□□.

지쳤으니, 마치 돌아갈 곳이 없는 듯하다.

*이는 바로 위의 문장과 연계할 필요가 있는데, 즉 노자만이 다른 사람
과 달리 '대동'을 추구하고 복귀하고자 노력하지만, 어느 누구도 이해하
거나 아랑곳하지 않으니 지쳤다는 것을 표현한 것이다. 이 문장은 직유법

---

93) 泊(박): 담백하다, 담담하다.
94) 孩(해): 어르다, 달래다, 사랑하다, 웃다.
95) 儽(뢰): 累(루)와 상통하는 글자로 쓰인다.

으로 쓰였고, 또한 아래 문장과 대구를 이룬다.

20-8: 衆人皆有餘, 而我獨若遺.

많은 이들이 모두 남음(풍요로움)이 있는데, 그러나 나 홀로 빠진(누락된. 잃은) 듯하다.

*이 문장부터 아래 네 문구는 모두 반어법으로 쓰였다. 혼자만이 뒤처지고 혼란스러우며 혼미하다고 했으니, 이는 자신만이 홀로 깨달음('道')을 얻었다고 말하는 것으로, 모두들 현실에만 집착하는데 나 홀로 대동사회로의 복귀를 바라고 있다는 것이다. 즉 여기서 노자와 세상 사람들의 가치관에는 이미 큰 괴리감이 존재함을 피력하고 있다. 재미있는 것은 노자가 여기서 이처럼 반어법을 통해서 간접적으로 표현한데 반해, 70장에서는 직설법을 통해서 보다 명확하게 자신의 뜻을 피력하고 있다는 점인데, 상호 비교할 만하다.

20-9: 我愚[96]人之心也哉, 沌沌兮.

내 우매한(우직한) 이의 마음이여, 혼란스럽도다.

*이 문장은 얼핏 보면 노자만이 다른 길(대동으로의 복귀)을 추구하면서 혼란스러움에 빠진 듯하지만, 70장의 내용과 연계하여 보면 반어법으로

---

96) 愚(우): 우매하다, 우직하다.

표현되어 있는 것임을 알 수 있다. 즉 노자는 다른 사람들이 참된 도리를 이해하지 못함을 보고 답답해하는 마음을 이처럼 혼란스럽다는 완곡한 표현으로 대신한 것이다.

　＊'愚(우)'는 '우매하다'는 뜻과 '우직하다'는 뜻을 둘 다 갖고 있는데, 여기서는 어느 쪽으로 해석해도 모두 뜻이 통한다. 즉 '우매하다'로 해석하면 反語的(반어적) 표현으로 볼 수 있고, '우직하다'로 해석하며 해석하면 '뜻을 굽히지 않는다,'는 표현으로 볼 수 있는 것이다.

20-10: 俗人昭昭[97], 我獨昏昏[98].
　　　俗人□□, 我獨□□.

[의태법, 반어법]

**세속의 사람들은 명확하게 이해하는데, 나 홀로 혼미
하도다.**

＊얼핏 보면 마치 나 홀로 무지한 것 같지만, 문장 전체를 파악하면 실상은 나 홀로 세상을 명확하게 이해하고 세속의 사람들은 모두 혼미하다는 의미로 쓰였다. 이 문장은 아래와 대구를 이룬다.

---

97)　昭昭(소소): 환하고 밝은 모양.
98)　昏昏(혼혼): 정신이 아득하고 희미한 모양, 어두운 모양.

20-11: 俗人察察[99], 我獨悶悶[100].
俗人□□, 我獨□□.

[의태법, 반어법]
세속의 사람들은 너무나 똑똑하게 분별하는데, 나 홀로 매우 딱하구나.

*이 문장은 위의 문장과 연계하여 이해할 수 있으니, 세속의 사람들은 명확하게 이해하기에 자세하고도 구체적인데 반해서, 나 홀로 혼미하니 매우 딱하다는 의미로 해석할 수 있는데, 얼핏 보면 자기만 뒤처짐을 책망하는 듯하지만, 실제로는 위와 마찬가지로 반어법이 쓰였다. 이 문장이 반어법으로 쓰였다는 점과 그 구체적인 함의는 58장 58-1의 '그 다스림에 매우 혼미하면, 그 백성들은 조용히 흘러가고, 그 다스림에 너무 자세하면, 그 백성들은 불완전해진다.' 라는 표현과 상호 비교해보면 쉬이 이해할 수 있을 것이다.

20-12: 澹[101]兮, 其若海.
□兮, 其若□.

[대구법, 직유법]
평안하고 고요하니(사리사욕이 없으니), 그것이 마치 바다와 같다.

---

99) 察察(찰찰): 너무 자세한 모양, 사물을 똑똑히 분별하는 모양.
100) 悶悶(민민): 매우 딱한 모양, 혼미하고 어두운 모양.
101) 澹(담): 평안하고 고요하다.

*이 문장과 아래 문장은 '도'에 이른 세계나 경지(즉 대동 사회)의 상태를 표현한 것인데, 이처럼 대동 사회에서는 일체의 사리사욕이 존재하지 않으니, 사람의 심리가 평안하고도 고요하다고 묘사하고 있다.

20-13: 飂¹⁰²⁾兮, 若無止.
□兮, 若□□.

[대구법, 직유법]

높이 부는 바람(바람소리)**이여, 마치 그침이 없는 듯하다.**

20-14: 衆人皆有以, 而我獨頑¹⁰³⁾似鄙¹⁰⁴⁾.

많은 사람들은 모두 근거로 함(수원)**이 있는데, 나만 홀로 우매하고 완고할 뿐 아니라 궁색한 듯하다.**

　*이렇듯 '도'의 경지에 이르면 평온하고 변함이 없는데도, 사람들은 오로지 현실세계에서의 이익만을 추구할 뿐 대동사회로의 복귀에는 안중이 없는 듯하니, 답답해하는 심경을 토로하고 있다. 이 문장에는 반어법과 직유법이 쓰였다.

---

102)　飂(료, 류): 바람소리 료, 높이 부는 바람 류.
103)　頑(완): 완고하다.
104)　鄙(비): 비루하다, 천하다, 촌스럽다.

20-15: 我獨異於人, 而貴食母.

나 홀로 사람들과 달라서, 근본(도)을 배불리 함을 귀히
여긴다.

*이 문장에서 이야기하는 근본이라 함은 '도' 즉 궁극적인 대동 사회
가 추구하는 것으로, 자세한 내용은 12장에 드러나니 참고하기 바란다. 아
울러 20-3에서 [禮記(예기)] 〈大學, 傳(대학, 전)〉의 한 구절을 인용한 바 있는
데, 여기서 공자는 '백성의 뜻을 크게 두려워하는 것을, 근본을 안다고 일
컫는 것이다.' 라고 하였으니, 이를 '백성의 뜻을 이해하고 해결하는 것을
귀히 여긴다.' 라고 풀이해도 무방하다고 볼 수 있을 것이다.

第21章 : 孔德(공덕)

21-1: 孔德之容[105], 惟道是從.

큰 덕의 모습은, 오직 도만을 따른다.

*이 문장을 해석하는데 있어서는, 지금까지도 의견이 분분하다. 필자
는 16장의 16-3에서 '덕' 이라는 것이 '도' 와 同格(동격) 혹은 최소한 '도'
에 버금가는 지위를 지니고 있음을 알려준다고 언급한 바 있는데, 여기서
노자는 '도' 와 '덕' 의 차이점을 분명히 하고 있으니, 38장 38-7의 '그러
므로 도를 잃은 후에 비로소 덕이 있다.' 라는 말을 보면 노자에게 있어 덕
은 도보다 하나 낮은 개념이기 때문에, 최소한 이를 '오직 도만이 이것(큰
덕의 모습)을 따른다.' 라고 해석하는 것에는 문제가 있는 것이다. 이와 관련
하여 다음 문장을 살펴보자.

> 禹曰:"于! 帝念哉! 德惟善政, 政在養民. 水,火,金,木,土,谷, 惟修;正德,利
> 用,厚生,惟和."
> 우가 말했다: "아! 임금께서는 기억하소서! 오직 덕행을 해야 잘 다스릴
> 수 있으니, 정치는 백성을 기르는데 있습니다. 물 불 쇠 나무 흙과 곡식을
> 다스리고; 덕을 바로 잡고 쓰임을 이롭게 하며 살림을 안정시키고 조화롭
> 게 해야 합니다."   [尚書(상서)] 〈大禹謨(대우모)〉

> 故曰: 苟不至德, 至道不凝焉.
> 따라서 말하기를: 진실로 덕에 이르지 못하면, 도가 머물지 않는다.
>
>   [禮記(예기)] 〈中庸(중용)〉

---

105) 容(용): 포용, 관용의 뜻도 있으나, 밑의 내용을 보면 모습으로 해석하는 것이 더 적절한 것
으로 판단된다.

상술한 내용을 정리하자면, 태평성대를 이루는 骨幹(골간)이 바로 '덕치' 이고 또한 '덕' 에 이르지 못하면 '도' 가 머물지 않으니, 이러한 '덕' 은 '도' 를 이루는 하위 개념인 것이다. 이를 통해서 노자의 '도' 와 '덕' 에 대한 가치관은 노자만의 독창적인 것이 아님을 알 수 있거니와, 아울러 노자와 儒家(유가)의 가치관이 일맥상통하고 있음 역시 엿볼 수 있다.

21-2: 道之爲物, 惟恍惟惚.

도의 실체내용은 모호하고도 명확하지 않다.

*이 말의 뜻은 이미 1장의 1-1에서 '도라는 것은 말할 수 있으면 영원한 도가 아니다.' 라고 말한 바 있듯이, 노자에게 있어 '도' 라는 것은 당시의 어떠한 定型化(정형화)된 개념으로 명확하게 설명될 수 있는 것이 아니라는 것이다. 앞에서 계속 언급했듯이, 노자의 '도' 는 '대동 사회' 와 연관된 것을 말하는 것이고, 이러한 '대동 사회' 를 이루는 근간이 '덕치' 이지만, 대동 사회나 덕치는 언어나 정형화된 개념으로 명확하게 정의하기가 어렵다.

21-3: 惚兮恍兮, 其中有象.
□兮□兮, 其中有□.

모호하고도 명확하지 않으나, 그 중에 형태가 있다.

*그럼에도 불구하고 노자는 이러한 '도' 에도 차별화된 모습이 존재한

다고 말하고 있으니, 80장의 80-3과 32장의 32-4를 통해서 '대동'과 '소
강'의 차이점을 비교해 볼 수 있다. 이는 내용상 아래 두 문장과 계속해서
연결되고, 문장구조상으로도 대구를 이룬다.

21-4: 恍兮惚兮, 其中有物[106].
　　　 □兮□兮, 其中有□.

모호하고도 명확하지 않으나, 그 중에 실제내용이 있다.

21-5: 窈兮冥兮, 其中有精.
　　　 □兮□兮, 其中有□.

심원하고도 심오하나, 그 중에 정교함이 있다.

21-6: 其精甚眞, 其中有信.

그 정교함이란 대단히 진실 되어, 그 중에 참됨(믿음)이 있다.

---

106) 物(물): 실제 내용.

21-7: 自古及今, 其名不去, 以閱衆甫[107].

**옛 날부터 지금까지, 그 이름(도)은 사라지지 않으니,
그럼으로써 "중포"를 관찰한다.**

*이는 '도' 라는 것이 뚜렷한 형태가 없지만 항상 변치 않고 사라지지
않으니, 수많은 세월동안 만물에 존재하여 왔다는 뜻이다. 여기서 알 수
있듯이, 노자는 '도' 를 상위개념으로, '만물(제도)' 을 하위개념으로 보고
있다.

21-8: 吾何以知衆甫之狀哉 ? 以此.

내가 어찌 만물의 상황(형상)을 알겠는가? 이 때문이다.

*이 문장은 설의법으로 쓰였는데, 이러한 표현은 54장 54-7의 '내가 어
찌 세상이 그러함을 알겠는가? 이 때문이다.' 와 57장 57-2의 '내가 어찌
그것이 그러함을 알겠는가? 이 때문이다.' 라는 표현에서도 보이고 있다.
여기에서 한 가지 주목할 만한 것은, 노자가 만약 자신이 체득한 도리를
직접적으로 피력한 것이었다면, 이처럼 설의법의 표현기법을 이용하여
마치 어떠한 근거를 제시하는 듯한 표현을 쓰지는 않았을 것이라는 점이
다. 즉 이러한 표현은 노자가 독자적인 깨달음을 통해서 자신의 주관적 핵
심사상을 피력한 것이 아니라, 어떠한 과정이나 기록들을 통해서 깨달은
바를 정리하여 밝힌 것이라는 反證(반증)이 될 수도 있다는 점인데, 이와 관

---

107) 衆甫(중포): 많다, 다양하다. 즉 여기서는 세상의 만물이나 다양한 제도를 뜻한다.

련하여 다음의 기록을 살펴보자.

> 老子者, 楚苦縣厲鄉曲仁里人也, 姓李氏, 名耳, 字聃, 周守藏室之史也.
> 노자라는 사람은, 초나라 고현의 여향 곡인리 사람으로, 성은 이씨이고,
> 이름은 이, 자는 담이었으며, 주나라의 書庫(서고)를 지키는 사관이었다.
>
> [史記(사기)] 〈老子韓非列傳(노자한비열전)〉

이처럼 司馬遷(사마천)은 노자의 직분이 史官(사관)이었다고 밝히고 있
다. 그렇다면 노자는 다양한 사관의 직함 중에서도 구체적으로 어떠한 역
할을 수행하고 있었을까? 또 다음의 기록을 살펴보자.

> 外史掌書外令, 掌四方之志, 掌三皇五帝之書, 掌達書名于四方. 若以書使
> 于四方, 則書其令.
> 외사는 바깥으로 나가는 명령의 기록을 관장하고, 사방의 지를 관장하고,
> 삼황오제의 서를 관장하고, 사방으로 서명을 전달하는 일을 관장한다. 만
> 약 서를 가지고 사방으로 사절을 보낼 때 그 명령을 기록한다.
>
> [周禮(주례)] 〈春官宗伯(춘관종백)〉

'삼황오제의 서는 三墳五典(삼분오전)을 가리킨다. 西漢(서한) 때 孔安國
(공안국)의 [尚書序(상서서)]의 기록에 따르면, 복희, 신농, 황제의 서를 삼분이
라고 하며, 大道(대도)를 언급하고 있다. 소호, 전욱, 고신, 당, 우의 서를 오
전이라고 하며, 常道(상도)를 언급하고 있다.' [108] 필자는 이미 18장의 18-1
에서 대동 사회는 三皇五帝(삼황오제) 즉 伏羲氏(복희씨)와 神農氏(신농씨) 그리

---

108) [한문학사강요] 선학사 루쉰저 홍석표 역, 2003.2.10

고 女媧氏(여와씨) 삼황과 黃帝軒轅(황제헌원), 顓頊高陽(전욱고양), 帝嚳高辛(제곡고신), 帝堯放勳(제요방훈), 제순중화(帝舜重華) 오제가 통치하던 시기를 일컫고, 노자는 이들의 治世(치세) 업적을 통해서 궁극적으로는 '대동 사회'로 복귀할 것을 주장하고 있다고 서술한 바 있다. [周禮(주례)]에는 大史(대사), 小史(소사), 內史(내사) 그리고 外史(외사)의 직무가 기록되어 있는데, 그 내용을 보면 노자는 삼황오제시대의 기록을 명확하게 이해하고 또 그러한 기록들을 통해서 대동 사회로의 복귀를 주장하고 있으므로, 노자는 아마도 周(주)나라의 외사였을 가능성이 매우 높은 것이다.

第22章 : 誠全(성전)

22-1: 曲則全, 枉¹⁰⁹⁾則直, 窪¹¹⁰⁾則盈, 敝¹¹¹⁾則新,
少則得, 多則惑.
□則□, □則□, □則□, □則□, □則□,
□則□.

[대구법, 열거법]

굽히면 도리어 온전할 수 있고, 휘면 도리어 곧을 수
있으며, 움푹 파이면 도리어 가득 찰 수 있고, 낡고
해지면(쇠락하면) 도리어 참신할 수 있으며, 적으면(적게
취하면) 도리어 얻을 수 있고, 많으면(많이 취하면) 도리어
홀린다(현혹시킨다).

*40장의 40-1을 보면, '반대(대립면)는, 도의 움직임이다.' 라고 표현하
고 있고, 65장의 65-5에서는 '현덕은 심오하고, 아득하여, 사물과 반대된
다.' 라고 되어있는데, 이는 노자가 '도' 에 대한 접근법을 비근한 예를 들
어서 설명한 부분 중의 하나로, 항상 사물의 대립면에서 그 본질을 찾아야
함을 강조한 것이다. 특히 마지막 부분의 '적으면 도리어 얻을 수 있고, 많
으면 도리어 현혹시킨다.' 라는 말의 함의는 9장 9-1의 '그것을 가득 움켜
지는 것은, 그것을 멈추느니만 못하다.' 및 15장 15-11의 '이러한 도리를
건지하는 자는 가득 채우려 하지 않고, 무릇 가득 채우지 않으므로, 그러
므로 능히 포괄하여 새로이 만들지 않는다.' 는 가치관을 다시 한 번 강조
하고 있는 것으로 볼 수 있다.

---

109) 枉(왕): 굽다, 휘다.
110) 窪(와): 움푹 파이다.
111) 敝(폐): 낡다, 헐다.

22-2: 是以聖人抱一, 爲天下式.不自見故明, 不
自是故彰[112], 不自伐故有功, 不自矜[113]故
長[114].夫唯不爭. 故天下莫能與之爭.

是以聖人抱一, 爲天下式.不自□故□, 不自
□故□, 不自□故□□, 不自□故□.夫唯
不爭. 故天下莫能與之爭.

[대구법, 열거법]

이 때문에 성인은 하나로 파악하여, 세상을 다스리는
규범으로 삼는다. 자기의 안목에만 의존하지 않기 때문에
명확하게 판단하고, 스스로 옳다고 여기지 않기 때문에
(시비를) 분명히 하며, 스스로 자랑하지 않기 때문에 공로가
있고, 거만하지 않기 때문에 서열이 높아진다(두각을 나타낸다).
무릇 다투지 않기 때문에, 그러므로 세상은 그(성인)와 다툴
수가 없다.

*이 문장에서도 노자는 '하나'를 강조하고 있는데, 이는 14장의 14-2,
39장의 39-1, 42장의 42-1에서도 동일하게 보이는 것으로 모두 같은 의미
를 지닌다. 구체적인 의미는 10장의 10-1에서 논한 바 있으니 참고하기로
하고, 이 문장을 통해서 노자가 피력하고자 하는 바를 아래에 제시하는 기
록들과 하나씩 상호 비교하여 살펴보자.

佑賢輔德, 顯忠遂良, 兼弱攻昧, 取亂侮亡, 推亡固存, 邦乃其昌.德日新, 萬
邦惟懷, 志自滿, 九族乃離, 王懋昭大德, 建中于民.以義制事, 以禮制心, 垂

---

112) 彰(창): 뚜렷하다, 분명하다.
113) 矜(긍): 교만하다, 잘난 체하다.
114) 長(장): 서열이 높다.

裕後昆. 予聞曰, 能自得師者王, 謂人莫己若者亡, 好問則裕, 自用則小. 嗚
呼! 愼厥終, 惟其始, 殖有禮, 覆昏暴. 欽崇天道, 永保天命.

어진 이를 돕고 덕이 있는 이를 도우며, 충성스러운 이를 드러내고 어진
이를 이루게 하며, 약한 이는 포용하고 어리석은 이는 책망하며, 어지러
운 이를 돕고 망하는 이를 업신여기며, 없애야 할 것을 밀어내고 존재해야
할 것을 튼튼히 하면, 나라가 이에 번창합니다. 덕이 날로 새로워지면, 만
방이 그리워하고, 마음이 자만하면, 구족이 이에 떠날 것이니, 임금께서는
힘써 큰 덕을 밝혀, 백성들에게 중을 세워야 합니다. 의로 일을 바로잡고
예로 마음을 바로잡으면, 후대 자손들에게 넉넉함을 드리울 것입니다. 제
가 들으니, 능히 스스로 스승을 얻으면 왕이 되고, 남들이 자기만 못하다
고 말하는 자는 망하며, 묻기를 좋아하면 넉넉해지고, 자기 것만 쓰면 작
아진다고 합니다. 아! 그 끝을 삼가려면 그 시작을 생각해야 하니, 예가 있
으면 키우고, 어둡고 포악하면 엎으십시오. 하늘의 도를 삼가 공경해야,
하늘의 도를 영구히 보존할 것입니다.”

[尙書(상서)] 〈仲虺之誥(중훼지고)〉

‘성인은 하나로 파악하여, 세상을 다스리는 규범으로 삼는다.’ 라고
하였으니, 聖君(성군)들은 ‘순일한 덕’ 을 닦아 나라를 다스렸다. ‘자기의
안목에만 의존하지 않기 때문에 명확하게 판단한다.’ 고 하였으니, 성군들
은 어진 이를 등용하고 묻기를 좋아하여 자신의 견해에 얽매이지 않고 겸
손하고도 신중하게 나라를 다스렸던 것이다. 또 다음의 기록들을 살펴보
자.

在上位不陵下, 在下位不援上, 正己而不求於人則無怨, 上不怨天, 下不尤
人.

윗자리에 있어서는 아래를 업신여기지 않고, 아랫자리에 있어서는 위에 매달리지 않으며, 자기를 바르게 하고 남에게 구하지 않으면 곧 원망이 없을 것이니, 위로는 하늘을 원망치 아니하며, 아래로는 남을 탓하지 않는다.

[禮記(예기)] 〈中庸(중용)〉

是故居上不驕, 爲下不倍, 國有道, 其言足以興, 國無道, 其默足以容.
이 때문에 위에 있어도 교만하지 않고, 아래가 되어도 등지지 않는다. 나라에 도가 있으면, 그 말은 족히 흥하고, 나라에 도가 없으면, 그 침묵은 족히 용납된다.

[禮記(예기)] 〈中庸(중용)〉

'스스로 옳다고 여기지 않기 때문에 (시비를) 분명히 한다.' 고 하였으니, 聖君(성군)과 聖賢(성현)들은 항상 겸손하고 자기를 바르게 하여 나라를 다스렸던 것이다. 또 다음의 기록들을 살펴보자.

堯以爲聖, 召舜曰:"女謀事至而言可績, 三年矣. 女登帝位." 舜讓於德不懌.
요임금은 성스럽다고 여겨서, 순을 불러 말했다:"그대는 일을 도모하여 완성하고 말은 이을 수 있는지(말 한대로 한지), 3년이 되었다. 그대가 제위에 오르라." 순은 덕에 닿지 못했다며 사양했다.

[史記(사기)] 〈五帝本紀(오제본기)〉

曰若稽古, 帝舜曰重華, 協于帝. 濬哲文明, 溫恭允塞, 玄德升聞, 乃命以位.
이에 옛 일을 상고하여, 순임금을 말하면 거듭 빛내어, (요)임금을 따랐다. 깊이 알고 제도를 밝혔으며, 온화하고 공손하며 진실하고도 성실하여, 숨은 덕이 위에까지 들리니, 이에 명히여 지리에 오르게 하였다.

[尙書(상서)] 〈舜典(순전)〉

'스스로 자랑하지 않기 때문에 공로가 있고, 거만하지 않기 때문에 서열이 높아진다.'고 하였으니, 聖賢(성현)들은 자신에게 주어진 업무에 최선을 다하고 공적을 이루어도 자신의 것으로 여기지 않음으로써 임금의 자리에 까지 오르게 된 것이다. 이제 마지막으로 다음의 기록을 보도록 하자.

二十有八載, 帝乃殂落. 百姓如喪考妣, 三載, 四海遏密八音.
28년이 지나고, (요)임금이 죽었다. 귀족들이 마치 부모상을 하는 것과 같았고, 3년 동안, 사방에서 팔음을 끊고 삼갔다.

[尙書(상서)] 〈堯典(요전)〉

堯辟位凡二十八年而崩. 百姓悲哀, 如喪父母. 三年, 四方莫擧樂, 以思堯.
요는 임금 자리를 벗어난 지 무릇 28년 만에 죽었다. 귀족들이 슬퍼했으니, 마치 부모를 잃은 듯하였다. 3년 동안, 사방에서 음악을 행하지 않음으로써, 요를 그리워했다.   [史記(사기)] 〈五帝本紀(오제본기)〉

'무릇 다투지 않기 때문에 세상은 그와 다툴 수가 없다.'고 하였으니, 나라의 모든 이들이 그를 존경하고 그리워하기에 시기하는 자들이 감히 그에게 범접할 수 없었던 것인데, 이러한 내용은 66장 66-3의 '세상에는 감히 그(성인)와 서로 다툴 이가 없다.'라는 말에도 보인다. 이처럼 노자는 상고시대의 역사 기록을 통해서 성군과 성현들의 업적을 논하고, 그 중에서 핵심이 되는 사상을 정리하여 피력한 것이다.

22-3: 古之所謂曲則全者, 豈虛言哉?

옛 사람들이 말하는 굽히면 도리어 온전할 수 있다는 것이,
어찌 빈 말이겠는가?

*이 문장은 설의법으로 쓰였는데, 여기서 노자는 22-1에서 피력하고자
하는 바가 자기만의 독창적인 가치관이 아니라 이미 옛날부터 존재했었
던 것임을 직접적으로 밝히고 있다.

22-4: 誠全[115]而歸之.

진정으로 보존하면 그것(도)으로 돌아간다.

*여기에서 그것은 '도'를 일컫는 것으로, 즉 노자는 이 문장을 통해서
상고시대 성군과 성현들의 治世(치세) 道理(도리)를 지키고 따르면 자연스럽
게 '도'로 돌아갈 수 있다고 설명하고 있는 것이다.

---

115) 全(전): 모두 갖추다, 보존하다.

第23章：希言(희언)

23-1: 希¹¹⁶⁾言自然, 故飄風¹¹⁷⁾不終朝, 驟雨¹¹⁸⁾不終日.

말(명령)을 드물게(적게) 하는 것이 스스로 그러하게 하는 것이니(자연스러운 것이니), 그러므로 광풍은 아침까지 불 수 없고, 폭우는 온종일 내릴 수 없다.

*이 문장은 2장 2-3의 '이 때문에, 성인은 억지로 작위하지 않는 일로 처리하고, 억지로 말하지 않는 가르침을 행한다.', 5장 5-4의 '말이 많으면 누차 곤궁해지니, 중간을 지키는 것이 낫다.', 43장 43-4의 '불언의 가르침, 무위의 이로움, 세상에는 이에 미치는 것이 드물다.', 56장 56-1의 '아는 이는 말하지 않고, 말하는 이는 알지 못한다.' 및 81장의 내용과 상통하게 되는데, 이에 대한 상세한 설명은 2장의 2-3을 참고하기로 한다. 특히 마지막의 '광풍은 아침까지 불 수 없고, 폭우는 온종일 내릴 수 없다.'라는 말은 23-3과 연계하여 살펴보면 쉬이 이해할 수 있는데, 이는 억지로 작위하면 일시적으로 작용할 뿐 지속될 수는 없다는 의미로 풀이할 수 있다.

---

116) 希(희): 稀와 상통한다.
117) 飄風(표풍): 회오리바람.
118) 驟雨(취우): 폭우.

23-2: 孰爲此者? 天地.

누가 이렇게 하는가? 바로 천지이다.

*이 문장은 설의법으로 쓰였다.

23-3: 天地尙不能久, 而況於人乎!

천지의 난폭함조차도 오래갈 수 없거늘, 하물며 사람에
있어서야!

*백성들이 하고자 하는 바를 따르는 것이 참된 정치이거늘, 자꾸 명령
을 번복하여 억지로 하게 하면 이는 자연의 법칙에 위배되는 것이다. 광
풍이나 폭우조차도 계속될 수 없는데, 하물며 지도자가 물리적인 힘(명령)
으로 끊임없이 백성들을 괴롭힌다면, 과연 그러한 상태가 지속될 수 있겠
는가?

23-4: 故從事於道者, 道者同於道, 德者同於德,
失者同於失.同於道者, 道亦樂得之;同於德
者, 德亦樂得之;同於失者, 失亦樂得之.
故從事於道者, □者同於□, □者同於□,
□者同於□.同於□者, □亦樂得之;同於□
者, □亦樂得之;同於□者, □亦樂得之.

[대구법]

그러므로 도를 따르는 사람은 도에 부합되고, 덕을 따르는
자는 덕에 부합되며, 실(잃음)을 구하는 자는 실에 부합된다.
도에 부합되는 사람은, 도 역시 기꺼이 그를 얻으려 하고;
덕에 부합되는 사람은 덕 역시 기꺼이 그를 얻으려 하며;
실에 부합되는 사람은, 실 역시 기꺼이 그를 얻으려 한다.

23-5: 信不足焉, 有不信焉.

(지도자의) 신용이 부족하면, (지도자에 대한) 불신이 생긴다.

*이는 17장에도 나타나는 문장으로, 상세한 내용은 17-3을 참고한다.

第24章 : 道者不處(도자불처)

24-1: 企¹¹⁹⁾者不立, 跨¹²⁰⁾者不行.

까치발을 한 자는 똑바로 설 수 없고, 보폭을 크게 하여
걷는 자는 오래 걸을 수 없다.

*여기서 노자는 다시 한 번 '억지로 작위하지 않음' 즉 천성에 따르는
'無爲(무위)'를 역설하고 있다. 그렇다면 노자는 어떠한 것에 근거하여 억
지로 작위하지 말고 순리대로 따르라고 강조하고 있는 것일까? 다음의 기
록들을 살펴보자.

> 王行暴虐侈傲, 國人謗王. 召公諫曰:"民不堪命矣!" 王怒, 得衛巫, 使監謗
> 者, 以告則殺之. (생략) 召公曰:"是鄣之也. 防民之口, 甚於防水. 水壅而潰,
> 傷人必多, 民亦如之. 是故爲水者決之使導, 爲民者宣之使言."
> (여)왕이 횡포하고 잔악하며 사치하고도 오만하자, 나라 사람들이 임금을
> 비방했다. 소공이 간언하여 말했다: "백성들이 명을 견디지 못합니다!"
> 왕은 노하여, 위나라의 무당을 불러, 비방하는 자들을 감시하게 하고, 보
> 고하면 곧 살해했다. (생략) 소공이 말했다: "이는 막는 것입니다. 백성들
> 의 입을 막는 것은, 물을 막는 것보다 심합니다. 물이 막히면 무너져, 많은
> 이들이 필히 다치게 되니, 백성 역시 이와 같습니다. 이 때문에 물을 다스
> 리는 자는 물을 흐르게 하여 인도하고, 백성을 다스리는 자는 백성들을 밝
> 혀 말하게 하는 것입니다."   [史記(사기)] 〈周本紀(주본기)〉

이와 유사한 내용이 다음의 기록에도 보인다.

---

119) 企(기): 발돋움하다, 까치발로 서다.
120) 跨(과): 건너뛰다.

子厲王胡立, 無道暴虐侈傲, 得衛巫, 使監國人之謗者, 以告則殺之, 道路以目. 王喜曰, 吾能弭謗矣. 或曰: 是障也, 防民之口, 甚於防川, 水壅而潰, 傷人必多. 王弗聽, 於是國人相與畔, 王出奔彘.

아들 여왕 호가 즉위하였으니, 무도하고 잔악하며 사치스럽고도 거만하였는데, 위나라의 무당을 불러, 백성들 중에 비방하는 자를 감시하게 하고, 보고하면 곧 죽였으니, (백성들이) 길에서 눈짓으로만 전달했다. 왕이 기뻐하여 말했다: 나는 능히 비방을 그치게 할 수 있다. 어떤 사람이 말했다: 이는 막는 것으로, 백성의 입을 막는 것은, 냇물을 막는 것보다 심하니, 물이 막히면 무너져, 많은 이들이 필히 다치게 됩니다. 왕이 듣지 않자, 나라 사람들이 서로 더불어 배반하니, 왕이 체 땅으로 달아났다.

[十八史略(십팔사략)] 〈周王朝篇(주왕조편)〉

즉 '까치발을 한 자는 똑바로 설 수 없고, 보폭을 크게 하여 걷는 자는 오래 걸을 수 없다.' 고 함은 억지로 거스르면 오래할 수 없다는 것으로, 이는 바로 天命(천명)에 順應(순응)하여 다스리지 않으면 나라를 올바로 보존할 수 없거니와 결국에는 멸망하게 된다는 뜻인 것이다. 이처럼 노자는 '무위' 를 대단히 강조했는데, 이러한 노자의 '무위' 를 가장 잘 이해한 사람이 아마도 宋(송)나라의 柳宗元(유종원)이었을 것이다. 이와 관련하여서는, 64장의 64-3에서 소개하는 [種樹郭橐駝傳(종수곽탁타전)]을 참고한다.

24-2: 自見者不明, 自是者不彰[121], 自伐者無功,
自矜者不長.
自□者不□, 自□者不□, 自□者□□, 自
□者不□.

[대구법]

자신의 안목에만 의존하는 이는 명확하게 볼 수 없고,
스스로 옳다고 여기는 이는 (시비를) 분명히 할 수 없으며,
스스로 자랑하는 이는 공로가 없고, 거만한 이는 두각을
나타낼 수 없다.

*이는 22장 22-2의 '자기의 안목에만 의존하지 않기 때문에 명확하게
판단하고, 스스로 옳다고 여기지 않기 때문에 (시비를) 분명히 하며, 스스로
자랑하지 않기 때문에 공로가 있고, 거만하지 않기 때문에 서열이 높아진
다.' 라는 말과 내용상 대조를 이루고 있는데, 그 구체적인 의미에 대해서
는 22-2를 참고하기로 한다.

24-3: 其在道也, 曰餘食贅[122]行, 物或惡之, 故有
道者不處.

그것은 도에 있어서, 먹다 남은 음식이나 군더더기라고
말하여, 만물이 그들을 싫어하니, 그러므로 도가 있는
사람은 머물지(그렇게 하지) 않는다.

---

121) 彰(창): 드러나다, 선명하다, 밝다.
122) 贅(췌): 군더더기, 거추장스럽다.

*이 문장은 억지로 자연에 거스르면 안 된다는 도리를 강조하고 있는데, 여기에서 '만물이 그들을 싫어한다.'고 하였으니, '그들'이란 바로 위의 24-2에서 열거하는 내용이 되고, '도가 있는 사람'이란 '聖賢(성현), 聖人君子(성인군자)'를 뜻하는 것이다. 이처럼 옛 성현들은 사리판단에 있어 '도'에 부합되는지의 여부를 가장 중시하였으니, 다음의 기록을 참고한다.

有言逆于汝心, 必求諸道. 有言遜于汝志, 必求諸非道.

그대의 마음에 거슬리는 말이 있으면, 반드시 그것이 도(道)에 맞는지 가려야 합니다. 그대의 뜻에 따르는 말이 있으면, 반드시 그것이 도에 어긋나는지 가려야 합니다.　　　　　　　　[尙書(상서)]〈太甲下(태갑하)〉

第25章 : 逝, 遠, 反(서, 원, 반)

25-1: 有物混成, 先天地生.

혼연일체인 사물이 있으니, 천지가 형성되기보다 앞선다.

*혼연일체의 사물은 음과 양이 조화된 '道(도)'를 지칭하는 것으로, 이는 천지 즉 세상이 만들어지기 이전부터 '도'가 이미 존재했음을 피력하고 있다. 노자는 이미 4장 4-2의 '심오하니, 마치 만물의 종주인 듯하다.'와 4-4의 '맑고 투명하지만 마치 존재하는 듯하니, 나는 누구의 후대인지는 몰라도, 상제의 앞이다.' 라는 말에서 '도'가 '유명' 즉 유한의 시대의 이전인 '무명' 즉 무한의 시대에 이미 존재했음을 구체적으로 밝힌 바 있다.

25-2: 寂兮寥[123]兮, 獨立不改, 周行而不殆, 可以爲天下母.

소리도 없고 공허하나, 독립되어 존재하여 변하지 않고, 반복 순환하여 위태롭지 않으니, 세상의 근본이 될 수 있다.

*이는 이미 14장의 14-1에서 나왔던 '그것을 보아도 볼 수 없으니 '이'라고 이름하고, 그것을 들어도 들을 수 없으니 '희'라고 이름하며, 그것을 잡아도 가질 수 없으니 '미'라고 이름 한다.' 라는 표현과 유사한 것으로, 바로 '도'의 특징을 나타낸 부분이다. 또한 '변하지 않는다.' 고 하였으니, 이 역시 '도'의 특징을 나타내고 있다. 이제 이와 관련하여 다음의 기

---

123) 寥(료): 공허하다, 텅 비다.

록을 살펴보자.

> 天地之道, 博也, 厚也, 高也, 明也, 悠也, 久也.
>
> 천지의 도는, 넓고, 두터우며, 높고, 밝으며, 아득하고, 불변함이다.
>
> [禮記(예기)] 〈中庸(중용)〉

이처럼 노자는 '도'의 주된 특징 중의 하나가 바로 '不變(불변)'과 '常(상)' 즉 '항상 그러함'으로 보았던 것이다.

25-3: 吾不知其名, 字之曰道, 强¹²⁴⁾爲之名曰大,
大曰逝, 逝曰遠, 遠曰反.
吾不知其名, 字之曰道, 强爲之名曰□, □曰
■, ■曰◇, ◇曰◆.

[연쇄법]

나는 그 이름을 알지 못하는데, 그것을 일컬어 도라고 하고,
그것에 억지로 이름을 붙이니 대(크다)라고 하는데, 대는
지나감을 일컫고, 지나감은 멀어짐을 일컬으며, 멀어짐은
반대로 됨(다시 가까워짐)을 일컫는다.

*노자는 25-2와 이 문장을 통해서 '도'의 특징을 좀 더 구체적으로 설명하려고 하였으니, '도'는 결코 변하거나 세상에서 사라지지 않고 또한 '도'를 행하는 사람에게서 멀어지지도 않는다는 점이다. 이와 관련하여,

---

124) 强(강): 억지로 하다, 강제로 하다.

다음에 제시하는 기록을 참고한다.

> 子曰: 道不遠人, 人之爲道而遠人, 不可以爲道.
> 공자가 말씀하시기를: 도는 사람에게서 멀지 아니하니, 사람이 그것을 행하나 사람에게서 멀어진다면, 도라고 할 수 없다.
>
> [禮記(예기)] 〈中庸(중용)〉

즉 이를 통해서, 노자와 공자의 '도'에 대한 관점은 공통분모가 분명히 존재하고 있음을 알 수 있는 것이다.

또한 노자는 40장의 40-1에서 '반대는, 도의 움직임이다.'라고 언급하였는데, 이는 '도'가 구체적으로 묘사하거나 설명할 수 있는 성질의 것이 아니기 때문에, 부득이하게 구체적으로 묘사하거나 설명할 수 있는 '도'의 반대 즉 대립면의 실례를 들어 말한다는 뜻이 된다. 노자의 이러한 개념은 좀 더 구체적으로 설명할 필요가 있는데, 아래에 그림으로 풀어보고자 한다.

1. '도'라는 것은 대단히 크다.
2. 크다는 것은 작다는 기준을 초과한다는 뜻이 된다.

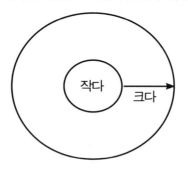

즉 크다는 것은 작다는 기준을 넘어서 지나간다는 뜻이 되는 것이다.

3. 기준을 넘어서 지나가게 되면 기준에서 멀어지게 되는 것이다.

즉 기준을 넘어서 지나가면, 이는 본래의 기준에서 보았을 때 멀어지는 것이다.

4. 25-2에서 노자는 '만물에 두루 미쳐서 행해진다.' 고 했으니, 이는 바꿔 말해서 '도' 라는 것은 세상 만물에 두루 미치는 것이라서, 도처에 존재한다는 뜻이 된다.

5. 기준1을 넘어서 지나가게 되면 기준1에서는 멀어지게 되지만, 기준2에서 보았을 때는 반대로 가까워지게 되는 것이다.

6. 따라서 '도' 를 지나쳐서 멀어지면, 반대로 다시 '도' 에 가까워지게 되는 것이다.

예를 들어서, '덕치를 행하면, 지도자의 자리를 보존할 수 있다.' 는 도1의 반대되는 표현은 '덕치를 행하지 않으면, 지도자의 자리를 잃게 된다.' 가 되는데, 이러한 반대되는 표현은 표면상으로는 기준1을 지나쳐서 멀어지게 되지만, 다시 기준2에 있는 도2에서 보았을 때는 그 본래의 의도에 가까워지게 된다는 말이고, 오히려 도1보다도 더 강한 호소력을 지니게 되는 것이다. 도1에서 멀어지더라도 도2에 가까워지게 되는데, 결국 도1과 도2는 같은 것이니 멀어지는 것이 반대로 가까워지게 된다.

또 하나, 5-1과 59-1의 경우를 예로 들어서, '천지는 덕을 쌓는 것을 중시한다.'는 도1을 설명하고자 할 때, '천지는 인색하다.'라는 표현은 기준1을 넘어서서 멀어지지만, '인색함이란 남들보다 앞서서 따르는 것'이고, '앞서서 따른다는 것은 덕을 쌓는 것'이라는 도2가 되므로, 이러한 개념은 다시 원래의 개념인 '천지는 덕을 쌓는 것을 중시한다.'에 가까워지게 된다는 말이다.

즉 노자는 말로 묘사하거나 설명하기 어려운 개념을 반대로 말함으로써, 본래의 의도에 가깝게 이해시킬 수 있고, 심지어는 호소력이 더 커진다고 말하고 있는데, 이를 굳이 오늘날의 용어로 풀이하자면 전자는 부정법이고, 후자는 바로 반어법이라고 할 수 있을 것이다.

25-4: 故道大, 天大, 地大, 王亦大.
故□大, □大, □大, □亦大.

[대구법, 열거법]

그러므로 도가 크고, 하늘이 크며, 땅이 크고, 제왕 역시 크다.

*여기서 '제왕'은 바로 '도를 행하는 사람'을 의미하는 것으로, 구체적으로는 상고시대의 태평성대를 구가한 성군과 성현들을 지칭한다.

25-5: 域中有四大, 而王居其一焉.

세상에는 네 가지 큰 것이 있는데, 왕이 그 중 하나를
차지한다.

*25-4를 통해서 알 수 있듯이, 네 가지란 위에서 언급한 '도, 하늘, 땅,
제왕'을 가리킨다. 즉 노자는 이 문장을 통해서, '하늘의 도를 이해하고
실천한 성인 역시 위대하다.'는 도리를 피력하고 있는 것이다.

25-6: 人法[125]地, 地法天, 天法道, 道法自然.
○法□, □法■, ■法◇, ◇法◆◆.

[연쇄법]

사람은 땅을 본받고, 땅은 하늘을 본받으며, 하늘은 도를
본받고, 도는 자연(스스로 그러함)을 본받는다.

*노자는 '自然(자연)-道(도)-天(천)-地(지)-人(인)'의 서열을 체계화하고 있
으니, 노자에게 있어 최상의 가치관은 바로 '자연'이다. 주의해야할 것
은 여기서 말하는 '자연'이 우리가 알고 있는 자연이 아니라 '스스로 그
러함' 즉 '無爲(무위)'라는 점인데, 이를 통해서 노자가 '무위' 즉 '억지로
작위하지 않음'을 최상의 가치로 여겼음을 짐작할 수 있다.

---

125) 法(법): 본받다, 좋은 점을 배우다.

第26章：輜重(치중)

26-1: 重爲輕根, 靜爲躁¹²⁶⁾君, 是以聖人終日行, 不離輜重¹²⁷⁾.

□爲□□, □爲□□,

[대구법, 은유법]

**진중함은 경솔함의 뿌리(바탕)이고, 고요함은 조급함의
군주(지배자)이라서, 이 때문에 성인은 온종일 길을 가지만,
군수물자를 실은 수레(무거운 수레, 진중함)를 떠나지 않는다.**

*이 문장에서 '輜重(치중)'은 '진중함'을 빗대어 설명한 것으로, 이는
형이상학적인 개념을 풀어서 형이하학적으로 설명하기 위한 방법으로 보
인다. 또한 '성인'이란 바로 상고시대의 태평성대를 이끌었던 성군과 그
들을 보필했던 성현들을 지칭하는데, 노자는 여기서 성인들이 정치를 함
에 있어 얼마나 愼重(신중)함을 강조했는지 피력하고 있다. 이와 관련하여
다음의 기록들을 살펴보면, 노자의 의도를 어렵지 않게 이해할 수 있다.

> 象以典刑, 流宥五刑, 鞭作官刑, 朴作敎刑, 金作贖刑 .眚災過, 赦;怙終賊,
> 刑. 欽哉, 欽哉, 惟刑之恤哉!
> 법에 따라 형벌을 내렸으니, 오형(잔인한 다섯 가지 형벌)은 유배형으로 용서
> 하고, 채찍질로 관형(관아의 형벌)을 삼았고, 회초리로 교형(학교의 형벌)을 삼
> 았으며, 금전으로 속형(죄를 면하는 것)을 삼았다. 과실로 일어난 재해는, 사
> 면해주었으나; 뉘우치지 않으면, 형벌로 다스렸다. "삼갈지니, 삼갈지니,
> 형벌의 신중함이여!"   [尙書(상서)]〈舜典(순전)〉

---

126) 躁(조): 조급하다, 성급하다, 경솔하다.
127) 輜重(치중): 운송되고 있는 군수물자(무기, 군량, 피복 등).

伊尹乃言曰: (생략) 愼乃儉德, 惟懷永圖. 若虞機張, 往省括于度, 則釋, 欽厥止, 率乃祖攸行. 惟朕以懌, 萬世有辭.

이윤이 이에 말했다: "(생략) 신중하여 이에 검소한 덕을 행하시고, 장구한 계책을 품으십시오. 우인이 쇠뇌에 활시위를 얹어, 가서 화살 끝이 법도에 맞는지 살피고, 곧 (활을) 발사하는 것처럼, 그 행동거지를 공경하고, 이에 선조가 행하신 바를 따르면, 제가 그럼으로써 기쁘고, 만세(萬世)에 말씀이 남을 것입니다. [尙書(상서)] 〈太甲上(태갑상)〉

無輕民事惟難, 無安厥位惟危, 愼終于始.

백성의 일을 가벼이 여기지 말고 어려움을 생각하며, 그 지위를 편안하게 여기지 말고, 끝을 삼가려면 시작부터 삼가야 합니다.

[尙書(상서)] 〈太甲下(태갑하)〉

26-2: 雖有榮觀, 燕[128]處超然.

설령 영화로운 환경이 있더라도, 편안하게 처하여 초연하다.

*상고시대에 태평성대를 이끈 성군과 성현들은 재산이나 장수에 집착하지 않고 하늘의 뜻에 따라 마음을 편안하게 하고 초연하게 삶을 영위했다. 이와 관련하여, 다음의 기록을 살펴보자.

觀于華, 華封人曰: 噫, 請祝聖人, 使聖人壽富多男子. 堯曰: 辭, 多男子則多

---

128) 燕(연): 宴(연)과 통용된다.

懼, 富則多事, 壽則多辱.

화 지역을 살피니, 화의 봉인(수령)이 말했다: 아, 성인을 축복하나니, 성인
께서 장수하고 부유하며 아들이 많기를 바랍니다. 요임금이 말했다: 사양
하겠소. 아들이 많으면 곧 두려워할 일이 많고, 부유하면 곧 일이 많으며,
장수하면 곧 욕된 일이 많소.　　　　　　[十八史略(십팔사략)] 〈五帝篇(오제편)〉

　　堯(요)임금은 이처럼 부단히 나라와 백성들을 위해 신중에 또 신중을
기할 따름이지 자신의 개인적인 부귀영화나 장수에는 관심이 없었으니,
이것이야말로 '영화로운 환경이 있더라도, 편안하게 처하여 초연하다.'
는 의미가 아니겠는가?

26-3: 奈何萬乘之主, 而以身輕天下 ?

**어찌 대국의 군주일진데, (그러한) 신분으로 세상을 경솔히
대하겠는가?**

　　*이 문장은 설의법으로 표현되었는데, 노자는 이러한 修辭法(수사법)
을 통해서 다시 한 번 '지도자의 신중함'을 거듭 강조하였다. 여기서 특
히 '萬乘之主(만승지주)'라는 말에 주목할 필요가 있으니, 이는 兵車(병거: 군
용 수레) 一萬輛(일만량) 즉 오늘날의 '일만 대의 군용 수레를 보유한 임금'을
지칭하는 것으로, 중국 周(주)나라 때에 天子(천자)가 자신에게 直屬(직속)된
지역에 만승을 출동시키던 제도에서 나온 말인데, 오늘날까지도 '천자'
나 '천자의 자리' 또는 '최고 지도자'라는 의미로 쓰이고 있다. 다시 말
해서, 노자는 이 문장을 통해서 상고시대 성인들의 治世(치세) 태도를 설명
하고 있을 뿐만 아니라, 노자가 처한 주나라의 혼란스러움을 간접적으로

시사하고, 나아가 지도자를 신랄하게 비판하고 있는 것으로 이해할 수 있는 것이다.

26-4: 輕則失本, 躁則失君.
□則失□, □則失□.

[대구법]

경솔하면 근본을 잃고, 경박하면 군주의 지위를 잃는다.

*이 문장은 정치 지도자로서 마땅히 취해야할 자세에 대해 강조하고 있다. 따라서 노자는 결코 사회에 反(반)하거나 현실도피적인 소극적 철학을 갖고 있던 위인이 아니었음을 단편적으로나마 확인할 수 있다. 이제 다음의 기록을 통해서, 지도자가 경솔하거나 경박하면 그 지위를 잃는다는 것이 어떠한 의미인지를 살펴보자.

> 自少康以來, 歷王杼, 王槐, 王芒, 王泄, 王不降, 王扃, 王厪, 至王孔甲, 好鬼神, 事淫亂, 夏德衰.
>
> 소강 이래로, 왕저 왕괴 왕망 왕설 왕불항 왕경 왕근을 거쳐, 왕 공갑에 이르니, 귀신을 좋아하고, 음란한 행위를 일삼아, 하나라의 덕이 쇠하였다.
>
> [十八史略(십팔사략)] 〈夏王朝篇(하왕조편)〉

즉 노자는 역사적 경험의 축적을 통해서, 지도자가 항상 노력하고 삼가지 않으면 군주의 자리를 잃게 될 뿐만 아니라 심지어 나라를 잃을 수 있음을 깨닫고, 이와 같이 경고하고 있는 것이다.

第27章：襲明(습명)

27-1: 善行無轍跡[129], 善言無瑕讁[130].
善□無□□, 善□無□□.

[대구법]

길을 잘 다니면 수레바퀴로 남는 흔적이 없고, 말을 잘 하면
흠으로 책망 당함이 없다.

*노자는 이 문장을 통해서 뛰어난 이는 일을 처리함에 있어 흔적이나
실수 또는 汚點(오점)을 남기지 않음을 밝히고 있다.

27-2: 善數不用籌策[131], 善閉無關楗[132]而不可開,
善結無繩約而不可解.
善□不用□□, 善□無□□而不可□, 善□
無□□而不可□.

[대구법]

계산을 잘 하는 이는 산가지를 쓰지 않고, 문을 잘 닫는
이는 빗장이 없어도 열 수 없도록 하며, 매듭을 잘 짓는
이는 밧줄이 없어도 풀 수 없도록 한다.

*뛰어난 이는 일반인들이 소기의 목적을 달성하기 위해 꼭 필요로 하
는 도구가 없이도 충분히 목적에 도달할 수 있음을 피력하고 있는데, 여기

---

129) 轍跡(철적): 수레 바퀴자국의 흔적.
130) 瑕讁(하적): 흠, 결점으로 책망당하다.
131) 籌策(주책): 산가지. 셈할 때 사용하던 젓가락모양의 도구.
132) 楗(건): 문빗장.

서 뛰어난 이란 27-3에서 말하는 '聖人(성인)'이다. 즉 27-1과 이 문장은 성인이 일반인과 구별되는 근본적인 이유에 대해 설명하고 있는 것으로, 74장 74-2의 '만약 백성들로 하여금 늘 죽음을 두려워하게 하고, 이상한 행동을 하는 이를 내가 잡아다 죽인다면 누가 감히 또 그리하겠는가.'라는 표현과 연계하여 이해할 필요가 있다.

> **27-3: 是以聖人常善救人, 故無棄人; 常善救物,**
> **故無棄物.**
> 是以聖人常善救□, 故無棄□; 常善救□, 故
> 無棄□.

[대구법]
이 때문에 성인은 항상 사람을 잘 구제하여, 그러므로
버려지는 사람이 없고; 항상 사물을 잘 바로잡아, 그러므로
버려지는 사물이 없다.

*27-1과 27-2에서 말한 것은 궁극적으로 27-3에서 말하고자 하는 바를 강조하기 위해서 빗대어 표현한 것이라고 볼 수 있는데, 이는 바로 태평성대를 이끈 성인들이 '共生(공생)과 共存(공존)' 즉 4장 4-3에서 언급한 '和(화)'를 강조했음을 이르는 것이니, 이제 아래의 기록들을 살펴보자.

予違, 汝弼, 汝無面從, 退有後言.欽四鄰! 庶頑讒說, 若不在時, 侯以明之,
撻以記之, 書用識哉, 欲並生哉!"
나의 어긋남을, 그대가 바로잡아야 하니, 그대는 면전에서는 따르고, 물러
나서 뒷말을 남기지 마시오. 사방을 공경하시오! 모든 요사스럽고 간특한

말은, 만약 좋지 않으면, 과녁으로 밝히고, 회초리로 기억하며, 글로 기록

하여, 함께 살고자 하오!"   [尙書(상서)] 〈益稷(익직)〉

今王嗣厥德, 罔不在初, 立愛惟親, 立敬惟長, 始于家邦, 終于四海. 嗚呼! 先
王肇修人紀, 從諫弗咈, 先民時若. 居上克明, 爲下克忠, 與人不求備, 檢身
若不及. 以至于有萬邦, 玆惟艱哉.

이제 임금(태갑)께서 그 덕을 이으시려면, 처음부터 살피지 않으면 안 되
니, 사랑을 세우는 것은 부모를 생각하시고, 공경함을 세우는 것은 연장
자를 생각하시며, 집안과 나라에서 시작하여 온 천하에서 마쳐야 합니다.
아! 선왕께서는 백성의 기강을 바로잡아 다스리셨고, 간언을 따라 어기지
않으셨으니, 이전의 백성들은 늘 따랐습니다. 윗자리에 있으면 능히 밝히
고, 아랫자리에 있으면 능히 충성하며, 사람들과 함께 함에 모든 것을 갖
추기를 바라지 않았고, 자신의 몸을 단속함에 미치지 못하는 것처럼 하셨
습니다. 그럼으로써 만방을 소유하기에 이르렀으니, 이것은 어려운 것입
니다.   [尙書(상서)] 〈伊訓(이훈)〉

이처럼 태평성대에는 누구 하나 버리지 않고 함께 공존하며 살아가는
세상을 강조하였고, 그를 위해서 노력하였다. 여기서 또 하나 주목해야 할
것은 이 문장의 내용이 5장 5-1의 '천지는 어질지 않아서, 만물을 추구로
여기고; 성인은 어질지 않아서, 백성을 추구로 여긴다.' 라는 말과도 서로
통한다는 점인데, 다만 27-3이 직설법을 통해서 강조한 것임에 반해서 5-1
에서는 반어법으로 표현되었다는 점이 다르니, 서로 비교하여 이해해볼
수 있을 것이다.

27-4: 是謂襲明.

이를 습명(밝음 즉 도에 따라 순응함)이라고 한다.

*이미 16장의 16-5에서 언급한 바 있듯이 '명' 이란 '덕' 을 밝히는 것이니, '襲明(습명)' 이란 바로 '덕을 밝히는 것을 따르는 것' 이 된다. 다시 말해서, 27장 전체의 내용을 총괄하자면 성인의 다스림이란 '덕을 밝히는 것을 따르는 것' 이 되는 것이다. 이제, 이와 관련하여 25장의 25-2에서 제시했던 기록을 다시 한 번 살펴보자.

> 天地之道, 博也, 厚也, 高也, 明也, 悠也, 久也.
>
> 천지의 도는, 넓고, 두터우며, 높고, 밝으며, 아득하고, 불변함이다.
>
> [禮記(예기)] 〈中庸(중용)〉

이는 '도' 의 주된 특징 중 하나가 '밝음' 이라는 것을 밝히고 있다. 따라서 이러한 맥락에서 보았을 때 노자에게 있어 '도' 와 '덕' 은 대단히 밀접한 관계가 있는 것이고, 또한 노자와 공자의 '도' 와 '덕' 에는 일정한 공통분모가 형성됨을 알 수 있는 것이다.

> **27-5:** 故善人者, 不善人之師 ; 不善人者, 善人之資.
>
> 故◇◆者, 不◇◆之□ ; 不◇◆者, ◇◆之□.

[대구법, 연쇄법]

그러므로 선량한 이는 선량하지 못한 이의 스승이고 ;
선량하지 못한 이는 선량한 이의 자원(밑바탕)이다.

*이는 어떠한 의미를 함축하고 있는 것일까? 이제 다음의 기록을 살펴
보자.

德無常師, 主善爲師, 善無常主, 協于克一.
덕(德)에는 일정한 스승이 없어서, 선을 주로 하는 것을 모범으로 삼고, 선
에는 일정한 모범이 없어서, 능히 한결같을 수 있음을 돕는 것입니다.

[尙書(상서)] 〈咸有一德(함유일덕)〉

'덕' 은 '善(선)' 을 모범으로 삼고, '선' 은 모범이 없어서 '한결같을 수
있음' 을 돕는 것이라고 하였으니, 결국 '덕' 이라는 것이 바로 '한결같음'
임을 알 수 있는데, 따라서 이는 10장의 10-1에서 강조한 '순일한 덕' 을
나타내는 것이다. 아울러 '덕' 과 '선' 에는 고정된 스승이나 모범이 없다
고 하였는데, 이 말은 아래의 27-6과 함께 연계하여 이해하여야 한다.

27-6: 不貴其師, 不愛其資, 雖智大迷, 是謂要妙.
不□其□, 不□其□, 雖智大迷, 是謂要妙.

[대구법]
스승을 존중하지 않고, 자원(밑바탕)을 사랑하지 않으면,
스스로 총명한 이라도 어리석게 될 수 있으니 이것을
오묘한 도리라고 한다.

*즉 노자는 27-5와 27-6에서 뿐만이 아니라 27장 전체를 통해서, 상고
시대 성인들이 선한 사람과 그렇지 않은 사람을 구별하지 않고 모두 함께
이끌어 나간 治世法(치세법)인 '共生(공생)과 共存(공존)' 즉 '和(화)'의 도리
를 피력하고자 한 것이다. 이를 오늘날의 형태로 풀이하자면, 어쩌면 흑백
논리를 초월한 相生(상생)의 도리로 표현해도 과장은 아닐 것이다.

第28章：嬰兒(영아)

28-1: 知其雄[133], 守其雌[134], 爲天下谿.
知其□, 守其□, 爲天下□.

그 강함을 알고, 그 부드러움을 지키면, 세상의 개울이
된다(세상이 모두 귀속된다).

*개울은 물이 모이는 곳이니, 귀속된다는 뜻이고, 강함을 알고 부드러
움을 지킨다 함은 '음' 과 '양' 의 조화를 의미한다. 다시 이야기해서, 이
문장은 노자가 앞에서부터 줄곧 강조한 '부성과 모성' , '음과 양' 이 조화
를 이루면 세상이 모두 그에게로 돌아간다는 '和(화)' 의 의미로 해석해야
하는 것이다.

28-2: 爲天下谿, 常德不離, 復歸於嬰兒.
爲天下□, 常德不□, 復歸於□□.

세상의 개울이 되면(세상이 모두 귀속되면), 상덕(영원한 덕)이
흩어지지 않으니, 1. 아이(순수함)를 2. 부성(강함)을 지니는
상태로 돌아가게 된다.

*'常德(상덕)' 은 '영원한 덕' 이라는 의미인데, 노자는 왜 '德(덕)' 을 굳
이 이처럼 '常德(상덕)' 이라고 표현했을까? 이는 18장의 18-1에서 이미 언
급했던 '大同(대동)' 과 '小康(소강)' 의 두 측면에서 접근해야 하는데, 구체
적인 내용은 38장의 38-1에서 설명하기로 한다.

---

133) 雄(웅): 牡(모) 즉 "부성"과 상통하는 의미로 봐야한다.
134) 雌(자): 牝(빈) 즉 "모성"과 상통하는 의미로 봐야한다.

*10장의 10-2에서 '嬰兒(영아)'의 의미에 대해 두 가지로 해석될 수 있는 가능성에 대해 언급한 바 있는데, 본 장에서는 '嬰兒(영아)'의 의미가 좀 더 명확해진다. 즉 위의 문장과 연계하여 이 문장을 살펴보면, ''강함(부성)'과 '부드러움(모성)'이 조화를 이뤄 세상이 모두 귀속되니, 영원한 덕이 흩어지지 않아 순수함을 지니는 상태로 돌아간다.'는 의미로 해석되는 것이다. 따라서 필자는 개인적으로 '嬰兒(영아)'를 첫 번째 의미인 '순수함'으로 해석하는 것이 더 타당하다고 판단한다. 즉 '아이의 순수함'이란 '질박함'을 나타내는 것으로, 노자는 28-6과 28-7에서처럼 누차 '樸(박)'즉 '질박함, 순수함'을 강조하고 있는 것이다. 이제 다음 기록을 살펴보면, 노자가 왜 '아이의 순수함'을 이처럼 강조하는지 이해할 수 있을 것이니, 이는 바로 '私心(사심)'이 없이 精誠(정성)을 다하는 것'이기 때문이다.

> 康誥曰: "如保赤子." 心誠求之, 雖不中, 不遠矣. 未有學養子而后嫁者也.
> 〈강고〉에 이르기를 "갓난아이를 보살피듯 하라."고 하였다. 마음을 정성스럽게 하여 구하면, 비록 맞추지 못해도, 멀지 않을 것이다. 자식 기르기를 배운 후에 시집가는 이는 있지 아니하다.
>
> [禮記(예기)] 〈大學, 傳(대학, 전)〉

　*이 문장 역시 같은 문장구조를 취하는 아래 문장들과 대구를 이루고 있고, 바로 위 문장과는 연쇄법 관계를 이룬다.

28-3: 知其白, 守其黑, 爲天下式[135].
知其□, 守其□, 爲天下□.

그 밝음을 알고, 그 어두움을 지키면, 세상의 규범이 된다.

*이 문장은 28-1과 같이 '강함(부성)'과 '부드러움(모성)', '음'과 '양'이 조화를 이루면 세상이 모두 그에게로 돌아간다는 의미로 해석해야 한다.

28-4: 爲天下式, 常德不忒[136], 復歸於無極.
爲天下□, 常德不□, 復歸於□□.

세상의 규범이 되면, 상덕이 지나치지 않게 되어(오차가 없게 되어), 무극(끝이 없음)으로 돌아가게 된다.

*'無極(무극)으로 돌아가게 된다는 것'은 즉 '끝이 없어짐'을 뜻하여 '영원, 불변'과 상통하게 되니, 이는 바로 '常(상)'의 '道(도)' 즉 '영원한 도'로 돌아가게 된다는 뜻이다.

---

135) 式(식): 격식, 양식, 법, 규범.
136) 忒(특): 지나치다, 틀리다.

28-5: 知其榮, 守其辱, 爲天下谷.
知其□, 守其□, 爲天下□.

그 영화로움을 알고, 그 치욕(아래에 처함)을 지키면, 세상의
계곡이 된다(세상이 모두 귀속된다).

*영화로움과 치욕을 다 수용하면 세상이 모두 나에게로 향한다는 뜻이
니, 28-1이나 28-3과 마찬가지로 이 문장 역시 '강함(부성)'과 '부드러움(모
성)', '음'과 '양'이 조화를 이루면 세상이 모두 그에게로 돌아간다는 의
미로 해석된다.

28-6: 爲天下谷, 常德乃足, 復歸於樸.
爲天下□, 常德乃□, 復歸於□.

세상의 계곡이 되면, 상덕이 이에 충족되어, 가공하지 않은
목재(소박함)로 돌아가게 된다.

*세상이 모두 귀속되면 이에 '常德(상덕)'이 충족되고, 이러한 '상덕'
이 '樸(박)'으로 돌아간다고 했으니, 노자에게 있어 '常德(상덕)'은 '樸(박)'
보다 하나 아래의 개념이다. 이와 관련하여 21장의 21-1에서 '노자에게 있
어 덕은 도보다 하나 낮은 개념'이라고 했으니, 여기서 '道(도)'와 '樸(박)'
은 동일한 개념임이 드러나고 있는 것으로, 즉 '도'라는 것은 앞에서 이야
기한 '不變(불변)', '共生(공생)'과 더불어 '소박함, 순수함'및 '정성을 다
함'과도 관련이 있다고 하겠다.

28-7: 樸散則爲器, 聖人用之則爲官長, 故大制¹³⁷⁾ 不割.

□□則爲□, □□□□則爲□□, 故大制 不割.

[대구법]

가공하지 않은 목재(소박함)가 흩어지면 곧 도구(만물)가 되고, 성인이 그것(도구)을 이용하면 곧 백관(모든 관료)의 수장(군주)이 되니, 그러므로 커다란(이상적인) 법도는 분할하지 않는다.

*노자는 '도' 를 견지하여 대동시대로 복귀할 것을 일관되게 주장하고 있는데, 10장의 10-1에서 '정신을 경영하여 하나를 파악함에 있어, 분리됨이 없을 수 있는가?' 라고 언급한 내용과 이 문장 그리고 42장 42-1의 '도는 하나를 낳고, 하나는 둘을 낳으며, 둘은 셋을 낳고, 셋은 만물을 낳는다.' 라는 말을 연계하면 노자의 가치관이 보다 명확해진다. 좀 더 구체적으로 말해서, 소박함이 흩어지면 만물이 되고 성인이 기구를 이용하면 백관의 수장이 된다고 하였으니, 이는 '순일한 덕' 이 '中(중)' 과 '和(화)' 를 낳고, 이 둘은 다시 '慈(자: 자애로움)' '儉(검: 검소함)' '不敢爲天下先(불감위천하선: 감히 세상의 앞에 서지 않음)' 의 셋을 낳으며, 이 셋이 만물을 낳게 되고, 성인이 이러한 만물을 이용하면 곧 올바른 지도자가 될 수 있다는 뜻으로, 즉 성인은 이러한 연계성을 분할하지 않고 一體(일체)의 '대동' 을 견지한다는 것이다. 따라서 노자는 커다란 법도란 분할하지 않는다고 하였으니, 결국에는 대동시대로의 복귀를 주장한 것이다. 이와 관련하여 보다 상세한 내용은 42장의 42-1에서 구체적으로 논할 터인데, 미리 간단히 언급하자면,

---

137) 制(제): 제도, 준칙.

노자는 '도'라는 것이 위에서 언급했던 구성요소들이 분리되지 않고 유기적으로 조합을 이뤄야만이 실현가능한 것으로 보았던 것이다. 다시 말해서, 구성요소들 중에서 어느 하나라도 부족하게 되면 균형이 깨지게 되므로, '도'에 도달할 수 없다고 주장한다.

第29章：為者敗之(위자패지)

29-1: 將欲取天下而爲之, 吾見其不得已.

장차 세상을 다스리고자 하면서 작위 하는 바가 있으면,
나는 그가 얻을 수 없다고 본다.

*노자는 백성의 뜻을 위배하여 억지로 하고자 하면 그 정치는 실패할
수밖에 없다고 경고함으로써 '無爲(무위)'를 강조하고 있는데, 이는 노자
일개인의 주장이 아니라 史官(사관)으로서 무수한 역사적 고증을 통해서
찾아낸 解法(해법)이라고 할 수 있겠다.

29-2: 天下神器, 不可爲也.

세상의 오묘한 도구(만물)는, 작위 할 수 없다.

29-3: 爲者敗之, 執者失之.
□者□之, □者□之.

[대구법]
작위하면 실패하고, 집착하면 잃는다.

29-4: 故物或行或隨, 或歔¹³⁸⁾或吹¹³⁹⁾, 或强或
羸¹⁴⁰⁾, 或挫¹⁴¹⁾或隳¹⁴²⁾.是以聖人去甚¹⁴³⁾, 去
奢, 去泰¹⁴⁴⁾.
故物或□或□, 或□或□, 或□或□, 或□
或□.是以聖人去□, 去□, 去□.

[대구법, 열거법]

그러므로 사물은 앞서기도 하고 뒤따르기도 하며, 가볍게
내쉬기도 하고 급하게 내뿜기도 하며, 강건하기도
하고 허약하기도 하며, 억누르기도(자제하기도) 하고
파괴하기도(붕출하기도) 한다. 이 때문에 성인은 과도함을
멀리하고, 사치를 멀리하며, 안락함을 멀리한다.

*이 문장에서 노자는 사물이란 變化無常(변화무상)하기 때문에, 聖人(성
인)은 항상 신중하고도 겸손한 태도를 취한다는 도리를 설명하고 있는데,
이는 42장 42-4의 '그러므로 사물은 때로는 손해를 입는 것이 오히려 이익
을 얻을 수 있고, 때로는 이익을 얻는 것이 오히려 손해를 입을 수 있다.',
58장 58-2와 58-3의 '화는 복이 의지하는 바이고, 복에는 화가 숨어있는
바이니, 누가 그 끝을 알겠는가? 그것에는 표준이 없어서, 올바름도 기이
함이 되고, 선함도 요상함이 되니, 사람들이 미혹됨은, 그 시간들이 이미
오래되었도다.', 그리고 73장 73-2와 73-3의 '이 두 가지는 이롭기도 하고

---

138) 歔(허): 숨을 내쉬다.
139) 吹(취): 입김을 불다.
140) 羸(리): 야위다, 수척하다.
141) 挫(좌): 억누르다, 낮추다.
142) 隳(휴): 파괴하다, 부수다.
143) 甚(심): 심하다, 지나치다.
144) 泰(태): 평안하다.

해롭기도 한데, 하늘이 싫어하는 것은, 누가 그 연유를 알겠는가? 이 때문에 성인은 오히려 구태여 하려하는 것을 삼간다.' 라는 표현과 연계하여 이해할 필요가 있다. 이제 이와 관련하여, 다음 기록들을 살펴보자.

高辛生而神靈, 自言其名. 普施利物, 不於其身. 聰以知遠, 明以察微. 順天之義, 知民之急. 仁而威, 惠而信, 脩身而天下服. 取地之財而節用之, 撫敎萬民而利誨之, 曆日月而迎送之, 明鬼神而敬事之. 其色郁郁, 其德嶷嶷. 其動也時, 其服也士. 帝嚳溉執中而遍天下, 日月所照, 風雨所至, 莫不從服.

고신(제곡)은 태어나면서 신통하고 영묘하여, 스스로 자신의 이름을 말했다. 두루 베풀어 만물을 이롭게 하였지만, 자신에게는 아니었다(자신을 돌보지 않았다). 귀가 밝아 멀리까지 알았고, 눈이 밝아 작은 것을 살폈다. 하늘의 법도를 따르고, 백성의 긴요함을(백성들이 무엇을 긴요하게 생각하는지를) 알았다. 어질면서도 위엄 있고, 은혜로우면서도 믿음이 있었으며, 자신을 닦았기에 세상이 복종했다. 땅의 재물을 얻어 아껴 쓰고, 백성을 위로하고 가르치면서 이롭게 인도하였으며, 해와 달을 셈하여 맞이하거나 전송하였고, 귀신을 밝혀서 공손히 섬겼다. 그 얼굴빛은 그윽하고, 그 덕은 높았다. 그 움직임은 때에 맞았고, 그 의복은 士의 것이었다(임금의 복장이 아니었다). 제곡은 이미 중을 잡아 두루 세상에 미쳤으므로, 해와 달이 비치는 곳과, 바람과 비가 이르는 곳이면, 복종하지 않는 것이 없었다.

[史記(사기)] 〈五帝本紀(오제본기)〉

帝堯者, 放勳. 其仁如天, 其知如神. 就之如日, 望之如雲. 富而不驕, 貴而不舒. (생략) 能明馴德, 以親九族. 九族旣睦, 便章百姓. 百姓昭明, 合和萬國.

요임금은, 방훈이다. 그 인자함은 하늘과 같았고, 그 지혜로움은 귀신과도 같았다. 그를 좇으면 태양과 같았고, 그를 바라보면 구름과도 같았다.

부유하면서도 교만하지 않고, 고귀하면서도 오만하지 않았다. (생략) 능히 덕을 밝히고 따름으로써, 구족(같은 종족의 9대: 고조부터 현손까지)이 가까워졌다. 구족이 이미 화목해지니, 수많은 성씨(귀족)를 상의하여 처리했다. 수많은 성씨(귀족)가 명확히 구분되어지자, 온 나라가 합하여 잘 어울리게 되었다.　　　　　　　　　　　　　　　[史記(사기)] 〈五帝本紀(오제본기)〉

　다시 말해서, 노자는 이와 같은 역사기록을 통해서 태평성대를 구가한 성인들의 공통점이 과도함과 사치함 그리고 안락함을 멀리했다는 점임을 인식하였기 때문에, 이처럼 주장하고 있는 것이다.

第30章 : 物壯則老(물장즉로)

30-1: 以道佐人主者, 不以兵强[145]天下, 其事 好還.

도로서 군주를 보좌하는 이는, 무기(전쟁)로 세상을 강박하지
않으니, 그러한 일(무력으로 세상을 강박하지 않는 것)은 좋은 보답을
받는다.

*이 문장에서는 '好還(호환)'의 해석에 유의해야 하는데, '반격을 받기
쉽다.' 또는 '대가를 치른다.'로 해석하는 경우 맥락상 뒷문장과 맞지 않
는다. 이제 위의 내용과 관련하여 다음의 기록을 살펴보자.

三旬, 苗民逆命. 益贊于禹曰:"惟德動天, 無遠弗屆. 滿招損, 謙受益, 時乃
天道. 帝初于歷山, 往于田, 日號泣于旻天, 于父母, 負罪引慝. 祗載見瞽叟,
夔夔齋栗, 瞽亦允若. 至誠感神, 矧玆有苗."禹拜昌言曰:"俞!"班師振旅.
帝乃誕敷文德, 舞干羽于兩階, 七旬, 有苗格.

삼십 일 동안, 묘족이 명을 거역했다. 익이 우를 도와 말했다: "오직 덕만
이 하늘을 움직이니, 먼 곳이라도 굴복합니다. 자만은 손해를 부르고, 겸
손은 이익을 받으니, 늘 이와 같은 하늘의 도리입니다. (순)임금께서는 처
음 역산에서, 밭에 나가셨을 때, 매일 하늘과 부모에게 울부짖으시며, 죄
를 스스로 짊어지고 사특함을 이끌었습니다(모든 죄를 자기 탓으로 돌렸습니
다). 고수를 공경하여 받들고, 조심하고 재계하여 삼가시니, 고수 역시 진
실로 따르게 되었습니다. 지극한 정성은 귀신을 감동시키니, 하물며 이
묘족이야." 우는 훌륭한 말에 절하며 말했다: "그렇습니다!" 군사를 돌려
제사를 바로잡았다. (순)임금은 이에 위엄과 덕망을 넓게 펴고, 두 섬돌에

---

145) 兵强(병강): 무기, 전쟁, 군인, 군대로 강박하다. 76장의 76-3에도 보인다.

서 방패춤(武舞)과 깃털춤(文舞)을 추시니, 칠십 일이 지나, 묘족들이 감복
했다.   [尙書(상서)] 〈大禹謨(대우모)〉

　舜(순)임금이 禹(우)에게 오직 묘족만이 다스려지지 않으니 가서 정벌
하라고 명하자, 이에 우는 군대를 이끌고 묘족을 치려하였으나 쉽게 정복
하지 못했다. 이때 익이 우에게 忠言(충언)하여 덕으로 상대방을 감화시켜
야 한다고 말했으니, 이처럼 노자는 태평성대 성인들의 행적을 빌어서, 전
쟁이나 무력으로 상대방을 강박하거나 제압하는 것을 대단히 반대하였던
것이다.

30-2: 師¹⁴⁶⁾之所處, 荊棘¹⁴⁷⁾生焉.

군대의 주둔지에는, 가시덤불이 자란다.

30-3: 大軍之後, 必有凶年.

큰 전쟁 후에는, 반드시 흉년이 든다.

---

146) 師(사): 군대.
147) 荊棘(형극): 가시나무의 가시.

30-4: 善有果而已, 不敢以取强.

병력을 잘 쓰는 이는 결과가 있으면 그 뿐이지, 감히 그럼으로써 강제로 취하지 않는다.

*이처럼 노자는 전쟁이나 무력을 부득이한 경우에 어쩔 수 없이 사용하는 도구로만 간주하고 있다.

30-5: 果而勿矜, 果而勿伐[148], 果而勿驕, 果而不 得已, 果而勿强.
果而勿□, 果而勿□, 果而勿□, 果而□□ □, 果而勿□.

[대구법, 열거법]

결과가 있어도 자랑하지 말 것이고, 결과가 있어도 우쭐대지 말 것이며, 결과가 있어도 거만하지 말 것이고, 결과가 있어도 부득이한 것으로 보고, 결과가 있어도 강제로 하지 말아야 한다.

*여기서 노자는 다시 한 번 전쟁이나 무력을 부득이한 것으로 보고 있으니, 이는 31장 31-4의 '무기(전쟁)는, 상서롭지 못한 기구이니, 군자의 기구가 아니라서, 부득이한 경우에 그것을 씀에, 사리사욕이 없음이 상위에 있게 된다.' 라는 말과 일맥상통한다.

---

148) 伐(벌): 우쭐대다, 우쭐거리다.

30-6: 物壯則老, 是謂不道, 不道무已.
物壯則老, 是謂◇◆, ◇◆무已.

사물이 강대해지면 곧 쇠퇴하니, 이는 도에 부합되지
않는다고 일컫는다. 도에 부합되지 않으면 일찌감치
사라진다.

*이 문장은 55장 55-6의 '사물이 강대해지면 곧 쇠퇴하니, 그것을 일컬
어 도에 부합되지 않는다고 한다. 도에 부합되지 않으면 일찌감치 사라진
다.' 라는 표현과 거의 일치하는데, 이를 통해서 노자의 '도' 는 1장의 1-1
과 16장의 16-5에서 이미 언급했다시피 변함이 없이 항상 그러한 '不變(불
변)' 과 '常(상)' 임을 다시 한 번 확인할 수 있다. 이를 좀 더 확대해보자면,
'物極必反(물극필반)' 은 한국의 '달이 차면 기우는 법이다.' 라는 표현과 같
은 의미로 쓰이는데, 이는 '有名(유명)' 의 산물로서 영원한 도리인 '도' 에
부합되지 않음을 설명하고 있는 것이니, 59장의 59-2와 59-3의 '덕을 쌓는
것을 중시한다는 것은 곧 극복하지 못할 것이 없다는 것이니, 극복하지 못
할 것이 없다는 것은 곧 그 끝을 알 수 없다는 것이다. 그 끝을 알지 못하
면, 나라를 가질 수 있는 것이다.' 라는 표현과 연계하여 살펴볼 필요가 있
다. 여기서는 연쇄법이 사용되었다.

第31章：喪禮(상례)

31-1: 夫佳兵¹⁴⁹⁾者, 不祥之器.

무릇 훌륭한 무기(전쟁)라는 것은, 상서롭지 못한 기구이다.

*노자는 30장에서 이미 피력한 바 있듯이 전쟁이나 무력을 반대하고 있는데, 이러한 원칙은 57장 57-1의 '올바름으로 나라를 다스리고, 느닷없음으로 군대를 쓰며, 일을 억지로 행함이 없음으로 세상을 다스린다.' 와 68장 68-1의 '뛰어난 군인은 용맹을 뽐내지 않고, 전쟁에 뛰어난 이는 분노하지 않으며, 적을 이기는데 뛰어난 이는 더불어 적과 뒤섞여 교전하지 않고, 사람을 씀에 뛰어난 이는 상대방에게 낮춘다.' 라는 말에서도 드러난다.

31-2: 物或惡之, 故有道者不處.

세상만물이 그것(무기, 전쟁)을 싫어하기에, 그러므로 도가 있는 이는 머물지 않는다.

*노자가 이처럼 전쟁과 무력을 반대하는 이유는 '도가 있는 이' 가 그것들을 쓰지 않기 때문이다. 그렇다면 '도가 있는 이' 는 과연 누구를 지칭하는 것일까? 다음 문장을 살펴보자.

子路問強. 子曰: 南方之強與, 北方之強與, 抑而強與? 寬柔以教, 不報無道,

---

149) 兵(병): 무기, 병사, 군대, 전쟁. 31장을 전체적으로 보면, "兵(병)" 을 "전쟁" 으로 해석하는 것이 비교적 적합하다고 볼 수 있다.

南方之强也, 君子居之. 衽金革, 死而不厭, 北方之强也, 而强者居之. 故君
子和而不流, 强哉矯! 中立而不倚, 强哉矯! 國有道, 不變塞焉, 强哉矯! 國無
道, 至死不變, 强哉矯.

자로가 강함을 물었다. 공자가 말씀하시기를: 남방의 강함인가, 북방의 강
함인가, 아니면 너의 강함인가? 너그럽고 부드러움으로 가르치고, 무도함
에 보복하지 않는 것은, 남방의 강함이니, 군자가 머문다. 병기와 갑옷을
깔고(늘 전쟁을 하고), 죽어도 싫증내지 않는 것은, 북방의 강함이니, 따라서
흉포한 자가 머문다. 따라서 군자는 중에 서지 한쪽에 기대지 않으니, 강
하도다 꿋꿋함이여! 중에 서서 기울어지지 않으니, 강하도다 꿋꿋함이여!
나라에 도가 있으면, 성실함이 변하지 않으니, 강하도다 꿋꿋함이여! 나라
에 도가 없으면, 죽음에 이르러도 변하지 않으니, 강하도다 꿋꿋함이여!

[禮記(예기)] 〈中庸(중용)〉

즉 '도가 있는 이' 란 바로 '君子(군자)' 를 지칭하는 것으로, 이는 상고
시대에 태평성대를 이끌었던 '성군' 과 '성현' 들을 말하는 것임을 알 수
있다. 41장에 나오는 '士(사)' 에 대한 내용과 연계하여 보면, '군자' 의 개
념에 대해 보다 명확하게 이해할 수 있을 것이다.

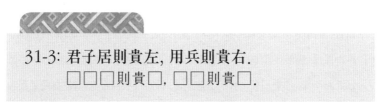

31-3: 君子居則貴左, 用兵則貴右.
□□□則貴□, □□則貴□.

[대구법, 은유법]
군자는 자리함에 곧 왼쪽을 귀히 여기고, 무기(전쟁)를 쓰는 이는 곧 오
른쪽을 귀히 여긴다.

*古代(고대)의 예의와 풍습에서 왼편은 陽(양: 삶)을, 오른편은 陰(음: 죽음)을 나타냈다고 하는데, 이는 밑의 31-7 '좋은 일은 왼쪽을 존중하고, 불행한 일은 오른쪽을 존중한다.' 와 31-8 '편장군은 왼쪽에 있고, 상장군은 오른쪽에 있다.' 라는 말과 연계하여 이해할 수 있다.

31-4: 兵者, 不祥之器, 非君子之器, 不得已而用之, 恬淡[150]爲上.

무기(전쟁)는, 상서롭지 못한 기구이니, 군자의 기구가 아니라서, 부득이한 경우에 그것을 씀에, 사리사욕(이기거나 공을 세우려는 욕심)이 없음이 상위에 있게 된다(최상이다).

*노자는 근본적으로 전쟁을 반대하고 있으니, 부득이한 경우에 한해서 어쩔 수 없이 하는 것이 전쟁이라고 보았다. 그렇다면 노자는 왜 이토록 전쟁과 무력을 지극히 반대한 것일까? 그 이유에 대해서는, 다음의 기록들을 살펴보면 쉬이 이해할 수 있다.

穆王將征犬戎, 祭公謀父諫曰: "不可. 先王燿德不觀兵. 夫兵戢而時動, 動則威;觀則玩, 玩則無震. (생략) 至于文王·武王, 昭前之光明而加之以慈和, 事神保民, 無不欣喜. (생략) 布令陳辭而有不至, 則增脩於德, 無勤民於遠. 是以近無不聽, 遠無不服. (생략) 王遂征之, 得四白狼四白鹿以歸. 自是荒服者不至.

목왕이 장차 견융을 정벌하려 하자, 제공 모보가 간하여 말했다: "불가합

---

150) 恬淡(념담): 사리사욕이 없다, 평안하고 고요하다.

니다. 선왕께서는 덕을 밝혔지 무력을 보이지는 않으셨습니다. 무릇 무력이란 거두었다가 때가 되면 움직이는 것이니, 움직이면 위엄이 있으나; 보이면 곧 장난이 되니, 장난하면 곧 위엄이 없게 됩니다. (생략) 문왕과 무왕에 이르러, 전대의 광명을 밝히고 자애와 화목을 더하여, 신을 섬기고 백성을 보호하였으니, 기뻐하지 않는 이들이 없었습니다. (생략) 명령을 선포하고 타일러도 이르지 않으면, 곧 한층 더 덕을 수양했고, 백성들이 먼 곳에서 근무하지 않게 했습니다(원정에 동원하지 않았습니다). 이 때문에 가까이는 듣지 않는 이가 없고, 멀리는 복종하지 않는 이가 없게 되었습니다. (생략) 왕은 마침내 그들을 정복하고, 흰 이리 네 마리와 흰 사슴 네 마리를 얻어서 돌아왔다. 이때부터 황복 지역이 이르지 않았다(귀속하지 않았다).

[史記(사기)] 〈周本紀(주본기)〉

이와 같은 내용은 다음에도 보인다.

王將征犬戎, 祭公謀父諫曰: 先王耀德不觀兵, 王不聽征之, 得四白狼四白鹿以歸, 自是荒服不至, 諸侯不穆.

왕(목왕)이 장차 견융을 정벌하려 하자, 제나라 공작 모보가 간하여 말했다: 선왕께서는 덕을 빛내셨으니, 무력을 보이지 않았습니다. 왕이 듣지 않고 정벌하여, 네 마리 흰 이리와 네 마리 흰 사슴을 얻어서 돌아오니, 이때부터 변방의 복속하지 않고, 제후들이 화목하지 않았다.

[十八史略(십팔사략)] 〈周王朝篇(주왕조편)〉

결국 노자는 고대의 역사기록을 통해서, 상대방을 무력으로 복종시키려 들면 결국 人心(인심)이 떠나간다는 성현들의 지혜를 터득하여 이처럼 주장한 것임을 알 수 있다.

31-5: 勝而不美¹⁵¹⁾, 而美之者, 是樂殺人.

승리하여도 의기양양하지 않는데, 그러나 그것(승리)을
의기양양해 하는 자, 이는 살인을 즐기는 것이다.

31-6: 夫樂殺人者, 則不可以得志於天下矣.

무릇 살인을 즐기는 자는, 곧 세상에서 뜻을 이룰 수 없다.

*31-5와 31-6은 31-4와 연계하면 노자의 취지를 쉬이 이해할 수 있으니,
노자는 원칙적으로 전쟁이나 무력을 행사하는 것을 반대하고, 만일 부득
이하게 전쟁이나 무력을 행사할 수밖에 없는 경우가 생기면 단지 그 부득
이한 경우를 해결하는 것으로 끝내야지, 이를 통해서 의기양양해하면 안
된다고 경고하고 있다. 여기서 '세상에서 뜻을 이룰 수 없다.'는 말은 바
로 '德治(덕치)'를 통해 세상이 귀속되어야 하는데, 이를 무력으로 해결하
고자 하니 세상이 모두 그에게서 등을 돌린다는 뜻이다.

---

151) 美(미): 득의만만하다, 의기양양하다.

31-7: 吉事尙左, 凶事尙右.
□事尙□, □事尙□.

[대구법]

좋은 일은 왼쪽을 존중(尊視)하고, 불행한 일은 오른쪽을
존중(尊視)한다.

31-8: 偏將軍居左, 上將軍居右.
□將軍居□, □將軍居□.

[대구법, 제유법]

편장군은 왼쪽에 있고, 상장군은 오른쪽에 있다.

*편장군은 9品(품)의 하위직으로 전쟁터에 직접 나가 싸우는 사람이고,
상장군은 1품의 고위직으로 군대를 통솔하는 사람이다. 여기서 편장군이
왼쪽에 있다는 것은 전쟁을 부득이한 경우로 여기고 최선을 다해 싸운다
는 의미로, 상장군이 오른쪽에 있다는 것은 전쟁을 좋은 일이라고 여기지
않고 불행한 일로 여겼다는 의미로 보았다는 뜻이다.

31-9: 言以喪禮處之.

상례로서 그를 처리한다는 것을 이른다.

*전쟁이 발생하면 어느 쪽이든지 희생자가 생기게 된다. 따라서 이는
노자가 이상향으로 여기는 태평성대에서는 전쟁을 통해 희생자가 생기

면, 적군이나 아군을 막론하고 반드시 그 희생자들을 喪禮(상례)로서 애도
하였음을 나타내고 있다.

31-10: 殺人之衆, 以哀悲泣[152]之.戰勝, 以喪禮
處之.
殺人之衆, 以□□□之.戰勝, 以□□
□之.

[대구법]

많은 사람을 죽이면, 애통함으로서 그것(많은 사람을 죽인 것)**을
걱정한다. 전쟁에서 승리하면, 상례로서 그를 처리한다.**

*상대방을 많이 죽이는 쪽이 전쟁에서 승리하는 것은 지극히 당연한
일이다. 하지만 상고시대에는 전쟁에 승리하더라도 의기양양해하지 않고
죽은 이들을 애도하였으니, 이는 31-4에서 이미 언급한 바처럼 전쟁이란
부득이한 것임을 재차 강조하고 있는 것이다.

---

152) 泣(읍): 흐느끼다, 근심하다, 걱정하다.

第32章：有名(유명)

32-1: 道常無名, 樸雖小, 天下莫能臣也.

도는 영원히 이름 지을 수 없으니, 질박하여 비록
미약하지만, 세상이 굴복시킬 수는 없다.

*노자는 여기서 다시금 '도'의 주된 특징이 '질박함, 소박함'임을 피
력하고 있다.

32-2: 侯王若能守之, 萬物將自賓[153].

천자와 제왕이 만약 이를 지킬 수 있다면, 만물이 장차
스스로 따를 것이다.

*이 문장을 통해서, 노자는 자신이 그토록 강조하는 '도'가 궁극적으
로는 지도자의 '治世(치세)'와 직접적으로 관련된 것임을 명확하게 밝히고
있다. 이는 바꿔 말해서, 노자의 '도'는 통치에 있어서의 도리 즉 정치적
인 입장에서의 '도'를 표명하는 것이다.

32-3: 天地相合, 以降甘露, 民莫之令而自均.

천지(양과 음)가 서로 합해지면, 그럼으로써 감로(은혜, 은택)가
내리고, 백성들은 명령하지 않아도 스스로 평등해진다.

---

153) 賓(빈): 따르다, 복종하다.

*노자는 이미 앞에서 누차 강조한 바 있듯이 여기에서도 '음' 과 '양'의 조화를 대단히 중시하고 있는데, 이는 노자 일개인의 견해가 아니라 상고시대 태평성대를 이룬 성군들과 성현들이 보편적으로 매우 중시한 것으로, 다음의 기록을 살펴보면 그 의미를 보다 더 명확하게 이해할 수 있을 것이다.

帝顓頊高陽者, 黃帝之孫而昌意之子也. 靜淵以有謀, 疏通而知事；養材以任地, 載時以象天, 依鬼神以制義, 治氣以敎化, 絜誠以祭祀.（생략）動靜之物, 大小之神, 日月所照, 莫不砥屬.

전욱제 고양은, 황제의 자손이고 창의의 아들이다. 조용하여 지모가 있었고, 도리와 조리에 밝아 일을 주재하였으니；재목을 길러 관리를 부임시키고, 때에 맞춰 하늘을 점쳤으며, 귀신에 의탁하여 법도를 바로잡고, (음양의) 기를 바로잡아 교화하였으며, 깨끗하고도 정성을 다해 제사를 지냈다. (생략) 운동과 정지하는 만물이나, 크고 작은 신들, 해와 달이 비치는 곳이면, 고루 귀속되지 않는 것이 없었다.

[史記(사기)] 〈五帝本紀(오제본기)〉

幽王二年, 西周三川皆震. 伯陽甫曰："周將亡矣. 夫天地之氣, 不失其序；若過其序, 民亂之也.（생략）陽失而在陰, 原必塞；原塞, 國必亡.

유왕 2년, 서주의 세 하천이 모두 흔들렸다. 백양보가 말했다："주나라는 장차 망할 것입니다. 무릇 천지의 기운은, 질서를 잃지 않으니；만약 질서가 지나치면, 백성들이 그것을 어지럽힐 것입니다. (생략) 양기가 (자리를) 잃고 음에 있으면, 근원이 반드시 막히게 되니；근원이 막히면, 나라가 반드시 망합니다.

[史記(사기)] 〈周本紀(주본기)〉

통제하기 시작하면 이름(명분)이 있게 되고, 이름(명분)이
이미 있으면, 무릇 장차 멈출 줄 알아야 하니, 멈출 줄 알면
위태롭지 않을 수 있다.

*이 문장은 연쇄법이 사용되었다. 노자는 이 문장을 통해서 '有名(유
명)'의 개념을 명확하게 드러내고 있으니, '통제하기 시작하면 이름이 있
게 된다.'고 하였다. 이는 노자에게 있어서 '名(명)'과 '制(제)'는 동일한
것이고, '制'는 바로 '仁義禮智(인의예지)'의 구체적인 禮樂制度(예악제도)로
통제하는 것이 된다. 따라서 노자는 이 문장을 통해서 명확하게 '질박함,
소박함'의 '도'로 통치하는 '大同(대동)'을 지지하고 예악제도로 통제하
는 小康(소강)을 반대하였는데, 노자의 이러한 가치관은 18장, 19장, 38장,
48장, 52장, 56장, 57장, 62장, 65장, 71장에서도 찾아볼 수 있다. 이제 다
음의 기록을 통해서 '소강'이란 과연 어떠한 것인지 살펴보자.

今大道旣隱, 天下爲家. 各親其親, 各子其子. 貨, 力爲己. 大人世及以爲禮,
城郭溝池以爲固, 禮義以爲紀; 以正君臣, 以篤父子, 以睦兄弟, 以和夫婦, 以
設制度, 以立田裏, 以賢勇智, 以功爲己. 故謀用是作, 而兵由此起. 禹, 湯, 文,
武, 成王, 周公由此其選也. 此六君子者, 未有不謹于禮者也. 以著其義, 以考
其信, 著有過, 刑仁講讓, 示民有常. 如有不由此者, 在執(勢)者去, 衆以爲
殃. 是謂小康.

오늘날에는 큰 도가 사라졌으니, 세상이 家天下(가천하)가 되었다. 각각 자

신의 어버이만이 어버이가 되고, 자신의 자식만이 자식이 되었다. 재물과 힘은 자신을 위해 썼다. 대인(천자와 제후)은 세습을 예의로 삼았고, 성곽을 쌓고 그 주변에 못을 파서 (적들이 침입하지 못하도록) 공고히 하였으며, 예의로 기강을 삼았으니; 그럼으로써 군신관계를 바로 하고, 그럼으로써 부자 관계를 돈독히 하였으며, 그럼으로써 형제간에 화목하게 하고, 그럼으로써 부부 사이를 조화롭게 하였으며, 그럼으로써 제도를 설치하고, 그럼으로써 밭을 구획하였으며, 그럼으로써 용감하고 지혜로운 자를 존중하고, 공적을 자기의 것으로 여겼다. 그러므로 권모술수가 이때부터 흥기하고, 전쟁이 이때부터 발생하였다. 우, 탕, 문왕, 무왕, 성왕, 주공은 이것(예의)으로 그것(시비)을 선별했다. 이 여섯 군자들은, 예의에 삼가지 않는 이가 없었다. 그럼으로써 그 의로움을 분명히 하고, 그럼으로써 그 신의를 깊이 헤아렸으며, 허물을 드러내고, 형벌과 어질음을 꾀하고 꾸짖어, 백성들에게 항상 그러함을 보여주었다. 만약 이에 말미암지 못하는(이에 따르지 않는) 이가 있다면, 집정자(권세가 있는 사람)일지라도 물리쳐, 대중들이 재앙으로 삼았다. 이를 일컬어 소강이라고 한다.　　　　[禮記(예기)] 〈禮運(예운)〉

노자는 뒤이어서 '이름(명분)이 이미 있으면, 무릇 장차 멈출 줄 알아야 하니, 멈출 줄 알면 위태롭지 않을 수 있다.' 라고 하였는데, 이는 상술한 기록의 下段(하단)을 보면 알 수 있듯이 여섯 군자들이 예의에 삼가고 의로움을 분명히 하며 신의를 헤아리고 허물을 드러냈거니와 형벌과 어질음을 꾀하고 꾸짖음으로써 백성들에게 항상 그러함을 보여주었다는 것을 뜻한다. 그렇게 했기 때문에 여섯 군자들에게는 위태로움이 없었으니, 만일 그렇지 못하면 설령 지도자일지라도 대중들이 그를 따르지 않고 재앙으로 삼은 것이다. 이는 44장 44-3의 '만족할 줄 알면 곤욕스럽지 않고, 그칠 줄을 알면 위험하지 않으니, 오래할 수 있다.' 는 말과도 의미상 서로 통하니, 연계하여 살펴볼만하다.

'소강'과 관련하여서는, 이미 18장의 18-1에서 순임금에게서 왕위를 선양받은 禹(우)임금 이후로는 아들에게 왕위를 물려주는 世襲制(세습제)가 시작되었고 이것이 소강사회의 시작이라고 언급한 바 있는데, 다음의 기록을 살펴보면 왜 우임금에서 선양제가 단절되고 세습제가 실시되었는지 명확하게 이해할 수 있다.

> 子啓賢, 能繼禹道, 禹嘗薦益於天, 謳歌朝覲者, 不之益而之啓曰, 吾君之子也. 啓遂立.
>
> 아들 계가 어질어, 능히 우임금의 도를 계승할 수 있었다. 우임금이 일찍이 익을 하늘에 천거했는데, 노래를 하는 사람과 조정에 알현하러 오는 이들이, 익에게 가지 않고 계에게로 가서 말했다: 우리 임금의 아들이다. 계가 마침내 임금이 되었다.
>
> [十八史略(십팔사략)] 〈夏王朝篇(하왕조편)〉

이를 통해서, 우임금은 본래 堯舜(요순)의 뜻을 계승하여 왕위를 禪讓(선양)하려고 하였지만, 주변 사람들이 그의 아들 계를 왕위에 추대함으로서 세습제가 시작된 것임을 알 수 있는 것이다.

32-5: 譬道之在天下, 猶川谷之於江海.

비유컨대 도가 세상에 존재하는 것은, 마치 하천과 계곡이 강과 바다로 유입되는 것과도 같다.

*노자는 직유법을 상당히 자주 쓰고 있는데, 이 역시 形而上學(형이상학)

적인 관념을 形而下學(형이하학)적으로 풀이함으로써, 이해하기 쉽고도 명확하게 표현하려는 修辭學的(수사학적) 측면에서의 의도로 보인다.

　*위의 32-2에서 말하는 '만물이 따른다.' 라는 것은 즉 '만물이 귀속된다.' 는 것으로, 이러한 표현은 28장 28-5의 '그 영화로움을 알고, 그 치욕을 지키면, 세상의 계곡이 된다.' 와 66장 66-1의 '강과 바다가 모든 계곡의 우두머리가 될 수 있는 것은, 그것이 능숙하게 그(계곡) 아래에 있기 때문이니, 그러므로 모든 계곡의 우두머리가 될 수 있다.' 라는 말에서도 나타나고 있다. 따라서 위의 '하천과 계곡이 강과 바다로 유입된다.' 는 것은 바로 '만물이 따르고 귀속된다.' 는 것으로, 이는 세상에 '도' 가 존재하면 강압하거나 명령하지 않아도 자연스럽게 세상이 따르게 된다는 의미인 것이다. 여기서 '도' 는 태평성대 그 중에서도 특히 '대동' 을 구체적으로 의미하는 것이니, 이러한 태평성대에는 지도자가 스스로 백성들 밑에 처했음을 보여주고 있는데, 다음 기록들을 살펴보면 당시 지도자들의 마음 자세를 엿볼 수 있다.

　　帝顓頊高陽者, 黃帝之孫而昌意之子也. 靜淵以有謀, 疏通而知事; 養材以任地, 載時以象天, 依鬼神以制義, 治氣以敎化, 絜誠以祭祀. (생략) 動靜之物, 大小之神, 日月所照, 莫不砥屬.
　　전욱제 고양은, 황제의 자손이고 창의의 아들이다. 조용하여 지모가 있었고, 도리와 조리에 밝아 일을 주재하였으니; 재목을 길러 관리를 부임시키고, 때에 맞춰 하늘을 점쳤으며, 귀신에 의탁하여 법도를 바로잡고, (음양의) 기를 바로잡아 교화하였으며, 깨끗하고도 정성을 다해 제사를 지냈다. (생략) 운동과 정지하는 만물이나, 크고 작은 신들, 해와 달이 비치는 곳이면, 고루 귀속되지 않는 것이 없었다.

　　　　　　　　　　　　　　　　　　[史記(사기)] 〈五帝本紀(오제본기)〉

高辛生而神靈, 自言其名. 普施利物, 不於其身. 聽以知遠, 明以察微. 順天
之義, 知民之急. 仁而威, 惠而信, 脩身而天下服. 取地之財而節用之, 撫教
萬民而利誨之, 曆日月而迎送之, 明鬼神而敬事之. 其色郁郁, 其德嶷嶷. 其
動也時, 其服也士. 帝嚳漑執中而遍天下, 日月所照, 風雨所至, 莫不從服.
고신(제곡)은 태어나면서 신통하고 영묘하여, 스스로 자신의 이름을 말했
다. 두루 베풀어 만물을 이롭게 하였지만, 자신에게는 아니었다(자신을 돌
보지 않았다). 귀가 밝아 멀리까지 알았고, 눈이 밝아 작은 것을 살폈다. 하
늘의 법도를 따르고, 백성의 긴요함을(백성들이 무엇을 긴요하게 생각하는지를)
알았다. 어질면서도 위엄 있고, 은혜로우면서도 믿음이 있었으며, 자신을
닦았기에 세상이 복종했다. 땅의 재물을 얻어 아껴 쓰고, 백성을 위로하
고 가르치면서 이롭게 인도하였으며, 해와 달을 셈하여 맞이하거나 전송
하였고, 귀신을 밝혀서 공손히 섬겼다. 그 얼굴빛은 그윽하고, 그 덕은 높
았다. 그 움직임은 때에 맞았고, 그 의복은 士의 것이었다(임금의 복장이 아
니었다). 제곡은 이미 중을 잡아 두루 세상에 미쳤으므로, 해와 달이 비치
는 곳과, 바람과 비가 이르는 곳이면, 복종하지 않는 것이 없었다.

[史記(사기)] 〈五帝本紀(오제본기)〉

이는 66장 66-2의 '이 때문에 백성의 위에 처하려면, 반드시 말을 함에
있어 그(백성)에게 낮춰야 하고; 백성을 영도하려면, 반드시 몸을 백성들 뒤
에 두어야 한다.' 라는 말과도 연계하여 살펴볼 필요가 있으니 참고한다.

第33章 : 死而不亡(사이불망)

33-1: 知人者智, 自知者明.
□□者□, □□者□.

타인을 이해하는 이는 지혜롭고, 스스로를 이해하는 이는
고명하다(뛰어나다).

　*이 문장은 구조상 아래 두 문장과 대구를 이룬다. 여기서 한 가지 의
문점이 생기지 않을 수 없는데, 노자는 이 문장을 통해서 전자와 후자 중
어느 것이 더 중요한 것인지를 강조하는 것일까, 아니면 단순히 나열형의
서술을 통해서 전자와 후자 모두 중요하다는 것을 부각시키고 있는 것일
까? 하는 것이다. 이제 아래의 문장들을 더 살펴보자.

33-2: 勝人者有力, 自勝者强.
□□者□□, □□者□.

타인을 이기는 이는 힘이 있고, 스스로를 이기는 이는
굳건하다.

33-3: 知足者富, 强行者有志.
□□者□, □□者□□.

만족함을 아는 이는 풍요롭고, 굳건히 행하는 자는 의지가
있다.

　*'굳건히 행하는 자는 의지가 있다.' 고 했으니, 이는 말보다 행동이 중

요하며 실천에 옮겨야 함을 강조한 것이다. 이와 관련하여 다음 기록을 살펴보자.

說拜稽首曰: 非知之艱, 行之惟艱, 王忱不艱, 允恊于先王成德, 惟說不言有厥咎.

부열이 절하고 머리를 조아리며 말했다: "아는 것이 어려운 것이 아니라, 행하는 것이 어려운 것입니다. 임금께서 정성껏 하여 어렵다고 여기지 않으시면, 능히 선왕이 이루신 덕을 따를 것이니, 저 부열이 말씀드리지 않는다면 (저에게) 허물이 있는 것입니다."　　　　　[尙書(상서)] 〈說命(열명)〉

이처럼 태평성대에는 성군과 성현들이 무엇보다도 몸소 '덕'을 실천하는 것을 중시하였거니와, 특히 어질고 현명한 신하는 어떤 상황에서든지 반드시 바른 말을 아뢰어 임금이 올바로 나라를 다스리도록 힘써 諫(간)했던 것이다.

33-4: 不失其所者久, 死而不亡者壽.

그 처한 위치를 잃지 않는 이는 오래하고, (몸은) 죽었으나 없어지지 않는 이(잊히지 않는 이)는 장수한다.

*이 문장 역시 위와 마찬가지로 'A 者 B, C 者 D.' 구조의 대구법으로 쓰였는데, 바로 이 문장을 통해서 33-1에서 제기했던 노자의 의도가 명확하게 드러나고 있으니, 즉 노자는 전자와 후자 중에서 어느 것이 더 중요한 것인지를 강조하려는 것이 아니라, 둘 다 모두 중요하다는 것을 부각시키고 있는 것이다.

*노자는 33장 전체를 통해서 태평성대를 구가한 성군과 성현 즉 성인으로써의 資質(자질)과 그들의 行績(행적)을 평가하여 그 핵심을 부각시키고자 하였으니, 여기서 말하는 '오래함, 장수함'이란 물질(육체)적인 영원함이 아니라 바로 정신적으로 영원함을 의미한다. 그렇다면 '처한 위치를 잃지 않는 이는 오래한다.'는 것은 과연 무엇을 의미하는 것일까? 이와 관련하여, 우선 다음 기록을 살펴보자.

> 君子素其位而行, 不願乎其外.
> 군자는 그 처한 자리에서 정성을 다해 행동하고, 처한 자리 이외의 것을 바라지 않는다.
> [禮記(예기)] 〈中庸(중용)〉

이는 자신에게 주어진 직위에 私心(사심)없이 최선을 다하고, 그 직위에 집착하거나 연연해하지 말고 때가 되면 물러나야 하며, 그 직위에 있지 않으면 그 일에 대해 관여하지 말아야 함을 강조하는 것이니, 이제 다음의 기록을 살펴보면 노자의 취지를 보다 더 명확하게 이해할 수 있을 것이다.

> 帝曰: "咨! 四岳. 朕在位七十載, 汝能庸命, 巽朕位." 岳曰: "否德忝帝位."
> 曰: "明明揚側陋."
> (요)임금이 말했다: "아! 사악이여. 짐이 재위한 지 70년인데, 그대는 천명을 변치 않게 할 수 있으니, 짐의 자리를 사양하겠소." 악이 말했다: "덕이 없어 임금 자리를 더럽힐 것입니다." 임금이 말했다: "뛰어난 이를 밝히고 미천하거나 숨어 지내는 이를 드러내 주시오."
> [尙書(상서)] 〈堯典(요전)〉

이처럼 요임금은 자신에게 주어진 직위에 최선을 다하고 연연해하지 않았기에 그 자리에 오래 있을 수 있었다. 노자는 또한 末尾(말미)에 '죽었으나 없어지지 않는 이는 장수한다.' 고 하였으니, 또 다음 기록을 보면 쉬이 이해할 수 있다.

二十有八載, 帝乃殂落. 百姓如喪考妣, 三載, 四海遏密八音.
28년이 지나고, (요)임금이 죽었다. 귀족들이 마치 부모상을 하는 것과 같았고, 3년 동안, 사방에서 팔음을 끊고 삼갔다.

[尚書(상서)] 〈堯典(요전)〉

이는 다음의 기록에서도 보인다.

堯辟位凡二十八年而崩. 百姓悲哀, 如喪父母. 三年, 四方莫擧樂, 以思堯.
요는 임금 자리를 벗어난 지 무릇 28년 만에 죽었다. 귀족들이 슬퍼했으니, 마치 부모를 잃은 듯하였다. 3년 동안, 사방에서 음악을 행하지 않음으로써, 요를 그리워했다. [史記(사기)] 〈五帝本紀(오제본기)〉

이렇듯 상술한 내용들을 종합해보면, 태평성대를 구가한 성인들의 자세와 이들을 대하는 백성들의 마음가짐이 그러하였다는 것이니, 이는 곧 '그 처한 위치를 잃지 않는 이는 오래하고, 죽었으나 없어지지 않는 이는 장수한다.' 라는 말의 뜻이 아니겠는가?

第34章：無欲(무욕)

34-1: 大道氾[154]兮, 其可左右.萬物恃之而生而不
辭, 功成不名[155]有.衣養萬物而不爲主, 常
無欲, 可名於小.萬物歸焉而不爲主, 可名
爲大.

큰 도는 두루 미치기 때문에, 그(도)가 지배(통제)할 수 있다.
만물은 그(도)에 의지하여 발생하지만 아무 말도 하지
않고, 공을 이루지만 (공이) 있다고 일컫지 않는다. 만물을
기르지만 스스로 주재한다고 여기지 않고, 늘 욕망이
없으니, 보잘것없다고 할 수 있다. 만물이 따르지만 스스로
주재자가 되지 않으니 위대하다고 할 수 있다.

*'大道(대도)'는 이미 18장의 18-1에서도 나왔고, 아울러 노자가 왜 굳
이 '道(도)'가 아니라 '大道(대도)'라는 표현을 썼는지에 대해 의문점을 가
질 필요가 있다고 한 바 있는데, 이는 노자에게 있어 '道(도)'는 '大道(대
도)'와 '小道(소도)'로 나눌 수 있다는 것이니, 즉 여기서 말하는 '대도'는
바로 대동사회와 관련이 있고, 반대로 '소도'는 소강사회와 관련이 있는
것이다. 이미 위에서 수차례 설명한 바 있듯이, 대동사회에서는 '無爲(무
위)'를 최상의 가치로 여기고, 소강사회에서는 '有爲(유위)' 즉 작위함이 있
음을 최상의 가치로 여기는 것인데, 여기서 '무위'는 天命(천명)에 순응하
여 통치하는 것이고 '유위'는 人爲的(인위적)인 예악제도를 통해서 통치하
는 것을 말한다. 다시 말해서, 노자는 이 문장을 통해서도 소강사회를 반
대하고 대동사회로 복귀할 것을 강조하고 있는 것이다.

154) 氾(범): 넘치다, 흐르다, 두루(널리) 미치다.
155) 名(명): 명명하다, 일컫다.

34-2: 以其終不爲大, 故能成其大.

시종 위대하다고 여기지 않기 때문에, 그러므로 위대함을
이룰 수 있다.

*노자는 이 문장을 통해서, 대동사회를 이끌었던 성군과 성현들은 항
상 겸손하고 삼가며 힘써 일했기 때문에 오늘날까지도 그 위대함을 인정
받고 있다고 말하고 있다.

第35章：無味(무미)

35-1: 執大象, 天下往; 往而不害, 安平太.

커다란 형상(도)을 지키면, 세상이 (그에게로) 향하고; (그에게로)
향하여도 해를 입히지 않으니, 안녕하고 평화롭다.

*대동사회에서는 모든 이들이 지도자를 믿고 따랐으니 자연스레 백성
들이 안녕하고 평화로웠는데, 노자는 역사기록을 통해서 이러한 모습을
살피고 말한 것이다. 이와 관련하여 다음의 내용을 살펴보면 그 뜻을 보다
명확하게 이해할 수 있다.

帝顓頊高陽者, 黃帝之孫而昌意之子也. 靜淵以有謀, 疏通而知事; 養材以
任地, 載時以象天, 依鬼神以制義, 治氣以敎化, 絜誠以祭祀. (생략) 動靜之
物, 大小之神, 日月所照, 莫不砥屬.
전욱제 고양은, 황제의 자손이고 창의의 아들이다. 조용하여 지모가 있었
고, 도리와 조리에 밝아 일을 주재하였으니; 재목을 길러 관리를 부임시키
고, 때에 맞춰 하늘을 점쳤으며, 귀신에 의탁하여 법도를 바로잡고, (음양
의) 기를 바로잡아 교화하였으며, 깨끗하고도 정성을 다해 제사를 지냈다.
(생략) 운동과 정지하는 만물이나, 크고 작은 신들, 해와 달이 비치는 곳이
면, 고루 귀속되지 않는 것이 없었다.

[史記(사기)] 〈五帝本紀(오제본기)〉

高辛生而神靈, 自言其名. 普施利物, 不於其身. 聽以知遠, 明以察微. 順天
之義, 知民之急. 仁而威, 惠而信, 脩身而天下服. 取地之財而節用之, 撫敎
萬民而利誨之, 曆日月而迎送之, 明鬼神而敬事之. 其色郁郁, 其德嶷嶷. 其
動也時, 其服也士. 帝嚳漑執中而遍天下, 日月所照, 風雨所至, 莫不從服.
고신(제곡)은 태어나면서 신통하고 영묘하여, 스스로 자신의 이름을 말했

다. 두루 베풀어 만물을 이롭게 하였지만, 자신에게는 아니었다(자신을 돌보지 않았다). 귀가 밝아 멀리까지 알았고, 눈이 밝아 작은 것을 살폈다. 하늘의 법도를 따르고, 백성의 긴요함을(백성들이 무엇을 긴요하게 생각하는지를) 알았다. 어질면서도 위엄 있고, 은혜로우면서도 믿음이 있었으며, 자신을 닦았기에 세상이 복종했다. 땅의 재물을 얻어 아껴 쓰고, 백성을 위로하고 가르치면서 이롭게 인도하였으며, 해와 달을 셈하여 맞이하거나 전송하였고, 귀신을 밝혀서 공손히 섬겼다. 그 얼굴빛은 그윽하고, 그 덕은 높았다. 그 움직임은 때에 맞았고, 그 의복은 士의 것이었다(임금의 복장이 아니었다). 제곡은 이미 중을 잡아 두루 세상에 미쳤으므로, 해와 달이 비치는 곳과, 바람과 비가 이르는 곳이면, 복종하지 않는 것이 없었다.

[史記(사기)] 〈五帝本紀(오제본기)〉

克明俊德, 以親九族. 九族旣睦, 平章百姓. 百姓昭明, 協和萬邦. 黎民于變
時雍.
(요임금은) 능히 큰 덕을 밝힘으로써, 구족을 친하게 하고, 구족이 이미 화목해지자, 수많은 성씨(귀족)가 명확히 구분되어지고, 온 나라가 합하여 어울리게 되니, 백성들이 항상 화목해짐에 이르게 되었다.

[尙書(상서)] 〈堯典(요전)〉

이러한 요임금에 대한 기록은 다음에도 보인다.

帝堯者, 放勳. 其仁如天, 其知如神. 就之如日, 望之如雲. 富而不驕, 貴而不
舒.(생략) 能明馴德, 以親九族. 九族旣睦, 便章百姓. 百姓昭明, 合和萬國.
요임금은, 방훈이다. 그 인자함은 하늘과 같았고, 그 지혜로움은 귀신과도 같았다. 그를 좇으면 태양과 같았고, 그를 바라보면 구름과도 같았다.

부유하면서도 교만하지 않고, 고귀하면서도 오만하지 않았다. (생략) 능히 덕을 밝히고 따름으로써, 구족(같은 종족의 9대: 고조부터 현손까지)이 가까워졌다. 구족이 이미 화목해지니, 수많은 성씨(귀족)를 상의하여 처리했다. 수많은 성씨(귀족)가 명확히 구분되어지자, 온 나라가 합하여 잘 어울리게 되었다.　　　　　　　　　　　　　　　　[史記(사기)] 〈五帝本紀(오제본기)〉

35-2: 樂與餌, 過客止.

음악과 음식은, 과객을 멈추게 한다.

*여기서 말하는 음악과 음식은 자극적인 것으로, 이는 노자가 주장하는 '도' 에 정면으로 위배된다. 傑王(걸왕)이나 紂王(주왕)과 같은 暴君(폭군)들은 사치스러운 향락생활에 빠짐으로써 나라의 멸망을 재촉했으니, 다음 기록들을 살펴보면 노자의 취지를 이해할 수 있다.

孔甲之後, 歷王皐, 王發, 至王履癸, 號爲桀, 貪虐力能伸鐵鉤索. (생략) 爲瓊宮瑤臺, 殫民財, 肉山脯林, 酒池可以運船, 糟堤可以望十里, (생략) 國人大崩.

공갑 이후, 왕고 왕발을 거쳐, 왕 이계에 이르렀으니, 걸이라고 불렸는데, 탐욕스럽고 사나웠으며 힘은 능히 쇠갈고리로 된 밧줄을 펼 수 있었다. (생략) 옥으로 장식한 궁궐과 누각을 짓고, 백성들의 재물을 다하여, 고기로 숲을 만들고, 술로 만든 못은 배를 띄울 수 있었으며, 술지게미로 쌓은 둑에서 십리를 볼 수 있었는데, (생략) 나라 백성들(의 신망)이 크게 무너졌다.　　　　　　　　　　　[十八史略(십팔사략)] 〈夏王朝篇(하왕조편)〉

歷太丁, 帝乙, 至帝辛, 名受, 號爲紂, 資辯捷疾, 手格猛獸, 智足以拒諫, 言足以飾. 始爲象箸, 箕子歎曰: 彼爲象箸, 必不盛以土簋, 將爲玉盃, 玉盃象箸, 必不羹藜藿衣短褐而舍笷茨之下則, 錦衣九重, 高臺廣室, 稱此以求, 天下不足矣.

태정 제을을 거쳐, 신임금에 이르러, 이름은 수인데, 주라고 일컬었으니, 천성적으로 말솜씨가 좋고 행동이 빨랐으며, 맨손으로 맹수와 맞서고, 지혜는 충분히 간언을 막을 수 있었으며, 말은 충분히 거짓으로 꾸며낼 수 있었다. 당초에 상아 젓가락을 사용하니, 기자가 탄식하여 말했다: 그(주임금)가 상아 젓가락을 사용하니, 반드시 토기에 담아 먹지 않고, 장차 옥배로 삼을(쓸) 것이요, 옥배와 상아 젓가락이면, 반드시 명아주와 콩잎으로 국을 끓이거나, 거친 베옷을 입고 이엉으로 덮은 지붕에서 지내며 아래로 모범을 보이지 않을 것이니, 겹겹의 비단옷, 높은 누대와 넓은 궁궐, 이에 걸맞게 구하면, 세상(의 재물)이 부족하다.

[十八史略(십팔사략)] 〈殷王朝篇(은왕조편)〉

紂伐有蘇氏, 有蘇以妲己女焉, 有寵其言皆從; 厚賦稅, 以實鹿臺之財, 盈鉅橋之粟, 廣沙丘苑臺, 以酒爲池, 懸肉爲林, 爲長夜之飮, 百姓怨望, 諸侯有畔者.

주왕이 유소씨를 정벌하여, 유소씨가 달기로 짝지어주니(달기를 바치니), 사랑하여 그녀의 말을 모두 따랐다; 부세를 두터이 하여, 그럼으로써 녹대의 재물을 튼튼하게 하고, 거교의 곡식을 채워, 사구와 원대를 넓혔으며, 술로 못을 만들고, 고기를 매달아 숲을 만들어, 며칠이고 계속 술자리를 벌였으니, 백성들이 원망하고, 제후들 중에 배반하는 이들이 있었다.

[十八史略(십팔사략)] 〈殷王朝篇(은왕조편)〉

'과객을 멈추게 한다.'는 것은 천성에 순응하지 않고 위배한다는 것이니, 본래 過客(과객)이란 '지나가는 손님'이라는 뜻인데 그들이 멈추어 가지 않게 된다는 것은 順利(순리) 즉 '無爲(무위)'를 거스른다는 뜻으로 풀이해야 옳을 것이다.

35-3: 道之出口, 淡乎其無味.

도의 입에서 나옴은(도를 설명하면), 담백하여 그 맛이 없다.

35-4: 視之不足見, 聽之不足聞, 用之不足旣.
□之不足□, □之不足□, □之不足□.

[대구법, 열거법]

그것(도)을 보아도 충분히 볼 수 없고, 그것을 들어도 충분히 들을 수 없으며, 그것을 사용해도 충분히 다 쓸 수 없다.

*이는 '도'라는 것이 명쾌하게 설명할 수 있는 성질의 것이 아니라서 형이상학적이고도 포괄적으로 설명한 부분인데, 이와 관련하여 다음의 기록을 살펴보자.

子曰: 鬼神之爲德, 其盛矣乎. 視之而弗見, 聽之而弗聞, 體物而不可遺.
공자가 말씀하시기를: 귀신(鬼-陰: 음의 혼령, 神-陽: 양의 혼령)의 덕을 행함은 성대하다. 그것은 보려 해도 볼 수 없고, 들으려 해도 들리지 않으며, 만물의 본체가 되어있어 버릴 수 없다.　　　　　[禮記(예기)]〈中庸(중용)〉

노자의 재구성 | 정치이념으로 본 도덕경

이처럼 공자의 표현을 빌어서 노자의 '도' 를 굳이 언어로 풀이해 보자면, '도' 라는 것은 눈에는 보이지 않는 '음' 과 '양' 의 氣運(기운)이 조화를 이룬 '덕' 을 행하는 것이 포함된 개념이라고 이해할 수 있을 것이다.

第36章：柔弱Ⅰ（유약Ⅰ）

36-1: 將欲歙[156]之, 必固張之;將欲弱之, 必固强
之;將欲廢之, 必固興[157]之;將欲奪之, 必固
與之, 是謂微明.
將欲□之, 必固□之;將欲□之, 必固□之;
將欲□之, 必固□之;將欲□之, 必固□之,
是謂微明.

[대구법, 열거법]

장차 그것을 줄이고자 하면, 잠시 그것을 확장해주어야
하고; 장차 그것을 약화시키고자하면, 잠시 그것을
강화시켜주어야 하며; 장차 그것을 제거하고자 하면, 잠시
그것을 등용해주어야 하고; 장차 그것을 빼앗으려 한다면,
잠시 그것을 주어야하니, 이를 미묘한 책략이라고 한다.

 *이는 '以屈求伸(이굴구신: 움츠림으로 폄을 구한다)'의 處世術(처세술)에 대해
논하고 있는 것으로, 마치 개구리가 도약하기 위해 잠시 몸을 움츠리는 것
과도 같다는 도리를 설명한 것이다. 이러한 태평성대의 처세술은 다음의
기록들을 살펴보면 비교적 쉬이 이해할 수 있다.

湯出, 見野張網四面, 祝曰:"自天下四方皆入吾網." 湯曰:"嘻, 盡之矣!"
乃去其三面, 祝曰:"欲左, 左;欲右, 右;不用命, 乃入吾網." 諸侯聞之, 曰 :
"湯德至矣, 及禽獸."

탕이 나가서, 들에 사면으로 그물을 펼쳐놓고, "세상 사방 모두가 내 그물
로 들어오게 하소서"라고 비는 이를 보았다. 탕이 말했다: "아, 다 잡으려

---

156) 歙(흡): 들이쉬다, 거두다, 줄어들다, 빨아들이다.
157) 興(흥): 등용하다.

하는구나!" 이에 삼면을 거두고, "왼쪽으로 가려면, 왼쪽으로, 오른쪽으로 가려면, 오른쪽으로 가게 하소서; 명령을 따르지 않으면, 이에 내 그물로 들어오게 하소서."라고 빌었다. 제후들이 듣고, 말했다: "탕의 덕이 지극하니, 금수에게까지 미쳤구나."

[史記(사기)] 〈殷本紀(은본기)〉

이러한 내용은 다음의 기록에서도 보인다.

湯出, 見有張網四面而祝之曰: 從天降, 從地出, 從四方來者, 皆罹吾網. 湯曰: 噫, 盡之矣. 乃解其三面, 改祝曰: 欲左左, 欲右右, 不用命者, 入吾網. 諸侯聞之曰: 湯德至矣, 及禽獸.

탕이 나가다가, 그물을 사방에 펼치고는 하늘에서 내려오고, 땅에서 나오며, 사방에서 온 것이, 모두 내 그물에 걸려라하고 비는 사람을 보았다. 탕이 말했다: 아, 지나치다. 이에 그 삼면을 풀고, 바꿔 기원하며 말했다: 왼쪽으로 가고 싶으면 왼쪽으로 가고, 오른쪽으로 가고 싶으면 오른쪽으로 가며, 목숨이 필요 없는 자는 내 그물에 들어오라. 제후들이 듣고 말했다: 탕의 덕이 지극하여, 금수에게까지 미쳤구나.

[十八史略(십팔사략)] 〈殷王朝篇(은왕조편)〉

또 다음의 기록을 살펴보자.

西伯旣卒, 周武王之東伐, 至盟津, 諸侯叛殷會周者八百. 諸侯皆曰: "紂可伐矣." 武王曰: "爾未知天命." 乃復歸.

서백이 이미 죽고 주나라 무왕이 동쪽 정벌을 가서, 맹진에 이르니, 제후들이 은나라를 배반하고 주나라로 모여든 이들이 800명이었다. 제후들이 모두 말했다: "주는 벌해도 됩니다." 무왕이 말했다: "그대들은 아직 천명

을 모른다." 이에 다시 돌아갔다.   [史記(사기)] 〈殷本紀(은본기)〉

　이들은 하나같이 '以屈求伸(이굴구신)'의 처세술에 대해 언급한 것이
니, 노자는 바로 여기서 '음'과 '양'의 조화를 통한 태평성대의 다스림에
관해 서술한 것이다.

36-2: 柔弱勝剛强.

유약함이 강직함을 이긴다.

　*6장 6-1에서 필자는 노자가 '음'과 '양'의 조화, '강함'과 '부드러
움'의 조화를 '도'라고 인지했음에도 불구하고, 또 한편으로는 '부드러
움'이 '강함'을 이긴다고 주장했으니, 이는 가치관의 모순일지도 모른다
는 의문점을 제기한 바 있다. 이제 아래에 제시하는 문장을 살펴보자.

> 子路問强. 子曰: 南方之强與, 北方之强與, 抑而强與? 寬柔以教, 不報無道,
> 南方之强也, 君子居之.衽金革, 死而不厭, 北方之强也, 而强者居之.故君子
> 和而不流, 强哉矯! 中立而不倚, 强哉矯! 國有道, 不變塞焉, 强哉矯! 國無
> 道, 至死不變, 强哉矯.
> 자로가 강함을 물었다. 공자가 말씀하시기를: 남방의 강함인가, 북방의 강
> 함인가, 아니면 너의 강함인가? 너그럽고 부드러움으로 가르치고, 무도함
> 에 보복하지 않는 것은, 남방의 강함이니, 군자가 머문다. 병기와 갑옷을
> 깔고(늘 전쟁을 하고), 죽어도 싫증내지 않는 것은, 북방의 강함이니, 따라서
> 흉포한 자가 머문다. 따라서 군자는 중에 서지 한쪽에 기대지 않으니, 강

하도다 꿋꿋함이여! 중에 서서 기울어지지 않으니, 강하도다 꿋꿋함이여! 나라에 도가 있으면, 성실함이 변하지 않으니, 강하도다 꿋꿋함이여! 나라에 도가 없으면, 죽음에 이르러도 변하지 않으니, 강하도다 꿋꿋함이여!

[禮記(예기)] 〈中庸(중용)〉

이는 上古時代(상고시대)에 '强(강)'을 '북방의 강함'과 '남방의 강함'으로 구별하였고, 군자는 '남방의 강함' 즉 '中(중)'과 '和(화)'를 기반으로 하는 '德治(덕치)'를 행하였기에, 또 다른 표현으로는 '부드러움'을 의미한다는 것이다. 다시 이야기해서, 노자가 언급한 '부드러움이 강함을 이긴다.'라는 말에서 '부드러움'은 '남방의 강함'이요, '강함'이란 '북방의 강함'의 또 다른 표현인 것이다. 즉 노자는 '柔弱(유약)=德(덕)'으로 나라를 다스리는 것이 '剛强(강강)=지나치게 엄격한 法律(법률)과 禮樂制度(예악제도)'로 다스리는 것 보다 더 중요하다는 것을 강조하고 있으니, 바로 소강사회를 반대하고 대동사회로의 복귀를 주장하고 있는 것이다. 이제 이러한 논리를 근거로, 6장의 6-2에서 제기한 '계곡의 오묘함이자 심오한 모성'과 '도'의 공통된 특징이 모두 '常'이 되니, 兩者(양자) 간에는 어떠한 공통분모가 형성된다는 문제를 풀어보자. 이미 언급한 바 있듯이 '계곡의 오묘함이자 심오한 모성'은 '부드러움의 덕치'를 뜻하고, 또 '도'는 38장의 38-7에서 보다 구체적으로 설명하겠지만 이러한 '덕치'를 기반으로 형성되는 것이므로, 이 둘은 모두 궁극적으로 '도'를 나타내는 것이고 바로 이 '도'의 특징이 '常'이라는 뜻이 되는 것이다.

그렇다면 노자는 과연 또 어떠한 의도에서 '부드러움'과 '강함'의 조화를 강조하였을까? 이제 다음의 기록들을 살펴보자.

象以典刑, 流宥五刑, 鞭作官刑, 朴作教刑, 金作贖刑. 眚災過, 赦 ; 怙終賊,刑. 欽哉, 欽哉, 惟刑之恤哉!

법에 따라 형벌을 내렸으니, 오형(잔인한 다섯 가지 형벌)은 유배형으로 용서하고, 채찍질로 관형(관아의 형벌)을 삼았고, 회초리로 교형(학교의 형벌)을 삼았으며, 금전으로 속형(죄를 면하는 것)을 삼았다. 과실로 일어난 재해는, 사면해주었으나; 뉘우치지 않으면, 형벌로 다스렸다. "삼갈지니, 삼갈지니, 형벌의 신중함이여!"   [尙書(상서)]〈舜典(순전)〉

이러한 내용은 다음의 기록에도 보인다.

象以典刑, 流宥五刑, 鞭作官刑, 撲作教刑, 金作贖刑. 眚災過, 赦;怙終賊, 刑. 欽哉, 欽哉, 惟刑之靜哉!

법에 따라 형벌을 내렸으니, 오형(잔인한 다섯 가지 형벌)은 유배형으로 용서하고, 채찍질로 관형(관아의 형벌)을 삼았고, 회초리로 교형(학교의 형벌)을 삼았으며, 금전으로 속형(죄를 면하는 것)을 삼았다. 과실로 일어난 재해는, 사면해주었으나; 뉘우치지 않으면, 형벌로 다스렸다. "삼갈지니, 삼갈지니, 형벌의 깨끗함이여!"   [史記(사기)]〈五帝本紀(오제본기)〉

또 다음 기록들을 살펴보자.

皐陶曰:"帝德罔愆, (생략) 好生之德, 洽于民心, 茲用不犯于有司." 帝曰: "俾予從欲以治, 四方風動, 惟乃之休."

고요가 말했다: "임금의 덕에 허물이 없어서, (생략) 죽일 형벌에 처한 죄인을 특별히 살려주는 임금의 덕이, 백성들의 마음을 적셔, 이러한 효용이 관리들을 거스르지 않았습니다." (순)임금이 말했다: "내가 하고자 하는 바에 따라 다스려, 사방이 감화되었으니, 그대의 훌륭함이오."

[尙書(상서)] 〈大禹謨(대우모)〉

於是舜歸而言於帝, 請流共工於幽陵, 以變北狄; 放驩兜於崇山, 以變南蠻;
遷三苗於三危, 以變西戎; 殛鯀於羽山, 以變東夷: 四罪而天下鹹服.

이에 순은 돌아와 임금에게 말하여, 공공을 유릉으로 유배시킴으로써 북
적을 변화시키고; 환두를 숭산으로 추방함으로써, 남만을 변화시키며; 삼
묘를 삼위로 내쫓음으로써, 서융을 변화시키고; 곤을 우산에서 죽임으로
써 동이를 변화시키기를 청했으니: 넷을 벌주니 세상이 모두 복종했다.

[史記(사기)] 〈五帝本紀(오제본기)〉

舜登用, 攝行天子之政. 巡狩. 行視鯀之治水無狀, 乃殛鯀於羽山以死. 天下
皆以舜之誅爲是.

순이 등용되어, 천자의 정치를 대신하여, 순시했다. 그는 곤이 물을 다스
리는데 공적이 없음을 보고, 이에 곤을 우산에서 처형했다. 세상이 모두
순의 형벌이 옳다고 여겼다. [史記(사기)] 〈夏本紀(하본기)〉

이는 태평성대를 이끈 성인들이 덕치를 행함에 있어 죄를 지은 이조차
도 처벌하지 않았음을 뜻하는 것은 아니니, 위에 열거한 내용들을 정리해
서 말하자면 '부드러움' 이란 바로 '너그러움의 덕치' 를 말하는 것이고,
여기서 말하는 '강함' 이란 '단호하지만 모두가 수긍하는 처벌' 을 의미하
는 것이다. 즉 노자는 여기서 엄격한 '법치' 를 반대하고, '덕치' 를 주장
하고 있다. 따라서 총체적으로 말해 노자의 '강함' 에 대한 주장은 결코 모
순된 것이 아니라, 단지 '强(강)' 의 二元化(이원화) 즉 文字(문자)는 같지만 서
로 다른 의미로 쓰였음에서 비롯된 것임을 알 수 있으니, 하나는 부정적인
의미의 '강경함' 이요 또 하나는 긍정적인 의미의 '엄숙하고도 객관적이

지만, 자애로움이 내포된 단호함'인 것이다. 노자는 이처럼 한 문자를 이원화하여 서로 전혀 다른 의미로 쓴 경우가 또 있는데, 대표적으로 62장 62-2와 81장 81-1에 나오는 '美言(미언)'이 바로 이와 같은 경우이니 참고하기로 한다.

36-3: 魚不可脫於淵, 國之利器不可以示人.
□不可□□□, □□□□不可以□□.

[대구법]

물고기는 깊은 물을 벗어나면 안되고, 나라의 이로운 그릇(중요한 책략)은 남에게 보이면 안 된다.

*이 문장의 의미는 과연 어떻게 받아들여야 할까? 다음 문장을 살펴보자.

吾聞之, 良賈深藏若虛, 君子盛德, 容貌若愚.
내가 들으니, 훌륭한 장사꾼은 깊숙이 숨겨 마치 비어있는 듯 하고, 군자가 덕이 가득차면 용모가 우매한 것처럼 보인다고 하오.

[史記(사기)] 〈老子韓非列傳(노자한비열전)〉

孔子(공자)가 周(주)나라에 갔을 때 노자에게 '禮(예)'에 대해서 가르침을 받으려 하자, 노자는 위에 인용한 말을 했다고 기록되어있다. 이는 진정으로 內實(내실)이 있는 것은 겉으로 드러내지 않고 속으로 쌓아야한다는 의미인데, 물고기가 깊은 물에 있으니 밖에서 언뜻 보기에는 물고기가 없는 듯 하고, 나라의 이로운 그릇(중요한 책략)은 남이 보지 못하도록 하니 마치 없는 듯 보이게 하라는 의미로 봐야하는 것이다. 노자의 이러한 심오한 논리는 즉 겉으로 강하게 보이는 것보다 약하게 보이는 것이 진정 강한 것이라는 의미를 함축한 것으로, 65장 65-1의 '옛날에 도를 잘 행하는 이는, 백성들을 밝음으로 이끌지 않고, 장차 우매함으로 이끌려고 하였다.' 라는 표현에서도 그 뜻을 다시 한 번 음미해볼 수 있다.

第37章：自化(자화)

37-1: 道常無爲而無不爲, 侯王若能守之, 萬物將自化.

도는 항상 행하는 바가 없으나 행하지 않는 바도 없으니, 천자와 제왕이 만약 이를 지킬 수 있다면, 만물이 장차 스스로 변화할 것이다.

*'도'는 억지로 작위하지 않고 의도하는 바도 없이, 만물이 스스로 타고난 본성을 살릴 수 있도록 그 여건을 마련해줄 뿐이다. 따라서 행하는 바가 없어 보이지만 사실상 이는 그러할 수 있도록 행하는 것이기도 하다고 한 것이니, '도'가 있는 대동의 사회에서는 하늘이 부여한 순리에 따라 행하였다는 것이지, 결코 아무런 일도 하지 않고 袖手傍觀(수수방관)했다는 것을 이르는 것이 아님에 유의해야 한다. 이러한 도리는 柳宗元(유종원)의 [種樹郭橐駝傳(종수곽탁타전)]을 보면 이해할 수 있을 것이니, 64장의 64-3을 참고한다.

37-2: 化而欲作, 吾將鎭之以無名之樸.
化而欲作, 吾將鎭之以◇◇◇◇.

변화하여 욕망이 생기면, 나는 장차 무명의 질박함으로 그것을 억누를 것이다.

*여기서 '무명의 질박함'이란 궁극적으로는 '大同社會(대동사회)의 道(도)'를 일컫는 것이니, 바로 '덕치'를 통해서 사리사욕을 없애고 대동사회로 복귀해야 한다는 것을 의미한다. 37장은 연쇄법으로 표현되었는데,

37-2부터 37-4까지 계속해서 앞 구절의 끝말을 다시 뒤 구절의 머리에 놓고 있다.

37-3: 無名之樸, 夫亦將無欲.
◇◇◇◇, 夫亦將●●.

무명의 질박함은, 무릇 또한 장차 탐욕을 없게 한다.

*이는 '대동의 도'를 지키면, 자연스럽게 사리사욕이 없어진다는 뜻이다.

37-4: 不欲以靜, 天下將自定.
●●以靜, 天下將■■.

탐욕이 없게 됨으로써 평정을 찾게 되니, 세상은 장차 스스로 안정되게 된다.

*'無欲(무욕)'의 '無(무)'와 '不欲(불욕)'의 '不(불)'은 문자 자체는 다르지만 '아니다, 않다'라는 부정의 의미인 부사로 혼용되어 쓰이므로 같은 단어로 간주하기로 한다.
*따라서 이는 '무명의 질박함'을 통해서 탐욕이 없어지고 평정을 찾게 되니, 안정되고도 평화로운 대동의 사회로 돌아갈 수 있다는 의미이다.

第38章 ： 大丈夫(대장부)

38-1: 上德不德[158], 是以有德 ; 下德不失德, 是以
　　　無德.
　　　□□不□, 是以□□ ; □□不□□, 是以
　　　□□.

[대구법]

상급의 덕은 덕이 있다고 여기지 않아, 이 때문에 덕이
있고, 하급의 덕은 덕을 잃지 않으려 하니, 이 때문에 덕이
없다.

*28장의 28-2에서 '常德(상덕)'은 '영원한 덕'이라는 의미로 이는 '大
同(대동)'과 '小康(소강)'의 두 측면에서 접근해야 한다고 언급한 바 있다.
노자는 여기서 '德(덕)'이 '상급의 덕'과 '하급의 덕'으로 나뉜다고 했는
데, 상급의 덕은 이른바 34장의 34-1에서 표현한 '大道(대도)' 즉 '大同(대
동)의 德(덕)'을 지칭하는 것이고, 하급의 덕은 '小道(소도)' 즉 '小康(소강)의
德(덕)'을 지칭하는 것이다. 따라서 '上德(상덕: 상급의 덕)'은 10장의 10-7에
나오는 '玄德(현덕)'이나 21장의 21-1에서 보이는 '孔德(공덕)'과도 같은 의
미가 된다고 할 수 있다.

38-2: 上德無爲而無以爲.
　　　□□□□而□以爲.

상급의 덕은 작위함이 없어서 의도하는 바가 없다.

---

158) 德(덕): 덕으로 여기다.

*38-1에서 이미 언급했듯이, 노자는 '상급의 덕' 을 '대동' 과 연계하였기 때문에 '無爲(무위)' 를 가지고 이를 설명하고 있다. 이 문장은 구조상 아래의 세 句(구)와 대구를 이룬다.

38-3: 下德爲之而有以爲.
　　　□□爲之而□以爲.

하급의 덕은 작위함이 있어서 의도하는 바가 있다.

*마찬가지로, 노자는 '하급의 덕' 을 '소강' 과 연계하였기 때문에 '작위함이 있음' 을 가지고 이를 설명하고 있다.

38-4: 上仁爲之而無以爲.
　　　□□爲之而□以爲.

상급의 인은 작위하는 바가 있으나 의도하는 바가 없다.

*18장의 18-1에서 이미 언급한 바 있듯이, 노자는 '仁義(인의)' 라는 것이 '大道(대도)' 가 폐기되어야 나타나는 것이라고 보았다. 따라서 '상급의 仁(인)' 일지라도 최상의 가치인 '無爲(무위)' 의 경지에는 도달할 수 없다고 표현한 것이다.

38-5: 上義爲之而有以爲.
□□爲之而□以爲.

상급의 의는 작위하는 바가 있어서 의도하는 바가 있다.

*여기서 노자는 다시 '의도하는 바의 有無(유무)'로 '仁(인)'과 '義(의)'의 등급을 구별하고 있으니, '상급의 義(의)'를 '상급의 仁(인)'보다 하나 아래의 개념으로 보고 있음을 알 수 있다.

38-6: 上禮爲之而莫之應, 則攘臂[159]而扔[160]之.

상급의 예는 작위하는 바가 있으나 응답하지 않을 때면, 곧 팔을 걷어붙이고 그것(상급의 예)을 내버린다.

*노자는 '禮(예)'이라는 것이 '덕'과는 달리 대단히 형식적인 것이라서, 내가 예절로서 상대방을 예우하는데도 상대방이 똑같이 예절로서 자기를 예우하지 않거나 반응을 보이지 않으면, 곧 그 '예절'을 버리고 따지게 된다고 설명하고 있다. 여기서 하나 유의해야 할 점은, 노자가 말하는 '예'라는 것이 바로 형식적으로 번잡한 '예악제도' 즉 당시의 '周禮(주례)'를 말하는 것이지, 일상생활에 있어서의 '예절'이나 '예의'를 지칭하는 것이 아니라는 점이다. 이는 62장 62-4의 '따라서 천자를 옹립하고, 삼공을 설치함에, 비록 공벽이 앞에 가고 사마가 뒤따르는 것이, 앉아서 이

---

159) 攘臂(양비): 소매를 걷어 올리다.
160) 扔(잉): 던지다, 내버리다.

러한 도를 진상함보다 못하다.' 라는 표현에서도 명백하게 드러나니, 상호
연계하여 이해할 수 있다.

38-7: 故失道而後德, 失德而後仁, 失仁而後義,
　　　失義而後禮.
　　　故失○而後●, 失●而後◇, 失◇而後◆,
　　　失◆而後■.

[대구법, 연쇄법]
그러므로 도를 잃은 후에 비로소 덕이 있고, 덕을 잃은 후에
인이 있으며, 인을 잃은 후에 의가 있고, 의를 잃은 후에
예가 있다.

　*이 문장을 통해서 노자는 '도', '덕', '인', '의', '예' 의 序列(서열)을
구체적으로 언급하여 18장 18-1의 '큰 도가 폐기되면, 인의가 출현한다.'
라는 말을 보다 체계적으로 풀어서 설명하고 있는데, 이제 여기서 노자의
가치관을 종합적으로 정리해보자. 먼저 25장의 25-6에서 '道(도)' 는 '自然
(자연: 스스로 그러함)' 즉 '無爲(무위)' 를 본받는다고 하였는데, 이는 노자에게
있어 최상의 가치가 바로 '무위' 이고 그 다음이 '도' 라는 것을 보여준다.
또한 34장의 34-1에서 설명한 바와 같이 '도' 는 다시 '大道(대도)' 와 '小道
(소도)' 로 나뉘는데, 이는 각각 '大同(대동)' 과 '小康(소강)' 을 지칭한다. 15
장의 15-7에서 '樸(박)' 은 '가공하지 않은 순수함' 즉 '질박함' 이고, 이는
바로 '大道(대도)' 와 同格(동격)의 또 다른 표현이거나 최소한 '도' 의 주된
특징이 된다고 설명하였고, '常(상)' 은 1장 1-1과 16장의 16-5에서 언급한
바와 같이 '大道(대도)' 의 주된 특징으로 '영원함, 변치 않음' 을 나타낸다.

이와 더불어 15장의 15-10에서 설명했듯이, 16장 16-4와 16-5의 '근본으로 돌아감을 고요함이라고 하니, 이를 복명(복귀)이라고 한다. 복명을 '상'이라고 하고, '상'을 아는 것을 '명'이라고 한다.' 는 말을 종합해보면, 결국 '常(상)'과 '靜(정)'은 상호 동등한 개념이기도 한 것이다.

'도' 바로 밑의 하위 개념은 '德(덕)'인데, 이 '덕'은 38-1에서 언급한 바와 같이 다시 '上德(상덕)'과 '下德(하덕)'으로 구분된다. 여기서 '상덕'은 10장의 10-7에 나오는 '玄德(현덕)'이나 21장의 21-1에 나오는 '孔德(공덕)'과 서로 통하니 바로 '大德(대덕)'과 같은 개념이 되고, 또 이는 '大道(대도)'를 따르는 하위 개념이 되는데, 10장의 10-1에서 언급한 '一(일)'은 '음'과 '양'을 분산시키지 않고 '도'로 복귀함을 의미하니, 2장에서 말하는 '有無(유무)'와 '음양'의 조화를 말하는 것으로 '순일한 덕'으로 풀이할 수 있다. 반면에 '하덕'은 '小德(소덕)'이라고 할 수 있으니 '小道(소도)'를 따르는 하위 개념이 된다. 36장의 36-2에서 인용한 기록에 따르면 '남방의 강함'이란 즉 '中(중)'과 '和(화)'를 기반으로 하는 '德治(덕치)'라고 하였으니, 4장 4-3의 '和(화)'와 5장의 5-4에 나오는 '中(중)'과 '和(화)'는 '上德(상덕)'의 '德治(덕치)'를 행하는 구체적인 실천양식이고, 반면에 '仁義禮(인의예)'는 '下德(하덕)'의 '德治(덕치)'를 행하는 구체적인 실천양식이 되는 것이니, 이제 이를 圖式化(도식화)하면 다음과 같다.

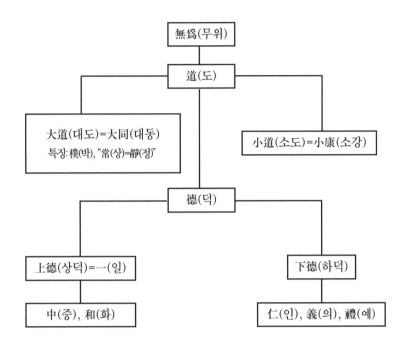

여기에 하나 더 추가해야 할 것이 있다면, 노자는 17장의 17-3과 23장의 23-5에서 '信(신)'을 강조하고 있으므로, 이러한 '신뢰'는 위의 도식을 이루는 전제조건이나 바탕이 된다고 이해해야 할 것이다.

38-8: 夫禮者, 忠信之薄[161]而亂之首.

무릇 예라는 것은, 충후함과 정직의 부족함이며 재난과 변란의 발단이다.

---

161) 薄(박): 엷다, 얇다, 적다.

*이 문장을 통해서 노자는 '禮(예)'로 다스림 즉 '禮治(예치)'를 반대하고 있는데, 이러한 노자의 가치관은 바로 위의 38-7의 순서를 통해서 알 수 있거니와, 다음 기록을 통해서도 이해할 수 있다.

孔子適周, 將問禮于老子. 老子曰: "子所言者, 其人與骨皆已朽矣, 獨其言在耳. 且君子得其時則駕, 不得其時則蓬累而行. 吾聞之, 良賈深藏若虛, 君子盛德, 容貌若愚. 去子之驕氣與多欲, 態色與淫志, 是皆無益于子之身. 吾所以告子, 若是而已." 孔子去, 謂弟子曰: "鳥, 吾知其能飛; 魚, 吾知其能遊; 獸, 吾知其能走. 走者可以爲罔, 遊者可以爲綸, 飛者可以爲矰. 至于龍吾不能知, 其乘風雲而上天. 吾今日見老子, 其猶龍邪!" 老子修道德, 其學以自隱無名爲務. 居周久之, 見周之衰, 乃遂去. 至關, 關令尹喜曰: "子將隱矣, 强爲我著書." 于是老子乃著書上下篇, 言道德之意五千餘言而去, 莫知其所終.

공자가 주나라에 가서, 장차 노자에게 예에 대하여 묻고자 하였다. 노자가 말했다: "그대가 말하는 바는, 그 육신과 뼈가 모두 이미 썩었고, 오직 그 말만이 있을 따름이오. 게다가 군자는 때를 만나면 마차를 타지만, 때를 만나지 못하면 떠도는 것이오. 내가 들으니, 훌륭한 장사꾼은 깊숙이 숨겨 마치 비어있는 듯 하고, 군자가 덕이 가득차면 용모가 우매한 것처럼 보인다고 하오. 그대의 교기와 다욕, 태색과 음지를 버리시오. 이는 모두 그대의 몸에 무익하오. 내가 그대에게 말해줄 것은 이와 같을 따름이오." 공자가 떠나, 제자들에게 말했다: "새는, 내가 날 수 있음을 알고, 물고기는, 내가 헤엄칠 수 있음을 알며; 짐승은, 내가 달릴 수 있음을 안다. 달리는 것은 그물로 잡을 수 있고, 헤엄치는 것은 낚시로 잡을 수 있으며, 나는 것은 활을 쏘아 잡을 수 있다. 용에 대해서는 내가 알 수 없으니, 바람과 구름을 타고 하늘에 오른다. 내가 오늘 노자를 보았는데, 마치 용과도 같

구나!" [史記(사기)] 〈老子韓非列傳(노자한비열전)〉

이처럼 노자는 '예'를 형식적인 것으로 간주하고 반대하였으니, 이와
관련하여 또 다음 기록을 살펴보자.

言偃復問曰: "如此乎禮之急也?" 孔子曰: "夫禮, 先王以承天之道, 以治人
之情. 故失之者死, 得之者生. (생략) 故聖人以禮示之. 故天下國家可得而正
也." (생략) 言偃復問曰: "夫子之極言禮也, 可得而聞與?" (생략) "是故禮者
君之大柄也. 所以別嫌明微, 儐鬼神, 考制度, 別仁義, 所以治政安君也."

언언이 다시 물었다: "이처럼 예는 긴급한 것입니까?" 공자가 말씀하셨
다: 무릇 예라는 것은 선왕들께서 하늘의 도를 받들음으로써 사람의 심정
을 다스리는 것이다. 그러므로 예를 잃은 자는 죽고 예를 얻은 자는 산다.
(생략) 그러므로 성인은 예로서 보였다. 그러므로 세상의 나라는 올바름을
얻을 수 있었다. (생략) 언언이 다시 물었다: "스승께서 예를 지극히 말씀
하시니, 들려주실 수 있겠습니까?" (생략) "이 때문에 예라는 것은 임금의
큰 권력이다. 그래서 혐의를 분별하고, 미세한 것을 밝힐 수 있으며, 귀신
을 모시고 제도를 살펴서, 인과 의를 구별하고, 그럼으로써 정치가 다스려
지고 임금은 편안하게 되는 것이다. [禮記(예기)] 〈禮運(예운)〉

즉 孔子(공자)는 '禮(예)'를 治國(치국)의 중요한 수단으로 보았고, 이에
周(주)나라의 노자를 찾아가 '예'에 대해 물었으니, 이는 치국의 道理(도리)
에 대해서 물은 것이었다. 이와 관련하여 또 다음 기록을 살펴보자.

君子以厚, 小人以薄.
군자는 예에 후하고, 소인은 예에 박하다. [禮記(예기)] 〈禮運(예운)〉

위의 글을 살펴보면, 군자는 예를 중시하고, 소인은 예를 경시한다고 하였으니, 공자에게 있어 '예'는 나라를 다스리는 중요한 수단이자 인물됨을 가늠하는 척도가 되기도 하는 것이다. 반면에 노자는 '예'라는 것이 충후함과 정직함이 부족하여 생기는 것이고 재난과 변란의 시작이 된다고 보았으니, 이를 통해서 노자와 공자의 가치관에 있어서의 차이점을 단편적으로나마 찾아볼 수 있다.

38-9: 前識者, 道之華[162]也, 而愚之始.

앞서서 아는 것(선견지명)이란, 도의 사치스러움이자, 우매함의 시작이다.

*20장의 20-9에서 '愚(우)'의 의미에 대해 설명한 바 있는데, 여기서 '愚(우)'는 '우매하다'로 해석해야 하니 즉 억지로 앞을 내다보려하는 것은 자연에 부합되지 않고 도에 거스르는 행위라는 뜻이다. 이와 관련하여 65장의 65-1의 '愚(우)'를 참고할 수 있는데, 이처럼 노자는 하나의 文字(문자)를 二元化(이원화)하여 서로 다른 의미로 썼음을 여기서도 찾아볼 수 있다.

---

162) 華(화): 화려하다, 사치스럽다.

38-10: 是以大丈夫處其厚不居其薄；處其實不居
其華.
是以大丈夫處其□不居其□；處其□不居
其□.

[대구법]

이 때문에 대장부는 돈후함에 머무르지 각박함에
머무르지는 않고, 내실을 기하려 하지 화려함을 쫓지
않는다.

*'大丈夫(대장부)' 라는 표현은 [道德經(도덕경)] 전체에서 오직 여기에서
만 보이기 때문에 명확하게 그 의미를 단정 지을 수는 없지만, 그 뒤의 '돈
후함에 머무르고 내실을 기한다.' 는 말로 추론해 보면 아마도 '성인' 과
서로 통하는 단어로 볼 수 있을 것이다. 즉 여기서 '돈후함과 내실' 은 '德
治(덕치)' 를 말하고, '각박함과 화려함' 이란 禮樂制度(예악제도)를 통한 엄격
한 '禮治(예치)' 를 말하는데, 특히 '내실을 기하려 하지 화려함을 쫓지 않
는다.' 는 말은 39장 39-7의 '옥과 같이 귀하기보다는, 차라리 돌과 같이
단단한 것이 낫다.' 라는 표현과 서로 통하니 연계하여 살펴볼 수 있다.

38-11: 故去彼取此.

그러므로 저것(후자)을 버리고 이것(전자)을 취하는 것이다.

*따라서 노자는 '성인' 이 '각박함과 화려함' 을 버리고, '돈후함과 내
실을 구함' 을 취한다고 한 것이다.

第39章：如石(여석)

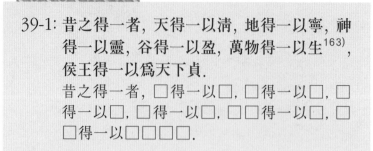

39-1: 昔之得一者, 天得一以淸, 地得一以寧, 神
　　　得一以靈, 谷得一以盈, 萬物得一以生[163],
　　　侯王得一以爲天下貞.
　　　昔之得一者, □得一以□, □得一以□, □
　　　得一以□, □得一以□, □□得一以□, □
　　　□得一以□□□□.

[대구법, 열거법]

자고로 하나를 얻음에 있어, 하늘이 하나를 얻으면
청명하고, 땅이 하나를 얻으면 평온하며, 오묘함이 하나를
얻으면 영험해지고, 계곡이 하나를 얻으면 넉넉해지고,
만물이 하나를 얻으면 생동하고, 천자와 제후가 하나를
얻으면 세상의 충정(곧음)이 된다.

*여기서 '하나'는 10장의 10-1에서 이미 밝힌바 있듯이 '순일한 덕'을
나타내고, 14장의 14-2, 22장의 22-2, 42장의 42-1과도 모두 같은 의미를
지닌다.

---

163) 生(생): 생동하다.

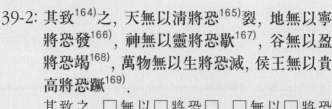

39-2: 其致¹⁶⁴⁾之, 天無以淸將恐¹⁶⁵⁾裂, 地無以寧
將恐發¹⁶⁶⁾, 神無以靈將恐歇¹⁶⁷⁾, 谷無以盈
將恐竭¹⁶⁸⁾, 萬物無以生將恐滅, 侯王無以貴
高將恐蹶¹⁶⁹⁾.
其致之, □無以□將恐□, □無以□將恐
□, □無以□將恐□, □無以□將恐□, □
□無以□將恐□, □□無以□□將恐□.

[대구법, 열거법]

그것(위에서 설명한 내용)을 그만두게 되어, 하늘이 청명하지
않으면 무너질 것이고, 땅이 평온하지 않으면 흩어질
것이며, 오묘함이 영험하지 않으면 멈출 것이고, 계곡이
넉넉하지 않으면 사라질 것이며, 만물이 생동하지 않으면
멸망할 것이고, 천자와 제왕이 (백성들을) 귀히 여기고
숭상하지 않으면 와해될 것이다.

*이는 '순일한 덕'으로 나라를 다스리지 않은 결과를 비교적 자세하
게 풀어서 설명한 부분으로, 다음에 제시하는 기록과 연계하면 보다 이해
하기가 쉬울 것이다.

少昊之衰, 九黎亂德, 民神雜糅, 不可方物.
소호가 쇠하자, 구주에서 덕이 문란하게 되고, 백성들과 귀신이 뒤섞여 혼

---

164) 致(치): 그만두다.
165) 恐(공): 아마도.
166) 發(발): 발산하다, 흩어지다.
167) 歇(헐): 멈추다, 정지하다.
168) 竭(갈): 다하다, 없어지다, 사라지다.
169) 蹶(궐): 넘어지다, 쓰러지다, 거꾸러뜨리다.

잡해졌으며, 만물이 동등해지지 못했다.

[十八史略(십팔사략)] 〈五帝篇(오제편)〉

즉 노자는 역사 기록을 통해서 '덕'이 무너지면 '陰(음: 귀신)'과 '陽(양:
백성)'이 뒤섞여 혼란해진다고 보았던 것인데, 이러한 관점은 42장 42-1의
'도는 하나를 낳고, 하나는 둘을 낳으며, 둘은 셋을 낳고, 셋은 만물을 낳
는다.'라는 말을 해석하는데 있어 중요한 關鍵(관건)이 될 수도 있으니 유
의하도록 한다.

39-3: 故貴以賤爲本, 高以下爲基.
故□以□爲□, □以□爲□.

[대구법]

**따라서 귀함은 비천함을 근본으로 삼고, 높음은 낮음을
기반으로 삼는다.**

*이는 27장 27-5와 27-6의 '그러므로 선량한 이는 선량하지 못한 이의
스승이고; 선량하지 못한 이는 선량한 이의 자원(밑바탕)이다. 스승을 존중
하지 않고, 자원을 사랑하지 않으면, 스스로 총명한 이라도 어리석게 될
수 있으니 이것을 오묘한 도리라고 한다.'라는 말과 통하니, 여기서도 노
자는 '共生(공생)과 共存(공존)' 즉 '和(화)'의 도리를 다시 한 번 피력하고자
한 것이다. 아울러 이 말은 39-2의 마지막 구절과도 서로 통하여 지도자란
백성이 없으면 존재할 수 없는 것이니, 마땅히 백성들을 어려워하고 받들
어야한다는 의미도 함축하고 있음을 알 수 있다.

39-4: 是以侯王自謂孤[170]寡[171]不穀[172].

이 때문에 천자와 제후는 스스로를 고, 과, 불곡이라고
칭하였다.

*우리나라에서도 自古(자고)로 임금이 스스로를 '寡人(과인)'이라고 호
칭하였으니, 바로 이러한 도리에서 나온 것임을 알 수 있다.

39-5: 此非以賤爲本邪? 非乎?

이는 비천함을 근본으로 삼는 것이 아닌가? 아니 한가?

*이 문장은 '非-邪?(-이 아니겠는가?)'의 설의법으로 쓰였는데, 여기서
'邪'는 '사악할 사'가 아니라 '어조사 야'로 쓰였음에 유의한다. 이러한
구문의 형태는 7장의 7-3에도 나타나니 참고한다.
*39-3에서 39-5까지는 모두 상고시대의 태평성대를 이끈 지도자 즉 성
인들의 마음가짐과 실천 자세에 대해 개괄적으로 설명한 부분인데, 이와
관련하여 다음의 기록을 살펴보면 이들의 의미를 이해하는데 좀 더 도움
이 될 것이다.

其一曰: 皇祖有訓, 民可近, 不可下. 民惟邦本, 本固邦寧. 予視天下, 愚夫愚

---

170) 孤(고): 외롭다.
171) 寡(과): 작다, 약하다.
172) 不穀(불곡): 穀(곡)은 곡식이라는 의미와 기르다, 양육하다는 파생의미를 갖는데, 불곡은 곡
     식만도 못하다 즉 (백성을) 기르지 못하다, 양육하지 못하다는 뜻으로 쓰인다. 42장에도 보
     인다.

婦, 一能勝予. 一人三失, 怨豈在明, 不見是圖. 予臨兆民, 懍乎若朽索之馭

六馬, 爲人上者, 奈何不敬.

그 첫째가 말했다: "선조께서 훈계하심이 있으니, 백성들은 가까이할 수

있으나, 얕잡아 보면 안 된다. 백성은 나라의 근본이고, 근본이 단단해야

나라가 안녕하다. 내가 세상을 살피니, 어리석은 남자와 어리석은 여자

가, 모두 나보다 훌륭하다. 한 사람이 거듭 실수함에, 원망이 어찌 드러나

기를 살피노니, 보지 않고도 알 수 있다. 내 백성들을 다스림에, 썩은 새끼

줄로 말 여섯 마리를 모는 듯 삼가니, 위에 있는 사람이, 어찌 공경하지 않

겠는가?"

[尙書(상서)]〈五子之歌(오자지가)〉

古公亶父復脩后稷·公劉之業, 積德行義, 國人皆戴之. 薰育戎狄攻之, 欲得

財物, 予之. 已復攻, 欲得地與民. 民皆怒, 欲戰. 古公曰:"有民立君, 將以利

之. 今戎狄所爲攻戰, 以吾地與民. 民之在我, 與其在彼, 何異 ? 民欲以我故

戰, 殺人父子而君之, 予不忍爲." 乃與私屬遂去豳, 度漆·沮, 踰梁山, 止於

岐下. 豳人擧國扶老攜弱, 盡復歸古公於岐下. 及他旁國, 聞古公仁, 亦多歸

之.

고공단보는 후직과 공류의 공적을 다시 닦아, 덕을 쌓고 의를 행하자, 나

라 사람들이 모두 그를 받들었다. 훈육과 융적이 그를 공격하여, 재물을

얻으려고 하자, 재물을 주었다. 얼마 되지 않아 다시 공격하여, 땅과 백성

을 얻고자 했다. 백성들이 모두 노하여, 싸우려 했다. 고공이 말했다: 백

성들이 있어 임금을 세우는 것은, 장차 그들을 이롭게 하려는 것이다. 지

금 융적이 공격하는 바는, 나의 땅과 백성 때문이다. 백성들이 나에게 있

는 것이, 저들에게 있는 것과, 어찌 다르겠는가? 백성들이 나 때문에 고로

싸우면, 사람들의 부자를 죽여 임금이 되는 것이니, 나는 차마 못하겠다."

이에 고공은 가신들과 더불어 마침내 빈 지역을 떠나, 칠수와 저수를 건

너, 양산을 넘어, 기산 아래에 머물렀다. 빈 지역 사람 전부 노인을 부축하고 어린이의 손을 이끌어, 모두 다시 기산 아래의 고공에게 귀속했다. 더불어 다른 이웃나라에서, 고공의 어질음을 듣고, 역시 많은 이들이 그에게 귀속했다.   [史記(사기)] 〈周本紀(주본기)〉

大旱七年, 太史占之曰: 當以人禱. 湯曰: 吾所爲請者, 民也, 若必以人禱, 吾請自當.

큰 가뭄이 칠년이라, 태사가 점을 쳐 말했다: 마땅히 사람으로서(사람을 제물로 바쳐서) 기도를 해야 합니다. 탕이 말했다: "내가 바라는 바는 백성을 위해서이니, 만약 반드시 사람으로서 기도해야 한다면, 나는 스스로 담당하기를(제물이 되기를) 청한다.

[十八史略(십팔사략)] 〈殷王朝篇(은왕조편)〉

이처럼 태평성대를 이끈 지도자들은 자신을 백성들 아래에 두고 공경하는 마음으로 대하였으며 나라를 다스림에 삼가였으니, 民心(민심)이 자연스럽게 그들에게 향한 것이다. 노자의 이러한 가치관은 28장과 32장 41장 42장에도 드러나니, 함께 연계하여 이해할 수 있다.

39-6: 故致數[173] 輿無輿[174].

그러므로 최고의 영예에 이르면 영예가 없는 것이다.

---

173) 數(수): 제일이다, 뛰어나다, 출중하다.
174) 輿(예): 명예.

*이 문장은 의미상 17장 17-1의 '가장 훌륭한 지도자는 그가 존재함을 안다.' 라는 말과 상통하니, 다음 기록을 다시 한 번 살펴보자.

治天下五十年, 不知天下治歟, 不治歟, 億兆願戴己歟, 不願戴己歟. 問左右, 不知, 問外朝, 不知, 問在野, 不知. 乃微服, 游於康衢, 聞童謠曰: 立我烝民, 莫非爾極, 不識不知, 順帝之則, 有老人, 含哺鼓腹, 擊壤而歌曰: 日出而作, 日入而息, 鑿井而飮, 耕田而食, 帝力, 何有於我哉.

세상을 다스린 지 50년, 세상이 다스려지는지 다스려지지 않는지, 억조(수많은 백성)이 자기를 원하는지 원하지 않는지 알 수가 없었다. 좌우에 물었으나, 알지 못하고, 조정 바깥으로 물었으나, 알지 못했으며, 재야에 물었으나, 알지 못했다. 이에 미복하고, 큰 거리로 나아가니, 동요가 들렸는데 이르기를: 우리 많은 백성을 일으킴에, 그대의 지극함이 아닌 것이 없네. 알지 못하는 사이에, 임금의 법을 따른다고 하였다. 한 노인이 있어, 입에 음식을 잔뜩 물고 배를 두드리며, 땅을 치며 노래하기를: 해가 뜨면 일하고, 해가 지면 쉬며. 우물을 파서 마시고, 밭을 갈아서 먹으니, 임금의 힘이, 어찌 나에게 있을까라고 하였다.

[十八史略(십팔사략)]〈五帝篇(오제편)〉

즉 노자는 위의 기록과 같이 堯(요)임금의 행적에 대한 기록을 통해서, 聖人(성인)과도 같이 가장 훌륭한 지도자는 이처럼 지도자가 존재한다는 것만을 알 뿐이니 이야말로 최고의 영예라고 본 것이다.

39-7: 不欲琭琭[175]如玉, 珞珞[176]如石.
不欲□□如玉, □□如石.

[대구법, 직유법, 의태법]

옥과 같이 귀하기보다는, 차라리 돌과 같이 단단한 것이 낫다.

*이는 38장 38-10의 '이 때문에 대장부는 돈후함에 머무르지 각박함에 머무르지는 않고, 내실을 기하려 하지 화려함을 쫓지 않는다.' 라는 말과 상호 비교해보면 그 의미가 명백해지는데, 즉 노자는 성인이란 옥과 같이 귀하고도 화려함을 추구하기 보다는, 돌과 같이 단단하게 내실을 기하려 하는 것을 더 중시한다고 본 것이다.

---

175) 琭琭(록록): 귀하다, 진기하다.
176) 珞珞(락락): 단단한 모양.

第40章 : 反, 弱(반, 약)

40-1: 反者, 道之動; 弱者, 道之用.
□者, 道之□ ; □者, 道之□.

[대구법]

반대(대립면)**는, 도의 움직임이요; 유약함은, 도의 효용이다.**

*여기서 노자는 왜 '도'를 설명할 때 반어법을 썼는지 밝히고 있다. 다시 말해서 '도'는 '無名(무명)' 즉 구체적인 형상으로 형용할 수 있는 것이 아니므로, '도'의 대립면을 설명함으로써 反證(반증)하려 한 것임을 표명하고 있는 것이다. '反(반)'을 '返(반: 순환)'으로 해석하는 경우도 있지만, 이는 [도덕경] 전체 문장의 맥락상 통하지 않는다. 또한 노자는 이 문장을 근거로 하여, 반어법으로 말하는 것이 도리에 순응하는 것이라고 피력하고 있기도 하다.

*'弱(약: 유약함)'은 36장의 36-2에서 이미 언급한 바 있듯이, '남방의 강함' 즉 '中(중)'과 '和(화)'를 기반으로 하는 '德治(덕치)'를 의미한다. 즉 노자는 '柔弱(유약)=德(덕)'으로 나라를 다스리는 것이 '剛强(강강)=禮樂制度(예악제도)'로 다스리는 것 보다 더 중요하다고 보았으니, 역시 소강사회를 반대하고 대동사회로의 복귀를 거듭 주장하고 있는 것이다.

40-2: 天下萬物生於有, 有生於無.
天下萬物生於◆, ◆生於■.

[대구법, 연쇄법]

세상 만물은 유에서 생겨나고, 유는 무에서 생겨난다.

*여기서 노자는 '無(무)'가 '有(유)'보다 더 높은 개념임을 다시 한 번 강조하고 있으니, 이는 '無爲(무위)'로 다스리는 것이 '억지로 작위함' 즉 '禮樂制度(예악제도)'로 다스리는 것보다 더 이상적인 것임을 밝히는 것이라고 볼 수 있다.

第41章：若渝(약유)

41-1: 上士聞道, 勤¹⁷⁷⁾而行之.
□士聞道, □□□□.

수준이 높은 선비가 도를 들으면, 부지런히 그(도)를 행한다.

*이 문장은 구조상 아래 두 구와 대구를 이룬다. 31장의 31-2에서, '도가 있는 이'란 '君子(군자)'를 지칭하고, 이는 상고시대에 태평성대를 이끌었던 '성군'과 '성현'들 즉 '성인'을 말하는 것이라고 한 바 있다. 일반적으로 '士(사)'는 '선비'를 뜻하는데, 노자는 '수준이 높은 선비는 부지런히 도를 행한다.'고 하였으니, 여기서 '수준이 높은 선비'는 바로 '도가 있는 이'이자 '군자' 그리고 '성인'과도 같은 표현으로 볼 수 있다. 이제 이와 관련하여 다음의 기록을 살펴보면, 위의 문장이 말하고자 하는 바를 명확하게 이해할 수 있을 것이다.

> 說拜稽首曰: 非知之艱, 行之惟艱, 王忱不艱, 允恊于先王成德, 惟說不言有厥咎.
>
> 부열이 절하고 머리를 조아리며 말했다: "아는 것이 어려운 것이 아니라, 행하는 것이 어려운 것입니다. 임금께서 정성껏 하여 어렵다고 여기지 않으시면, 능히 선왕이 이루신 덕을 따를 것이니, 저 부열이 말씀드리지 않는다면 (저에게) 허물이 있는 것입니다."　　　[尚書(상서)] 〈說命(열명)〉

이처럼 노자는 '성인'이란 지도자로서는 항상 삼가여 나라를 다스리고, 신하로서는 항상 충언으로 보필하는 인물로 보았던 것이다.

---

177) 勤(근): 부지런하다, 근면하다. 6장의 6-2나 52장의 52-3과는 쓰임이 다름에 유의해야 한다.

41-2: 中士聞道, 若存若亡.
□士聞道, □□□□.

수준이 중간인 선비가 도를 들으면, 있는 듯 없는
듯(반신반의)한다.

*이 문장은 '若A若B: A인 듯, B인 듯하다'의 구조로 쓰였다.

41-3: 下士聞道, 大笑.
□士聞道, □□.

수준이 낮은 선비가 도를 들으면, 크게 비웃는다.

*위의 세 문장을 통해서 노자는 '선비'를 '어진 선비'와 '수준이 중간
인 선비' 그리고 '수준이 낮은 선비' 세 등급으로 분류하였고, 이 중에서
'어진 선비'는 바로 聖人君子(성인군자)를 말하는 것이며, 나머지는 평범하
거나 그 이하의 부류를 뜻하는 것임을 알 수 있다.

41-4: 不笑, 不足以爲道.

비웃지 않으면, 도라고 하기에 부족하다.

*이 문장은 그만큼 수준이 낮은 선비는 '道(도)'를 이해하지 못하기 때
문에, 비웃는 것은 너무나 당연하다는 뜻을 반어법으로 표현하였다.

41-5: 故建言有之 ; 明道若昧, 進道若退, 夷道若類[178].

故建言有之 ; □道若□, □道若□, □道若□.

[대구법, 직유법]

그러므로 그것(위의 내용)이 있음을 건의하노니; 밝은 도는 마치 어두운 듯하고, 나아가는 도는 마치 물러서는 것과 같으며, 평탄한 도는 마치 결점이 있는 듯하다.

*노자는 14장의 14-1에서 '그것(도)을 보아도 볼 수 없어서 이(평탄함)라고 이름한다.'고 한 바 있으니, 즉 보아도 볼 수 없어 일반 사람들은 '類(뢰: 결점)'으로 본다는 뜻이다. 이 문장 역시 22장의 22-1에서 분석한 바와 마찬가지로, 40장 40-1의 '반대(대립면)는, 도의 움직임이다.', 그리고 65장 65-5의 '현덕은 심오하고, 아득하여, 사물과 반대된다.' 라는 사물의 대립면에서 그 진리를 찾아야 한다는 이론을 적용하여 설명하였는데, 이 문장의 구체적인 含意(함의)는 45장과 연계하여 살펴볼 필요가 있다.

41-6: 上德若谷, 大白若辱.

□□若□, □□若□.

[대구법, 직유법]

높은 덕은 마치 계곡(밑에 있는 것)과 같고, 대단히 깨끗한(순결한) 것은 마치 더러운(수치스러운) 듯하다.

---

178) 類(뢰): 결점, 흠.

*이 문장은 39장 39-3의 '따라서 귀함은 비천함을 근본으로 삼고, 높음은 낮음을 기반으로 삼는다.' 라는 말과 맥락을 같이 하는데, 이와 관련하여 39-5에서 인용했던 기록을 다시 한 번 살펴보자.

古公亶父復脩后稷·公劉之業, 積德行義, 國人皆戴之. 薰育戎狄攻之, 欲得財物, 予之. 已復攻, 欲得地與民. 民皆怒, 欲戰. 古公曰: "有民立君, 將以利之. 今戎狄所爲攻戰, 以吾地與民. 民之在我, 與其在彼, 何異? 民欲以我故戰, 殺人父子而君之, 予不忍爲." 乃與私屬遂去豳, 度漆·沮, 踰梁山, 止於岐下. 豳人擧國扶老攜弱, 盡復歸古公於岐下. 及他旁國, 聞古公仁, 亦多歸之.

고공단보는 후직과 공류의 공적을 다시 닦아, 덕을 쌓고 의를 행하자, 나라 사람들이 모두 그를 받들었다. 훈육과 융적이 그를 공격하여, 재물을 얻으려고 하자, 재물을 주었다. 얼마 되지 않아 다시 공격하여, 땅과 백성을 얻고자 했다. 백성들이 모두 노하여, 싸우려 했다. 고공이 말했다: 백성들이 있어 임금을 세우는 것은, 장차 그들을 이롭게 하려는 것이다. 지금 융적이 공격하는 바는, 나의 땅과 백성 때문이다. 백성들이 나에게 있는 것이, 저들에게 있는 것과, 어찌 다르겠는가? 백성들이 나 때문에 고로 싸우면, 사람들의 부자를 죽여 임금이 되는 것이니, 나는 차마 못하겠다." 이에 고공은 가신들과 더불어 마침내 빈 지역을 떠나, 칠수와 저수를 건너, 양산을 넘어, 기산 아래에 머물렀다. 빈 지역 사람 전부 노인을 부축하고 어린이의 손을 이끌어, 모두 다시 기산 아래의 고공에게 귀속했다. 더불어 다른 이웃나라에서, 고공의 어질음을 듣고, 역시 많은 이들이 그에게 귀속했다.　　　　　　　　　[史記(사기)] 〈周本紀(주본기)〉

大旱七年, 太史占之曰: 當以人禱. 湯曰: 吾所爲請者, 民也, 若必以人禱, 吾

請自當.

큰 가뭄이 칠년이라, 태사가 점을 쳐 말했다: 마땅히 사람으로서(사람을 제물로 바쳐서) 기도를 해야 합니다. 탕이 말했다: "내가 바라는 바는 백성을 위해서이니, 만약 반드시 사람으로서 기도해야 한다면, 나는 스스로 담당하기를(제물이 되기를) 청한다.

[十八史略(십팔사략)] 〈殷王朝篇(은왕조편)〉

이처럼 고공단보나 탕임금과 같은 성인들은 자신을 백성들 아래에 두고 그들을 위해서 수치스러움을 감수하였으니, 오히려 그로 인해 그들의 덕은 더욱 높아지고 그들의 정신은 더욱 순결해진 것이 아니겠는가?

41-7: 廣德若不足, 建德若偸.
□德若□□, □德若□.

넓은 덕은 마치 부족한 듯하고, 덕을 세움(베푸는 것)은 마치 남몰래(슬그머니) 하는 듯하다.

*이 문장은 대구법과 직유법이 쓰였다. 여기서 노자가 말하고자하는 바는 과연 무엇일까? 39장의 39-6에서 인용한 기록을 다시 한 번 살펴보기로 하자.

治天下五十年, 不知天下治歟, 不治歟, 億兆願戴己歟, 不願戴己歟. 問左右, 不知, 問外朝, 不知, 問在野, 不知, 乃微服, 游於康衢, 聞童謠曰: 立我烝民, 莫非爾極, 不識不知, 順帝之則, 有老人, 含哺鼓腹, 擊壤而歌曰: 日出而作, 日入而息, 鑿井而飮, 耕田而食, 帝力, 何有於我哉.

세상을 다스린 지 50년, 세상이 다스려지는지 다스려지지 않는지, 억조(수많은 백성)가 자기를 원하는지 원하지 않는지 알 수가 없었다. 좌우에 물었으나, 알지 못하고, 조정 바깥으로 물었으나, 알지 못했으며, 재야에 물었으나, 알지 못했다. 이에 미복하고, 큰 거리로 나아가니, 동요가 들렸는데 이르기를: 우리 많은 백성을 일으킴에, 그대의 지극함이 아닌 것이 없네. 알지 못하는 사이에, 임금의 법을 따르네. 한 노인이 있어, 입에 음식을 잔뜩 물고 배를 두드리며, 땅을 치며 노래하기를: 해가 뜨면 일하고, 해가 지면 쉬며. 우물을 파서 마시고, 밭을 갈아서 먹으니, 임금의 힘이, 어찌 나에게 있을까라고 하였다.　　　　[十八史略(십팔사략)] 〈五帝篇(오제편)〉

즉 노자는 진정으로 넓은 '덕' 이란 요임금이 행한 바와 같이 백성들에게 베푸나 백성들이 느끼기에 마치 그 덕이 마치 부족한 듯하고, 不知不識間(부지불식간)에 이루어지는 것이라 백성들은 지도자가 한 것이 없다고 느끼는 것이라고 본 것이다.

41-8: 質眞若渝[179].

질박(소박)하고 진실된 것은 마치 대충대충 하는 듯하다.

*여기서는 직유법이 쓰였다. 이 문장을 해석하는데 있어 관건이 되는 것은 바로 '渝(유)' 인데, 이는 '소홀하다, 대충대충 하다' 라는 의미를 지니고 있으니 '성기다, 엉성하다' 라는 뜻과도 서로 통하게 된다. 그렇다

179) 渝(유): 소홀하다, 그럭저럭 하다, 대충대충 하다.

면 이는 '질박함' 과 '진실함' 이라는 것은 너무 완벽하고 꼼꼼한 것이 아니라, 마치 대충대충 하여 엉성한 것처럼 보인다는 의미로 해석할 수 있게 되는 것이니, 위 41-5의 '평탄한 도는 마치 결점이 있는 듯하다.' 와 45장 45-1의 '크게 이룸은 마치 결함이 있는 듯하지만, 그 쓰임에는 폐해가 없다.', 45-2의 '아주 가득 찬 것은 마치 비어있는 듯하지만, 그 쓰임에는 다함이 없다.' 그리고 73장 73-5의 '하늘의 그물은 크고 넓어서, 성기지만 새지 않는다.' 와 맥락이 서로 통하게 된다. 즉 노자는 이 문장을 통해서 지나치게 엄격하고 세분화된 人爲的(인위적)인 禮樂制度(예악제도)를 반대하고, '無爲(무위)' 를 통한 大同社會(대동사회)의 통치를 다시 한 번 강조하고 있는 것이다.

41-9: 大方無隅[180], 大器晚[181]成, 大音希聲, 大象無形, 道隱無名.
□□無□, □□晚□, □□希□, □□無□, □□無□.

[대구법, 열거법]
대단히 큰 사각형은 모퉁이가 없고, 대단히 큰 기구는 만들수 없으며, 대단히 큰 소리는 잘 들리지 않고, 대단히 큰형상은 형체가 없으며, 도는 분명하지 않아 이름이 없다.

*노자는 다시 한 번 '도' 라는 것이 분명하지 않아 이름이 없다고 하여

---

180) 隅(우): 모퉁이.
181) 晚(만): 늦다. 앞과 뒤에서 열거한 내용을 고려하면 "免(면)" 으로 간주하여 "없다, 이루어지지 않다" 로 해석해야 한다.

'無名(무명)'임을 강조하고 있는데, 앞에서 열거한 것들이 모두 대단히 크다고 하였으니 여기서 말하는 '도'는 바로 '대단히 큰 도' 즉 '大道(대도)'임을 알 수 있다. 이는 45장과 맥락상 통하니 연계하여 살펴볼 수 있다.

41-10: 夫唯道, 善貸¹⁸²⁾且成.

무릇 도만이, 관용을 잘 베풀고 다시금(또한) 완성시킨다.

*여기서 노자가 말하는 '도'만이 관용을 베푼다는 것은 과연 어떠한 의미를 지니고 있을까? 다음의 기록을 살펴보자.

> 象以典刑, 流宥五刑, 鞭作官刑, 朴作教刑, 金作贖刑. 眚災過, 赦;怙終賊,
> 刑. 欽哉, 欽哉, 惟刑之恤哉!
> 법에 따라 형벌을 내렸으니, 오형(잔인한 다섯 가지 형벌)은 유배형으로 용서하고, 채찍질로 관형(관아의 형벌)을 삼았고, 회초리로 교형(학교의 형벌)을 삼았으며, 금전으로 속형(죄를 면하는 것)을 삼았다. 과실로 일어난 재해는, 사면해주었으나; 뉘우치지 않으면, 형벌로 다스렸다. "삼갈지니, 삼갈지니, 형벌의 신중함이여!"   [尙書(상서)] 〈舜典(순전)〉

이러한 내용은 다음의 기록에도 보인다.

> 象以典刑, 流宥五刑, 鞭作官刑, 撲作教刑, 金作贖刑. 眚災過, 赦;怙終賊,

---

182) 貸(대): 용서하다, 관대하다.

刑. 欽哉, 欽哉. 惟刑之靜哉!

법에 따라 형벌을 내렸으니, 오형(잔인한 다섯 가지 형벌)은 유배형으로 용서하고, 채찍질로 관형(관아의 형벌)을 삼았고, 회초리로 교형(학교의 형벌)을 삼았으며, 금전으로 속형(죄를 면하는 것)을 삼았다. 과실로 일어난 재해는, 사면해주었으나; 뉘우치지 않으면, 형벌로 다스렸다. "삼갈지니, 삼갈지니, 형벌의 깨끗함이여!"   [史記(사기)] 〈五帝本紀(오제본기)〉

또 다음 기록을 살펴보자.

皇陶曰 : "帝德罔愆, (생략) 好生之德, 洽于民心, 玆用不犯于有司." 帝曰 :
"俾予從欲以治, 四方風動, 惟乃之休."

고요가 말했다 : "임금의 덕에 허물이 없어서, (생략) 죽일 형벌에 처한 죄인을 특별히 살려주는 임금의 덕이, 백성들의 마음을 적셔, 이러한 효용이 관리들을 거스르지 않았습니다." (순)임금이 말했다 : "내가 하고자 하는 바에 따라 다스려, 사방이 감화되었으니, 그대의 훌륭함이오."

[尚書(상서)] 〈大禹謨(대우모)〉

위의 내용들은 舜(순)임금이 나라를 다스리던 태평성대 특히 대동사회의 단면을 보여주는데, 이처럼 노자는 '大道(대도)'가 통하는 사회만이 寬容(관용)을 베풀 수 있다고 보았으니, 이를 종합해서 살펴보면 문장 마지막의 '다시금 완성시킨다.'는 것은 바로 '대동사회로 다시 돌아간다.'는 뜻으로 풀이할 수 있다.

第42章 : 不得其死(부득기사)

[대구법, 연쇄법]

도는 하나를 낳고, 하나는 둘을 낳으며, 둘은 셋을 낳고, 셋은 만물을 낳는다.

＊'하나'는 10장의 10-1에서 이미 언급한 바대로, 태초의 혼돈상태인 '음'과 '양'이 분리되지 않고 조화를 이루는 '純一(순일)한 德(덕)'을 일컫는다. 4장의 4-2에서 이미 언급했듯이 노자에게 있어 '무명'은 '도'와 같은 개념이기에 '무명'은 바로 '만물의 종주'가 되는 것이고, 이를 통해서 하나 즉 '덕'을 낳으니 '덕'은 '도'의 하위 개념이 되며, 이 '덕'이 '둘'로 되고 다시 '셋'으로 分化(분화)하여 결국에는 만물이 탄생된다고 본 것이다. 문제는 과연 여기서 말하는 '둘'과 '셋'이 무엇인가인데, 이와 관련하여서는 다음과 같은 假設(가설)들을 내세울 수가 있다.

1. '둘'은 39장의 39-2에서 말한 바와 같이 '순일한 덕'을 이루는 '음'과 '양'이다. 노자는 39-2에서 '德(덕)'이 무너지면 '陰(음: 귀신)'과 '陽(양: 백성)'이 뒤섞여 혼란해진다고 보았는데, 이는 바꿔 말하면 '덕'을 이루는 兩大(양대) 요소가 바로 '음'과 '양'임을 말하는 것이다. '셋'은 바로 밑 41-2에서 '만물은 음을 등에 업고 양으로 향하며, (음과 양의) 기운이 충돌하여 그럼으로써 조화롭게 된다.'고 하였으니, '음'과 '양' 그리고 이러한 '음'과 '양'의 충돌에서 나오는 '和(화)'를 합한 것이다.

2. '둘'은 '中(중)'과 '和(화)'를 일컫는데, 36장의 36-2와 38장의 38-7에서 설명한 바 있듯이 노자는 '上德(상덕)'의 하위 개념이 '중'과 '화'라

고 보았다. '셋'은 '둘'에서 나오는 것이니, 이는 '상덕'에 反(반)하는 개념인 '下德(하덕)'의 구성요소 즉 '仁(인)' '義(의)' '禮(예)' 또는 '仁義(인의)', '聖智(성지)', '巧利(교리)'이다. 18장, 19장, 38장에서 언급한 바 있듯이 이 세 가지는 '德(덕)'의 하위 개념으로, 노자는 '유명'이 있게 되면서 만물이 존재하게 되었다고 하였으니, 이러한 '유명'이 있게 되면서 구체적인 사물이 명확해지는 세상이 바로 소강사회인 것으로 본 것이다.

3. '둘'은 두 번째 가설과 마찬가지로 '中(중)'과 '和(화)'를 일컫고, '셋'은 '둘'에서 나오는 것이니, 이는 67장에서 제시한 '慈(자: 자애로움)', '儉(검: 검소함)', '不敢爲天下先(불감위천하선: 감히 세상의 앞에 서지 않음)'이다. 즉 노자는 이러한 '慈', '儉' 그리고 '不敢爲天下先'을 실천하면 '中'과 '和'를 이룰 수 있고, '中'과 '和'를 실천하면 '德(덕)'을 이룰 수 있으며, 이러한 '덕'을 실천하게 되면 '道(도)'를 이루게 되어 궁극적으로는 '無爲(무위)' 즉 '大同(대동)'에 이를 수 있게 된다고 본 것이다. '慈', '儉' 그리고 '不敢爲天下先'에 대해서는 67-5에서 구체적으로 서술하니 참고하기로 한다.

그 밖에도 다양한 관점들이 있을 수 있기에 이 부분에 대해서는 議論(의론)이 紛紛(분분)할 것으로 보이는데, 필자는 개인적으로 세 번째 가설이 문맥의 흐름이나 논리에 가장 부합된다고 판단한다. 이제 이와 연계하여, 다음의 기록을 소개하고자 한다.

天地之道, 可一言而盡也. 其爲物不貳, 則其生物不測. 천지의 도는 한 마디로 다할 수 있다. 그 만물을 이룸은 둘이 아니니(하나이니), 곧 만물을 낳은 것은 헤아릴 수가 없다.

이는 공자의 '도'에 대한 관점을 기술한 부분으로, 공자는 만물을 이루는 것이 '하나'라고 보았고, 또 이러한 '하나'가 무수한 만물을 낳았다고 하였으니, 공자와 노자의 '도'와 '하나'에 대한 기본적인 관점은 일치한다고 볼 수 있는 것이다.

42-2: 萬物負陰而抱陽, 沖[183]氣以爲和.

만물은 음을 등에 업고 양으로 향하며, (음과 양의) 기운이 합해져 그럼으로써 조화롭게 된다.

*노자는 만물이 '음'을 등에 업고 '양'으로 향한다고 보았으니, 이는 만물의 根幹(근간) 즉 母性(모성)이 바로 '음' 즉 '부드러움'이 되고, 이를 바탕으로 '양' 즉 '강함'을 수용함으로써 조화롭게 된다는 뜻이다.

42-3: 人之所惡, 唯孤寡不穀, 而王公以爲稱.

사람들이 싫어하는 것은 고, 과, 불곡이나, 천자와 제후는 (그것)으로써 호칭을 삼았다.

---

183) 沖(충): 조화를 이루다, 합해지다. 4장의 4-1이나, 45장의 45-2와는 달리 해석해야 함에 유의한다.

*이는 39장 39-4의 '이 때문에 천자와 제후는 스스로를 고, 과, 불곡이라고 칭하였다.' 라는 말에서도 이미 나온 바 있는데, 구체적인 의미는 39-5 밑의 설명을 참고한다.

42-4: 故物或損之而益, 或益之而損.
故物或□之而□, 或□之而□.

[대구법]

그러므로 사물은 때로는 손해를 입는 것이 오히려 이익을 얻을 수 있고, 때로는 이익을 얻는 것이 오히려 손해를 입을 수 있다.

*이 문장은 오늘날까지도 人口(인구)에 膾炙(회자)되는 '塞翁之馬(새옹지마)' 와 상통하는데, 이와 관련하여 다음의 기록을 살펴보자.

古公亶父復脩后稷·公劉之業, 積德行義, 國人皆戴之. 薰育戎狄攻之, 欲得財物, 予之. 已復攻, 欲得地與民. 民皆怒, 欲戰. 古公曰 : "有民立君, 將以利之. 今戎狄所爲攻戰, 以吾地與民. 民之在我, 與其在彼, 何異? 民欲以我故戰, 殺人父子而君之, 予不忍爲." 乃與私屬遂去豳, 度漆·沮, 踰梁山, 止於岐下. 豳人舉國扶老攜弱, 盡復歸古公於岐下. 及他旁國, 聞古公仁, 亦多歸之.

고공단보는 후직과 공류의 공적을 다시 닦아, 덕을 쌓고 의를 행하자, 나라 사람들이 모두 그를 받들었다. 훈육과 융적이 그를 공격하여, 재물을 얻으려고 하자, 재물을 주었다. 얼마 되지 않아 다시 공격하여, 땅과 백성을 얻고자 했다. 백성들이 모두 노하여, 싸우려 했다. 고공이 말했다: 백성들이 있어 임금을 세우는 것은, 장차 그들을 이롭게 하려는 것이다. 지금 융적이 공격하는 바는, 나의 땅과 백성 때문이다. 백성들이 나에게 있는 것이, 저들에게 있는 것과, 어찌 다르겠는가? 백성들이 나 때문에 고로 싸우면, 사람들의 부자를 죽여 임금이 되는 것이니, 나는 차마 못하겠다." 이에 고공은 가신들과 더불어 마침내 빈 지역을 떠나, 칠수와 저수를 건너, 양산을 넘어, 기산 아래에 머물렀다. 빈 지역 사람 전부 노인을 부축하고 어린이의 손을 이끌어, 모두 다시 기산 아래의 고공에게 귀속했다. 더불어 다른 이웃나라에서, 고공의 어질음을 듣고, 역시 많은 이들이 그에게 귀속했다.   [史記(사기)] 〈周本紀(주본기)〉

고공단보는 백성들을 위해 과감히 자신의 땅과 지위를 버렸으나 오히려 더 많은 백성들이 그에게 귀속했으니, 이는 손해를 보는 것이 오히려 이익을 얻게 되는 것이 아닌가? 이제 이와 相反(상반)되는 기록을 살펴보자.

穆王將征犬戎, 祭公謀父諫曰："不可. 先王燿德不觀兵. 夫兵戢而時動, 動則威；觀則玩, 玩則無震. (생략) 至于文王·武王, 昭前之光明而加之以慈和, 事神保民, 無不欣喜. (생략) 布令陳辭而有不至, 則增脩於德, 無勤民於遠. 是以近無不聽, 遠無不服. (생략) 王遂征之, 得四白狼四白鹿以歸. 自是荒服者不至.

목왕이 장차 견융을 정벌하려 하자, 제공 모보가 간하여 말했다: "불가합니다. 선왕께서는 덕을 밝혔지 무력을 보이지는 않으셨습니다. 무릇 무력이란 거두었다가 때가 되면 움직이는 것이니, 움직이면 위엄이 있으나; 보이면 곧 장난이 되니, 장난하면 곧 위엄이 없게 됩니다. (생략) 문왕과 무왕에 이르러, 전대의 광명을 밝히고 자애와 화목을 더하여, 신을 섬기고 백성을 보호하였으니, 기뻐하지 않는 이들이 없었습니다. (생략) 명령을 선포하고 타일러도 이르지 않으면, 곧 한층 더 덕을 수양했고, 백성들이 먼 곳에서 근무하지 않게 했습니다(원정에 동원하지 않았습니다). 이 때문에 가까이는 듣지 않는 이가 없고, 멀리는 복종하지 않는 이가 없게 되었습니다. (생략) 왕은 마침내 그들을 정복하고, 흰 이리 네 마리와 흰 사슴 네 마리를 얻어서 돌아왔다. 이때부터 황복 지역이 이르지 않았다(귀속하지 않았다).

[史記(사기)] 〈周本紀(주본기)〉

목왕은 작은 財物(재물)을 탐하려다 오히려 많은 사람들의 信任(신임)을 잃었으니, 이는 바로 이익을 얻으려다 오히려 손해를 입는 것이 아닌가? 이러한 '새옹지마'의 도리는 58장 58-2의 '화는 복이 의지하는 바이고, 복에는 화가 숨어있는 바이니, 누가 그 끝을 알겠는가?'와 73장 73-2의 '이 두 가지는 이롭기도 하고 해롭기도 한데, 하늘이 싫어하는 것은, 누가 그 연유를 알겠는가?'라는 말에도 보이니 함께 연계하여 살펴볼 필요가 있다.

42-5: 人之所敎, 我亦敎之.

사람들이 가르치는 바대로, 나 역시 그것(위에서 설명하는 도리)을 가르친다.

*이는 노자의 가치관이 독창적인 것이 아니라, 自古以來(자고이래)로 그리하였음을 보여준다. 즉 이 문장은 21장의 21-8에서 이미 언급한 바와 같이 노자의 신분이 史官(사관)이어서 그간의 史籍(사적)들을 정리하고 고찰하며 '도'의 의미를 깨달았고, 그러한 경험을 통해서 주장한 것이 바로 '태

평성대로의 복귀' 특히 '대동으로의 복귀'임을 다시 한 번 확인할 수 있는 傍證(방증)이 되는 것이다.

42-6: 强梁者不得其死, 吾將以爲敎父.

포악한 자는 그 죽음을 얻지 못하게 되니(비명횡사하게 되니),
나는 장차 그럼으로써 가르침의 규범을 삼는다.

*이 문장과 관련하여서는, 중국 역사상 暴君(폭군)으로 유명한 桀(걸)임금과 紂(주)임금에 대한 기록들을 살펴보면 그 의미를 명확하게 이해할 수 있다.

> 帝桀之時, 自孔甲以來而諸侯多畔夏, 桀不務德而武傷百姓, 百姓弗堪. 乃召湯而囚之夏臺, 已而釋之. 湯修德, 諸侯皆歸湯, 湯遂率兵以伐夏桀.
> 걸임금 때에 이르러, 공갑 이래로 제후들 대부분이 하나라를 배반하니, 걸은 덕에 힘쓰지 않고 무력으로 백성들을 해하니, 백성들이 견디지 못했다. 이에 탕을 불러 하대에 가두었는데, 얼마 되지 않아 그를 풀어주었다. 탕이 덕을 닦으니, 제후들이 모두 탕에게 귀속했고, 탕은 결국 군대를 이끌어 하나라의 걸을 토벌했다.   [史記(사기)] 〈夏本紀(하본기)〉

> 孔甲之後, 歷王皐, 王發, 至王履癸, 號爲桀, 貪虐力能伸鐵鉤索. (생략) 爲瓊宮瑤臺, 殫民財, 肉山脯林, 酒池可以運船, 糟堤可以望十里, (생략) 國人大崩.
> 공갑 이후, 왕고 왕발을 거쳐, 왕 이계에 이르렀으니, 걸이라고 불렀는데, 탐욕스럽고 사나웠으며 힘은 능히 쇠갈고리로 된 밧줄을 펼 수 있었다.

(생략) 옥으로 장식한 궁궐과 누각을 짓고, 백성들의 재물을 다하여, 고기로 숲을 만들고, 술로 만든 못은 배를 띄울 수 있었으며, 술지게미로 쌓은 둑에서 십리를 볼 수 있었는데, (생략) 나라 백성들(의 신망)이 크게 무너졌다. [十八史略(십팔사략)]〈夏王朝篇(하왕조편)〉

다음은 紂(주)임금에 대한 기록이다.

帝乙崩, 子辛立, 是爲帝辛, 天下謂之紂. 帝紂資辨捷疾, 聞見甚敏 ; 材力過人, 手格猛獸 ; 知足以距諫, 言足以飾非 ; 矜人臣以能, 高天下以聲, 以爲皆出己之下. (생략) 厚賦稅以實鹿臺之錢而盈鉅橋之粟. (생략) 百姓怨望而諸侯有畔者, 於是紂乃重刑辟, 有炮格之法.

을임금이 죽고, 아들 신이 즉위하니, 이 사람이 신제이다. 세상은 그를 주라고 불렀다. 주임금은 천성적으로 말솜씨가 좋고 행동이 빨랐으며, 보고 들음에 매우 영리했고 ; 능력이 일반인을 능가했으며, 맨손으로 맹수와 맞섰고 ; 지혜는 충분히 간언을 막을 수 있었으며, 말은 충분히 거짓으로 꾸며낼 수 있었고 ; 능력을 신하들에게 자랑하고, 명성을 세상에 드높이려 했으며, 모두가 자기 아래라고 여겼다. (생략) 부세를 두터이 함으로써 녹대의 돈을 채우고 거교를 곡식을 메웠다. (생략) 귀족들이 원망하고 제후들 중에는 배반하는 이들이 있었으니, 그래서 주는 이에 형벌을 무겁게 하여, 포락이라는 형벌이 있게 되었다. [史記(사기)]〈殷本紀(은본기)〉

歷太丁, 帝乙, 至帝辛, 名受, 號爲紂, 資辯捷疾, 手格猛獸, 智足以拒諫, 言足以飾. 始爲象箸, 箕子歎曰 : 彼爲象箸, 必不盛以土簋, 將爲玉盃, 玉盃象箸, 必不羹藜藿衣短褐而舍筋茨之下則, 錦衣九重, 高臺廣室, 稱此以求, 天下不足矣.

태정 제을을 거쳐, 신임금에 이르러, 이름은 수인데, 주라고 일컬었으니, 천성적으로 말솜씨가 좋고 행동이 빨랐으며, 맨손으로 맹수와 맞서고, 지혜는 충분히 간언을 막을 수 있었으며, 말은 충분히 거짓으로 꾸며낼 수 있었다. 당초에 상아 젓가락을 사용하니, 기자가 탄식하여 말했다: 그(주임금)가 상아 젓가락을 사용하니, 반드시 토기에 담아 먹지 않고, 장차 옥배로 삼을(쓸) 것이요, 옥배와 상아 젓가락이면, 반드시 명아주와 콩잎으로 국을 끓이거나, 거친 베옷을 입고 이엉으로 덮은 지붕에서 지내며 아래로 모범을 보이지 않을 것이니, 겹겹의 비단옷, 높은 누대와 넓은 궁궐, 이에 걸맞게 구하면, 세상(의 재물)이 부족하다.

[十八史略(십팔사략)] 〈殷王朝篇(은왕조편)〉

紂伐有蘇氏, 有蘇以妲己女焉, 有寵其言皆從; 厚賦稅, 以實鹿臺之財, 盈鉅橋之粟, 廣沙丘苑臺, 以酒爲池, 懸肉爲林, 爲長夜之飮, 百姓怨望, 諸侯有畔者.

주왕이 유소씨를 정벌하여, 유소씨가 달기로 짝지어주니(달기를 바치니), 사랑하여 그녀의 말을 모두 따랐다; 부세를 두터이 하여, 그럼으로써 녹대의 재물을 튼튼하게 하고, 거교의 곡식을 채워, 사구와 원대를 넓혔으며, 술로 못을 만들고, 고기를 매달아 숲을 만들어, 며칠이고 계속 술자리를 벌였으니, 백성들이 원망하고, 제후들 중에 배반하는 이들이 있었다.

[十八史略(십팔사략)] 〈殷王朝篇(은왕조편)〉

이처럼 노자는 역사적 實例(실례)를 통해서 '덕치'를 강조하고, 설령 임금이라고 할지라도 덕치로 나라를 다스리지 않으면, 결국 非命橫死(비명횡사)한다고 力說(역설)하고 있다.

第43章：至柔(지유)

43-1: 天下之至柔, 馳騁天下之至堅.

세상의 지극히 유약한 것이, 세상의 지극히 단단한 것을 제어한다.

*이 문장의 의미를 이해하기 위해서, 먼저 다음의 기록을 다시 한 번 살펴보자.

子路問强. 子曰: 南方之强與, 北方之强與, 抑而强與? 寬柔以敎, 不報無道, 南方之强也, 君子居之. 衽金革, 死而不厭, 北方之强也, 而强者居之. 故君子和而不流, 强哉矯! 中立而不倚, 强哉矯! 國有道, 不變塞焉, 强哉矯! 國無道, 至死不變, 强哉矯.

자로가 강함을 물었다. 공자가 말씀하시기를: 남방의 강함인가, 북방의 강함인가, 아니면 너의 강함인가? 너그럽고 부드러움으로 가르치고, 무도함에 보복하지 않는 것은, 남방의 강함이니, 군자가 머문다. 병기와 갑옷을 깔고(늘 전쟁을 하고), 죽어도 싫증내지 않는 것은, 북방의 강함이니, 따라서 흉포한 자가 머문다. 따라서 군자는 중에 서지 한쪽에 기대지 않으니, 강하도다 꿋꿋함이여! 중에 서서 기울어지지 않으니, 강하도다 꿋꿋함이여! 나라에 도가 있으면, 성실함이 변하지 않으니, 강하도다 꿋꿋함이여! 나라에 도가 없으면, 죽음에 이르러도 변하지 않으니, 강하도다 꿋꿋함이여!

[禮記(예기)] 〈中庸(중용)〉

이는 36장의 36-2에서 이미 피력한 바 있는데, '强(강)'이란 '북방의 강함'과 '남방의 강함'으로 나눌 수 있고, 군자는 '남방의 강함' 즉 '中(중)'과 '和(화)'를 기반으로 하는 '덕치'를 행하였으니, 노자는 '柔弱(유약)=德(덕)'으로 나라를 다스리는 것이 '剛强(강강)=禮樂制度(예악제도)'로 다스리는 것 보다 더 중요하다는 것을 강조하고 있는 것이다.

43-2: 無有入無間.

형태가 없는 것이 공간이 없는 틈에 들어간다.

*이는 물이나 공기와 같이 형체가 없는 부드러운 것이 오히려 쇠나 돌
과 같이 단단한 것에 스며든다는 원리로 비유하여, '덕치' 가 예악제도의
틈 즉 모순이나 단점을 메울 수 있음을 설명한 것이다.

43-3: 吾是以知無爲之有益.

나는 이 때문에 무위의 이로움을 안다.

*이 문장을 통해서 노자의 '무위' 는 어떠한 것도 행하지 않는 소극적
인 태도를 의미하는 것이 아니라, 다만 억지로 행하지 않고 스스로 그러할
수 있도록 환경을 조성해주는 것임을 알 수 있으니, 이러한 '무위' 의 구체
적인 내용은 64장의 64-3에 기술한 〈種樹郭橐駝傳(종수곽탁타전)〉을 참고하
도록 한다.

43-4: 不言之教, 無爲之益, 天下希及之.

불언의 가르침, 무위의 이로움, 세상에는 이에 미치는 것이 드물다.

　*'不言(불언)'과 관계된 내용은 2장 2-3의 '이 때문에, 성인은 억지로 작위하지 않는 일로 처리하고, 억지로 말하지 않는 가르침을 행한다.', 5장 5-4의 '말이 많으면 누차 곤궁해지니, 중간을 지키는 것이 낫다.', 23장 23-1의 '말을 드물게 하는 것이 스스로 그러하게 하는 것이다.' 그리고 56장 56-1의 '아는 이는 말하지 않고, 말하는 이는 알지 못한다.', 81장에도 보이는데, 이러한 '불언'의 구체적 含意(함의)에 대해서는 2-3을 참고한다. 노자는 여기서 세상에 '불언'과 '무위'에 미치는 것이 드물다고 하였으니, 이는 '불언'과 '무위'가 어느 무엇보다 중요하면서도 대단히 높은 위치에 있는 것이라는 뜻인데, 이러한 '불언'과 '무위'의 공통점이 바로 '自然(자연: 스스로 그러한 것)'인 것이다. 즉 노자의 '자연'이란 세상을 피해 산속에 묻혀 사는 현대적 개념의 '자연'이 아니라, 억지로 행하지 않고 타고 난 天性(천성)을 따른다는 본래 의미로서의 '자연'이니, 노자의 '자연'을 이해하는데 있어 특히 유의해야 한다.

第44章：長久(장구)

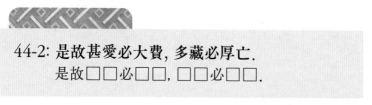

44-1: 名¹⁸⁴⁾與身孰親 ? 身與貨孰多¹⁸⁵⁾ ? 得與亡孰
      病¹⁸⁶⁾ ?
      □與□孰□ ? □與□孰□ ? □與□孰□ ?

[대구법, 열거법, 설의법]

명예와 몸(육체. 생명) **중에서 어느 것이 친밀한가? 몸**(육체.
생명)**과 재물 중에서 어느 것이 중요한가? 득과 실 이 중에서
어느 것이 해를 끼치는가?**

*이는 선택의 문제인데, 노자는 이러한 문제 제기의 형식을 통해서 참
된 가치는 일반인들이 생각하는 것과는 다름을 넌지시 암시하고 있다.

44-2: 是故甚愛必大費, 多藏必厚亡.
      是故□□必□□, □□必□□.

[대구법]

**이 때문에 지나치게 아끼면 반드시 큰 소비가 있고,
과다하게 보관하면 큰 손실이 있다.**

---

184) 名(명): 명예, 명분.
185) 多(다): 중히 여기다.
186) 病(병): 해를 끼치다.

44-3: 知足不辱, 知止不殆, 可以長久.
知□不□, 知□不□, 可以長久.

[대구법]

만족할 줄 알면 곤욕스럽지 않고, 그칠 줄을 알면 위험하지 않으니, 오래할 수 있다.

*노자는 44-1에서 먼저 문제 제기를 하고 44-2와 44-3을 통해서 그에 대한 답을 내놓고 있는데, 노자의 이러한 의도는 다음의 기록들을 살펴보면 이해할 수 있다.

堯知子丹朱之不肖, 不足授天下, 於是乃權授舜. 授舜, 則天下得其利而丹朱病;授丹朱, 則天下病而丹朱得其利. 堯曰: "終不以天下之病而利一人", 而卒授舜以天下.

요임금은 아들 단주가 못나고 어리석어, 세상을 넘겨주기에 부족하다는 것을 알았고, 그래서 이에 정권을 순에게 주었다. 순에게 주면, 곧 세상이 이로움을 얻고 단주가 원망을 하지만; 단주에게 주면, 곧 세상이 원망하고 단주가 이로움을 얻게 되는 것이다. 요임금이 말했다: "결국에는 세상이 원망함으로써 한 사람을 이롭게 할 수 없다", 그래서 마침내 세상을 순에게 주었다. [史記(사기)] 〈五帝本紀(오제본기)〉

觀于華, 華封人曰: 噫, 請祝聖人, 使聖人壽富多男子. 堯曰: 辭, 多男子則多懼, 富則多事, 壽則多辱. 封人曰: 天生萬民, 必授之職, 多男子而授之職, 何懼之有, 富則使人分之, 何事之有, 天下有道, 與物皆昌, 天下無道, 脩德就閑, 千歲厭世, 去而上儒, 乘彼白雲, 至于帝鄉, 何辱之有.

화 지역을 살피니, 화의 봉인(수령)이 말했다: 아, 성인을 축복하나니, 성인께서 장수하고 부유하며 아들이 많기를 바랍니다. 요임금이 말했다: 사양하겠소. 아들이 많으면 곧 두려워할 일이 많고, 부유하면 곧 일이 많으며, 장수하면 곧 욕된 일이 많소. 봉인이 말했다: 하늘이 만백성을 낳으면, 반드시 그 직분을 부여하니, 아들이 많은데 직분을 주면 무슨 근심이 있고, 부유한데 사람들로 하여 그것을 나누게 하면, 무슨 일이 있으며, 세상에 도가 있으면, 만물과 더불어 모두 번창하고, 세상에 도가 없으면, 덕을 닦으며 한가로이 지내다가, 오랜 세월이 지나고 세상에 염증이 나면, 버리고 위로 올라가, 저 흰 구름을 타고, 제향(하느님이 있다는 곳)에 이르니, 무슨 욕될 일이 있겠습니까.   [十八史略(십팔사략)] 〈五帝篇(오제편)〉

이처럼 요임금은 자신의 것을 자신의 것으로 여기지 않고 개인의 이익보다는 대중의 이익을 더욱 중시하였기에 70년이 넘도록 임금의 자리를 지킬 수 있었고, 그가 죽었을 때에는 백성들이 자신의 부모님이 돌아가신 것처럼 슬퍼하였으며, 그 명예는 지금까지도 잊히지 않는 것이다. 또한 이렇듯 겸손한 요임금에게 봉인은 집착하지 않고 하늘이 정해준대로 만족하고 그칠 줄 알면 욕되거나 위험하지 않다고 말하고 있으니, 노자는 역사기록들을 통해서 태평성대 특히 대동 사회에서는 이러한 도리를 자연스럽게 이해했음을 살핀 것이다. 이러한 도리는 32장 32-4의 '통제하기 시작하면 이름이 있게 되고, 이름이 이미 있으면, 무릇 장차 멈출 줄 알아야 하니, 멈출 줄 알면 위태롭지 않을 수 있다.' 라는 말과도 일맥상통하니 비교하여 살펴볼 수 있다.

第45章 : 淸靜(청정)

45-1: 大成若缺, 其用不弊.
大□若□, 其用不□.

크게(완전히) 이룸은 마치 결함이 있는 듯하지만, 그 쓰임에는
폐해가 없다.

*이 문장의 앞 구는 직유법이 쓰였고, 아래 문장들과 문장구조상 대구
를 이룬다.

45-2: 大盈若沖[187], 其用不窮.
大□若□, 其用不□.

아주 가득 찬 것은 마치 비어있는 듯하지만, 그 쓰임에는
다함이 없다.

*이 문장은 직유법이 쓰였다.

---

187) 沖(충): 비우다. 4장의 4-1, 42-2장과 비교할 수 있다.

45-3: 大直若屈, 大巧若拙[188], 大辯若訥[189].
大□若□, 大□若□, 大□若□.

[직유법, 대구법, 열거법]

아주 곧음은 마치 굽은 듯하고, 아주 정교함은 마치 서툰 듯하고, 아주 잘 변론함은 마치 말을 더듬는 듯하다.

*41장에서 언급한 바 있듯이, 41-5의 '밝은 도는 마치 어두운 듯하고, 나아가는 도는 마치 물러서는 것과 같으며, 평탄한 도는 마치 결점이 있는 듯하다.' 와 41-9의 '대단히 큰 사각형은 모퉁이가 없고, 대단히 큰 기구는 늦게 이루어지며, 대단히 큰 소리는 잘 들리지 않고, 대단히 큰 형상은 형체가 없으며, 도는 분명하지 않아 이름이 없다.' 라는 말은 45-1, 45-2, 45-3과 연계되는 내용이다. 즉 이는 41-8에서 이미 말한 바와 같이 73장 73-5의 '하늘의 그물은 크고 넓어서, 성기지만 새지 않는다.' 와 맥락이 서로 통하는 것으로, '무위' 의 '대동사회' 는 언뜻 보기에는 엉성한 듯하지만, 실제로는 지나치게 엄격한 법률이나 예악제도로 통제하는 것보다 더 곧고 정교하며 폐해가 없다는 것을 강조한 문장인 것이다.

---

188) 拙(졸): 서투르다.
189) 訥(눌): 말을 더듬다.

45-4: 躁[190]勝寒, 靜勝熱, 清靜爲天下正.
□勝□, □勝□, 淸靜爲天下正.

[대구법, 대조법]

분주함은 추위를 이기지만, 고요함은 더위를 이기니,
청정(맑고 고요함)이 세상을 올바르게 한다.

*여기서 '고요함'은 바로 '無爲(무위)'를 나타내고 '분주함'은 '무위'
의 상반되는 개념이니, 이는 '無爲(무위)'의 '대동사회'가 번거로운 예악
제도로 일일이 제약하고 구속하는 '소강사회'보다 더 이상적인 세상임을
강조하고 있는 것이다. 아울러 이 문장을 통해서, 노자는 더위를 이기는
것이 추위를 이기는 것보다 한 단계 더 높은 境地(경지)인 것으로 보았음을
엿볼 수 있다.

---

190) 躁(조): 분주하다, 쉬지 않고 돌아다니다.

第46章 : 常足(상족)

46-1: 天下有道, 卻¹⁹¹⁾走馬以糞¹⁹²⁾.

세상이 태평스러우면, 군마를 돌아가게 하여 그럼으로써 (논밭에) 거름을 준다.

*전쟁이 없으면 軍馬(군마)는 평범한 말의 삶을 영위할 수 있다는 뜻으로, 노자는 이 말을 통해서 간접적으로 전쟁을 반대하고 있다.

46-2: 天下無道, 戎¹⁹³⁾馬生於郊.

세상이 혼란스러우면, 군마가 변방에서 (새끼를) 낳는다.

*반면에, 전쟁이 발생하면 말이 안정을 취하고 새끼를 낳아야 할 시기조차도 邊方(변방)에서 군마로 쓰이게 되니, 이 얼마나 悲劇的(비극적)인 일인가?

---

191) 卻(각): 물러나다, 돌아가다.
192) 糞(분): 거름을 주다.
193) 戎(융): 병기, 무기.

46-3: 禍莫大於不知足, 咎[194]莫大於欲得.故知足
之足, 常足矣.
□莫大於□□□, □莫大於□□.故知足之
足, 常足矣.

[대구법]

**재앙은 만족할 줄 모르는 것보다 더 큰 것이 없고, 환난은
얻고자 하는 욕망보다 더 큰 것이 없다. 그러므로 만족의
넉넉함을 알면 영원히 넉넉하다.**

*이는 끊임없는 욕망의 표출이 바로 전쟁임을 시사하고 있는 대목이
다. 노자는 줄곧 태평성대 특히 '대동'으로의 복귀를 주장하고 있는데, 이
문장에서도 역시 바라는 바(욕망)가 없는 대동시대로 복귀하면 넉넉해지고
재앙 없이 영원할 수 있다고 역설하고 있다. 여기서 주목할 만한 것이 곧
'常(상: 영원함)'이니, 노자는 1장의 1-1에서 '도라는 것은, 말할 수 있으면,
영원한 도가 아니고, 명(이름)이라는 것은, 부를 수 있으면, 영원한 이름이
아니다.'라고 말한 이래로 줄곧 '영원함, 장구함'을 강조하고 있는데, 이
와 관련하여서는 16장의 16-5와 16-6의 설명부분을 참고한다.

---

194) 咎(구): 허물, 재앙, 환난.

第47章 : 天道(천도)

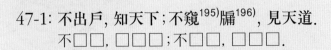

47-1: 不出戶, 知天下 ; 不窺[195]牖[196], 見天道.
不□□, □□□ ; 不□□, □□□.

[대구법]

**대문을 나가지 않아도 세상을 알 수 있고 ; 창밖을 보지
않아도 하늘의 도를 알 수 있다.**

*이 문장은 45장의 45-4와 연계하여 살펴보면 그 뜻이 더욱 명확해지
는데, '분주함은 추위를 이길 따름이지만 고요함은 더위를 이길 수 있다.'
고 하였으니 어느 것이 더 상위개념에 있는지는 굳이 말하지 않아도 이해
할 수 있는 것이다. 즉 노자는 '대문을 나가는 것' 을 '분주함' 으로 비유
하여 지도자가 예악제도로 일일이 관여하고 통제하는 소강사회로 본 반
면에, '대문을 나가지 않는 것' 을 '고요함' 으로 비유하여 지도자가 '무
위' 로 다스리는 대동사회로 본 것이다. 이와 관련하여 다음의 기록을 살
펴보면, 노자의 이러한 가치관이 과연 어디서 起因(기인)한 것인지 알 수 있
을 것이다.

> 高辛生而神靈, 自言其名. 普施利物, 不於其身. 聰以知遠, 明以察微.
> 고신(제곡)은 태어나면서 신통하고 영묘하여, 스스로 자신의 이름을 말했
> 다. 두루 베풀어 만물을 이롭게 하였지만, 자신에게는 아니었다(자신을 돌
> 보지 않았다). 귀가 밝아 멀리까지 알았고, 눈이 밝아 작은 것을 살폈다.
>
> [史記(사기)] 〈五帝本紀(오제본기)〉

---

195) 窺(규): 엿보다.
196) 牖(유): 창문, 들창.

이러한 治世(치세)의 도리는 64장의 64-3에 기술한 〈種樹郭橐駝傳(종수곽탁타전)〉과 비교해 보면 더욱 절실하게 깨달을 수 있으니 참고한다.

47-2: 其出彌[197]遠, 其知彌少.

나가는 것이 멀수록, 아는 것이 적어진다.

47-3: 是以聖人不行而知, 不見而名, 不爲而成.
是以聖人不□而□, 不□而□, 不□而□.

[대구법, 열거법]

이 때문에 성인은 왕래하지 않고도 알 수 있고, 보지 않고도 이해할 수 있으며, 행하지 않고도 이룰 수 있다.

*이는 48장의 내용이 전제가 되니, 궁극적으로는 인위적으로 행함으로써 '自然(자연)' 즉 타고난 天性(천성)의 흐름에 거스르지 말라는 뜻이다. 따라서 여기서 말하는 '성인'은 47-1에서 잠시 언급한 제곡과 같은 聖君(성군)이나 그들을 보필한 聖賢(성현)들을 일컫는다.

---

197) 彌(미): 더욱, 한층. 여기서는 彌 A, 彌 B: A할수록, B해지다의 구문으로 쓰였다.

第48章：無為(무위)

48-1: 爲學日益, 爲道日損. 損之又損, 以至於無
爲, 無爲而無不爲. 取天下常以無事, 及其有
事, 不足以取天下.
爲□日□, 爲□日□. □之又□, 以至於無
爲, 無爲而無不爲. 取天下常以無事, 及其有
事, 不足以取天下.

[반복법]

배움에 종사하면 날로 늘어나고, 도에 종사하면 날로
줄어든다. 줄어들고 또 줄어들어, 무위에까지 도달하는데,
무위하지만 행하지 않은 것이 없다. 세상을 다스림에
늘 일을 만들면 안 되니(자연에 순응하여 억지로 하면 안 되니),
일을 만들게 되면(억지로 하게 되면), 세상을 다스리기에
부족하다(다스릴 수 없다).

*47장과 48장의 내용을 종합해서 보면 노자가 주장하는 '無爲(무위)'는
결국 나라를 다스리는데 필요한 '治世(치세)의 도리'임을 이해할 수 있는
데, 이는 노자에게 있어 '도'의 개념이 一個人(일개인)의 安危(안위)를 위하
거나 形而上學的(형이상학적)인 철학의 범주가 아니라, 나라의 안위를 위한
현실적인 정치학의 범주임을 명확하게 밝혀주는 부분이기도 하다.

*이미 47장에서 언급했듯이, 이는 47-3의 '이 때문에 성인은 왕래하지
않고도 알 수 있고, 보지 않고도 이해할 수 있으며, 행하지 않고도 이룰 수
있다.'는 말을 구체적으로 풀이한 부분이라고 할 수 있다. 이처럼 노자의
[도덕경]에는 사실상 서로 일맥상통하는 내용들이 오히려 각기 다른 章(장)
에 분리되어 散在(산재)해 있는 경우가 종종 있는데, 이는 노자가 짧은 시일
동안 급하게 자신의 사상을 정리했기 때문이거나, 혹은 후대로 전파되면
서 王弼(왕필)에 이르기까지 본래의 내용체계에 변동이 생긴 것으로 추측

할 수 있다. 이와 관련하여 다음의 기록을 살펴보자.

老子修道德, 其學以自隱無名爲務. 居周久之, 見周之衰, 乃遂去. 至關, 關
令尹喜曰: "子將隱矣, 强爲我著書." 于是老子乃著書上下篇, 言道德之意
五千餘言而去, 莫知其所終.

노자는 도와 덕을 닦았는데, 배움에 있어 스스로 숨기고 드러내지 않음에
힘썼다. 오랫동안 주나라에 있었지만, 주나라가 쇠해지는 것을 보고는, 이
에 마침내 떠났다. 관(함곡관)에 이르러, 관지기 윤희가 말했다: "선생께서
장차 은둔하려 하시니, 어렵지만 저를 위해 저서를 해주십시오." 그래서
노자는 이에 상, 하편을 저술했고, 도덕의 뜻 오천여 자를 말해주고는 떠
났으니, 그 끝(노자가 후에 어떻게 되었는지)을 알 수 없었다.

[史記(사기)] 〈老子韓非列傳(노자한비열전)〉

이처럼 기록된 史實(사실)로 유추해보면, 노자가 周(주)나라를 떠나 서쪽
으로 가려 하는데 函谷關(함곡관)의 문지기 尹喜(윤희)라는 인물이 간곡히 著
述(저술)을 부탁하면서 문을 열어주지 않자, 노자는 그 관문을 통과하기 위
해서 부득이하게 짧은 시간동안 서둘러 저술하였기 때문에 이처럼 전체
적인 내용체계에 있어서 다소 정리가 부족했을 수 있다는 추측이 나올 수
있을 것이다.

第49章 : 無心(무심)

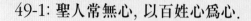

49-1: 聖人常無心, 以百姓心爲心.

성인은 늘 의지가 없어서, 백성의 마음을 의지로 삼는다.

*이는 개인의 주관적인 생각이나 의지를 주장하지 않고, 백성의 뜻에 따른다는 의미로 해석해야 한다. 즉 백성이 바라는 바를 본인이 바라는 바로 삼는다는 뜻이니, 다음의 기록을 살펴보면 그 뜻을 이해할 수 있을 것이다.

> 日:"后克艱厥后, 臣克艱厥臣, 政乃乂, 黎民敏德." 帝曰:"兪! 允若茲, 嘉言罔攸伏, 野無遺賢, 萬邦咸寧. 稽于衆, 舍己從人, 不虐無告, 不廢困窮, 惟帝時克."
>
> (우가) 말했다: "임금이 능히 그 임금 자리를 어려워하고, 신하가 능히 그 신하 자리를 어려워하면, 정치가 이에 다스려지고, 수많은 백성들이 덕에 힘쓰게 될 것입니다." (순)임금이 말했다: "그렇소! 진실로 이와 같다면, 좋은 말이 숨겨지는 바가 없고, 현명한 이들이 모두 등용되어 민간에 인물이 없게 되어, 만방이 모두 평안할 것이오. 여러 사람에게 상의하고, 자기를 버리고 남을 따르며, 의지할 곳이 없는 이들을 깔보지 않고, 곤궁한 이들을 버리지 않는 것은, 오직 (요)임금만이 늘 해내셨소."
>
> [尚書(상서)] 〈大禹謨(대우모)〉

이처럼 노자는 堯(요)임금이나 舜(순)임금과 같은 聖君(성군)들은 백성들이 원하는 바를 자신이 원하는 바로 삼아 나라를 다스렸다는 史實(사실)을 근거로 주장하고 있는 것이다. 또 다음의 기록을 살펴보자.

出見罪人, 下車問而泣曰: "堯舜之人, 以堯舜之心爲心, 寡人爲君, 百姓各
自以其心爲心, 寡人痛之."

(우 임금이) 밖으로 나가다가 죄인을 보고, 수레에서 내려 묻고는 울며 말했
다: "요순시절의 사람들은, 요순임금의 마음을 마음으로 삼았는데, 과인
이 임금이 되고는, 백성들 각자 그들의 마음을 마음으로 삼으니, 과인이
그것을 애석히 여긴다." 　　　　[十八史略(십팔사략)]〈夏王朝篇(하왕조편)〉

　상고시대의 성인들은 늘 前代(전대) 지도자의 치적을 높이고 자신은 낮
추었는데, 이를 통해서 당시의 성인들이 나라를 다스림에 얼마나 자만하
지 않고 겸손했으며 삼갔는지 알 수 있다.

49-2: 善者吾善之, 不善者吾亦善之, 德善.
　　　　□者吾□之, 不□者吾亦□之, 德□.

**선량한 자는 내가 그를 선량하게 대하고, 선량하지 못한
자도 내가 그를 선량하게 대하면, 품행(덕)이 선해진다.**

　*여기서 '德(덕)'을 '得(득)'으로 보아 '얻다' 라고 해석해야 한다는 견
해도 있으나, 다른 章(장: 3, 12, 13, 14, 22, 23, 29, 31, 39, 42, 44, 46, 52, 61, 62, 64, 74장)
에서 이미 '得'이 '얻다' 라는 의미로 쓰였기 때문에, 이는 原義(원의)를 그
대로 살려야 할 것이다.
　*이 문장은 아래 문장과 구조상 대구를 이루는데, 노자의 의도와 관련
하여 다음의 기록을 살펴보자.

　舜父瞽叟頑, 母囂, 弟象傲, 皆欲殺舜. 舜順適不失子道, 兄弟孝慈. 欲殺, 不

可得；即求, 甞在側.

순의 아버지 고수는 고집 세고, 어머니는 간사하고, 동생 상은 교만하여, 모두 순을 죽이고자 하였다. 순은 거스르지 않고 좇아 자식 된 도리를 잃지 않았고, 동생에게 형 노릇하여 효성스럽고도 자애로웠다. 죽이고 싶어도, 얻을(죽일) 수 없었지만: 부르면, 항상 곁에 있었다.

[史記(사기)] 〈五帝本紀(오제본기)〉

帝舜有虞氏, 姚姓, 或曰名重華, 瞽瞍之子, 顓頊六世孫也. 父惑於後妻, 愛小子象, 常欲殺舜, 舜盡孝悌之道, 烝烝乂, 不格姦.

제순 유우씨는, 요가 성인데, 혹자가 말하기를 이름은 중화라고 하니, 고수의 아들이자, 전욱의 6세손이다. 아버지가 후첩에게 미혹되어, 작은 아들 상을 사랑하고, 항상 순을 죽이고자 하였는데, 순이 부모에 대한 효도와 형제에 대한 우애의 도를 다하니, 이에 어질음으로 나아가, 환난에 이르지 않았다.

[十八史略(십팔사략)] 〈五帝篇(오제편)〉

결국 순의 아버지 고수와 동생 상은 순의 효성과 자애로움에 감화되어 그들의 죄를 뉘우치게 되었으니, 노자는 이처럼 성인의 행적들을 통해서 위와 같은 논리를 導出(도출)해낸 것이다.

49-3: 信者吾信之, 不信者吾亦信之, 德[198]信也.
□者吾□之, 不□者吾亦□之, 德□也.

믿을 수 있는 자는 내가 그를 신임하고, 믿을 수 없는 자도 내가 그를 신임하면, 품행(덕)에 신의가 있어진다.

*이와 관련하여서는, 이미 10장의 10-3에서 인용한 바 있는 기록을 다시 한 번 살펴보자.

此二十二人鹹成厥功:皋陶爲大理, 平, 民各伏得其實;伯夷主禮, 上下鹹讓;垂主工師, 百工致功;益主虞, 山澤辟;棄主稷, 百穀時茂;契主司徒, 百姓親和;龍主賓客, 遠人至;十二牧行而九州莫敢辟違;(생략).

이 스물두 사람은 모두 그 공적을 세웠는데: 고요는 대리가 되어, 가지런하게 하니, 백성들이 모두 실제에 맞아 복종했고, 백이가 예를 주관하니, 위아래가 모두 양보했으며; 수가 공사를 책임지니, 모든 공인들이 공적을 이루었고; 익이 우를 맡으니, 산과 물이 다스려졌으며; 기가 직을 맡으니, 온갖 곡식이 때맞춰 무성하였고; 설이 사도를 맡으니, 귀족들이 화목해졌고; 용이 빈객을 책임지니, 멀리 있는 사람들이 왔으며; 12목이 실행하자 9주(나라 안)가 감히 회피하거나 어기지 않게 되었으니; (생략).

[史記(사기)] 〈五帝本紀(오제본기)〉

순임금은 본디 백우, 수, 익, 백이를 신임하고 관직을 주려 하였지만, 백우는 稷(직), 契(설), 皋陶(고요)에게, 수는 殳(설), 斨(장), 伯與(백여)에게, 익은 朱(주), 虎(호), 熊(웅), 羆(비)에게, 백이는 夔(기)와 龍(용)에게 각각 자리를

---

198) 德: 위와 마찬가지로 "품행, 덕"으로 해석해야 한다.

양보하자, 순임금이 이들 모두에게 알맞은 관직을 주었고, 이들은 그 믿음에 보답하여 최선을 다한 결과로 결국 뛰어난 성과를 거두게 된 것이다.

49-4: 聖人在天下歙[199]歙, 爲天下渾其心. 聖人皆孩[200]之.

성인은 세상에서 거두어(그러한 자와 그렇지 못한 자를 모두 수용하여), **세상이 그 뜻을 뒤섞이도록**(어우러지도록) **한다. 성인은 그들 모두를 어르고 달랜다**(갓난아이 다루듯 대한다).

*이것이 바로 '和(화)' 즉 '음' 과 '양' 의 '화합' 이자 '조화' 이니, 궁극적으로는 어느 누구 하나 버리지 않고 다함께 한다는 의미인 것이다. 이와 관련하여 다음의 기록을 살펴보면 그 뜻을 보다 명확하게 이해할 수 있다.

予違, 汝弼, 汝無面從, 退有後言. 欽四鄰! 庶頑讒說, 若不在時, 侯以明之, 撻以記之, 書用識哉, 欲並生哉! 工以納言, 時而颺之, 格則承之庸之, 否則威之."

나의 어긋남을, 그대가 바로잡아야 하니, 그대는 면전에서는 따르고, 물러나서 뒷말을 남기지 마시오. <u>사방을 공경하시오!</u> 모든 요사스럽고 간특한 말은, 만약 좋지 않으면, 과녁으로 밝히고, 회초리로 기억하며, 글로 기록하여, <u>함께 살고자 하오!</u> 악관이 바친 말로서, 때에 맞춰 드높이니, 바로잡으면 곧 받아들여 그를 등용하고, 그렇지 않으면 그를 떨치겠소."

---

199) 歙(흡): 거두다, 흡입하다, 빨아들이다.
200) 孩(해): 어르다, 달래다.

　　여기서 노자가 강조하는 바는 바로 '並生(병생: 함께 살고자 함)이니, 이처럼 대동의 시대에는 선한 자와 그렇지 못한 자를 모두 함께 화합시키고자 한 것이다.

第50章 : 出生入死(출생입사)

50-1: 出生入死, 生之徒十有三, 死之徒十有三,
人之生動之死地, 亦十有三. 夫何故？以其
生²⁰¹⁾生²⁰²⁾之厚²⁰³⁾.
出生入死, □之徒十有三, □之徒十有三, 人
之生動之死地, 亦十有三. 夫何故？以其生生
之厚.

[대구법]

(세속에서) 초탈하면 살고 (세속에) 얽매이면 죽는데, 사는 이가
열에 셋이 있고, 죽는 이가 열에 셋 있으며, 사람의 삶이
사지로 움직이는 (살 수 있는데도 죽음으로 향하는) 이, 역시 열에 셋이
있다. 무릇 어떤 연유인가? 생계 (물질적이고 현실적인 삶)에 대한
중시가 생겨나기 때문이다.

*이는 삶과 죽음이란 인간의 능력으로 어찌할 수 없는 것으로 하늘의
뜻에 순응하여 '덕'을 쌓는 삶을 강조한 것이니, 노자는 이를 억지로 위배
하여 사사로운 이익에 집착하면 오히려 불행한 결과를 自招(자초)할 뿐이
라고 설파하고 있다.

---

201) 生(생): 생겨나다, 발생하다.
202) 生(생): 삶, 살다.
203) 厚(후): 중시하다, 우대하다, 떠받들다.

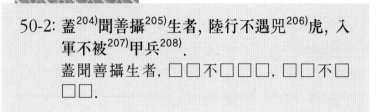

50-2: 蓋²⁰⁴⁾聞善攝²⁰⁵⁾生者, 陸行不遇兕²⁰⁶⁾虎, 入
軍不被²⁰⁷⁾甲兵²⁰⁸⁾.
蓋聞善攝生者, □□不□□□, □□不□
□□.

[대구법]

**무릇 듣건대, 양생을 잘하는 이는, 길을 가도 코뿔소나
맹호를 만나지 않고, 군대에 가도(전쟁이 나도) 무기가 미치지
않는다.**

*이와 관련하여, 다음의 기록을 살펴보자.

瞽叟尙複欲殺之, 使舜上塗廩, 瞽叟從下縱火焚廩. 舜乃以兩笠自扞而下,
去, 得不死. 後瞽叟又使舜穿井, 舜穿井爲匿空旁出. 舜旣入深, 瞽叟與象共
下土實井, 舜從匿空出, 去.

고수는 오히려 거듭 그를 죽이려고 하여, 순으로 하여금 올라가 곳간을 매
흙질하게 하고, 고수는 아래에서 불을 질러 곳간을 태웠다. 순은 이에 두
개의 삿갓으로 스스로를 막고 내려와, 피하여, 죽지 않았다. 후에 고수는
또 순으로 하여금 우물을 파게 했는데, 순은 우물을 파면서 몰래 옆으로
나오는 구멍을 만들었다. 순이 깊이 들어가자, 고수와 상은 함께 흙을 부
어 우물을 매웠지만, 순은 몰래 파놓은 구멍으로 나가, 피했다.

[史記(사기)] 〈五帝本紀(오제본기)〉

---

204) 蓋(개): 대저, 무릇.
205) 攝(섭): 보양하다, 양생하다.
206) 兕(시): 암코뿔소.
207) 被(피): 미치다, 닿다.
208) 甲兵(갑병): 무기, 장비, 군비.

즉 노자는 이러한 舜(순)임금과 같은 성인들의 행적을 통해서 위와 같은 논리를 설파하고 있으니, 여기서 '養生(양생)'이라 함은 德(덕)을 쌓는 행위 즉 '積善(적선: 선을 쌓다)'을 말하는 것이다. 순임금의 덕에 대해서는, 49장의 49-2에 기술된 내용을 참고한다.

50-3: 兕無所投其角, 虎無所措[209]其爪, 兵無所容[210]其刃, 夫何故? 以其無死地.
□無所□其□, □無所□其□, □無所□其□, 夫何故? 以其無死地.

[대구법, 열거법]
코뿔소도 그 뿔을 던지지(휘두르지) 못하고, 맹호도 그 발톱을 조처하지(쓰지) 못하며, 병기도 그 칼날을 용납하지 못하니, 무릇 어떤 까닭인가? 그가 사지에 들어서지 않았기 때문이다.

* '덕'을 쌓는데 노력을 기울이는 이는 삶과 죽음에 연연해하지 않고 항상 최선을 다하니, 자연에 순응하여 삶과 죽음을 있는 그대로 받아들인다. 또한 그렇게 하면 뜻하지 않은 위험이나 죽음이 불시에 들어 닥치지 않음을 강조하고 있는데, 이와 관련하여서는 다음의 기록을 살펴보면 노자의 뜻을 이해할 수 있을 것이다.

禹濟江, 黃龍負舟, 舟中人懼, 禹仰天歎曰: 吾受命於天, 竭力以勞萬民, 生

---

209) 措(조): 조처하다, 안배하다.
210) 容(용): 허락하다, 용납하다.

寄也, 死歸也. 視龍猶蝘蜓, 顏色不變, 龍俛首低尾而逝.

우임금이 양자강을 건너는데, 황룡이 배를 짊어지니, 배 안의 사람들이 두려워했는데, 우임금이 하늘을 우러러 탄식해 말했다: 나는 하늘에서 명을 받아, 힘을 다해 만백성을 위해 애썼는데, 사는 것은 임시로 얹혀사는 것이고, 죽는 것은 돌아가는 것이다. 용을 보기를 마치 도마뱀처럼 하여, 안색이 변치 않으니, 용이 머리를 숙이고 꼬리를 밑으로 내리고 갔다.

[十八史略(십팔사략)] 〈夏王朝篇(하왕조편)〉

이러한 내용은 55장 55-2의 '벌과 전갈 독사가 쏘지 않고, 맹수가 달려들지 않으며, 맹금이 덮치지 않는다.' 라는 말과도 일맥상통하니 참고하기로 한다.

第51章：玄德(현덕)

51-1: 道生之, 德蓄之, 物²¹¹⁾形之, 勢成之.
□□之, □□之, □□之, □□之.

[대구법]

도는 그것(만물)을 낳고, 덕은 그것을 기르며, 외부환경은
그것을 정형화하고, 정세(동향)는 그것을 완성시킨다.

*38장의 38-7에서 이미 '그러므로 도를 잃은 후에 비로소 덕이 있고,
덕을 잃은 후에 인이 있으며, 인을 잃은 후에 의가 있고, 의를 잃은 후에 예
가 있다.' 라고 언급한 바 있고 이 문장을 통해서도 다시 한 번 확인할 수
있듯이, '도' 가 母體(모체)가 되고 '덕' 이 그 밑에 있는 하위 개념이다. 아
울러 노자는 '도' 와 '덕' 이 '무위' 를 따르는 반면, 외부환경과 정세는
억지로 작위하는 것으로 보고 있음을 알 수 있는데, 그 이유는 아래에 나
온다.

51-2: 是以萬物莫不尊道而貴德.

이 때문에 만물은 도를 숭상하고 덕을 중시하지 않는 것이
없다.

*이를 통해서, 노자는 '만물' 이라는 것이 '도' 와 '덕' 의 하위 개념임
을 다시 한 번 분명히 하고 있다. 또한 외부환경과 정세는 억지로 작위하는
것이기에, 만물이 '도' 와 '덕' 만을 따르게 되는 것이라고 말하는 것이다.

---

211) 物(물): 외부환경.

51-3: 道之尊, 德之貴, 夫莫之命而常自然.
□之□, □之□, 夫莫之命而常自然.

[대구법]

도가 존숭 받고, 덕이 귀히 여겨지니, 무릇 명령하지 않고 항상 스스로 그러하게 한다(자연스럽게 한다).

*여기서 노자는 작위하면 안 된다는 '無爲(무위)'의 가치관을 다시 한 번 강조하고 있는데, 특히 이 문장을 통해서 명확하게 인지할 수 있는 사실은 '도'와 '덕'이 존숭을 받고 중시되는 基盤(기반)이 마련되어야 비로소 '무위'가 존재하게 된다는 점이다. 다시 말해서 25장의 25-6과 38장의 38-7에서 이미 지적한 바와 같이, 노자에게 있어 최상의 가치는 바로 '무위'이고 그 다음이 '도'와 '덕'이 되는 것이다.

51-4: 故道生之, 德畜之, 長之, 育之, 亭²¹²⁾之, 毒²¹³⁾之, 養之, 覆之.
故□□之, □□之, □之, □之, □之, □之, □之, □之.

[대구법, 열거법]

그러므로 도는 그것(만물)**을 낳고, 덕은 그것을 기르며, 그것을 자라게 하고, 그것을 배양하며, 그것을 알맞게 하고, 그것을 강인하게 하며, 그것을 키우고, 덮는다**(보호한다).

---

212) 亭(정): 알맞다, 적당하다, 치우치지 않다.
213) 毒(독): 맹렬하다, 강렬하다, 거칠다.

*이는 문장구조상 51-1을 전제로 하고 51-2와 51-3의 내용과 因果(인과) 관계를 맺고 있으니, 51-1의 내용을 다시금 구체적으로 풀어쓴 것이다.

51-5: 生而不有, 爲而不恃, 長而不宰, 是謂玄德.
□而不□, □而不□, □而不□, 是謂玄德.

[대구법, 열거법]

낳지만 소유하지 않고, 행하지만 의지하지 않으며, 자라게 하지만 지배하지 않으니, 이를 현덕이라고 이른다.

*위의 문장은 10장의 한 구절과 중복되고 있으니 구체적인 내용은 10-7의 '그것(만물)을 낳고, 낳지만 소유하지 않고, 행하지만 의지하지 않으며, 자라게 하지만 지배하지 않으니, 이를 현덕이라고 이른다.' 라는 말과 비교해보도록 하고, 이제 이와 관련하여 다음의 기록을 살펴보자.

大哉聖人之道. 洋洋乎發育萬物, 峻極于天.

크구나 성인의 도여. 광대하게 만물을 발육시키고, 높음이 하늘에 다다른다.

[禮記(예기)] 〈中庸(중용)〉

이는 공자가 '도' 에 대해서 간략하고도 집약적으로 서술한 부분으로, 이러한 내용을 통해서 단편적으로나마 공자의 '도' 에 대한 가치관이 노자의 '도' 와 기본적으로 일치함을 엿볼 수 있다.

第52章 : 習常(습상)

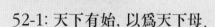

52-1: 天下有始, 以爲天下母.

세상에는 시작이 있으니, 그럼으로써 세상의 근본이 된다.

　*1장의 1-2와 20장의 20-15 그리고 25장의 25-2에서도 '母(모)'가 보이는데 '母'는 '근본'이라는 의미를 지니고 있으므로, 이는 16장의 16-3과 16-4에서 이미 설명한 바 있듯이 바로 '道(도)'를 의미한다. 즉 노자는 이러한 '도'가 바로 세상 시작의 근본이자 母胎(모태)임을 설명하고 있으니, 1장의 1-2에서 말한 '무명은 천지의 시작이다.', 4장 4-2의 '만물의 종주인 듯하다' 그리고 4-4의 '상제보다 우선한다.'라는 표현과 서로 통하게 되는 것이다.

52-2: 旣得其母, 以知其子[214]; 旣知其子, 復守其 母, 沒[215]身不殆.
旣□其□, □□其□; 旣□其□, □□其 □, □□不□.

[대구법, 대구법]

이미 그 근본을 얻게 되면, 그럼으로써 그 파생된 것(만물)을 알게 되고; 이미 그 파생된 것(만물)을 알게 되면, 다시 그 근본을 지키게 되니, 평생 위험이 없다.

　*'沒身(몰신)'은 '몸이 다하다' 즉 '죽다'라는 의미이기 때문에 '죽을

---

214)　子(자): 파생된 것, 종속된 것.
215)　沒(몰): 없다, 다하다, 바닥나다.

때까지' 또는 '평생'으로 해석할 수 있고, 문장구조상 아래의 두 구 '終身
不勤', '終身不救' 와는 대구를 이룬다.

　*노자는 '도'를 얻으면 '만물'을 이해할 수 있고, '만물'을 이해하
면 '도'를 지킬 수 있게 되어 평생 동안 위험에 빠지지 않는다고 하였으
니 '도'를 깨달으면 위험해지지 않는다는 뜻이 되는데, 앞에서 이미 수차
례 언급했듯이 '도'를 깨닫는 것은 바로 '修德(수덕: 덕을 쌓는다)' 이 前提(전
제)가 되어야하므로 이 말은 '덕'을 쌓으면 위험에 빠지지 않는다는 말과
서로 통하게 된다. 이와 관련하여 다음의 기록을 살펴보면 노자의 뜻을 좀
더 구체적으로 이해할 수 있을 것이다.

　　嗚呼! 天難諶, 命靡常, 常厥德, 保厥位, 厥德匪常, 九有以亡. 夏王弗克庸
　　德, 慢神虐民, 皇天弗保, 監于萬方, 啓迪有命, 眷求一德, 俾作神主. 惟尹躬
　　暨湯, 咸有一德, 克享天心, 受天明命. (생략) 非天私我有商, 惟天佑于一德,
　　非商求于下民, 惟民歸于一德. 德惟一, 動罔不吉, 德二三, 動罔不凶.
　　아! 하늘을 믿기 어려운 것은, 천명이 항구하지 않기 때문이니, 그 덕이 항
　　구하면, 그 지위를 보존하고, 그 덕이 항구하지 못하면, 구주가 망하게 됩
　　니다. 하나라 왕이 덕을 능히 변치 않게 하지 못하여, 귀신을 업신여기고
　　백성들을 해치자, 황천이 보호하지 않고, 만방을 살펴보아, 천명이 있는
　　이를 가르쳐 길을 열었고, 순일(純一)한 덕(德)이 있는 이를 찾아 돌보시니,
　　귀신을 받드는 주인이 되게 하였습니다. 저 이윤은 몸소 탕(탕왕)과 함께,
　　모두 순일한 덕을 갖춰서, 능히 천심을 누릴 수 있었으니, 하늘의 밝은 명
　　을 받은 것입니다. (생략) 하늘이 우리 상나라에 사사로움이 있는 것이 아
　　니라, 하늘이 순일한 덕을 도운 것이고, 상나라가 백성들에게 청한 것이
　　아니라, 백성들이 순일한 덕으로 귀속한 것입니다. 덕이 한결같으면, 움직
　　여서 길하지 않은 것이 없고, 덕이 두셋으로 나뉘면(한결같지 않으면), 움직

여서 흉하지 않은 것이 없습니다.　　　[尚書(상서)]〈咸有一德(함유일덕)〉

52-3: 塞其兌²¹⁶⁾, 閉其門, 終身不勤²¹⁷⁾.
□其□, □其□, □□不□.

[대구법, 대구법]

그(지식의) 통함(통로)을 막고, 그 문을 닫으면, 평생 근심하지
않는다.

*이는 내용상 56장 56-2의 '그(지식의) 길(통로)을 막고, 그 문을 닫으며,
그 날카로움을 억누르게 하고, 그 분규를 해결하며, 그 광채를 조화롭게
하고, 그 속세와 함께 하니, 이를 현동이라고 이른다.' 라는 말과 중복이 되
는 부분이 있는데, '통함' 이란 18장에서 언급한 '지혜, 지식' 이다. 노자
는 18-2에서 말한 것처럼 '지혜, 지식' 이라는 것을 근본의 곁가지 즉 필요
없는 부분으로 간주하고 있는데, 여기서 이야기하는 '지식' 은 오늘날의
긍정적 측면의 지식이나 큰 지혜의 개념이 아니라, 부정적인 측면이나 자
잘한 지식 즉 세상에 대한 욕망을 일컫는다. '앎' 이란 '아는 것이 힘' 이
될 때도 있지만, '모르는 것이 약' 이 될 때도 있는 것이니, 노자가 말하는
'지식' 은 바로 後者(후자)를 지칭하는 것이다. 이러한 노자의 '지식, 지혜'
에 대한 개념은 53장의 53-1에 나타나는 '변치 않는 앎' 과 대조되니, 비교
하여 살펴볼 수 있다. 아울러 이 문장은 아래와 대구를 이루고 있다.

---

216)　兌(태): 통하다, 길을 이루다
217)　勤(근): 힘들다, 고생하다, 근심하다, 걱정하다. 6장의 6-2와 41장의 41-1과는 그 의미가 다르
　　　니 비교할 수 있다.

52-4: 開其兌, 濟其事, 終身不救.
□其□, □其□, □□不□.

[대구법, 대구법]

그 통함(통로)을 열고, 그 일을 이루면(성취하면), 평생 위험에서
구제되지 못한다.

*이 역시 내용상 56장 56-2의 '그(지식의) 길(통로)을 막고, 그 문을 닫으
며, 그 날카로움을 억누르게 하고, 그 분규를 해결하며, 그 광채를 조화롭
게 하고, 그 속세와 함께 하니, 이를 현동이라고 이른다.' 라는 표현과 서로
통하니, 상호 비교하여 이해할 수 있다.

52-5: 見小曰明, 守柔曰强.
□□曰□, □□曰□.

[대구법]

세밀한 것을 관찰하는 것을 밝음이라 이르고, 연약한 것을
지키는 것을 강하다고 이른다.

*16장의 16-5에서 밝힌 바 있듯이 노자는 '常(상)' 을 아는 것을 '明(명)'
이라고 했고 '명' 이란 '德(덕)' 을 밝히는 것이니, '덕을 밝히는 것' 이 바
로 '영원함, 변치 않음' 을 깨닫는 것이라고 보았다. 여기에 노자는 다시
'세밀한 것을 관찰하는 것이 '明(명) 이다' 라고 추가적으로 밝히고 있으
니, 이를 종합적으로 분석해보면 '백성들을 세심하게 살핌으로써 덕을 밝
히게 되면 영원할 수 있다' 라는 논리가 형성되는 것이다.

*노자는 36장 36-2의 '유약함이 강직함을 이긴다.', 43장 43-1의 '세상의 지극히 유약한 것이, 세상의 지극히 단단한 것을 제어한다.', 76장 76-3의 '강경한 것은 죽음의 부류에 속하고, 연약한 것은 삶의 부류에 속한다.', 그리고 78장의 78-2에서 '약한 것이 강한 것을 이기고, 연약한 것이 강경한 것을 이긴다.'라고 언급한 것처럼, 늘 유약한 것이 강한 것을 이긴다고 주장한다. 여기서 강하다는 것은 강경함을 일컬으니, 유약함을 지키는 것이 진정한 강함이라고 표현한 것이다. 이와 관련하여, 36장의 36-2에서 제시한 바 있는 기록을 다시 한 번 살펴보면, 그 뜻을 좀 더 명확하게 파악할 수 있다.

子路問强. 子曰: 南方之强與, 北方之强與, 抑而强與? 寬柔以敎, 不報無道, 南方之强也, 君子居之. 衽金革, 死而不厭, 北方之强也, 而强者居之. 故君子和而不流, 强哉矯! 中立而不倚, 强哉矯! 國有道, 不變塞焉, 强哉矯! 國無道, 至死不變, 强哉矯.

자로가 강함을 물었다. 공자가 말씀하시기를: 남방의 강함인가, 북방의 강함인가, 아니면 너의 강함인가? 너그럽고 부드러움으로 가르치고, 무도함에 보복하지 않는 것은, 남방의 강함이니, 군자가 머문다. 병기와 갑옷을 깔고(늘 전쟁을 하고), 죽어도 싫증내지 않는 것은, 북방의 강함이니, 따라서 흉포한 자가 머문다. 따라서 군자는 중에 서지 한쪽에 기대지 않으니, 강하도다 꿋꿋함이여! 중에 서서 기울어지지 않으니, 강하도다 꿋꿋함이여! 나라에 도가 있으면, 성실함이 변하지 않으니, 강하도다 꿋꿋함이여! 나라에 도가 없으면, 죽음에 이르러도 변하지 않으니, 강하도다 꿋꿋함이여!

[禮記(예기)] 〈中庸(중용)〉

노자에게 있어 '유약함'이란 공자가 말하는 '남방의 강함' 즉 '진정한 강함'이 되는 것이니, 여기서 또 하나의 노자와 공자의 一致(일치)되는 가치관을 단편적으로 엿볼 수 있다.

52-6: 用其光, 復歸其明, 無遺身殃, 是爲習常.
　　　□其□, □□其□, 無遺身殃, 是爲習常.

[대구법]

그 광채를 발휘하고, 그 밝음으로 돌아가면, 자신에게
재앙을 남기지 않으니, 이것이 상(늘 그러함 = 도)을 익히는(따르는)
것이다.

*노자는 '덕'을 쌓아 백성들을 다스리면 재앙이 생기지 않게 되니 '常
(상)'을 따르게 된다고 보았는데, 38장의 38-7에서 이미 언급했듯이 '常
(상)'은 '道(도)'의 특징이 되므로 이 말은 '德治(덕치)를 행하게 되면 '道
(도)'를 따르게 된다.' 즉 '大同(대동)의 사회로 돌아갈 수 있다.'는 의미로
풀이할 수 있는 것이다.

第53章 : 非道(비도)

53-1: 使我介然²¹⁸⁾有知, 行於大道, 唯施²¹⁹⁾是畏.

나로 하여금 변하지 않는 앎(인식)이 있게 한다면, 큰 길을
걸음에 있어, 억지로 가함을 두려워 할 뿐이다.

*'施(시)'는 1. 실행하다, 시행하다 2. 베풀다 3. 억지로 가하다 등의 다
양한 의미를 갖고 있지만, 노자는 줄곧 '無爲(무위)' 즉 작위하지 말아야 함
을 강조하였으니 여기서는 '억지로 가하다'로 해석하는 것이 가장 타당
하다.

*52장의 52-3에서 이미 밝힌 바 있듯이 노자는 '知(지)'의 개념을 '大知
(대지: 큰 앎)'과 '小知(소지: 작은 앎)'로 구분했는데, 여기서 말하는 '知'는 바
로 '大知'를 가리킨다.

53-2: 大道甚夷, 而民好徑²²⁰⁾.

큰 길은 대단히 평탄한데, 사람들은 좁은 길을 좋아한다.

*노자는 여기서 '도'를 깨달으면 쉽고도 평탄하게 살 수 있는데, 사람
들은 그러한 도리를 깨우치지 못하여 오히려 더 어렵게 살고 있음을 慨歎
(개탄)하고 있다. 이와 관련하여 다음의 기록을 살펴보자.

故君子居易以俟命, 小人行險以徼幸.

---

218) 介然(개연): 변절하지 않는 모양.
219) 施(시): 억지로 가하다.
220) 徑(경): 좁은 길, 오솔길.

따라서 군자는 평온함에 머물면서 명을 기다리고, 소인은 위험을 행하면
서 요행을 바란다.   [禮記(예기)] 〈中庸(중용)〉

상술한 내용을 음미해보면, '도'에 대한 노자와 공자의 가치관이 대단
히 흡사한 면모를 보이고 있음을 단편적으로나마 볼 수 있다.

53-3: 朝²²¹⁾甚除²²²⁾, 田甚蕪²²³⁾, 倉甚虛.
　　　□甚□, □甚□, □甚□.

[대구법, 열거법]

조정은 관직을 줌이 심하고(부패하고), 밭에는 잡초가
무성함이 심하며, 창고는 비어있음이 심하다(텅 비어있다).

*이미 10장의 10-3에서 언급한 바 있듯이 이 문장을 통해서도 노자가
당시 정치형세에 대해 대단히 관심이 많았고 또한 대단히 실망하고 있음
을 명확히 알 수 있는데, 이러한 내용은 75장 75-1의 '백성들이 기아에 허
덕이는 것은, 그 위쪽이 세금을 많이 받기 때문이니, 이 때문에 기아에 허
덕인다.', 77장 77-4의 '세상의 도리는 그렇지 않아서, 부족함을 착취하여
그럼으로써 남는 것을 돕는다.' 라는 표현에서도 보이고 있으니 함께 연계
하여 살펴볼 필요가 있다. 이제 이와 관련하여, 다음의 기록을 살펴보자.

湯曰：“予有言：人視水見形, 視民知治不.” 伊尹曰：“明哉! 言能聽, 道乃進.

---

221) 朝(조): 조정(朝廷).
222) 除(제): 관직을 주다, 제수(除授)하다.
223) 蕪(무): 우거지다.

君國子民, 爲善者皆在王官. 勉哉, 勉哉!"

탕이 말했다: "나에게 말씀이 있으니: 사람이 물을 바라보면 모습을 보고, 백성들을 보면 다스려지는지 아닌지를 아오." 이윤이 말했다: "명철하십니다! 말씀을 능히 들을 수 있으면, 도가 이에 나아갑니다. 부모가 자식 보듯 나라가 백성을 대하면, 선을 행하는 자들이 모두 왕궁에 있게 됩니다. 힘쓰십시오. 힘쓰십시오."   [史記(사기)]〈殷本紀(은본기)〉

이처럼 노자는 역사기록을 통해서, 임금이 삼가여 백성들을 보살피면 선하고도 어진 인재들이 자연스럽게 그에게 몰려든다고 보았다.

官不及私, 昵惟其能, 爵罔及惡, 德惟其賢.
관직은 사사로이 미치지 않도록 하여야 하니, 오직 유능한 자를 가까이 하고, 작위는 악한 이에게 미치지 않도록 하여야 하니, 오직 현명한 이에게 베풀어야 합니다.   [尙書(상서)]〈說命(열명)〉

또한 관리를 선발함에 있어서는 사사로운 감정을 버리고 오직 재능을 보고 뽑아야 함을 강조하였는데, 그 이유는 다음의 기록을 보면 충분히 이해할 수 있다.

無以巧言令色便辟側媚, 其惟吉士. 僕臣正, 厥后克正, 僕臣諛, 厥后自聖. 后德惟臣, 不德惟臣.
교묘하게 꾸미는 말을 하거나 아첨하는 태도나 남의 비위를 맞추거나 아양을 떠는 이는 거느리지 말고, 어진 선비를 세워야 합니다. 따르는 신하가 바르면, 그 임금이 능히 바르게 될 것이고, 따르는 신하가 아첨하면, 그 임금은 스스로 성스러워할 것이니, 임금의 덕은 신하 때문이고, 부덕한 것

도 신하 때문입니다. [尙書(상서)]〈冏命(경명)〉

이와 같이 노자는 주변의 신하를 어떠한 인물로 뽑느냐에 따라 임금의
정치가 좌우되고, 또 그에 따라 나라의 운명이 결정된다고 보았기 때문에
관리 선발이 대단히 중요하다고 보았다. 하지만 노자는 당시 周(주)나라의
國運(국운)이 이미 기울어졌다고 보았기에, 이와 같이 한탄한 것이다.

53-4: 服文²²⁴)綵²²⁵), 帶利劍, 厭²²⁶)飮食, 財貨
有餘.
□□□, □□□, □□□, 財貨有餘.

[대구법, 열거법]
화려한 비단을 입고, 날카로운 검을 차며, 음식에
젖고(빠지고), 재물은 넘쳐난다.

*上古(상고)의 태평성대를 이끈 성군과 성현들은 자신의 직위나 財物(재
물)을 자신의 것으로 여기지 않고 오로지 백성들을 위해서 노력했지만, 노
자가 처한 현실의 상황은 그렇지 못했기 때문에 이처럼 신랄하게 비판한
것이다. 이와 관련하여, 임금이 백성들을 돌보지 않고 安逸(안일)함에 젖어
사치와 향락에 빠진 예들을 살펴보자.

帝桀之時, 自孔甲以來而諸侯多畔夏, 桀不務德而武傷百姓, 百姓弗堪, 乃

---

224) 文(문): 빛나다, 화려하다.
225) 綵(채): 비단.
226) 厭(염, 암): 젖다(염), 빠지다(암).

召湯而囚之夏臺, 已而釋之. 湯修德, 諸侯皆歸湯, 湯遂率兵以伐夏桀.

걸임금 때에 이르러, 공갑 이래로 제후들 대부분이 하나라를 배반하니, 걸은 덕에 힘쓰지 않고 무력으로 백성들을 해하니, 백성들이 견디지 못했다. 이에 탕을 불러 하대에 가두었는데, 얼마 되지 않아 그를 풀어주었다. 탕이 덕을 닦으니, 제후들이 모두 탕에게 귀속했고, 탕은 결국 군대를 이끌어 하나라의 걸을 토벌했다.　　　　　　　[史記(사기)]〈夏本紀(하본기)〉

孔甲之後, 歷王皐, 王發, 至王履癸, 號爲桀, 貪虐力能伸鐵鉤索. (생략) 爲瓊宮瑤臺, 殫民財, 肉山脯林, 酒池可以運船, 糟堤可以望十里. (생략) 國人大崩.

공갑 이후, 왕고 왕발을 거쳐, 왕 이계에 이르렀으니, 걸이라고 불렀는데, 탐욕스럽고 사나웠으며 힘은 능히 쇠갈고리로 된 밧줄을 펼 수 있었다. (생략) 옥으로 장식한 궁궐과 누각을 짓고, 백성들의 재물을 다하여, 고기로 숲을 만들고, 술로 만든 못은 배를 띄울 수 있었으며, 술지게미로 쌓은 둑에서 십리를 볼 수 있었는데, (생략) 나라 백성들(의 신망)이 크게 무너졌다.　　　　　　　[十八史略(십팔사략)]〈夏王朝篇(하왕조편)〉

歷太丁, 帝乙, 至帝辛, 名受, 號爲紂, 資辯捷疾, 手格猛獸, 智足以拒諫, 言足以飾. 始爲象箸, 箕子歎曰: 彼爲象箸, 必不盛以土簋, 將爲玉盃, 玉盃象箸, 必不羹藜藿衣短褐而舍笷茨之下則, 錦衣九重, 高臺廣室, 稱此以求, 天下不足矣.

태정 제을을 거쳐, 신임금에 이르러, 이름은 수인데, 주라고 일컬었으니, 천성적으로 말솜씨가 좋고 행동이 빨랐으며, 맨손으로 맹수와 맞서고, 지혜는 충분히 간언을 막을 수 있었으며, 말은 충분히 거짓으로 꾸며낼 수 있었다. 당초에 상아 젓가락을 사용하니, 기자가 탄식하여 말했다: 그(주임금)가 상아 젓가락을 사용하니, 반드시 토기에 담아 먹지 않고, 장차 옥배로 삼을(쓸) 것이요, 옥배와 상아 젓가락이면, 반드시 명아주와 콩잎으로 국을 끓이거나, 거친 베옷을 입고 이엉으로 덮은 지붕에서 지내며 아래로 모범을 보이지 않을 것이니, 겹겹의 비단옷, 높은 누대와 넓은 궁궐, 이에 걸맞게 구하면, 세상(의 재물)이 부족하다.

[十八史略(십팔사략)] 〈殷王朝篇(은왕조편)〉

紂伐有蘇氏, 有蘇以妲己女焉, 有寵其言皆從; 厚賦稅, 以實鹿臺之財, 盈鉅橋之粟, 廣沙丘苑臺, 以酒爲池, 懸肉爲林, 爲長夜之飮, 百姓怨望, 諸侯有畔者.

주왕이 유소씨를 정벌하여, 유소씨가 달기로 짝지어주니(달기를 바치니), 사랑하여 그녀의 말을 모두 따랐다; 부세를 두터이 하여, 그럼으로써 녹대의 재물을 튼튼하게 하고, 거교의 곡식을 채워, 사구와 원대를 넓혔으며, 술로 못을 만들고, 고기를 매달아 숲을 만들어, 며칠이고 계속 술자리를 벌였으니, 백성들이 원망하고, 제후들 중에 배반하는 이들이 있었다.

[十八史略(십팔사략)] 〈殷王朝篇(은왕조편)〉

주지하다시피, 桀紂(걸주)임금은 태평성대를 이끈 堯舜(요순)임금에 反(반)하는 暴君(폭군)으로 유명하다. 이들은 이처럼 백성들을 위해 노력하지 않고 자신의 안위에만 집착하다, 결국 망국의 길로 접어들게 된 것이다.

53-5: 是謂盜夸[227], 非道也哉!

이를 일컬어 (남의 것을) 훔쳐서 자랑한다고 하니, 도가 아니다!

*일부에서 '盜夸(도과)'를 '도적의 두목'으로 해석하는 경우가 있는데, 전반적인 문장의 맥락상 '훔쳐서 (도적질하여) 자랑하다'로 풀이해야 하는 것이 더 타당할 것으로 보인다. 이제 53장 전체 내용과 관련하여, 다음의 기록들을 살펴보자.

> 其本亂而末治者, 否矣. 其所厚者薄, 而其所薄者厚, 未之有也.
> 근본이 어지러우면서 끝을 다스리는 것은, 아니 된다. 두터이 할 바를 엷게 하고, 엷게 할 바를 두터이 할 사람은, 있지 아니하다.
>
> [禮記(예기)] 〈大學(대학)〉

> 物有本末, 事有終始. 知所先後, 則近道矣.
> 사물에는 근본과 말단이 있고, 일에는 끝과 시작이 있다. 먼저 할 바와 나중에 할 바를 알면, 곧 도에 가깝다.　　　　　　[禮記(예기)] 〈大學(대학)〉

다음은 상술한 기록에 대한 [傳(전)]의 풀이이다.

> 是故君子先愼乎德. 有德此有人, 有人此有土, 有土此有財, 有財此有用, 德者, 本也; 財者, 末也. 外本內末, 爭民施奪. 是故財聚則民散, 財散則民聚.
> 이 때문에 군자는 먼저 덕을 신중히 하니, 덕이 있으면 이에 따르는 사람

---

227) 盜夸(도과): 훔쳐서 (도적질하여) 자랑하다.

이 있고, 따르는 사람이 있으면 이에 땅이 있고, 땅이 있으면 이에 재물이 있고, 재물이 있으면 이에 쓰임이 있는 것이니, 덕이라는 것은, 근본이고; 재물이라는 것은, 끝이다. 근본을 밖으로 하고 끝을 안으로 하면, 백성들을 다투고 빼앗도록 하게 된다. 이 때문에 재물이 모이면 백성들이 흩어지고, 재물이 흩어지면, 백성들이 모이게 된다.

[禮記(예기)] 〈大學, 傳(대학, 전)〉

仁者以財發身, 不仁者以身發財. 未有上好仁, 而下不好義者也; 未有好義,
其事不終者也; 未有府庫財, 非其財者也.

어진 이는 재물로 몸을 펴고, 어질지 못한 이는 몸으로 재물을 편다. 위가 인을 좋아하는데, 아래가 의를 좋아하지 않는 이는 있지 않고; 의를 좋아하는데, 일을 마치지 못하는 이는 있지 아니하며; 관아의 창고 재물이, 재물이 아니라고 여기는 이는 있지 아니하다.

[禮記(예기)] 〈大學, 傳(대학, 전)〉

바로 위 기록에서의 '관아의 창고 재물이, 재물이 아니라고 여기는 이는 있지 아니하다.' 라는 표현은 '관아의 창고 재물을 사사로이 쓰는 이는 있지 아니하다.' 라는 뜻이니, 이는 53-3의 '창고는 비어있음이 심하다.' 는 말과 직결된다고 볼 수 있다.

이처럼 상술한 내용들을 정리해보면, '道(도)' 에 대한 노자와 공자의 기본적인 인식이 상당부분 일치하고 있음을 알 수 있다. 바로 여기서 하나의 의문점이 생기지 않을 수 없는데, 먼저 다음의 기록을 살펴보자.

老子者, 楚苦縣厲鄉曲仁里人也, 姓李氏, 名耳, 字聃, 周守藏室之史也. 孔
子適周, 將問禮于老子. 老子曰："子所言者, 其人與骨皆已朽矣, 獨其言在

耳. 且君子得其時則駕, 不得其時則蓬累而行. 吾聞之, 良賈深藏若虛, 君子盛德, 容貌若愚. 去子之驕氣與多欲, 態色與淫志, 是皆無益於子之身. 吾所以告子, 若是而已." 孔子去, 謂弟子曰: "鳥, 吾知其能飛; 魚, 吾知其能遊; 獸, 吾知其能走. 走者可以爲罔, 遊者可以爲綸, 飛者可以爲矰. 至于龍吾不能知, 其乘風雲而上天. 吾今日見老子, 其猶龍邪!" 老子修道德, 其學以自隱無名爲務. 居周久之, 見周之衰, 乃遂去. 至關, 關令尹喜曰: "子將隱矣, 强爲我著書." 于是老子乃著書上下篇, 言道德之意五千餘言而去, 莫知其所終.

노자라는 사람은, 초나라 고현의 여향 곡인리 사람으로, 성은 이씨이고, 이름은 이, 자는 담이었으며, 주나라의 書庫(서고)를 지키는 사관이었다. 공자가 주나라에 가서, 장차 노자에게 예에 대하여 묻고자 하였다. 노자가 말했다: "그대가 말하는 바는, 그 육신과 뼈가 모두 이미 썩었고, 오직 그 말만이 있을 따름이오. 게다가 <u>군자는 때를 만나면 마차를 타지만, 때를 만나지 못하면 떠도는 것이오.</u> 내가 들으니, 훌륭한 장사꾼은 깊숙이 숨겨 마치 비어있는 듯 하고, 군자가 덕이 가득차면 용모가 우매한 것처럼 보인다고 하오. 그대의 교기와 다욕, 태색과 음지를 버리시오. 이는 모두 그대의 몸에 무익하오. 내가 그대에게 말해줄 것은 이와 같을 따름이오." 공자가 떠나, 제자들에게 말했다: "새는, 내가 날 수 있음을 알고, 물고기는, 내가 헤엄칠 수 있음을 알며; 짐승은, 내가 달릴 수 있음을 안다. 달리는 것은 그물로 잡을 수 있고, 헤엄치는 것은 낚시로 잡을 수 있으며, 나는 것은 활을 쏘아 잡을 수 있다. 용에 대해서는 내가 알 수 없으니, 바람과 구름을 타고 하늘에 오른다. 내가 오늘 노자를 보았는데, 마치 용과도 같구나!" 노자는 도와 덕을 닦았는데, 배움에 있어 스스로 숨기고 드러내지 않음에 힘썼다. 오랫동안 주나라에 있었지만, 주나라가 쇠해지는 것을 보고는, 이에 마침내 떠났다. 관(함곡관)에 이르러, 관지기 윤희가 말했다:

"선생께서 장차 은둔하려 하시니, 어렵지만 저를 위해 저서를 해주십시오." 그래서 노자는 이에 상, 하편을 저술했고, 도덕의 뜻 오천여 자를 말해주고는 떠났으니, 그 끝(노자가 후에 어떻게 되었는지)을 알 수 없었다.

[史記(사기)] 〈老子韓非列傳(노자한비열전)〉

즉 위에서 언급했던 의문점을 구체적으로 다시 말하자면, '노자는 왜 이처럼 기본적으로 같은 가치관을 공유하고 있던 공자를 비평하였을까?' 라는 의구심이 생길 수밖에 없는 것이다. 이에 대해 노자는 다양한 이유들을 제시하였지만 특히 '군자란 때를 만나지 못하면 떠도는 것'이라고 피력하였는데, 이는 '도가 없으면 응당 떠나야 하는 것이 도리'라고 말한 것이니, 또 이와 관련하여 다음의 기록을 살펴보자.

> 是故居上不驕, 爲下不倍, 國有道, 其言足以興, 國無道, 其默足以容.
> 이 때문에 위에 있어도 교만하지 않고, 아래가 되어도 등지지 않는다. 나라에 도가 있으면, 그 말은 족히 흥하고, 나라에 도가 없으면, 그 침묵은 족히 용납된다.
> [禮記(예기)] 〈中庸(중용)〉

> 觀于華, 華封人曰: 噫, 請祝聖人, 使聖人壽富多男子. 堯曰: 辭, 多男子則多懼, 富則多事, 壽則多辱. 封人曰: 天生萬民, 必授之職, 多男子而授之職, 何懼之有, 富則使人分之, 何事之有, 天下有道, 與物皆昌, 天下無道, 脩德就閑, 千歲厭世, 去而上僊, 乘彼白雲, 至于帝鄕, 何辱之有.
> 화 지역을 살피니, 화의 봉인(수령)이 말했다: 아, 성인을 축복하나니, 성인께서 장수하고 부유하며 아들이 많기를 바랍니다. 요임금이 말했다: 사양하겠소. 아들이 많으면 곧 두려워할 일이 많고, 부유하면 곧 일이 많으며, 장수하면 곧 욕된 일이 많소. 봉인이 말했다: 하늘이 만백성을 낳으면, 반

드시 그 직분을 부여하니, 아들이 많은데 직분을 주면 무슨 근심이 있고, 부유한데 사람들로 하여 그것을 나누게 하면, 무슨 일이 있으며, 세상에 도가 있으면, 만물과 더불어 모두 번창하고, <u>세상에 도가 없으면, 덕을 닦으며 한가로이 지내다가</u>, 오랜 세월이 지나고 세상에 염증이 나면, 버리고 위로 올라가, 저 흰 구름을 타고, 제향(하느님이 있다는 곳)에 이르니, 무슨 욕될 일이 있겠습니까.　　　　　　　　　[十八史略(십팔사략)]〈五帝篇(오제편)〉

상술한 두 기록의 내용을 정리해보면, 當時(당시)에는 나라에 '도'가 있으면 더불어 함께하고, '도'가 없으면 말을 아끼고 나라를 떠나 세상을 유유히 떠도는 것이 하나의 不文律(불문율)이었던 것처럼 보인다. 만약 상술한 기록에서 보이는 것처럼 공자가 노자를 찾아간 사실이 맞는다면 노자와 공자 두 사람이 처해 있던 시대적 상황이 비슷했음을 증명하는 것이고, 그렇다면 이는 당시 周(주)나라는 春秋戰國時代(춘추전국시대)와 맞물려 天子(천자)의 지위가 땅에 떨어지고 빈번하게 전쟁이 발생하는 등 대단히 혼란스러운 局面(국면)이 전개되고 있었음을 간접적으로 시사한다. 이에 노자는 당시의 불문율에 따라 주나라를 떠나 서쪽으로 가려 한 것인데, 공자는 오히려 그러한 세상을 떠나지 않았거니와 심지어 적극적으로 바꾸고자 노력하였으니, 노자는 공자의 그러한 태도와 가치관을 비평한 것으로 추측할 수 있다. 이 부분에 대해서는 더 많은 고증자료를 통한 정리와 논의가 필요하니, 추후 별도로 다시 연구할 수 있는 기회를 모색하고자 한다.

第54章 : 修德(수덕)

54-1: 善建者不拔, 善抱者不脫, 子孫以祭祀不輟[228].
善□者不□, 善□者不□, 子孫以祭祀不輟.

[대구법]

잘 세운 것은 뽑히지 않고, 잘 에워싼 것은 벗겨지지 않으니, 자손은 그럼으로써 제사가 단절되지 않게 한다.

*노자는 祭祀(제사)가 단절되지 않는 것이 대단히 중요하다고 보았는데, 그렇다면 여기서 말하는 '잘 세운 것은 뽑히지 않고, 잘 에워싼 것은 벗겨지지 않는다.'는 것은 과연 어떠한 의미이고, 또 이러한 도리와 제사에는 어떠한 관련이 있는 것일까? 먼저 다음의 기록들을 살펴보자.

> 敢有恒舞于宮, 酣歌于室, 時謂巫風. 敢有殉于貨色, 恒于遊畋, 時謂淫風. (생략) 爾惟德罔小, 萬邦惟慶. 爾惟不德罔大, 墜厥宗.
> 감히 궁중에서 항상 춤을 추거나, 집에서 술을 마시고 흥겨워 노래를 부르면, 이때를 무풍이라 이릅니다. 감히 재화와 여색을 탐하고, 늘 유람과 사냥을 다니면, 이때를 음풍이라 이릅니다. (생략) 그대가 덕을 생각함에 작다고 여기지 않으면, 만방이 기뻐할 것입니다. 그대가 부덕한 것을 생각함에 크다고 여기지 않으면, 그 종묘가 무너질 것입니다."
>
> [尙書(상서)] 〈伊訓(이훈)〉

'부덕(不德)함을 생각함에 크다고 여기지 않는다.'는 것은 부덕함을 심각하게 받아들이지 않는다는 뜻이니, 이렇듯 나라를 다스리는 임금이 덕

---

228) 輟(철): 그치다, 멈추다.

을 쌓지 않으면 결국 종묘가 무너진다고 한 것이다. 마찬가지로 '덕을 생각함에 작다고 여기지 않는다.' 는 것은 덕을 쌓는 것을 소홀히 여기지 않고 매우 중시한다는 뜻이니, 나라를 다스리는 임금이 덕을 쌓으면 온 나라가 기뻐한다고 보았다.

子曰: 舜其大孝也與; 德爲聖人, 尊爲天子, 富有四海之內, 宗廟饗之, 子孫保之.

공자가 말씀하시기를: 순 임금은 큰 효일 것이니; 덕으로는 성인이 되시고, 존귀함로는 천자가 되셨으며, 부유함은 세상을 다 가졌고, 종묘에서는 그를 제사지내고, 자손들은 그를 보존했다.   [禮記(예기)] 〈中庸(중용)〉

帝曰: "毋若丹朱傲, 維慢游是好, 毋水行舟, 朋淫于家, 用絶其世. 予不能順是." 禹曰: "予娶塗山, 辛壬癸甲, 生啓予不子, 以故能成水土功. (생략) 帝曰: "道吾德, 乃女功序之也."

(순)임금이 말했다: "단주와 같이 교만해서는 안 되니, 방자함과 허황됨 이를 좋아하여, 물이 아닌데 배를 타고 건너고, 떼 지어 집을 어지럽혀, 대가 끊어졌소. 나는 이러한 것을 따를 수 없소." 우가 말했다: 저는 도산을 아내로 들여, 신일 임일 계일 갑일이었고(나흘 동안 함께 했고), 계가 태어났는데도 자식으로 대하지 못했기에, 그럼으로써 물과 땅의 공적을 이룰 수 있었습니다. (생략) 임금이 말했다: "나의 덕을 이끌어, 이에 그대가 튼튼히 안정시켰소."   [史記(사기)] 〈夏本紀(하본기)〉

상술한 세 기록의 내용을 종합해보면, 이는 임금이 덕을 쌓으면 그 후손들이 번창하여 代代孫孫(대대손손) 선조들께 세사를 지낼 수 있으나, 덕을 쌓지 못하면 결국 대가 끊어져 제사 역시 단절된다는 뜻이다. 여기서도 노자의 '제사'에 대한 가치관이 공자와 일치함을 볼 수 있으니, 덕을 쌓지 않고 백성들을 다스림이 도리에 맞지 않으면 결국 그 결과가 후손들에게로 이어져 代(대)가 끊어진다고 본 것이다.

54-2: 修之於身, 其德乃眞.
修之於□, 其德乃□.

그것(도)을 잘 닦아 자신에게 행하면, 그 덕은 이에 진실해진다.

*이 문장은 구조상 아래 세 문장과 구조상으로는 대구법을 이루고, 내용상으로는 점층법이 쓰였다. 이 문장의 含意(함의)에 대해서는, 다음의 기록들을 먼저 살펴보자.

> 自天子至於庶人, 壹是皆以修身爲本.
> 천자로부터 서인에 이르기까지, 하나같이 모두 수신을 근본으로 삼는다.
>
> [禮記(예기)] 〈大學(대학)〉

> 心不在焉, 視而不見, 聽而不聞, 食而不知其味. 此謂修身在正其心.
> 마음을 두지 않으면, 사물을 보아도 보이지 않고, 들어도 들리지 않으며, 먹어도 그 맛을 모른다. 이를 일컬어 몸을 닦는 것이 그 마음을 바르게 하는 데 있다고 하는 것이다.   [禮記(예기)] 〈大學, 傳(대학, 전)〉

노자는 '修身(수신: 몸을 닦음)'을 하면 '덕이 진실해진다'고 보았고, 공자는 '수신'의 목적이 '正心(정심: 마음을 바르게 함)'에 있다고 하였다. 이 둘은 표현만 다를 뿐 그 本質(본질)은 결국 같으니, 여기서도 노자와 공자의 관점이 일치함을 찾아볼 수 있다.

54-3: 修之於家, 其德乃餘.
修之於□, 其德乃□.

그것을 잘 닦아 가정에 행하면, 그 덕은 이에 남음이 있게 된다.

54-4: 修之於鄉, 其德乃長, 修之於國, 其德乃豐.
修之於□, 其德乃□, 修之於□, 其德乃□.

그것을 잘 닦아 마을에 행하면, 그 덕은 이에 커갈 것이며, 그것을 잘 닦아 나라에 행하면, 그 덕은 이에 풍요로워진다.

54-5: 修之於天下, 其德乃普.
修之於□□, 其德乃□.

그것을 잘 닦아 세상에 행하면, 그 덕은 이에 보편적으로 두루 미치게 된다.

*54-2부터 54-5까지의 내용을 정리해보면 이는 널리 알려진 '修身齊家治國平天下(수신제가치국평천하)'의 도리와 일치하게 되는데, 이러한 맥락을

짚고 넘어가기 위해서는 또 다음의 기록들을 살펴볼 필요가 있다.

物格而后知至; 知至而后意誠; 意誠而后身修; 身修而后家齊; 家齊而后國治; 國治而后天下平.

사물의 이치를 연구한 후에 앎이 지극해지고; 아는 바가 지극해진 후에 뜻이 참되게 되며; 뜻이 참되게 된 후에 몸이 닦여지고; 몸이 닦여진 후에 집안이 가지런해지며; 집안이 가지런해진 후에 나라가 다스려지고; 나라가 다스려진 뒤에 천하가 평화로워진다.　　　　　[禮記(예기)] 〈大學(대학)〉

古之欲明明德於天下者, 先治其國; 欲治其國者, 先齊其家; 欲齊其家者, 先修其身; 欲修其身者, 先正其心; 欲正其心者, 先誠其意; 欲誠其意者, 先致其知; 致知在格物.

옛날의 세상에 명덕(밝은 덕)을 밝히고자 하는 이는, 먼저 자기의 나라를 다스리고; 나라를 다스리고자 하는 이는, 먼저 그 집안을 가지런히 하며; 그 집안을 가지런히 하고자 하는 이는, 먼저 그 몸을 닦고, 그 몸을 닦고자 하는 이는, 먼저 그 마음을 바르게 하며; 그 마음을 바르게 하고자 하는 이는, 먼저 그 뜻을 참되게 하고; 그 뜻을 참되게 하고자 하는 이는, 먼저 그 아는 바를 지극히 하니; 그 아는 바를 지극히 하는 것은 사물의 이치를 연구하는 데 있다.　　　　　[禮記(예기)] 〈大學(대학)〉

즉 노자와 공자는 모두 우선 사물의 이치를 窮究(궁구)히 하고, 이를 바탕으로 '수신제가치국평천하' 하게 되면 자연스럽게 '明德(명덕: 덕을 밝힘)' 하게 된다고 보았는데, '덕'은 '도'의 하위개념이 되므로 덕을 밝힘으로써 궁극적으로는 '도'에 이를 수 있다고 본 것이다.

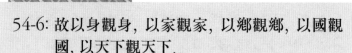

[대구법, 열거법, 점층법]

**그러므로 자신으로 남을 관찰하고, 자신의 가정으로 남의
가정을 관찰하며, 자신의 마을로서 다른 마을을 관찰하고,
자신의 나라로서 다른 나라를 관찰하며, (자신의) 세상으로서
(다른) 세상을 관찰한다.**

*바로 이 문장을 통해서 노자가 47장에서 밝히고자 한 뜻이 명확해진
다. 노자는 여기서 '자신을 통해서 남을 관찰할 수 있다.' 고 하였으니, 이
는 47장에서 말한 '대문을 나가거나 창밖을 보지 않아도 하늘의 도를 알
수 있고, 왕래하거나 보거나 행하지 않아도 알고 이해하고 나아가 이룰 수
있다.' 는 말을 풀어 쓴 것이 되는 것이다. 다시 말해서 노자는 이 문장을
통해서 '자신을 통해서 관찰하고 이해할 수 있으므로, 聖人(성인)은 굳이
타인이나 멀리서 찾지 않는다.' 는 도리를 설명한 것이다.

*54-5에서 언급했듯이, 노자의 이러한 가치관은 공자의 '수신제가치
국평천하' 와 본질적으로 같다. 그렇다면 노자와 공자의 사상은 여기서 다
시 한 번 일치하게 되는데, 그 緣由(연유)를 어디에서 찾을 수 있을까? 이제
다음의 기록들을 차례로 살펴보자.

今王嗣厥德, 罔不在初, 立愛惟親, 立敬惟長, 始于家邦, 終于四海. 嗚呼! 先
王肇修人紀, 從諫弗咈, 先民時若. 居上克明, 爲下克忠, 與人不求備, 檢身
若不及. 以至于有萬邦, 茲惟艱哉.

이제 임금(태강)께서 그 덕을 이으시려면, 처음부터 살피지 않으면 안 되니, 사랑을 세우는 것은 부모를 생각하시고, 공경함을 세우는 것은 연장자를 생각하시며, 집안과 나라에서 시작하여 온 천하에서 마쳐야 합니다. 아! 선왕께서는 백성의 기강을 바로잡아 다스리셨고, 간언을 따라 어기지 않으셨으니, 이전의 백성들은 늘 따랐습니다. 윗자리에 있으면 능히 밝히고, 아랫자리에 있으면 능히 충성하며, 사람들과 함께 함에 모든 것을 갖추기를 바라지 않았고, 자신의 몸을 단속함에 미치지 못하는 것처럼 하셨습니다. 그럼으로써 만방을 소유하기에 이르렀으니, 이것은 어려운 것입니다.

[尙書(상서)] 〈伊訓(이훈)〉

帝堯者, 放勳. 其仁如天, 其知如神. 就之如日, 望之如雲. 富而不驕, 貴而不舒. (생략) 能明馴德, 以親九族. 九族旣睦, 便章百姓. 百姓昭明, 合和萬國.
요임금은, 방훈이다. 그 인자함은 하늘과 같았고, 그 지혜로움은 귀신과도 같았다. 그를 좇으면 태양과 같았고, 그를 바라보면 구름과도 같았다. 부유하면서도 교만하지 않고, 고귀하면서도 오만하지 않았다. (생략) 능히 덕을 밝히고 따름으로써, 구족(같은 종족의 9대: 고조부터 현손까지)이 가까워졌다. 구족이 이미 화목해지니, 수많은 성씨(귀족)를 상의하여 처리했다. 수많은 성씨(귀족)가 명확히 구분되어지자, 온 나라가 합하여 잘 어울리게 되었다.

[史記(사기)] 〈五帝本紀(오제본기)〉

상술한 두 기록의 공통점을 찾아보자면 모두 '덕'을 밝히고 따름에 있어 작은 것에서 점차 큰 것으로 확대해 나아가야 한다는 점이니, 이는 곧 '수신제가치국평천하'의 도리이다. 다시 말해서 우리가 알고 있는 '수신제가치국평천하'는 공자도 노자도 아닌 상고시대부터 이미 보편적으로 존재하고 있었던 태평성대 治世(치세)의 도리인 것이다. 아울러 당시에는 이처럼 '수신제가치국평천하' 하기 위해서는 반드시 '德(덕)'을 밝히고 따라야한다고 보았는데, 이와 관련하여 또 다음의 기록들을 살펴보도록 한다.

皋陶曰：“都! 亦行有九德. 亦言, 其人有德, 乃言曰, 載采采.” 禹曰：“何？”
皋陶曰：“寬而栗, 柔而立, 愿而恭, 亂而敬, 擾而毅, 直而溫, 簡而廉, 剛而塞, 彊而義. 彰厥有常, 吉哉! 日宣三德, 夙夜浚明, 有家. 日嚴祗敬六德, 亮采, 有邦. 翕受敷施, 九德咸事, 俊乂在官, 百僚師師. 百工惟時, 撫于五辰, 庶績其凝.”

고요가 말했다: “아! 행함에는 또한 구덕(아홉 가지 덕)이 있습니다. 그 사람에게 덕이 있으면, 이에 가리고 가려 행했다고 말합니다.” 우가 말했다: “어떤 것입니까?” 고도가 말했다: “관대하면서도 엄격하고, 온유하면서도 확고히 서며, 정중하면서도 함께 하고, 다스리면서도 공경하며, 길들이면서도 강인하고, 정직하면서도 부드러우며, 질박하면서도 청렴하고, 강직하면서도 정성스러우며, 굳세면서도 의로운 것이니, 항상 그러함을 밝히면, 길합니다. 날마다 세 가지 덕을 널리 펴고, 아침저녁으로 삼가 밝히면 가문을 소유할 수 있습니다. 날마다 여섯 가지 덕을 엄격하게 떨치고 공경하며, 명확하게 분간하면, 나라를 소유할 수 있습니다. 합해 거두어 널리 베풀어서, 아홉 가지 덕을 모두 섬기면, 뛰어난 인재가 관직에 있게 되어, 모든 관료들이 기준으로 삼고 따를 것입니다. 모든 관료들이 때에 맞춰, 오진(오행)을 따르면, 모든 공적이 이루어질 것입니다.”

[尚書(상서)] 〈皋陶謨(고요모)〉

이러한 내용은 다음의 기록에도 보인다.

皐陶作士以理民. 帝舜朝, 禹・伯夷・皐陶相與語帝前. 皐陶述其謀曰：“信
其道德, 謀明輔和.” 禹曰：“然, 如何？” 皐陶曰：“於！ 愼其身修, 思長, 敎序
九族, 衆明高翼, 近可遠在已.” 禹拜美言, 曰：“然.” 皐陶曰：“於！ 在知人,
在安民.” 禹曰：“吁！ 皆若是, 惟帝其難之. 知人則智, 能官人；能安民則惠,
黎民懷之. 能知能惠, 何憂乎驩兜, 何遷乎有苗？ 何畏乎巧言善色佞人？”
皐陶曰：“然, 於！ 亦行有九德, 亦言其有德.” 乃言曰：“始事事, 寬而栗, 柔
而立, 願而共, 治而敬, 擾而毅, 直而溫, 簡而廉, 剛而實, 强而義, 章其有常,
吉哉. 日宣三德, 蚤夜翊明, 有家. 日嚴振敬六德, 亮采, 有國. 翕受普施,
九德咸事, 俊乂在官, 百吏肅謹. 毋敎邪淫奇謀. 非其人居其官, 是謂亂天
事.(생략)”

고요는 士(사: 선비)로서 백성을 다스렸다. 순임금이 조회하면 우, 백이, 고
요는 순임금 앞에서 서로 더불어 임금 앞에서 의논하였다. 고요가 계책
을 펴서 말했다: “정말로 덕을 따르면, 계책은 명확해지고 재상들은 화합
할 것입니다.” 우가 말했다. “그렇소, 어떻게 해야 하오?” 고요가 말했다:
“아! 몸 수양을 삼가고, 오랫동안 생각하며, 구족을 돈독하게 하고 차례
를 매기면, 많은 현명한 이들이 보좌할 것이니, 가까운 데서부터 먼 곳에
이를 수 있을 따름입니다.” 우는 훌륭한 말에 절하여, 말했다: “그렇습니
다.” 고요가 말했다: “아! 사람을 이해하는데 있고, 백성을 편안하게 하는
데 있습니다.” 우가 말했다: “아! 모두가 이와 같으니, 요임금도 그것을 어
려워하셨습니다. 사람을 이해하면 곧 지혜로우니, 관리가 될 수 있고; 백
성을 편안하게 할 수 있으면 은혜로우니, 일반 백성들이 그를 그리워할 것
입니다. 이해할 수 있고 은혜로울 수 있으면, 어찌 환두를 근심할 것이고,
어찌 유묘를 내쫓을 것이며, 어찌 교묘하게 말하고 얼굴빛을 꾸미는 간사
하고도 아첨하는 사람을 두려워하겠습니까? 고요가 말했다: “그렇습니
다, 아! 또한 아홉 가지 덕을 갖춰 행해야 하니, 그 덕을 갖춤에 대해 쉽게

말해보겠습니다." 이에 말했다: "국가의 대사에 종사하기 시작하면, 관대하면서도 엄격하고, 온유하면서도 확고히 서며, 정중하면서도 함께 하고, 다스리면서도 공경하며, 길들이면서도 강인하고, 정직하면서도 부드러우며, 질박하면서도 청렴하고, 강직하면서도 정성스러우며, 군세면서도 의로운 것이니, 항상 그러함을 밝히면, 길합니다. 날마다 세 가지 덕을 널리 펴고, 아침저녁으로 삼가 밝히면 가문을 소유할 수 있습니다. 날마다 여섯 가지 덕을 엄격하게 떨치고 공경하며, 명확하게 분간하면, 나라를 소유할 수 있습니다. 합해 거두어 널리 베풀어서, 아홉 가지 덕을 모두 섬기면, 뛰어난 인재가 관직에 있게 되어, 모든 관료들이 엄숙하고 삼갈 것입니다. 간사함과 음란함 기묘한 꾀를 본받지 마십시오. 그 사람이 아닌데 그 관직에 있으면, 이를 하늘의 대사를 어지럽히는 것이라 일컫습니다. (생략)

[史記(사기)] 〈夏本紀(하본기)〉

상술한 내용들을 정리해보면, '九德(구덕: 아홉 가지 덕)'은 1. 寬而栗(관대하면서도 엄격함), 2. 柔而立(온유하면서도 확고히 섬), 3. 願而共(정중하면서도 함께 함), 4. 治而敬(다스리면서도 공경함), 5. 擾而毅(길들이면서도 강인함), 6. 直而溫(정직하면서도 부드러움), 7. 簡而廉(질박하면서도 청렴함), 8. 剛而實(강직하면서도 정성스러움), 9. 強而義(군세면서도 의로움)를 말하는 것이다. 이 중에서 '三德(삼덕: 세 가지 덕)'을 행하면 가문을 소유할 수 있으니 바로 '齊家(제가)'를 뜻하고, '六德(육덕: 여섯 가지 덕)'을 행하면 나라를 소유할 수 있으니 '治國(치국)'을 의미하며, '九德(구덕: 아홉 가지 덕)'을 섬기면 모든 관료들이 엄숙하고 삼가게 되니 '平天下(평천하)'를 가리킨다. 그렇다면 이 '구덕' 중에서 '삼덕'과 '육덕'은 어떻게 구별해야 할까? 이어서 다음의 기록들을 살펴보자.

三德, 一曰正直, 二曰剛克, 三曰柔克, 平康正直, 彊弗友剛克, 燮友柔克, 沈潛剛克, 高明柔克.

삼덕(세 가지 덕)이라 함은, 첫 번째는 정직함을 말하는 것이요, 두 번째는 강직함으로 다스림을 말하는 것이요, 세 번째는 유함으로 다스림을 말하는 것이니, 평화롭고 안락하면 정직함으로 하고, 굳어서 따르지 않으면 강직함으로 다스리며, 화해하여 따르면 유함으로 다스리고, 성정이 가라앉아 겉으로 드러나지 않으면 강직함으로 다스리며, 식견이 높으면 유함으로 다스리는 것입니다. [尚書(상서)] 〈周書(주서)〉

즉 '삼덕' 은 '正直(정직: 올바름)' 과 '剛克(강극: 강직함으로 다스림)' 그리고 '柔克(유극: 유함으로 다스림)' 을 말하는 것이니, 이는 위의 '구덕' 중에서 2. 柔而立(온유하면서도 확고히 섬), 6. 直而溫(정직하면서도 부드러움), 8. 剛而實(강직하면서도 정성스러움)에 해당하고, 나머지는 바로 '육덕' 이 됨을 알 수 있다. 그렇다면 이러한 '삼덕' 과 '육덕' 그리고 '구덕' 은 도대체 언제부터 있었던 개념일까? 다음의 기록을 살펴보자.

收九牧之金, 鑄九鼎, 三足象三德.
(우 임금이) 구주(전 중국)의 쇠를 거두어, 아홉 개의 솥을 주조하니, 세 발은 삼덕을 상징하였다. [十八史略(십팔사략)] 〈夏王朝篇(하왕조편)〉

상술한 기록을 살펴보면 '삼덕' 은 禹(우)임금 때 존재했음을 알 수 있는데, 그보다 위에서 언급했던 고요의 말을 자세히 살펴보면 舜(순)임금 때에 이미 '구덕' 의 개념이 확립되어 있음을 엿볼 수 있으니, 이러한 '삼덕, 육덕, 구덕' 은 노자나 공자를 떠나서 이미 상고시대부터 존재했었음을 알 수 있는 것이다.

54-7: 吾何以知天下之然哉 ? 以此.

내가 어찌 세상이 그러함을 알겠는가? 이 때문이다.

*여기서 노자는 자신의 직책이 당시에 史官(사관)이었음을 다시 한 번
여실히 드러내고 있으니, 이에 관련하여서는 21장의 21-8을 참고한다.

第55章：赤子(적자)

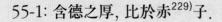

55-1: 含德之厚, 比於赤²²⁹⁾子.

덕의 넉넉함을 품는 것은, 갓난아이에 비견된다.

*이와 관련하여서는 28장의 28-2에서 이미 상세하게 언급한 바 있는데, 우선 다시 한 번 다음의 기록을 살펴보자.

> 康誥曰: "如保赤子." 心誠求之, 雖不中, 不遠矣. 未有學養子而后嫁者也.
> 〈강고〉에 이르기를 "갓난아이를 보살피듯 하라."고 하였다. 마음을 정성
> 스럽게 하여 구하면, 비록 맞추지 못해도, 멀지 않을 것이다. 자식 기르기
> 를 배운 후에 시집가는 이는 있지 아니하다.
>
> [禮記(예기)] 〈大學, 傳(대학, 전)〉

이처럼 노자는 '갓난아이'라는 표현을 자주 쓰고 있는데, 이는 바로 '和(화: 조화로움)'와 '樸(박: 순수함)' 그리고 '私心(사심)'이 없이 精誠(정성)을 다하는 것'을 뜻하기 때문이다.

---

229) 赤(적): 어린애, 순진하다.

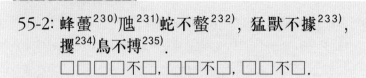

55-2: 蜂蠆²³⁰⁾虺²³¹⁾蛇不螫²³²⁾, 猛獸不據²³³⁾,
攫²³⁴⁾鳥不搏²³⁵⁾.
□□□□不□, □□不□, □□不□.

[대구법, 열거법, 제유법]

**벌과 전갈 독사가 쏘지 않고, 맹수가 달려들지 않으며,
맹금이 덮치지 않는다.**

*'攫鳥(확조)'는 '낚아채는 새'라는 의미이니 맹금류를 뜻한다. 여기서
언급하는 벌, 전갈, 독사는 단순히 毒(독)을 가진 구체적인 해충을 말하는
것이 아니라, 사람에게 피해를 주는 통괄적인 존재들로 봐야 한다.

*이 문장을 보면 55장의 전반적인 내용이 50장과 매우 밀접한 관계를
맺고 있음을 알 수 있다. 노자는 하늘의 뜻에 순응하여 德(덕)을 쌓는 삶 즉
'積善(적선)'을 강조하여 이에 순응하면 불행함을 비켜갈 수 있으나, 만약
이를 억지로 위배하여 사사로운 이익에 집착하면 오히려 불행한 결과를
自招(자초)한다고 보았다. 이와 관련하여 다음의 기록을 살펴보자.

> 周后稷, 名棄. 其母有邰氏女, 曰姜原. 姜原爲帝嚳元妃. 姜原出野, 見巨人
> 迹, 心忻然說, 欲踐之, 踐之而身動如孕者. 居期而生子, 以爲不祥, 棄之隘
> 巷, 馬牛過者皆辟不踐; 徙置之林中, 適會山林多人; 遷之而棄渠中冰上, 飛
> 鳥以其翼覆薦之.

---

230) 蠆(채): 전갈.
231) 虺(훼): 살무사(고대 전설중의 독사).
232) 螫(석): 쏘다.
233) 據(거): 점유하다, 차지하다. 이는 공격하다, 달려든다는 의미의 撲(박)과 같다고 봐야 한다.
234) 攫(확): 낚아채다, 움켜잡다.
235) 搏(박): 후리다, 덮치다.

주나라 후직은, 이름이 기다. 그 어머니는 유태씨의 딸로, 강원이라 불렸다. 강원은 제곡의 정실부인이다. 강원이 들에 나갔다가, 거인의 발자취를 보고, 마음이 흔연히 기뻐하여, 그것을 밟고 싶었는데, 그것을 밟으니 몸의 감응이 마치 임신한 사람과도 같았다. 1년이 지나고 아이를 낳았으니, 상서롭지 않다고 여겨, 좁은 골목에 버렸는데, 말과 소가 지나면서도 모두 피하여 밟지 않고; 숲으로 옮겨 놓으니, 마침 산속에 많은 사람이 모여 있었으며; 아이를 옮겨 도랑의 얼음 위에 버렸으나, 날아다니는 새들이 날개로 아이를 덮어주고 깔아주었다.　　　[史記(사기)] 〈周本紀(주본기)〉

이처럼 노자는 史籍(사적)들을 통해서, '德(덕)'이 있는 이는 죽음조차도 비켜간다고 보았던 것이다. 이러한 내용은 舜(순)의 이야기를 통해서도 이해할 수 있으니, 50장의 50-2에서 제시한 기록을 다시 한 번 참고하기 바란다.

55-3: 骨弱筋柔而握固, 未知牝牡之合而全作, 精之至也.
□□□□而□□, □□□□□□而□□, □之至也.

[대구법, 대조법, 열거법]
뼈대는 약하고 근육은 부드러우나 굳건히 움켜쥐고, 강함과 부드러움의 어울림(조화)은 알지 못하나 완전하게 작용하니, 정교함의 절정이다.

* '全作(전작)'을 '갓난아기의 생식기가 완전하게 발기하다.'로 풀이하

여, 원기가 왕성하여 암수의 교합을 알지 못하고도 순수하게 발기가 된다는 의미로 해석하는 사례가 있으나, 이 문장의 구조를 유심히 보면 앞 구절과 뒤 구절이 대구로 이루어져 있기 때문에, 그렇게 해석하면 앞 구절과의 관계가 순조롭지 않고 내용 역시 너무 갑작스럽다. 또한, 노자는 [도덕경] 전반에 걸쳐 '부드러움' 과 '강함' 의 조화를 강조하고 있거니와 이 문장의 앞 구절에서도 '부드러움' 과 '강함' 으로 표현했기 때문에, 뒤의 '牝牡(빈모)' 역시 直譯(직역)하여 '암수' 로 해석하지 말고 그 특성인 '강함' 과 '부드러움' 으로 意譯(의역)해야 문맥이 순조롭다.

*이 문장은 구조상 아래의 문장과도 대구를 이룬다.

55-4: 終日號而不嗄²³⁶⁾, 和之至也.
□□□而□□, □之至也.

[대조법, 대구법]

온종일 소리 질러도 목이 잠기지 않으니, 조화로움의 절정이다.

*사람이 온종일 소리를 지르는데 어찌 목이 잠기지 않을 수 있겠는가? 하지만 갓난아이는 온종일 소리를 질러도 목이 잠기지 않으니, 이는 갓난아이의 天性(천성)이자 억지로 가하지 않는 자연스러움이기 때문이라고 노자는 말하고 있다. 여기서 '和(화)' 와 관련하여, 다시 한 번 4장의 4-3에서 제시한 바 있는 기록들을 보기로 하자.

---

236) 嗄(사): 목이 잠기다, 목이 쉬다.

喜怒哀樂之未發, 謂之中, 發而皆中節, 謂之和.

희로애락이 드러나지 않은 것, 그것을 중이라고 일컫고, 드러나지만 모두
절도에 맞은 것, 그것을 화라고 한다.　　　　　　[禮記(예기)] 〈中庸(중용)〉

中也者, 天下之大本也, 和也者, 天下之達道也.

중이라는 것은, 세상의 큰 근본이고, 화라고 하는 것은, 세상이 도에 닿은
것이다.　　　　　　　　　　　　　　　　　　[禮記(예기)] 〈中庸(중용)〉

　　18장의 18-1과 36장의 36-2 그리고 38장의 38-7에서 누차 언급한 바 있
듯이, 노자는 궁극적으로 '中(중)'과 '和(화)'를 기반으로 하는 '덕치'를
행할 것을 주장하고 있으니, 이는 노자가 '和(화)'를 '덕'을 이루는 兩大
要素(양대 요소)중 하나로 보고 있음을 다시 한 번 확인시켜주고 있다.

55-5: 知和曰常, 知常曰明, 益生曰祥, 心使[237]氣
曰强.
知○曰●, 知●曰◇, □□曰□, □□□
曰□.

[대구법, 연쇄법, 열거법]

조화로움을 아는 것을 상(늘 그러함)이라고 하고, 상을 아는
것을 명(덕을 밝힘)이라고 하며, 생을 이롭게 하는 것을 상(길함,
상서로움)이라고 하고, 마음(뜻, 의지)이 기백을 따르는 것을
강함이라고 한다.

---

237)　使(사): 따르다, 순종하다.

*이 문장은 긍정의 열거형태이기 때문에, 여기서 '生(생)'은 '자연그대로의 것', '탄생', '생계' 중 하나로 이해해야 할 것으로 보인다. 또한 31장의 31-1과 78장의 78-3에서 이미 '不祥(불상)'으로 否定(부정)을 표현한 바 있기 때문에, '祥(상)'은 문자 그대로 번역해야 타당할 것이다.

*이제 4장의 4-3과 16장의 16-5, 그리고 36장의 36-2에서 설명한 내용들을 기반으로 이 문장을 풀어보면, 이는 '어느 누구나 버리지 않고 함께 함을 아는 것이 바로 변치 않음 즉 불변함이고, 그러한 변치 않음을 깨닫는 것이야말로 덕을 밝히는 것이며, 백성들의 생계를 이롭게 하는 것을 상서로움이라 하고, 마음속의 의지가 기백을 따르는 것을 이르러 자애로움이 내포된 단호함이라고 한다.' 라는 뜻으로 이해할 수 있는 것이다.

55-6: 物壯則老, 謂之不道, 不道早已.

사물이 강대해지면 곧 쇠퇴하니, 그것을 일컬어 도에 부합되지 않는다고 한다. 도에 부합되지 않으면 일찌감치 사라진다.

*이는 30장의 마지막 句(구)인 '사물이 강대해지면 곧 쇠퇴하니, 이는 도에 부합되지 않는다고 일컫는다. 도에 부합되지 않으면 일찌감치 사라진다.' 라는 말과 중복되는데, 자세한 내용은 30-6을 참고한다.

第56章：玄同(현동)

56-1: 知者不言, 言者不知.
○者不●, ●者不○.

[대구법, 대조법, 연쇄법]

아는 이는 말하지 않고, 말하는 이는 알지 못한다.

*이러한 개념은 2장 2-3의 '이 때문에, 성인은 억지로 작위하지 않는 일로 처리하고, 억지로 말하지 않는 가르침을 행한다.', 5장 5-4의 '말이 많으면 누차 곤궁해지니, 중간을 지키는 것이 낫다.', 23장 23-1의 '말을 드물게 하는 것이 스스로 그러하게 하는 것이다.', 43장 43-4의 '불언의 가르침, 무위의 이로움, 세상에는 이에 미치는 것이 드물다.' 그리고 81장과 맥락이 서로 통하는데, 이에 대해서는 이미 2장의 2-3에서 '靜(정)'과 연계하여 설명한 바 있으니 참고한다.

56-2: 塞其兌, 閉其門, 挫其銳, 解其分, 和其光, 同其塵, 是謂玄同.
□其□, □其□, □其□, □其□, □其□, □其□, 是謂玄同.

[대구법, 열거법]

그(지식의) 길(통로)을 막고, 그 문을 닫으며, 그 날카로움을 억누르게 하고, 그 분규를 해결하며, 그 광채를 조화롭게 하고, 그 속세와 함께 하니, 이를 현동이라고 이른다.

*이는 내용상 4장 4-3의 '그 날카로움을 억누르게 하고, 그 분규를 해결하며, 그 광채를 조화롭게 하고, 그 속세와 함께 한다.', 52장 52-3의 '그

(지식의) 통함을 막고, 그 문을 닫으면, 평생 근심하지 않는다.' 라는 표현과 중복되니, 상호 연계하여 이해할 수 있다. 여기에서 한 가지 주목할 만한 것이 있으니 이 문장에서 '分(분)'을 글자 그대로 해석하여 '분리됨'으로 볼 수도 있지만, 4장의 4-3에서 이미 '紛(분)'으로 쓰인 바 있기 때문에 '分(분)'을 '紛'의 誤記(오기)로 간주해도 무방할 것이다.

56-3: 故不可得而親, 不可得而疏; 不可得而利, 不可得而害; 不可得而貴, 不可得而賤; 故爲天下貴.
故不可得而□, 不可得而□; 不可得而□, 不可得而□; 不可得而□, 不可得而□; 故爲天下貴.

[대구법, 열거법]

그러므로 친하다고 할 수 없고, 소원하다고 할 수 없으며; 이롭다고 할 수 없고, 해가 된다고 할 수 없거니와; 귀하다고 할 수 없고, 천하다고 할 수 없으니, 그러므로 세상이 귀히 여긴다.

* '도'라는 것은 지극히 光明正大(광명정대)하고도 객관적인 것이라, '自然(자연: 스스로 그러하게 하는 것)'이다. 따라서 세속에서 말하는 개념으로 굳이 표현하자면 이와 같다고 풀어 설명한 것이니, 바로 5장의 5-4에서 이미 언급한 바 있는 '中(중)'이다. 이와 관련하여, 다음의 기록을 살펴보자.

伊尹申誥于王曰, 嗚呼! 惟天無親, 克敬惟親, 民罔常懷, 懷于有仁, 鬼神無常享, 享于克誠, 天位艱哉. 德惟治, 否德亂. 與治同道, 罔不興. 與亂同事,罔不亡. 終始愼厥與, 惟明明后.

이윤(伊尹)이 거듭 임금에게 고하였다: "아! 하늘은 친한 이가 없어서, 능히 공경하는 이만을 친근히 대하고, 백성들은 항상 그리워하는 사람이 없어서, 어진 이를 그리워하며, 귀신은 항상 흠향하는 사람이 없어서, 능히 정성스러운 사람에게 흠향하니, 하늘이 준 지위는 어렵습니다. 덕으로 다스려야 하니, 덕을 부정하면 어지러워집니다. 바로잡음을 베풀어서 함께 이끌면, 흥하지 않을 수 없고, 무도함을 베풀어서 함께 부리면, 망하지 않을 수 없습니다. 시종 베풀음에 신중하면, 훌륭한 임금을 밝힐 것입니다.

[尙書(상서)] 〈太甲下(태갑하)〉

즉 노자는 이 문장을 통해서, '中(중)' 역시 '和(화)'와 더불어 '德(덕)'을 이루는 兩大 要素(양대 요소)임을 다시 한 번 강조하고 있는 것이다.

第57章：無事(무사)

57-1: 以正治國, 以奇[238]用兵, 以無事取天下.
以□□□, 以□□□, 以□□□□□.

[대구법, 열거법]

올바름으로 나라를 다스리고, 느닷없음(임기응변)**으로 군대를
쓰며, 일을 만듬**(억지로 행함)**이 없음으로 세상을 다스린다.**

*57장은 노자가 [도덕경]에서 말하고자 하는 가치관을 集約(집약)하여
밝힌 부분이다. 올바름으로 나라를 다스린다는 것은 바로 '中(중)'과 '和
(화)'를 기본으로 하는 '덕치'를 실현하는 것이고, 억지로 행하지 말고 세
상을 다스린다는 것은 바로 '무위'의 정치를 뜻한다. 느닷없음으로 군대
를 쓴다고 함은 계획한 바 없이 갑자기 臨機應變(임기응변)으로 한다는 뜻이
므로, 이는 어쩔 수 없는 부득이한 상황에서만 전쟁을 한다는 의미이니 다
음의 기록을 살펴보자.

> 帝桀之時, 自孔甲以來而諸侯多畔夏, 桀不務德而武傷百姓, 百姓弗堪. 乃
> 召湯而囚之夏臺, 已而釋之. 湯修德, 諸侯皆歸湯, 湯遂率兵以伐夏桀.
> 걸임금 때에 이르러, 공갑 이래로 제후들 대부분이 하나라를 배반하니, 걸
> 은 덕에 힘쓰지 않고 무력으로 백성들을 해하니, 백성들이 견디지 못했
> 다. 이에 탕을 불러 하대에 가두었는데, 얼마 되지 않아 그를 풀어주었다.
> 탕이 덕을 닦으니, 제후들이 모두 탕에게 귀속했고, 탕은 결국 군대를 이
> 끌어 하나라의 걸을 토벌했다.   [史記(사기)] 〈夏本紀(하본기)〉

이처럼 모든 백성이 원하는 즉 아주 부득이한 상황에서는 어쩔 수 없

---

238) 奇(기): 의외이다, 느닷없다.

이 武力(무력)을 행사하였지만, 노자는 이러한 무력을 원칙적으로는 사용하지 말아야 한다고 보았다. 노자의 이러한 무력을 반대하는 가치관은 30장, 31장, 67장 67-8의 '무릇 자애로움이란, 그것으로서 전쟁에 쓰면 곧 승리하고, 그것으로서 수비에 쓰면 곧 견고해진다.', 68장 68-1의 '뛰어난 군인은 용맹을 뽐내지 않고, 전쟁에 뛰어난 이는 분노하지 않으며, 적을 이기는데 뛰어난 이는 더불어 함께하지 않고, 사람을 씀에 뛰어난 이는 상대방에게 낮춘다.', 69장 69-1과 69-2의 '군대를 부리는 이가 말하기를: 나는 감히 전쟁을 일으키지는 못하고 응전할 뿐이며, 감히 한 치를 나아가지는 못하고 한 자를 물러난다. 이는 행할 전투태세가 없고, 걷어붙일 팔이 없으며, 무찌를 적이 없고, 잡을 무기가 없음을 이르는 것이다.', 76장 76-3의 '무기로 강박하면 곧 패배하고, 나무가 단단하면 곧 무기가 된다.'라는 표현에서도 잘 나타나고 있으니, 함께 연계하여 이해할 필요가 있다.

57-2: 吾何以知其然哉 ? 以此.

내가 어찌 그것이 그러함을 알겠는가? 이 때문이다.

*여기에서도 노자는 자신의 철학이 史實(사실)을 통해서 얻어진 것임을 밝히고 있으니, 당시 그의 직책이 史官(사관)이었음을 추측할 수 있다.

57-3: 天下多忌諱[239], 而民彌[240]貧.
□□多□□, 而□彌□.

세상에 금기(금지령)가 많아지면, 백성들이 더욱 빈궁해진다.

*세상에 禁忌(금기)가 많아진다는 것은 禮樂制度(예악제도)와 法令(법령)이 늘어나고 강화된다는 뜻이니, 백성들의 삶을 지나치게 통제하면 백성들의 불만 역시 점차 늘어나게 된다. 이 말은 즉 '무위'의 '대동' 사회에서 점차 作爲(작위)하는 '소강'의 사회로 바뀌게 된다는 뜻이니, 노자는 여기서 다시 한 번 '소강'을 버리고 '대동'으로 돌아갈 것을 주장하고 있는 것이다.

*이 문장은 구조상 아래의 문장들과 대구를 이뤄, 'A가 많아질수록, B가 늘어난다.' 라는 의미를 지닌다.

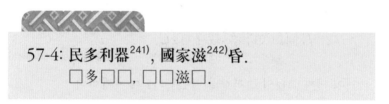

57-4: 民多利器[241], 國家滋[242]昏.
□多□□, □□滋□.

백성들에게 무기가 많아지면, 국가에 혼란이 증가한다.

*이는 전쟁이 빈번하게 발생할수록, 나라가 어수선해지고 혼란스럽게 된다는 뜻이다.

---

239) 忌諱(기휘): 금기, 금지령.
240) 彌(미): 더욱.
241) 利器(리기): 날카로운 병기, 무기.
242) 滋(자): 증가하다.

57-5: 人多伎巧, 奇物滋起.
□多□□, □□滋□.

사람에게 기교가 많아지면, 기이한 일(상서롭지 못한 일)들이
증가하기 시작한다.

*이는 18장과 38장의 내용을 보면 이해할 수 있는데, 즉 노자는 대동시
대의 성인들이 해왔던 것처럼 '中(중)'과 '和(화)'를 기반으로 하는 '덕치'
를 통한 '도'의 실현을 窮極(궁극)으로 삼았기 때문에, '기교' 즉 '仁義禮
智(인의예지)'와 같은 하위개념들이 많아지고 강화될수록 오히려 상서롭지
못하다고 보았다.

57-6: 法令滋彰[243], 盜賊多有.
□□滋□, □□多□.

법령이 현저하게 증가하면, 도적들이 많아진다.

*이 역시 57-5와 마찬가지로 스스로 그러하게 하는 '무위'를 강조한
부분이니, 법치와 예악제도가 강화될수록 오히려 58장 58-1의 '그 다스림
에 너무 자세하면, 그 백성들은 불완전해진다.'라는 말과 같이 백성들은
그러한 제도를 피하기 위해 더욱 교활해진다는 도리를 설명하고자 하였
다. 이러한 내용은 19장 19-3의 '재주를 단절하고 이익을 버리면 도적이
없어질 수 있다.'라는 말을 뒤집어서 표현한 것이니, 이와 관련하여 다음

---

243) 彰(창): 뚜렷하다, 현저하다.

의 기록을 살펴보자.

皐陶曰：“帝德罔愆, (생략) 好生之德, 洽于民心, 玆用不犯于有司.” 帝曰：
“俾予從欲以治, 四方風動, 惟乃之休.”
고요가 말했다：“임금의 덕에 허물이 없어서, (생략) 죽일 형벌에 처한 죄
인을 특별히 살려주는 임금의 덕이, 백성들의 마음을 적셔, 이러한 효용이
관리들을 거스르지 않았습니다.” (순)임금이 말했다：“내가 하고자 하는
바에 따라 다스려, 사방이 감화되었으니, 그대의 훌륭함이오.”

[尙書(상서)] 〈大禹謨(대우모)〉

이는 법치를 강화하지 않고 오히려 德(덕)을 베풀면 백성들이 스스로
감화되어 지도자를 마음으로 따르게 됨을 이르는 것이니, 위에서 말하는
내용과 상반됨을 알 수 있다.

> 57-7: 故聖人云：我無爲而民自化, 我好靜而民自
> 正, 我無事而民自富, 我無欲而民自樸.
> 故聖人云：我□□而民自□, 我□□而民自
> □, 我□□而民自□, 我□□而民自□.

[대구법, 열거법]
그러므로 성인이 이르기를: 내가 작위함이 없으면 백성들이
스스로 교화되고, 내가 고요함을 좋아하면 백성들이 스스로
바로잡으며, 내가 일을 만들지 않으면 백성들이 스스로
풍요롭게 되고, 내게 욕망이 없으면 백성들이 스스로
소박해진다.

*노자는 [도덕경]에서 말하고자 하는 바가 자신의 철학이 아니라, 史籍(사적)들에 기록된 상고시대 성인들의 行蹟(행적) 중에서 깨달은 도리를 집약적으로 드러낸 것임을 명확하게 밝히고 있는데, 여기서는 바로 '無爲(무위)', '靜(정)', '無欲(무욕)'을 강조하고 있다. 또한 이 말은 다음의 기록을 살펴보면 그 뜻을 더욱 명확하게 알 수 있다.

> 堯舜帥天下以仁, 而民從之; 桀紂帥天下以暴, 而民從之. 其所令反其所好, 而民不從.
> 요순이 세상을 거느림에 인으로 하니, 백성들이 따르고; 걸주가 세상을 거느림에 포악함으로 하니, 백성들이 따랐다. 명령하는 바가 좋아하는 바에 반하면, 백성이 따르지 않는다.　　　　　　〈大學, 傳(대학, 전)〉

요임금과 순임금이 '덕'으로 다스리자 백성들이 덕을 갖췄고, 걸임금과 주임금이 포악함으로 다스리자 백성들이 포악해졌으니, 이는 즉 지도자의 인품이 그만큼 중요함을 강조하는 것으로, 마치 '윗물이 맑아야 아랫물이 맑다.'라는 格言(격언)과도 일맥상통한다고 볼 수 있을 것이다.

第58章 : 無正(무정)

58-1: 其政悶悶[244], 其民淳淳[245], 其政察察, 其民缺缺[246].
其政□□, 其民□□, 其政□□, 其民□□.

[대구법, 대조법, 의태법]

그 다스림에 매우 딱하면(혼미하면), 그 백성들은 조용히 흘러가고(편안하게 순종하고), 그 다스림에 너무 자세하면, 그 백성들은 불완전해진다.

* '나라를 다스림에 딱하다.' 는 것은 일일이 따지며 간섭하지 않고, 마치 혼미하여 아무것도 모르는 것처럼 스스로 그러하도록 하는 대동사회의 '德治(덕치)' 를 형용한 것이다. 반면에 '나라를 다스림에 너무 자세하다.' 는 것은 너무나 꼼꼼하고 자세하여 일일이 간섭하면 백성들이 힘들어하기 마련이니, 이는 지나치게 번잡한 법률과 예악제도로 다스리는 소강사회의 모습을 형용한 것이다. 73장의 73-5를 보면, '하늘의 그물은 크고 넓어서, 성기지만 새지 않는다.' 라는 표현이 있는데 바로 이러한 도리를 구체적으로 설명한 것이니, 이와 관련하여 다음의 기록을 살펴보자.

> 湯出, 見野張網四面, 祝曰:"自天下四方皆入吾網." 湯曰:"嘻, 盡之矣!"
> 乃去其三面, 祝曰:"欲左, 左;欲右, 右;不用命, 乃入吾網." 諸侯聞之, 曰 :
> "湯德至矣, 及禽獸."
> 탕이 나가서, 들에 사면으로 그물을 펼쳐놓고, "세상 사방 모두가 내 그물로 들어오게 하소서" 라고 비는 이를 보았다. 탕이 말했다: "아, 다 잡으려

---

244) 悶悶(민민): 매우 딱하다, 혼미하다, 어둡다.
245) 淳淳(순순): 조용히 흘러가는 모양.
246) 缺缺(결결): 어떤 요건이 빠져있는 모양.

하는구나!" 이에 삼면을 거두고, "왼쪽으로 가려면, 왼쪽으로, 오른쪽으로 가려면, 오른쪽으로 가게 하소서; 명령을 따르지 않으면, 이에 내 그물로 들어오게 하소서."라고 빌었다. 제후들이 듣고, 말했다: "탕의 덕이 지극하니, 금수에게까지 미쳤구나."

[史記(사기)] 〈殷本紀(은본기)〉

이러한 내용은 다음의 기록에도 보인다.

湯出, 見有張網四面而祝之曰: 從天降, 從地出, 從四方來者, 皆罷吾網. 湯曰: 噫, 盡之矣. 乃解其三面, 改祝曰: 欲左左, 欲右右, 不用命者, 入吾網. 諸侯聞之曰: 湯德至矣, 及禽獸.

탕이 나가다가, 그물을 사방에 펼치고는 하늘에서 내려오고, 땅에서 나오며, 사방에서 온 것이, 모두 내 그물에 걸려라하고 비는 사람을 보았다. 탕이 말했다: 아, 지나치다. 이에 그 삼면을 풀고, 바꿔 기원하며 말했다: 왼쪽으로 가고 싶으면 왼쪽으로 가고, 오른쪽으로 가고 싶으면 오른쪽으로 가며, 목숨이 필요 없는 자는 내 그물에 들어오라. 제후들이 듣고 말했다: 탕의 덕이 지극하여, 금수에게까지 미쳤구나.

[十八史略(십팔사략)] 〈殷王朝篇(은왕조편)〉

잘 다스리려고 지나치게 법이나 예악제도를 강화하면 오히려 백성들이 힘들어하나, 기본적인 조건을 마련해준 후에 자연스럽게 놔두면 오히려 天性(천성)에 따라서 자연스럽게 흘러간다. 이러한 도리는 57장, 72장 72-1의 '백성들이 위엄을 두려워하지 않으면, 곧 더 큰 위엄이 도래한다.', 74장 74-1의 '백성들이 죽음을 두려워하지 않는데, 어찌 죽음으로 그들을 위협하겠는가?' 라는 말과도 연계하여 이해할 수 있으니, 법과 예악제도가 많아지고 강화될수록 오히려 사람들은 그 법망을 빠져나갈 궁리를 하게 되어 더욱 교활해지기 마련이다.

58-2: 禍兮福之所倚, 福兮禍之所伏, 孰知其極?
○兮●之所□, ●兮○之所□, 孰知其極?

[대구법, 연쇄법, 설의법]
**화는 복이 의지하는 바이고, 복에는 화가 숨어있는 바이니,
누가 그 끝을 알겠는가?**

*이 말은 災殃(재앙) 속에서도 福(복)이 오고, 복이 있는 와중에도 재앙이
올 수 있다는 말이니, 바로 42장의 42-4에서 소개한 바 있는 '塞翁之馬(새
옹지마)'와도 같은 도리를 설명하고 있다. '새옹지마'는 [淮南子(회남자)]에
기록되어 있는데, 그 내용을 간략하게 소개하면 다음과 같다. 중국 邊方(변
방)에 한 노인이 살고 있었는데, 어느 날 그가 기르던 말이 달아나 버렸다.
이에 마을 사람들이 위로하자, 노인은 오히려 덤덤하게 福(복)이 될지 누가
알겠느냐고 말했다. 몇 달이 지나 그 말이 駿馬(준마)와 함께 돌아왔고, 마
을 사람들이 이에 축하하자 노인은 뜻밖에도 禍(화)가 될지 누가 알겠느냐
며 오히려 불안해했다. 어느 날 노인의 아들이 그 준마를 타다가 떨어져
다리가 부러졌는데, 마을 사람들이 이에 노인을 위로하자 노인은 또 복이
될지 누가 알겠느냐며 태연하게 말했다. 후에 전쟁이 발생하고 마을 젊은
이들이 徵集(징집)되어 대부분 전쟁터에서 죽었으나, 노인의 아들은 落馬
(낙마)로 절름발이가 되었기 때문에 전쟁에 나가지 않게 되어 죽음을 면했
다. 이 '새옹지마'라는 成語(성어)는 世上萬事(세상만사) 어느 것이 禍(화)가
되고, 어느 것이 福(복)이 될지 알 수 없다는 말로, 吉凶禍福(길흉화복)은 변화
가 많아 사람이 함부로 판단할 수 없다는 뜻으로 통용된다.

58-3: 其無正, 正復爲奇, 善復爲妖, 人之迷, 其日 固久.

그것에는 표준이 없어서, 올바름도 기이함이 되고, 선함도 요상함이 되니, 사람들이 미혹됨은, 그 시간들이 이미 오래되었도다.

*58-2와 58-3의 의미를 연결하면 '하늘은 일정함이 없다.' 라는 맥락으로 해석할 수 있는데, 이와 관련하여 다음의 기록들을 살펴보자.

伊尹申誥于王曰, 嗚呼! 惟天無親, 克敬惟親, 民罔常懷, 懷于有仁, 鬼神無常享, 享于克誠, 天位艱哉. 德惟治, 否德亂. 與治同道, 罔不興. 與亂同事, 罔不亡. 終始愼厥與, 惟明明后.

이윤(伊尹)이 거듭 임금에게 고하였다: "아! 하늘은 친한 이가 없어서, 능히 공경하는 이만을 친근히 대하고, 백성들은 항상 그리워하는 사람이 없어서, 어진 이를 그리워하며, 귀신은 항상 흠향하는 사람이 없어서, 능히 정성스러운 사람에게 흠향하니, 하늘이 준 지위는 어렵습니다. 덕으로 다스려야 하니, 덕을 부정하면 어지러워집니다. 바로잡음을 베풀어서 함께 이끌면, 흥하지 않을 수 없고, 무도함을 베풀어서 함께 부리면, 망하지 않을 수 없습니다. 시종 베풀음에 신중하면, 훌륭한 임금을 밝힐 것입니다.

[尙書(상서)] 〈太甲下(태갑하)〉

嗚呼! 天難諶, 命靡常, 常厥德, 保厥位, 厥德匪常, 九有以亡. 夏王弗克庸德, 慢神虐民, 皇天弗保, 監于萬方, 啓迪有命, 眷求一德, 俾作神主. 惟尹躬暨湯, 咸有一德, 克享天心, 受天明命. (생략) 非天私我有商, 惟天佑于一德, 非商求于下民, 惟民歸于一德. 德惟一, 動罔不吉, 德二三, 動罔不凶.

아! 하늘을 믿기 어려운 것은, 천명이 항구하지 않기 때문이니, 그 덕이 항구하면, 그 지위를 보존하고, 그 덕이 항구하지 못하면, 구주가 망하게 됩니다. 하나라 왕이 덕을 능히 변치 않게 하지 못하여, 귀신을 업신여기고 백성들을 해치자, 황천이 보호하지 않고, 만방을 살펴보아, 천명이 있는 이를 가르쳐 길을 열었고, 순일(純一)한 덕(德)이 있는 이를 찾아 돌보시니, 귀신을 받드는 주인이 되게 하였습니다. 저 이윤은 몸소 탕(탕왕)과 함께, 모두 순일한 덕을 갖춰서, 능히 천심을 누릴 수 있었으니, 하늘의 밝은 명을 받은 것입니다. (생략) 하늘이 우리 상나라에 사사로움이 있는 것이 아니라, 하늘이 순일한 덕을 도운 것이고, 상나라가 백성들에게 청한 것이 아니라, 백성들이 순일한 덕으로 귀속한 것입니다. 덕이 한결같으면, 움직여서 길하지 않은 것이 없고, 덕이 두셋으로 나뉘면(한결같지 않으면), 움직여서 흉하지 않은 것이 없습니다.　　　[尙書(상서)]〈咸有一德(함유일덕)〉

德無常師, 主善爲師, 善無常主, 協于克一.
덕(德)에는 일정한 스승이 없어서, 선을 주로 하는 것을 모범으로 삼고, 선에는 일정한 모범이 없어서, 능히 한결같을 수 있음을 돕는 것입니다.

[尙書(상서)]〈咸有一德(함유일덕)〉

　　위의 내용들을 정리해보면, 天命(천명)이라는 것은 한결같지가 않기 때문에 '德(덕)'과 '善(선)'을 베풀어 '一(일: 순일한 덕)'을 지켜야한다는 뜻이니, 하늘은 이렇듯 한결같고도 끊임없이 '덕'과 '선'을 베푸는 이만을 지켜준다고 본 것이다.

58-4: 是以聖人方而不割, 廉而不劌[247], 直而不肆, 光而不耀[248].

是以聖人 □而不□, □而不□, □而不□, □而不□.

[대구법, 열거법]

이 때문에 성인은 바르지만 남을 상하게 하지 않고, 청렴하지만 남을 다치게 하지 않으며, 솔직하지만 제멋대로 하지 않고, 빛나지만 과시하지 않는다.

*이는 바로 상고시대의 태평성대를 이끌었던 성인들의 處世(처세)와 정치도리를 표현한 것으로, 노자는 태평성대를 이끈 성인들이 한결같이 방정하고 청렴하며 정직하고도 영화로웠지만 그러함으로 인해 타인에게 어떠한 피해도 주지 않았다고 보았다. 이제 다음의 기록을 살펴보면 그 의미를 보다 명확하게 이해할 수 있을 것이다.

高辛生而神靈, 自言其名. 普施利物, 不於其身. 聰以知遠, 明以察微. 順天之義, 知民之急. 仁而威, 惠而信, 脩身而天下服. 取地之財而節用之, 撫敎萬民而利誨之, 曆日月而迎送之, 明鬼神而敬事之. 其色郁郁, 其德嶷嶷. 其動也時, 其服也士. 帝嚳漑執中而遍天下, 日月所照, 風雨所至, 莫不從服.

고신(제곡)은 태어나면서 신통하고 영묘하여, 스스로 자신의 이름을 말했다. 두루 베풀어 만물을 이롭게 하였지만, 자신에게는 아니었다(자신을 돌보지 않았다). 귀가 밝아 멀리까지 알았고, 눈이 밝아 작은 것을 살폈다. 하늘의 법도를 따르고, 백성의 긴요함을(백성들이 무엇을 긴요하게 생각하는지를)

---

247) 劌(귀): 상처를 입히다.
248) 耀(요): 자랑하다, 과시하다.

알았다. 어질면서도 위엄 있고, 은혜로우면서도 믿음이 있었으며, 자신을 닦았기에 세상이 복종했다. 땅의 재물을 얻어 아껴 쓰고, 백성을 위로하고 가르치면서 이롭게 인도하였으며, 해와 달을 셈하여 맞이하거나 전송하였고, 귀신을 밝혀서 공손히 섬겼다. 그 얼굴빛은 그윽하고, 그 덕은 높았다. 그 움직임은 때에 맞았고, 그 의복은 士의 것이었다(임금의 복장이 아니었다). 제곡은 이미 중을 잡아 두루 세상에 미쳤으므로, 해와 달이 비치는 곳과, 바람과 비가 이르는 곳이면, 복종하지 않는 것이 없었다.

[史記(사기)] 〈五帝本紀(오제본기)〉

帝堯者, 放勳. 其仁如天, 其知如神. 就之如日, 望之如雲. 富而不驕, 貴而不舒.(생략) 能明馴德, 以親九族. 九族旣睦, 便章百姓. 百姓昭明, 合和萬國.

요임금은, 방훈이다. 그 인자함은 하늘과 같았고, 그 지혜로움은 귀신과도 같았다. 그를 좇으면 태양과 같았고, 그를 바라보면 구름과도 같았다. 부유하면서도 교만하지 않고, 고귀하면서도 오만하지 않았다. (생략) 능히 덕을 밝히고 따름으로써, 구족(같은 종족의 9대: 고조부터 현손까지)이 가까워졌다. 구족이 이미 화목해지니, 수많은 성씨(귀족)를 상의하여 처리했다. 수많은 성씨(귀족)가 명확히 구분되어지자, 온 나라가 합하여 잘 어울리게 되었다.

[史記(사기)] 〈五帝本紀(오제본기)〉

第59章 : 積德(적덕)

59-1: 治人事天莫若嗇, 夫唯嗇, 是謂早服, 早服
謂之重積德.
治人事天莫若嗇, 夫唯嗇, 是謂早服, 早服
謂之○○○.

백성을 다스리고 하늘을 섬김에 있어 인색한 것 만한 것이 없는데, 무릇 인색함, 이는 앞서서 따름(남들보다 먼저 따름)을 일컫는 것이니, 앞서서 따름 그것은 덕을 쌓는 것을 중시한다는 것을 이른다.

*5장 5-1의 '천지는 어질지 않아서, 만물을 추구로 여기고; 성인은 어질지 않아서, 백성을 추구로 여긴다.' 라는 문장에서, '어질지 않다' 라는 것은 '吝嗇(인색)하다' 라고 이미 간략하게나마 설명한 바 있다. 이제 노자는 그 뜻을 좀 더 명확하게 풀이하고 있는데, '인색함이란 남들보다 앞서서 따르는 것' 이고, '앞서서 따른다는 것은 덕을 쌓는 것' 이라고 말하고 있으니, 5-1의 구체적인 의미 역시 여기서 명확하게 드러난다. 즉 5-1의 내용을 종합해서 풀이하면, 천지는 덕을 쌓는 것을 중시하여 만물이 그 天性(천성)에 따르도록 하고, 성인은 덕을 쌓는 것을 중시하여 백성들이 그 천성에 따르도록 한다는 의미이니, 이는 바로 억지로 작위하지 않고 각자 스스로의 천성을 따르게 하는 '無爲(무위)' 를 강조한 것이다. 아울러 노자는 이 글을 통해서 다시 한 번 '德治(덕치)' 가 나라를 다스리는 최고의 가치이자 모범임을 밝히고 있다. 이 문장은 아래 문장과 연결되어 연쇄법으로 쓰였다.

*그렇다면 '덕을 쌓는 것' 은 과연 구체적으로 무엇을 지칭하는 것일까? 우선 다음의 기록들을 살펴보자.

鯀陻洪水, 舜擧代鯀, 勞身焦思, 居外十三年, 過家門不入.

곤이 홍수를 막았는데, 순이 (우를) 올려 곤을 대신하게 하니, 몸을 수고로이 하고 애를 태워, 밖에 머문 지 13년 동안, 집의 문을 지나도 들어가지 않았다.　　　　　　　　　　　　[十八史略(십팔사략)]〈夏王朝篇(하왕조편)〉

이와 같은 내용이 다음의 기록에도 보인다.

禹爲人敏給克勤;其筍不違, 其仁可親. 其言可信;聲爲律, 身爲度. 稱以出; 亹亹穆穆, 爲綱爲紀.(생략) 禹傷先人父鯀功之不成受誅, 乃勞身焦思, 居外十三年, 過家門不敢入. 薄衣食, 致孝於鬼神. 卑宮室, 致費於溝淢.(생략) 食少, 調有餘相給, 以均諸侯.

우는 사람됨이 민첩하고도 부지런했으니; 싹(바탕)은 어긋남이 없고, 인자함은 가까이할 수 있었다. 말은 믿을 수 있었으니; 말하면 규율이 되고, 행하면 법도가 되었다. (명확하게) 헤아려 드러내었으니; 부지런하고도 온화하여, 기강이 되었다. (생략) 우는 돌아가신 아버지 곤이 공을 이루지 못해 형벌을 당한 것이 마음 아팠기에, 이에 몸을 수고롭게 하고 애태우며, 밖에서 지낸지 13년 동안, 집 문을 지나도 감히 들어가지 않았다. 입고 먹는 것을 소홀히 하고, 귀신을 극진히 섬겼다. 거처를 누추하게 하고, 수로에 비용을 다 썼다. (생략) 식량이 적으면, 남음이 있는 곳에서 옮겨 서로 공급하여, 그럼으로써 제후들을 고르게 하였다.　　[史記(사기)]〈夏本紀(하본기)〉

一饋十起, 以勞天下之民.

(우 임금은) 한 번 식사를 할 때 열 번을 일어나니, 그럼으로써 세상의 백성을 위해 애썼다.　　　　　　　　　[十八史略(십팔사략)]〈夏王朝篇(하왕조편)〉

윗글을 살펴보면, 禹(우)임금은 정치에 임하는 태도가 마치 周公(주공)의 '握髮吐哺(악발토포)'와도 같았음을 볼 수 있다. '악발토포'란 [韓詩外傳(한시외전)]에 나오는 말로 머리털을 잡고 먹은 것을 토해 낸다는 뜻인데, 이는 周(주)나라 武王(무왕)의 동생 주공이 머리를 감다가도 손님이 오면 머리채를 쥐고 나와서 만나고, 음식을 먹다가도 이를 뱉고 만났을 정도로 人材(인재)와 賢人(현인)을 모시기 위해 정성을 다한 태도를 比喩(비유)한다. 이처럼 노자는 史籍(사적)들의 고찰을 통해서, 덕을 쌓는다는 것이란 항상 삼가고 몸을 수고롭게 하며 자신을 돌보지 않고 백성들을 위해 애쓰는 것이라고 보았던 것이다.

59-2: 重積德則無不克, 無不克則莫知其極.
○○○則●●●, ●●●則◇◇◇◇.

덕을 쌓는 것을 중시한다는 것은 곧 극복(이기지)하지 못할 것이 없다는 것이니, 극복하지 못할 것이 없다는 것은 곧 그 끝을 알 수 없다(무궁무진하다)는 것이다.

*38장의 38-7에서 이미 언급한 바 있듯이, '덕'을 쌓는다는 것은 바로 '도'로 향하는 것이니 '常(상)' 즉 '항상 그러함, 영구함'이 된다. 또한 이는 30장 30-6의 '사물이 강대해지면 곧 쇠퇴하니, 이는 도에 부합되지 않는다고 일컫는다. 도에 부합되지 않으면 일찌감치 사라진다.', 55장 55-6의 '사물이 강대해지면 곧 쇠퇴하니, 그것을 일컬어 도에 부합되지 않는다고 한다. 도에 부합되지 않으면 일찌감치 사라진다.'라는 말과 연계하여 이해해야 한다. 다시 말해서 사물은 강대해지면 쇠퇴하는데, 이는 '도'에 부합되지 않는다고 하였으니, 노자는 '덕'을 바탕으로 하는 '도'에 이

르면 영원할 수 있다고 본 것이다. 이 문장 역시 구조상 아래 문장과 연결
되어 연쇄법으로 쓰였다.

59-3: 莫知其極, 可以有國.
◇◇◇◇, 可以◆◆.

그 끝을 알지 못하면, 나라를 가질(책임질) 수 있는 것이다.

*'덕'을 쌓아서 항상 유지할 수 있으면 나라를 가질 수 있는 것이니,
이는 '덕치'를 행할 수 있는 이는 지도자의 자리에 오를 자격이 있다는 말
이다. 즉 노자는 '덕'을 펴는 자가 임금이 되어야, 비로소 나라가 온전할
수 있다고 믿었다. 이 문장 또한 구조상 아래 문장과 연결되어 연쇄법으로
쓰였다.

59-4: 有國之母, 可以長久.
◆◆之母, 可以□□.

나라를 가질 수 있음의 근본은, 장구히 보존할 수 있는
것이다.

*이 문장은 위의 59-3과 연결하여 이해해야 하는데, 즉 노자는 38장의
38-7에서 정리한 바와 같이 '中(중: 객관적인 태도)'과 '和(화: 누구 하나 버리지 않
고 다 함께 나아가는 것)'를 바탕으로 하는 '덕치'를 행해야 '大道(대도)'에 도
달하여 최종적으로는 '무위'의 '대동사회'를 구현할 수 있고, 이러한 사

회의 특징은 '常(상: 늘 그러함)'과 '樸(박: 질박함, 소박함)' 그리고 '靜(정: 고요함)'이라고 보았다. 따라서 지도자는 이처럼 나라를 장구히 보존할 수 있어야, 비로소 진정 지도자가 될 자격이 있다고 피력한 것이다. 그렇다면 '장구히 보존한다.'는 것은 과연 어떠한 뜻을 지니는 것일까? 이제 다음의 기록들을 살펴보면, 쉬이 이해할 수 있을 것이다.

堯曰：“嗟! 四嶽：朕在位七十載, 汝能庸命, 踐朕位.”

요임금이 말했다: "아, 사악이여! 짐이 재위한 지 70년인데, 그대는 천명을 변치 않게 할 수 있으니, 짐의 자리에 오르시오."

[史記(사기)] 〈五帝本紀(오제본기)〉

周公曰：嗚呼! 我聞曰：昔在殷王中宗, 嚴恭寅畏, 天命自度, 治民祗懼, 不敢荒寧. 肆中宗之享國七十有五年. 其在高宗, 時舊勞于外, 爰暨小人. 作其卽位, 乃或亮陰, 三年不言. 其惟不言, 言乃雍, 不敢荒寧, 嘉靖殷邦. 至于小大, 無時或怨. 肆高宗之享國五十有九年. 其在祖甲, 不義惟王, 舊爲小人. 作其卽位, 爰知小人之依, 能保惠于庶民, 不敢侮鰥寡. 肆祖甲之享國三十有三年.

주공이 말했다: '아! 제가 듣건대: 옛날 은나라 임금 중종은, 엄숙히 삼가며 공경하고 두려워하여, 천명을 스스로 헤아렸고, 백성을 다스림에 공경하고 두려워하여, 감히 편안함에 빠지지 않았습니다. 드디어 중종은 나라를 칠십 오년 누리셨습니다. 고종이 재위했을 때, 오랫동안 밖에서 수고로우셨고, 이에 소인(신분이 낮은 백성)들과 함께 하였습니다, 그 즉위를 해서는, 이에 상을 입으시고, 삼년동안 말하지 않았습니다. 말하지 않았으나, 말하면 온화했지만, 감히 편안함에 빠지지 않았으니, 은나라가 아름답고도 평안해졌습니다. 낮은 사람이건 높은 사람이건, 원망하는 이가 없게

되었습니다. 드디어 고종은 나라를 오십 구년 누리셨습니다. 조갑이 재위해서는, 의로운 왕이 아니라 하고, 오래 소인(신분이 낮은 백성)이 되었습니다. 즉위하여서는, 이에 소인(신분이 낮은 백성)의 의지함을 알고, 수많은 백성들을 능히 보호하고 사랑하였으며, 감히 홀아비나 과부를 업신여기지 않았습니다. 드디어 조갑은 나라를 삼십 삼년 누리셨습니다.

[尙書(상서)] 〈無逸(무일)〉

이처럼 태평성대를 이끈 지도자들은 하나같이 오랫동안 그 자리를 지킬 수 있었으니, 이것이야말로 '장구히 보존한다.'는 뜻이 아니겠는가?

59-5: 是謂深根固柢[249], 長生久視之道.

이를 일컬어 기초가 튼튼하다고 하니, 오랫동안 유지하는 도리이다.

---

249) 柢(저): 뿌리, 기초.

第60章 : 若烹小鮮(약팽소선)

60-1: 治大國若烹小鮮, 以道莅[250]天下, 其鬼不神.

治大國若烹小鮮, 以道莅天下, ○○○○.

대국을 다스리는 것은 작은 생선을 굽는 것과 같으니, 도를 가지고 세상에 임하면 흉계(간계, 음모)가 오묘(신묘)해지지 못한다(흉계가 통하지 못한다).

*여기서 '도'는 '大道(대도)'를 가리키는 것으로, 도를 가지고 세상에 임한다는 것은 '大德(대덕)'으로 세상을 다스리는 것을 뜻하니, 바로 '덕치'를 일컫는다. 이 문장은 직유법으로 쓰였는데, 노자는 왜 大國(대국)을 다스리는 것을 군이 생선을 굽는다는 표현으로 비유했을까? 이 부분은 두 가지 관점에서 나누어 접근할 필요가 있다.

1. 오늘날 '若烹小鮮(약팽소선)'은 '가만히 두면서 지켜보는 것이 가장 좋은 정치'라는 의미의 成語(성어)로 쓰이는데, 이는 노자의 핵심사상인 '無爲(무위)'의 입장에서 접근한 것으로, 백성들로 하여금 그들의 天性(천성)에 따르도록 하면 나라가 알아서 잘 다스려진다는 취지이다.

2. 생선을 급하게 익히려들면 태우기 십상이니, 천천히 세심하게 구워야 골고루 제대로 익힐 수 있는 것이다. 즉 규모가 큰 나라는 섣불리 달려들다가는 마치 생선이 타버리는 것처럼 일을 그르칠 수 있기 때문에, 신중에 또 신중을 기울어야 한다는 취지로 이렇게 표현한 것이다. 이와 관련하여서는, 이제 다음의 기록들을 살펴보자.

---

250) 莅(리): 다다르다, 임하다.

象以典刑, 流宥五刑, 鞭作官刑, 朴作敎刑, 金作贖刑. 眚災過, 赦;怙終賊,
刑. 欽哉, 欽哉, 惟刑之恤哉!

법에 따라 형벌을 내렸으니, 오형(잔인한 다섯 가지 형벌)은 유배형으로 용서
하고, 채찍질로 관형(관아의 형벌)을 삼았고, 회초리로 교형(학교의 형벌)을 삼
았으며, 금전으로 속형(죄를 면하는 것)을 삼았다. 과실로 일어난 재해는, 사
면해주었으나; 뉘우치지 않으면, 형벌로 다스렸다. "삼갈지니, 삼갈지니,
형벌의 신중함이여!"   [尙書(상서)] 〈舜典(순전)〉

이러한 내용은 다음의 기록에도 보인다.

象以典刑, 流宥五刑, 鞭作官刑, 撲作敎刑, 金作贖刑. 眚災過, 赦;怙終賊,
刑. 欽哉, 欽哉, 惟刑之靜哉!

법에 따라 형벌을 내렸으니, 오형(잔인한 다섯 가지 형벌)은 유배형으로 용서
하고, 채찍질로 관형(관아의 형벌)을 삼았고, 회초리로 교형(학교의 형벌)을 삼
았으며, 금전으로 속형(죄를 면하는 것)을 삼았다. 과실로 일어난 재해는, 사
면해주었으나; 뉘우치지 않으면, 형벌로 다스렸다. "삼갈지니, 삼갈지니,
형벌의 깨끗함이여!"   [史記(사기)] 〈五帝本紀(오제본기)〉

咨十有二牧曰: "食哉惟時! 柔遠能邇, 惇德允元, 而難任人, 蠻夷率服."

십이목과 상의하여 말했다: "먹는 것은 때를 맞춰야 하나니! 먼 곳을 편안
하게 하여 능히 가깝게 하고, 덕에 힘써 백성들에게 진심으로 대하며, 사
람을 씀에 삼가면, 오랑캐들이 좇아 복종할 것이오."

                                      [尙書(상서)] 〈舜典(순전)〉

帝曰: "來, 禹! 降水儆予, 成允成功, 惟汝賢. 克勤于邦, 克儉于家, 不自滿

442 / 443

假, 惟汝賢. 汝惟不矜, 天下莫與汝爭能. 汝惟不伐, 天下莫與汝爭功. 予懋乃德, 嘉乃丕績, 天之歷數在汝躬, 汝終陟元后. 人心惟危, 道心惟微, 惟精惟一, 允執厥中. 無稽之言勿聽, 弗詢之謀勿庸. 可愛非君? 可畏非民? 衆非元后, 何戴? 后非衆, 罔與守邦. 欽哉! 愼乃有位, 敬修其可願, 四海困窮, 天祿永終. 惟口出好興戎, 朕言不再."

(순)임금이 말했다: "오시오, 우여! 물이 내려(홍수가 발생하여) 나를 주의시켰는데, 믿음을 이루고 공을 이루었으니, 그대의 어질음 때문이오. 나라에 능히 부지런하고, 집안에 능히 검소하며, 스스로 만족하여 위대한 체하지 않으니, 그대의 어질음 때문이오. 그대는 자랑하지 않기에, 세상은 그대와 기량을 다툴 수 없고, 그대가 드러내지 않기에, 세상은 그대와 공을 겨룰 수가 없소. 나는 그대의 덕을 독려하고, 그대의 큰 공을 기리니, 하늘의 헤아림이 그대 몸에 있어서, 그대가 결국에는 임금에 오를 것이오. 사람의 마음은 위태롭고, 도의 마음은 희미하니, 정성스럽고도 한결같이, 그 중을 진실로 잡아야 하오. 상의하지 않은 말은 듣지 말고, 상의하지 않은 계책은 쓰지 마시오. 사랑할 만한 것이 임금이 아니겠소? 두려워할 만한 것이 백성이 아니겠소? 백성들은 임금이 아니면 누구를 받들겠소? 임금은 백성이 아니면, 더불어 나라를 지킬 사람이 없소. 공경하시오! 삼가면 이에 자리가 있게 되고, 공경하여 베풀면 바랄 수 있으니, 온 나라가 곤궁해지면, 하늘이 준 복록도 영영 끝나게 되오. 입에서 나는 것(말)은 곧잘 전쟁을 일으키니, 나는 다시 말하지 않겠소." 　　　　[尙書(상서)] 〈大禹謨(대우모)〉

日若稽古, 皋陶曰: "允迪厥德, 謨明弼諧." 禹曰: "兪! 如何?" 皋陶曰: "都! 愼厥身, 修思永. 惇敍九族, 庶明勵翼, 邇可遠在玆."

이에 옛일을 상고하여, 고요가 말했다: "진실로 그 덕을 따르면, 계책이 밝아져 조화롭도록 도울 것입니다." 우가 말했다: "그렇습니다! 어찌해야 합니까?" 고요가 말했다: "아! 그 몸을 삼가고, 의지를 오래 닦아야 합니다. 구족을 도탑게 펴고, 많은 어진 사람들이 힘써 도우면, 가까운 곳에서 먼 곳으로 갈 수 있음이 여기에 있습니다."　　[尙書(상서)] 〈皐陶謨(고요모)〉

其一曰: 皇祖有訓, 民可近, 不可下. 民惟邦本, 本固邦寧. 予視天下, 愚夫愚婦, 一能勝予. 一人三失, 怨豈在明, 不見是圖. 予臨兆民, 懍乎若朽索之馭六馬, 爲人上者, 奈何不敬.

그 첫째가 말했다: "선조께서 훈계하심이 있으니, 백성들은 가까이할 수 있으나, 얕잡아 보면 안 된다. 백성은 나라의 근본이고, 근본이 단단해야 나라가 안녕하다. 내가 세상을 살피니, 어리석은 남자와 어리석은 여자가, 모두 나보다 훌륭하다. 한 사람이 거듭 실수함에, 원망이 어찌 드러나기를 살피노니, 보지 않고도 알 수 있다. 내 백성들을 다스림에, 썩은 새끼줄로 말 여섯 마리를 모는 듯 삼가니, 위에 있는 사람이, 어찌 공경하지 않겠는가?"　　[尙書(상서)] 〈五子之歌(오자지가)〉

온전한 밧줄로도 말 여섯 마리를 몰기가 어려운데, 썩은 새끼줄로 말 여섯 마리를 모는 것은 얼마나 힘든 일인가? 즉 이는 그만큼 신중에 신중을 기해 조심스럽게 한다는 의미를 비유적으로 표현한 것이다.

先王克謹天戒, 臣人克有常憲, 百官修輔, 厥后惟明明.

선왕께서 하늘이 보이는 경계를 삼가면, 신하들이 변치 않는 법도를 지닐 수 있어, 백관들이 행하고 보필하였기에, 그 임금이 명확히 밝혔다.

[尙書(상서)] 〈胤征(윤정)〉

嗚呼! 愼厥終, 惟其始, 殖有禮, 覆昏暴. 欽崇天道, 永保天命.

아! 그 끝을 삼가려면 그 시작을 생각해야 하니, 예가 있으면 키우고, 어둡고 포악하면 엎으십시오. 하늘의 도를 삼가 공경해야, 하늘의 도를 영구히 보존할 것입니다."

[尙書(상서)]〈仲虺之誥(중훼지고)〉

伊尹乃言曰: 先王昧爽丕顯, 坐以待旦, 旁求俊彦, 啓迪後人, 無越厥命以自覆. 愼乃儉德, 惟懷永圖. 若虞機張, 往省括于度, 則釋, 欽厥止, 率乃祖攸行. 惟朕以懌, 萬世有辭.

이윤이 이에 말했다: "선왕께서는 먼동이 틀 무렵에 크게 밝히고자, 앉아서 아침을 기다리셨고, 뛰어난 인재와 훌륭한 선비들을 두루 찾아 구하여, 후인들을 계도하셨으니, 그 명을 어김으로써 스스로 엎으지지 마십시오. 신중하여 이에 검소한 덕을 행하시고, 장구한 계책을 품으십시오. 우인이 쇠뇌에 활시위를 얹어, 가서 화살 끝이 법도에 맞는지 살피고, 곧 (활을) 발사하는 것처럼, 그 행동거지를 공경하고, 이에 선조가 행하신 바를 따르면, 제가 그럼으로써 기쁘고, 만세(萬世)에 말씀이 남을 것입니다.

[尙書(상서)]〈太甲上(태갑상)〉

伊尹申誥于王曰, 嗚呼! 惟天無親, 克敬惟親, 民罔常懷, 懷于有仁, 鬼神無常享, 享于克誠, 天位艱哉. 德惟治, 否德亂. 與治同道, 罔不興. 與亂同事, 罔不亡. 終始愼厥與, 惟明明后.

이윤(伊尹)이 거듭 임금에게 고하였다: "아! 하늘은 친한 이가 없어서, 능히 공경하는 이만을 친근히 대하고, 백성들은 항상 그리워하는 사람이 없어서, 어진 이를 그리워하며, 귀신은 항상 흠향하는 사람이 없어서, 능히 정성스러운 사람에게 흠향하니, 하늘이 준 지위는 어렵습니다. 덕으로 다스려야 하니, 덕을 부정하면 어지러워집니다. 바로잡음을 베풀어서 함께 이끌면, 흥하지 않을 수 없고, 무도함을 베풀어서 함께 부리면, 망하지 않을 수 없습니다. 시종 베풀음에 신중하면, 훌륭한 임금을 밝힐 것입니다.

[尙書(상서)] 〈太甲下(태갑하)〉

無輕民事惟難, 無安厥位惟危, 愼終于始.

백성의 일을 가벼이 여기지 말고 어려움을 생각하며, 그 지위를 편안하게 여기지 말고, 끝을 삼가려면 시작부터 삼가야 합니다.

[尙書(상서)] 〈太甲下(태갑하)〉

任官惟賢材, 左右惟其人. 臣爲上爲德, 爲下爲民, 其難其愼, 惟和惟一.

관리를 임용함에 어진 이와 재능 있는 이를 생각하고, 좌우에는 그 사람(임용한 어질고 재능 있는 이)을 세우십시오. 신하(臣下)는 위로는 덕을 행하고, 아래로는 백성들을 위하는 것이라, 어렵고도 신중히 해야 하니, 오직 조화롭고 한결같아야 합니다.

[尙書(상서)] 〈咸有一德(함유일덕)〉

居寵思危, 罔不惟畏. 弗畏, 入畏.

영화로움에 자리했을 때 위태로움을 생각하고, 두려워하지 않음이 없도록 해야 합니다. 두려워하지 않으면, 두려움에 빠지게 됩니다.

[尙書(상서)] 〈周官(주관)〉

禹曰 : "於, 帝! 愼乃在位, 安爾止, 輔德, 天下大應. 淸意以昭待上帝命, 天其重命用休."

우가 말했다 : "아, 임금이시여! 신중하여 이에 재위하시면, 임금님의 거동이 편안하실 것이고, 덕을 도우면, 세상이 크게 응할 것입니다. 맑은 뜻으로써 인도하여 하늘의 명을 기다리시면, 하늘이 명을 삼가여 관대함을 베풀 것입니다."

[史記(사기)] 〈夏本紀(하본기)〉

於是夔行樂, 祖考至, 群后相讓, 鳥獸翔舞, 簫韶九成, 鳳皇來儀, 百獸率舞, 百官信諧. 帝用此作歌, 曰:"陟天之命, 維時維幾." 乃歌曰:"股肱喜哉! 元首起哉! 百工熙哉!" 皐陶拜手稽首揚言曰:"念哉! 率爲興事, 愼乃憲. 敬哉!" 乃更爲歌曰:"元首明哉, 股肱良哉, 庶事康哉!" 又歌曰:"元首叢脞哉, 股肱惰哉, 萬事墮哉!" 帝拜曰:"然, 往欽哉!"

그래서 기가 악기를 연주하자, 돌아가신 선조(귀신)께서 이르고, 여러 왕후들이 서로 양보하였으며, 조수가 날면서 춤추었는데, 소 아홉 곡 연주가 끝나자, 봉황이 와서 예절을 갖추고, 모든 짐승들이 모두 춤추었으며, 모든 관리들이 믿고 화합했다. (순)임금은 이에 노래를 지어, 불렀다:"하늘의 명을 공경하여 받들어, 때에 맞추기를 살피리니." 이에 노래하여 불렀다:"팔 다리(중신)가 행복하니! 원수(임금)가 입신하고! 온갖 장인이 흥성하리니!" 고요가 손을 들어 맞잡고 절하며 머리를 조아려 소리 높여 말했다: "삼가소서! 대략 국가의 대사를 일으킴에, 삼가면 이에 흥성합니다. 공경하소서!" 이에 다시 노래를 불렀다:"원수(임금)가 명철하면, 팔 다리(중신)가 어질어져, 모든 일이 편안하네!" 또 노래를 불렀다:"원수(임금)가 통일성이 없으면, 팔 다리(중신)들이 불경해져, 만사가 무너지네!" 임금이 절하며 말했다:"그렇소, 가서 삼가시오!"   [史記(사기)] 〈夏本紀(하본기)〉

是故君子先愼乎德. 有德此有人, 有人此有土, 有土此有財, 有財此有用, 德者, 本也; 財者, 末也. 外本內末, 爭民施奪. 是故財聚則民散, 財散則民聚.
이 때문에 군자는 먼저 덕을 신중히 하니, 덕이 있으면 이에 따르는 사람이 있고, 따르는 사람이 있으면 이에 땅이 있고, 땅이 있으면 이에 재물이 있고, 재물이 있으면 이에 쓰임이 있는 것이니, 덕이라는 것은, 근본이고; 재물이라는 것은, 끝이다. 근본을 밖으로 하고 끝을 안으로 하면, 백성들을 다투고 빼앗도록 하게 된다. 이 때문에 재물이 모이면 백성들이 흩어지고, 재물이 흩어지면, 백성들이 모이게 된다.

[禮記(예기)] 〈大學, 傳(대학, 전)〉

위에서 열거한 내용들은 모두 상고시대의 태평성대를 이끌었던 성인들의 말씀을 기록한 것인데, 어느 하나 '신중함, 삼감'을 강조하지 아니한 것이 없다. 물론 애당초 처음 제시한 두 가지 관점 모두 노자가 궁극적으로 지향하는 바이기 때문에, 어느 것이 맞는다고 함부로 단정 지을 수는 없다. 다만 필자는 개인적으로 노자가 지향하는 정치가 궁극적으로는 '無爲(무위)' 251)를 지향하지만, 그러한 '무위'의 경지에 도달하기 위해서는 신중에 또 신중을 기해야 하기 때문에, 오히려 두 번째 관점이 더 타당하지 않을까 생각한다. 아울러 노자는 80장 80-1에서도 이상적인 사회로서 '小國寡民(소국과민)'을 주장하고 있기 때문에, 이러한 주장이 더욱 설득력이 있다고 본다. 이러한 '신중함, 삼감'의 정치에 대해서는 61장과 연계하여 살펴볼 필요가 있으니 참고한다.

60-2: 非其鬼不神, 其神不傷人.
非○○○○. ●●●●●.

그 흉계(간계, 음모)가 오묘(신묘)해지지 못하면(흉계가 통하지 못하면),
반드시 그 신묘함이 사람을 해치지 못한다.

* '非(비)'는 뒤의 '不(불)'과 호응하여 '非~不' 즉 '반드시(틀림없이) ~한

---

251) 다시 한 번 강조하지만, 노자의 "무위"는 아무 것도 하지 않는 것이 아니라, 억지로 행하지 않고 그 천성에 따르도록 하는 것이다.

다.'라고 해석해야 하니, 이는 오늘날 현대 중국어에서도 자주 보인다. 이 문장은 또한 아래 문장과 연계하여 대구법으로 쓰였다.

*노자는 '도' 즉 '순일한 덕'으로 세상을 다스리면 奸計(간계)나 陰謀 (음모)가 통하지 않기 때문에, 그리하면 백성들 역시 피해를 입지 않을 수 있다고 보았다. 이와 관련하여 다음의 기록들을 살펴보자.

堯曰:"嗟! 四嶽:朕在位七十載, 汝能庸命, 踐朕位." 嶽應曰:"鄙德忝帝位." 堯曰:"悉擧貴戚及疏遠隱匿者." 衆皆言於堯曰:"有矜在民間, 曰虞舜." 堯曰:"然, 朕聞之. 其何如?" 嶽曰:"盲者子. 父頑, 母嚚, 弟傲, 能和以孝, 烝烝治, 不至奸." 堯曰:"吾其試哉." 於是堯妻之二女, 觀其德於二女.

요임금이 말했다: "아, 사악이여! 짐이 재위한 지 70년인데, 그대는 천명을 변치 않게 할 수 있으니, 짐의 자리에 오르시오." 사악이 대답했다: "덕이 낮아 임금 자리를 욕되게 할 것입니다." 요임금이 말했다: "귀족이거나 관계가 먼 사람 숨어 사는 사람 모두를 천거해주시오." 모두가 요임금에게 말했다: "민간에 홀아비가 있는데, 우순이라 합니다." 요임금이 말했다: "그러한가, 짐은 그에 대해 들었소. 그는 어떠하오?" 사악이 말했다: "장님의 아들입니다. 아버지는 완고하고, 어머니는 간사하며, 동생은 교만하지만, 능히 온화하게 부모님을 섬기고, 나아가 수양하니, 어지러움에 이르지 않게 되었습니다." 요가 말했다: "내가 그를 시험해보겠소." 이에 요는 두 딸을 그에게 시집보내어, 두 딸에게서 그의 덕을 살폈다.

[史記(사기)] 〈五帝本紀(오제본기)〉

舜父瞽叟頑, 母嚚, 弟象傲, 皆欲殺舜. 舜順適不失子道, 兄弟孝慈. 欲殺, 不可得;即求, 嘗在側.

순의 아버지 고수는 고집 세고, 어머니는 간사하고, 동생 상은 교만하여,

모두 순을 죽이고자 하였다. 순은 거스르지 않고 좇아 자식 된 도리를 잃

지 않았고, 동생에게 형 노릇하여 효성스럽고도 자애로웠다. 죽이고 싶어

도, 얻을(죽일) 수 없었지만: 부르면, 항상 곁에 있었다.

[史記(사기)] 〈五帝本紀(오제본기)〉

帝舜有虞氏, 姚姓. 或曰名重華, 瞽瞍之子, 顓頊六世孫也. 父惑於後妾, 愛

小子象, 常欲殺舜, 舜盡孝悌之道, 烝烝乂, 不格姦.

제순 유우씨는, 요가 성인데, 혹자가 말하기를 이름은 중화라고 하니, 고

수의 아들이자, 전욱의 6세손이다. 아버지가 후첩에게 미혹되어, 작은 아

들 상을 사랑하고, 항상 순을 죽이고자 하였는데, 순이 부모에 대한 효도

와 형제에 대한 우애의 도를 다하니, 이에 어질음으로 나아가, 환난에 이

르지 않았다.

[十八史略(십팔사략)] 〈五帝篇(오제편)〉

皐陶作士以理民. 帝舜朝, 禹·伯夷·皐陶相與語帝前. 皐陶述其謀曰: "信

其道德, 謀明輔和." 禹曰: "然, 如何?" 皐陶曰: "於! 愼其身修, 思長, 敦

序九族, 衆明高翼, 近可遠在已." 禹拜美言, 曰: "然." 皐陶曰: "於! 在知

人, 在安民." 禹曰: "吁! 皆若是, 惟帝其難之. 知人則智, 能官人;能安民

則惠, 黎民懷之. 能知能惠, 何憂乎驩兜, 何遷乎有苗? 何畏乎巧言善色佞

人?" 皐陶曰: "然, 於! 亦行有九德, 亦言其有德." 乃言曰: "始事事, 寬而

栗, 柔而立, 願而共, 治而敬, 擾而毅, 直而溫, 簡而廉, 剛而實, 强而義, 章其

有常, 吉哉. 日宣三德, 蚤夜翊明, 有家. 日嚴振敬六德, 亮采, 有國. 翕受普

施, 九德鹹事, 俊乂在官, 百吏肅謹, 毋敎邪淫奇謀. 非其人居其官, 是謂亂天

事.(생략)"

고요는 士(사: 선비)로서 백성을 다스렸다. 순임금이 조회하면 우, 백이, 고

요는 순임금 앞에서 서로 더불어 임금 앞에서 의논하였다. 고요가 계책

을 펴서 말했다: "정말로 덕을 따르면, 계책은 명확해지고 재상들은 화합할 것입니다." 우가 말했다. "그렇소, 어떻게 해야 하오?" 고요가 말했다: "아! 몸 수양을 삼가고, 오랫동안 생각하며, 구족을 돈독하게 하고 차례를 매기면, 많은 현명한 이들이 보좌할 것이니, 가까운 데서부터 먼 곳에 이를 수 있을 따름입니다." 우는 훌륭한 말에 절하여, 말했다: "그렇습니다." 고요가 말했다: "아! 사람을 이해하는데 있고, 백성을 편안하게 하는데 있습니다." 우가 말했다: "아! 모두가 이와 같으니, 요임금도 그것을 어려워하셨습니다. 사람을 이해하면 곧 지혜로우니, 관리가 될 수 있고; 백성을 편안하게 할 수 있으면 은혜로우니, 일반 백성들이 그를 그리워할 것입니다. 이해할 수 있고 은혜로울 수 있으면, 어찌 환두를 근심할 것이고, 어찌 유묘를 내쫓을 것이며, 어찌 교묘하게 말하고 얼굴빛을 꾸미는 간사하고도 아첨하는 사람을 두려워하겠습니까? 고요가 말했다: "그렇습니다, 아! 또한 아홉 가지 덕을 갖춰 행해야 하니, 그 덕을 갖춤에 대해 쉽게 말해보겠습니다." 이에 말했다: "국가의 대사에 종사하기 시작하면, 관대하면서도 엄격하고, 온유하면서도 확고히 서며, 정중하면서도 함께 하고, 다스리면서도 공경하며, 길들이면서도 강인하고, 정직하면서도 부드러우며, 질박하면서도 청렴하고, 강직하면서도 정성스러우며, 굳세면서도 의로운 것이니, 항상 그러함을 밝히면, 길합니다. 날마다 세 가지 덕을 널리 펴고, 아침저녁으로 삼가 밝히면 가문을 소유할 수 있습니다. 날마다 여섯 가지 덕을 엄격하게 떨치고 공경하며, 명확하게 분간하면, 나라를 소유할 수 있습니다. 합해 거두어 널리 베풀어서, 아홉 가지 덕을 모두 섬기면, 뛰어난 인재가 관직에 있게 되어, 모든 관료들이 엄숙하고 삼갈 것입니다. 간사함과 음란함 기묘한 꾀를 본받지 마십시오. 그 사람이 아닌데 그 관직에 있으면, 이를 하늘의 대사를 어지럽히는 것이라 일컫습니다. (생략)

[史記(사기)]〈夏本紀(하본기)〉

위에서 열거한 예들은 모두 공통적으로 노자의 '덕치를 행하면 자연
스레 간교함이나 음모가 통할 수 없게 되고, 그리하게 되면 백성들에게도
자연스레 영향을 주지 못한다.' 는 가치관을 뒷받침해주니, 이 역시 노자
의 사상이 史籍(사적)들의 事例(사례)들을 통해서 나온 것임을 증명한다고
할 수 있을 것이다.

60-3: 非其神不傷人, 聖人亦不傷人.
非●●●●●, ◇◇◇◇◇◇.

**그 신묘함이 사람을 해치지 않으면, 성인 역시 사람을
해치지 못한다.**

*이 문장 역시 위와 마찬가지로 '非(비)'는 뒤의 '不(불)'과 호응하여
'반드시(틀림없이) ~한다.' 라고 해석해야 한다.
*성인 역시 사람을 해치지 못한다는 것은 과연 어떠한 의미일까? 다음
의 기록들을 살펴보자.

古公亶父復脩后稷·公劉之業, 積德行義, 國人皆戴之. 薰育戎狄攻之, 欲得
財物, 予之. 已復攻, 欲得地與民. 民皆怒, 欲戰. 古公曰: "有民立君, 將以利
之. 今戎狄所爲攻戰, 以吾地與民. 民之在我, 與其在彼, 何異? 民欲以我故
戰, 殺人父子而君之, 予不忍爲." 乃與私屬遂去豳, 度漆·沮, 踰梁山, 止於
岐下. 豳人舉國扶老攜弱, 盡復歸古公於岐下. 及他旁國, 聞古公仁, 亦多歸
之.

고공단보는 후직과 공류의 공적을 다시 닦아, 덕을 쌓고 의를 행하자, 나
라 사람들이 모두 그를 받들었다. 훈육과 융적이 그를 공격하여, 재물을

얻으려고 하자, 재물을 주었다. 얼마 되지 않아 다시 공격하여, 땅과 백성을 얻고자 했다. 백성들이 모두 노하여, 싸우려 했다. 고공이 말했다: 백성들이 있어 임금을 세우는 것은, 장차 그들을 이롭게 하려는 것이다. 지금 융적이 공격하는 바는, 나의 땅과 백성 때문이다. 백성들이 나에게 있는 것이, 저들에게 있는 것과, 어찌 다르겠는가? 백성들이 나 때문에 고로 싸우면, 사람들의 부자를 죽여 임금이 되는 것이니, 나는 차마 못하겠다."
이에 고공은 가신들과 더불어 마침내 빈 지역을 떠나, 칠수와 저수를 건너, 양산을 넘어, 기산 아래에 머물렀다. 빈 지역 사람 전부 노인을 부축하고 어린이의 손을 이끌어, 모두 다시 기산 아래의 고공에게 귀속했다. 더불어 다른 이웃나라에서, 고공의 어질음을 듣고, 역시 많은 이들이 그에게 귀속했다.   [史記(사기)]〈周本紀(주본기)〉

이와 같은 기록이 다음에도 보인다.

獯鬻攻之, 去豳, 渡漆沮, 踰梁山, 邑於岐山之下居焉, 豳人曰: 仁人也, 不可失. 扶老携幼以從, 他旁國皆歸之.
훈육(흉노족)이 침입하자, 빈 지역을 떠나, 칠저를 건너, 기산 아래에 도읍을 이루어 사니, 빈 지역 사람들이 말했다: (고공단보는) 어진 사람이니, 잃을 수 없다. 노인을 부축하고 어린이를 이끌고 따르니, 다른 옆의 나라 사람들이 모두 그에게 귀속했다.

[十八史略(십팔사략)]〈周王朝篇(주왕조편)〉

또 다음의 기록을 살펴보자.

大旱七年, 太史占之曰: 當以人禱. 湯曰: 吾所爲請者, 民也, 若必以人禱, 吾

請自當.

큰 가뭄이 칠년이라, 태사가 점을 쳐 말했다: 마땅히 사람으로서(사람을 제
물로 바쳐서) 기도를 해야 합니다. 탕이 말했다: "내가 바라는 바는 백성을
위해서이니, 만약 반드시 사람으로서 기도해야 한다면, 나는 스스로 담당
하기를(제물이 되기를) 청한다.

[十八史略(십팔사략)]〈殷王朝篇(은왕조편)〉

즉 노자는 '덕치'를 행한 성인들이 항상 하늘의 뜻에 따라 삼가고 또
삼가여 신중하게 백성들을 다스리고자 하였으며, 또한 백성들을 위해서
자신의 安危(안위)를 뒤로 하였기에 흉계나 음모가 그들에게 통하지 않았
으니, 이에 백성들이 피해를 입지 않았다고 피력하고 있는 것이다.

60-4: 夫兩不相傷, 故德交歸焉.

무릇 둘(사악한 영향과 성인)**이 서로 해치지 않으니, 그러므로
덕이 함께 돌아간다.**

*60-1에서는 '도로 세상에 임하면 흉계가 신묘해지지 못한다.'고 했
고, 60-2에서 '흉계가 신묘해지지 못하면 사람을 해치지 못한다.'고 하였
으며, 60-3에서는 '사람을 해치지 못하면 성인 역시 사람을 해치지 못한
다.'고 하였고, 이제 마지막으로 '이 둘이 서로 해치지 않으니 덕이 함께
돌아간다.'고 하였다. 즉 노자는 연쇄법을 사용하여 이들의 因果關係(인과
관계)를 설명하고자한 것이니, 이는 바로 '도'와 '덕'의 관계를 다시 한 번
확인해주는 문장임을 알 수 있다. 바꿔 말해서, 이 문장의 요지는 '순일한
덕'을 행하면 흉계가 신묘해지지 못해 사람을 해치지 못하고 성인도 역시

그러하니, 긍정과 부정이 조화를 이루게 되어 그럼으로써 자연스레 '도'로 복귀하게 된다는 것이다. 여기서 주목할 것은 '흉계'라는 부정적인 것과 '성인'이라는 긍정적인 것이 서로 해치지 않는다고 하였으니, 이는 바로 '和(화)'를 부각시키고 있다는 점이다.

第61章 : 為下(위하)

61-1: 大國者下流, 天下之交, 天下之牝.

대국은 하류이므로, 세상의 교착점이요, 세상의
모성(부드러움)이다.

*이제 61장에서 노자는 그간의 정치에 대한 견해를 외교적 관점으로
확대하여 서술하고 있다. 노자의 '모성'에 대한 관점은 6장의 6-1과 10장
의 10-2에서 이미 언급되었고, 이에 대한 구체적인 의미는 36장의 36-2에
서 풀이한 바 있으니, 바로 '부드러움'이자 '질박함, 순수함'이다. 이는
또 다른 말로 67장의 '慈(자)' 즉 '자애로움'이라고 표현할 수 있으니, 이
와 관련하여서는 67-6에서 좀 더 상세하게 논하기로 한다.

61-2: 牝常以靜勝牡, 以靜爲下.
牝常以□□□, 以□□□.

[대구법]
모성(부드러움)이 항상 고요함으로 부성(강함)을 제압하는 것은,
고요함으로 아래에 처하기 때문이다.

*이제 다음의 기록을 다시 한 번 살펴보면, 위 문장의 의미를 명확하게
이해할 수 있을 것이다.

子路問强. 子曰: 南方之强與, 北方之强與, 抑而强與? 寬柔以敎, 不報無道,
南方之强也, 君子居之. 衽金革, 死而不厭, 北方之强也, 而强者居之. 故君
子和而不流, 强哉矯! 中立而不倚, 强哉矯! 國有道, 不變塞焉, 强哉矯! 國無

道, 至死不變, 强哉矯.

자로가 강함을 물었다. 공자가 말씀하시기를: 남방의 강함인가, 북방의 강함인가, 아니면 너의 강함인가? 너그럽고 부드러움으로 가르치고, 무도함에 보복하지 않는 것은, 남방의 강함이니, 군자가 머문다. 병기와 갑옷을 깔고(늘 전쟁을 하고), 죽어도 싫증내지 않는 것은, 북방의 강함이니, 따라서 흉포한 자가 머문다. 따라서 군자는 중에 서지 한쪽에 기대지 않으니, 강하도다 꿋꿋함이여! 중에 서서 기울어지지 않으니, 강하도다 꿋꿋함이여! 나라에 도가 있으면, 성실함이 변하지 않으니, 강하도다 꿋꿋함이여! 나라에 도가 없으면, 죽음에 이르러도 변하지 않으니, 강하도다 꿋꿋함이여!

[禮記(예기)] 〈中庸(중용)〉

다시 한 번 정리하자면, 노자의 '모성(부드러움)'은 바로 '남방의 강함' 즉 '너그럽고 부드러움'이요, '부성(강경함)'은 '북방의 강함' 즉 '무도하고 흉포함'인 것이다. 또한, 이를 통해서 노자와 공자의 '강함'에 대한 관점 역시 일치함을 확인할 수 있다.

**61-3: 故大國以下小國, 則取小國; 小國以下大國,
則取大國.**
故○○以下●●, 則取●●; ●●以下○
○, 則取○○.

[대구법, 연쇄법]

그러므로 대국은 소국에게 낮춤으로써, 곧 소국을 얻고(소국이 따르게 하고); 소국은 대국에게 낮춤으로써, 곧 대국을 얻는다(대국의 지지를 얻는다).

*여기서 '大國(대국)'과 '小國(소국)'은 현재의 관점으로 이해해서는 안 되고, 노자가 살던 시대적 관점에서 이해하여야 함에 유의해야 한다. 다시 말해서, 노자가 처해있던 시대는 天子(천자)가 있던 周(주)나라와 諸侯國(제후국) 및 外部(외부)의 部族國家(부족국가)들로 이루어져 있었기 때문에, 여기서 '대국'은 '천자의 나라'로, '소국'은 제후국과 외부의 부족국가들로 이해해야 하는 것이다.

61-4: 故或下以取, 或下而取.
故或下□取, 或下□取.

[대구법, 대조법]

그러므로 낮춤으로써 얻게 (따르게) 되고, 낮추지만 (지지를) 얻는다.

*여기서 '以(이)'는 因果關係(인과관계)를 나타내는 順接(순접)을, '而(이)'는 逆接(역접)을 나타낸다.

61-5: 大國不過欲²⁵²⁾兼²⁵³⁾畜²⁵⁴⁾人, 小國不過欲入事人.

□□不過欲□□人, □□不過欲□□人.

[대구법]

**대국은 마땅히 사람(소국)을 포용하여 사랑해야 할 따름이고,
소국은 마땅히 사람(대국)에 들어가 섬겨야 할 따름이다.**

*이는 15장의 15-4와 16장의 16-6과 함께 연계하여 살펴볼 필요가 있다. 먼저 15-4를 보면 '망설이니 마치 사방을 두려워하는 듯하다.' 라고 하여, 당시에 주변을 대함에 있어 얼마나 신중하고 조심했는지 알 수 있는데, 문제는 왜 굳이 '사방을 두려워하는 듯하다.' 는 표현을 썼느냐 하는 것이다. 이를 61-5와 연계해보면 그 답이 명확해지니, 노자는 사방 즉 주변의 이웃나라를 대함에 신중해야 한다고 보았는데, 여기서 신중함이란 포용과 사랑 그리고 섬김의 자세를 포함하는 포괄적 태도를 일컫는 것이다. 또한 16장의 16-6을 보면 '상을 알면 포용하고, 포용하면 이에 공정하고, 공정하면 이에 군주(우두머리)가 된다.' 고 하였으니, 그렇게 하면 모든 제후국과 외부 부족국가들의 지지를 받아 능히 천자의 나라로 존립할 수 있다는 것이다. 이와 관련하여 다음의 기록들을 살펴보면, 노자의 의도를 좀더 명확하게 이해할 수 있을 것이다.

咨十有二牧曰:"食哉惟時! 柔遠能邇, 惇德允元, 而難任人, 蠻夷率服."

십이목과 상의하여 말했다: "먹는 것은 때를 맞춰야 하나니! 먼 곳을 편안

---

252) 欲(욕): 마땅히 해야 한다.
253) 兼(겸): 포용하다.
254) 畜(휵): 아끼다, 사랑하다.

하게 하여 능히 가깝게 하고, 덕에 힘써 백성들에게 진심으로 대하며, 사람을 씀에 삼가면, 만이족(오랑캐)이 좇아 복종할 것이오."

[尚書(상서)]〈舜典(순전)〉

益曰:"吁! 戒哉! 儆戒無虞, 罔失法度. 罔游于逸, 罔淫于樂.(생략) 罔違道以幹百姓之譽, 罔咈百姓以從己之欲. 無怠無荒, 四夷來王."

익이 말했다: "아! 경계하소서! 근심이 없을 때 경계하고, 법도를 잃지 말아야 합니다. 편안히 놀지 말고, 즐거움을 탐하지 말아야 합니다. (생략) 도를 어김으로써 귀족들의 찬양을 일으키지 말고, 귀족들을 어김으로써 자기의 욕망에 따르지 말아야 합니다. 게으르지 않고 허황되지 않으면, 사방의 오랑캐들이 임금에게 올 것입니다." [尚書(상서)]〈大禹謨(대우모)〉

三旬, 苗民逆命. 益贊于禹曰:"惟德動天, 無遠弗屆. 滿招損, 謙受益, 時乃天道. 帝初于歷山, 往于田, 日號泣于旻天, 于父母, 負罪引慝. 祗載見瞽瞍, 夔夔齋栗, 瞽亦允若. 至誠感神, 矧茲有苗." 禹拜昌言曰:"兪!"班師振旅. 帝乃誕敷文德, 舞干羽于兩階, 七旬, 有苗格.

삼십 일 동안, 묘족이 명을 거역했다. 익이 우를 도와 말했다: "오직 덕만이 하늘을 움직이니, 먼 곳이라도 굴복합니다. 자만은 손해를 부르고, 겸손은 이익을 받으니, 늘 이와 같은 하늘의 도리입니다. (순)임금께서는 처음 역산에서, 밭에 나가셨을 때, 매일 하늘과 부모에게 울부짖으시며, 죄를 스스로 짊어지고 사특함을 이끌었습니다(모든 죄를 자기 탓으로 돌렸습니다). 고수를 공경하여 받들고, 조심하고 재계하여 삼가시니, 고수 역시 진실로 따르게 되었습니다. 지극한 정성은 귀신을 감동시키니, 하물며 이 묘족이야." 우는 훌륭한 말에 절하며 말했다: "그렇습니다!" 군사를 돌려 제사를 바로잡았다. (순)임금은 이에 위엄과 덕망을 넓게 펴고, 두 섬돌에

서 방패춤(武舞)과 깃털춤(文舞)을 추시니, 칠십 일이 지나, 묘족들이 감복
했다.   [尙書(상서)] 〈大禹謨(대우모)〉

　대국으로서 이처럼 소국을 포용하여 사랑하였으니, 소국이 어찌 대국
을 따르고 섬기지 않을 수 있었겠는가? 아울러 위에서 언급한 16장 16-6의
'상을 알면 포용하고, 포용하면 이에 공정하고, 공정하면 이에 군주(우두머
리)가 된다.' 라는 표현과 연계하여 다음의 기록들을 살펴보면, 노자의 의
도를 총체적으로 파악할 수 있을 것이다.

伊尹申誥于王曰, 嗚呼! 惟天無親, 克敬惟親, 民罔常懷, 懷于有仁, 鬼神無
常享, 享于克誠, 天位艱哉. 德惟治, 否德亂, 與治同道, 罔不興. 與亂同事,
罔不亡. 終始愼厥與, 惟明明后.

이윤(伊尹)이 거듭 임금에게 고하였다: "아! 하늘은 친한 이가 없어서, 능
히 공경하는 이만을 친근히 대하고, 백성들은 항상 그리워하는 사람이 없
어서, 어진 이를 그리워하며, 귀신은 항상 흠향하는 사람이 없어서, 능히
정성스러운 사람에게 흠향하니, 하늘이 준 지위는 어렵습니다. 덕으로 다
스려야 하니, 덕을 부정하면 어지러워집니다. 바로잡음을 베풀어서 함께
이끌면, 흥하지 않을 수 없고, 무도함을 베풀어서 함께 부리면, 망하지 않
을 수 없습니다. 시종 베풂에 신중하면, 훌륭한 임금을 밝힐 것입니다.

                                                  [尙書(상서)] 〈太甲下(태갑하)〉

周公曰: 嗚呼! 我聞曰: 昔在殷王中宗, 嚴恭寅畏, 天命自度, 治民祗懼, 不敢
荒寧. 肆中宗之享國七十有五年. 其在高宗, 時舊勞于外, 爰暨小人. 作其
卽位, 乃或亮陰, 三年不言. 其惟不言, 言乃雍, 不敢荒寧, 嘉靖殷邦. 至于小
大, 無時或怨. 肆高宗之享國五十有九年. 其在祖甲, 不義惟王, 舊爲小人.

作其卽位, 爰知小人之依, 能保蕙于庶民, 不敢侮鰥寡. 肆祖甲之享國三十
有三年.

주공이 말했다: '아! 제가 듣건대: 옛날 은나라 임금 중종은, 엄숙히 삼가
며 공경하고 두려워하여, 천명을 스스로 헤아렸고, 백성을 다스림에 공경
하고 두려워하여, 감히 편안함에 빠지지 않았습니다. 드디어 중종은 나라
를 칠십 오년 누리셨습니다. 고종이 재위했을 때, 오랫동안 밖에서 수고
로우셨고, 이에 소인(신분이 낮은 백성)들과 함께 하였습니다, 그 즉위를 해
서는, 이에 상을 입으시고, 삼년동안 말하지 않았습니다. 말하지 않았으
나, 말하면 온화했지만, 감히 편안함에 빠지지 않았으니, 은나라가 아름답
고도 평안해졌습니다. 낮은 사람이건 높은 사람이건, 원망하는 이가 없게
되었습니다. 드디어 고종은 나라를 오십 구년 누리셨습니다. 조갑이 재위
해서는, 의로운 왕이 아니라 하고, 오래 소인(신분이 낮은 백성)이 되었습니
다. 즉위하여서는, 이에 소인(신분이 낮은 백성)의 의지함을 알고, 수많은 백
성들을 능히 보호하고 사랑하였으며, 감히 홀아비나 과부를 업신여기지
않았습니다. 드디어 조갑은 나라를 삼십 삼년 누리셨습니다.

[尙書(상서)] 〈無逸(무일)〉

하지만 노자가 주장하는 바대로 하지 못하면 정반대의 결과를 낳게 되
니, 다음의 기록 역시 주의 깊게 살펴볼 만하다.

穆王將征犬戎, 祭公謀父諫曰 : "不可. 先王燿德不觀兵. 夫兵戢而時動, 動
則威 ; 觀則玩, 玩則無震. (생략) 至于文王·武王, 昭前之光明而加之以慈和,
事神保民, 無不欣喜. (생략) 布令陳辭而有不至, 則增脩於德, 無勤民於遠. 是
以近無不聽, 遠無不服. (생략) 王遂征之, 得四白狼四白鹿以歸. 自是荒服者
不至.

목왕이 장차 견융을 정벌하려 하자, 제공 모보가 간하여 말했다: "불가합니다. 선왕께서는 덕을 밝혔지 무력을 보이지는 않으셨습니다. 무릇 무력이란 거두었다가 때가 되면 움직이는 것이니, 움직이면 위엄이 있으나; 보이면 곧 장난이 되니, 장난하면 곧 위엄이 없게 됩니다. (생략) 문왕과 무왕에 이르러, 전대의 광명을 밝히고 자애와 화목을 더하여, 신을 섬기고 백성을 보호하였으니, 기뻐하지 않는 이들이 없었습니다. (생략) 명령을 선포하고 타일러도 이르지 않으면, 곧 한층 더 덕을 수양했고, 백성들이 먼 곳에서 근무하지 않게 했습니다(원정에 동원하지 않았습니다). 이 때문에 가까이는 듣지 않는 이가 없고, 멀리는 복종하지 않는 이가 없게 되었습니다. (생략) 왕은 마침내 그들을 정복하고, 흰 이리 네 마리와 흰 사슴 네 마리를 얻어서 돌아왔다. 이때부터 황복 지역이 이르지 않았다(귀속하지 않았다).

[史記(사기)] 〈周本紀(주본기)〉

이러한 내용은 다음의 기록에도 보인다.

王將征犬戎, 祭公謀父諫曰: 先王耀德不觀兵, 王不聽征之, 得四白狼四白鹿以歸, 自是荒服不至, 諸侯不穆.

왕(목왕)이 장차 견융을 정벌하려 하자, 제나라 공작 모보가 간하여 말했다: 선왕께서는 덕을 빛내셨으니, 무력을 보이지 않았습니다. 왕이 듣지 않고 정벌하여, 네 마리 흰 이리와 네 마리 흰 사슴을 얻어서 돌아오니, 이때부터 변방의 복속하지 않고, 제후들이 화목하지 않았다.

[十八史略(십팔사략)] 〈周王朝篇(주왕조편)〉

즉 노자는 대국이 포용하지 않으면 소국이 복속하지 않게 되니, 결국이는 화목해지지 못하게 되는 것이라고 본 것이다. 여기서 말하는 화목해지지 못한다는 것은 바로 '和(화: 모두 함께 같이 가는 것)'에 위배되는 것이니, 이에 '덕'이 베풀어지지 못하게 되어, 결국에는 '도'에 이르지 못하게 됨을 뜻한다.

61-6: 夫兩者各得其所欲, 大者宜[255]爲下.

무릇 (그렇게 되면) 양자(강국과 소국)는 각기 그 바라는 바를 얻게 될 것이니, 대국은 마땅히 아래에 처해야 한다(낮춰야 한다).

*7장의 7-2를 보면 '이 때문에, 성인은 자기를 뒤에 두지만 자기가 앞서게 되고, 자기를 도외시하지만 자기를 보존할 수 있다.'라고 하였고, 28장의 28-1을 보면, '그 강함을 알고, 그 부드러움을 지키면, 세상의 개울이 된다.' 그리고 28-2에서는 '세상의 개울이 되면, 영원한 덕이 흩어지지 않으니, 순수함을 지니는 상태로 돌아가게 된다.'고 하였다. 또한 32장의 32-5에서는 '비유컨대 도가 세상에 존재하는 것은, 마치 하천과 계곡이 강과 바다로 유입되는 것과도 같다.'고 하였고, 66장의 66-1에서는 '강과 바다가 모든 계곡의 우두머리가 될 수 있는 것은, 그것이 능숙하게 그 아래에 있기 때문이니, 그러므로 모든 계곡의 우두머리가 될 수 있다.'고 하였다. 즉 61-1에서 이미 언급했다시피, 노자는 이 章(장)에서 그간의 정치에 대한 견해를 외교적 관점으로 확대하여 서술하고 있음을 다시 한 번 확인할 수 있다.

---

255) 宜(의): 마땅히 해야 한다.

第62章 : 萬物之奧(만물지오)

62-1: 道者萬物之奧, 善人之寶, 不善人之所保.
道者□□之奧, □□之□, □□□之□□.

[대구법, 열거법]

도는 만물의 오묘함으로서, 선량한 이의 보물이고,
선량하지 못한 이가 지켜야 하는 바이다.

*이는 '도' 라는 것이, 지도자라면 어느 누구도 빠짐없이 모두 중시하
고 따라야 하는 것임을 강조한 구문이다.

62-2: 美言可以市²⁵⁶⁾, 尊行可以加²⁵⁷⁾人.
□□可以□, □□可以□□.

[대구법]

아름다운(훌륭한) 말은 예복에 청색과 검정색을 반반씩
수놓은 꽃무늬일 수(아름답게 수식할 수) 있고, 고귀한 행동은
남에게 보탬이 될 수 있다.

*'美言(미언)'은 81장의 81-1에 나오는 '美言(미언)'과는 다르게 해석해
야 함에 유의한다. 즉 여기서는 肯定的(긍정적)인 의미로 쓰였지만, 81-1에
서는 否定的(부정적)인 의미로 쓰였다.
*이 문장은 '市(불)'의 해석에 주의해야 하는데, 즉 이는 '黻(슬갑 불)'과
통용되는 글자로서 '예복(禮服)에 청색과 검정색을 반반씩 수놓은 꽃무늬'

---

256) 市(불): 예복(禮服)에 청색과 검정색을 반반씩 수놓은 꽃무늬.
257) 加(가): 보태다, 더하다.

라는 의미를 지닌다. 그렇다면 노자는 과연 어떠한 의미로 이처럼 표현한 것일까? 다음의 기록을 살펴보자.

日：“后克艱厥后, 臣克艱厥臣, 政乃乂, 黎民敏德.” 帝日：“兪! 允若玆, 嘉言罔攸伏, 野無遺賢, 萬邦咸寧. 稽于衆, 舍己從人, 不虐無告, 不廢困窮, 惟帝時克.”

(우가) 말했다: “임금이 능히 그 임금 자리를 어려워하고, 신하가 능히 그 신하 자리를 어려워하면, 정치가 이에 다스려지고, 수많은 백성들이 덕에 힘쓰게 될 것입니다.” (순)임금이 말했다: “그렇소! 진실로 이와 같다면, <u>좋은 말이 숨겨지는 바가 없고</u>, 현명한 이들이 모두 등용되어 민간에 인물이 없게 되어, 만방이 모두 평안할 것이오. 여러 사람에게 상의하고, 자기를 버리고 남을 따르며, 의지할 곳이 없는 이들을 깔보지 않고, 곤궁한 이들을 버리지 않는 것은, 오직 (요)임금만이 늘 해내셨소.”

[尙書(상서)] 〈大禹謨(대우모)〉

여기서 주목할 것은 ‘좋은 말이 숨겨지는 바가 없다.’ 는 말이니, 또 다음의 기록을 살펴보자.

禹日：“於, 帝! 愼乃在位, 安爾止, 輔德, 天下大應. 淸意以昭待上帝命, 天其重命用休.” 帝日：“吁, 臣哉, 臣哉! 臣作朕股肱耳目. 予欲左右有民, 女輔之；余欲觀古人之象, 日月星辰, 作文繡服色, 女明之；予欲聞六律五聲八音, 七始咏, 以出入五言, 女聽. 予卽辟, 女匡拂予. 女無面諛, 退而謗予. 敬四輔臣. 諸衆讒嬖臣, 君德誠施皆淸矣.” 禹日：“然, 帝卽不時, 布同善惡則毋功.”

우가 말했다: “아, 임금이시여! 신중하여 이에 재위하시면, 임금님의 거

동이 편안하실 것이고, 덕을 도우면, 세상이 크게 응할 것입니다. 맑은 뜻으로 인도하여 하늘의 명을 기다리시면, 하늘이 명을 삼가여 관대함을 베풀 것입니다." 순임금이 말했다: 아! 신하로다, 신하로다! 신하는 짐의 다리 팔 귀 눈(중신)이다. 나는 좌우에 백성이 있기를 원하니, 그대가 도와주시오; 나는 옛사람의 도리와 일월성신을 관찰하여, 의복의 양식을 수놓고자 하니, 그대는 명확히 하시오; 나는 여섯 가지의 소리와 음률의 다섯 가지, 여덟 가지의 악기의 가락, 일곱 가지의 시가로써, 오언(仁, 義, 禮, 智, 信)을 전달하고자 하니, 그대는 경청하시오. 내가 만약 벗어나면, 그대는 나를 바로 잡으시오. 그대는 앞에서는 아첨하다가, 물러나서 나를 비방해서는 안 되오. 사방의 보좌하는 신하들을 공경하시오. 아첨으로 총애를 받는 수많은 신하들에 대해서는, 임금의 덕이 성실하게 베풀어지면 모두 깨끗해질 것이오." 우가 말했다: "그렇습니다, 임금께서 만약 때를 맞추지 않으시면, 선과 악이 함께 베풀어져, 공적을 이룰 수 없습니다."

[史記(사기)] 〈夏本紀(하본기)〉

이는 백성을 다스림에 신중하게 '덕'을 펴고, 사방의 신하들을 공경하면 자연스레 하늘도 역시 그에 應(응)한다는 도리를 설명한 것인데, 여기서 바로 '옛사람의 도리와 일월성신을 관찰하여, 의복의 양식을 수놓고자 한다.' 는 말에 주목할 필요가 있다. 즉 노자는 이러한 표현에 근거하여 '아름다운(훌륭한) 말은 예복에 청색과 검정색을 반반씩 繡(수)놓은 꽃무늬일 수(아름답게 수놓을 수) 있다.' 고 한 것이니, 이는 다시 말해서 '아름다운 말이란 옛사람의 도리와 일월성신을 관찰하여 얻은 精華(정화)이니 (세상을 또는 사람들을) 아름답게 수식할 수 있다.' 는 뜻임을 알 수 있는 것이다.

62-3: 人之不美, 何棄之有.

사람이 아름답지(훌륭하지) 못하다고 해서, 어찌 그를 버릴 수 있겠는가.

*여기서 노자는 영탄법으로 자신의 논리를 강조했는데, 위의 62-2와 연결해보면 아름다운 말이나 고귀한 행동이 필요하기는 하지만 그렇지 않다고 해서 존중받을 수 없다는 것은 아니라는 것이니, 62-6의 '(아름다운 말을) 말하지 않아도 얻음을 구할 수 있고, 고귀한 행동을 하지 않아도 재앙을 면할 수 있는 것이다!' 라는 말과 함께 연계하여 이해해야 한다. 이와 관련하여 다음의 기록들을 살펴보자.

> 堯子丹朱, 舜子商均, 皆有疆土, 以奉先祀. 服其服, 禮樂如之. 以客見天子, 天子弗臣, 示不敢專也.
>
> 요의 아들 단주, 순의 아들 상균, 모두 봉토를 얻어, 그럼으로써 선조께 제사를 올렸다. 그 옷(천자의 아들이 입는 옷)을 입었고, 예악 역시 마찬가지였다. 빈객으로써 천자를 만났고, 천자는 신하로 대하지 않았으니, 감히 전횡하지 않았음을 보여준다.   [史記(사기)] 〈五帝本紀(오제본기)〉

> 天敍有典, 勑我五典五惇哉! 天秩有禮, 自我五禮有庸哉! 同寅協恭和衷哉! 天命有德, 五服五章哉! 天討有罪, 五刑五用哉! 政事, 懋哉! 懋哉!
>
> 하늘의 질서에는 법이 있으니, 나를 타일러 오전과 오돈(사람이 지켜야 할 다섯 가지 도리)을 경계하게 합니다! 하늘의 질서에는 예가 있으니, 내가 오례(나라의 다섯 가지 의례)에 쓰임이 있음을 따르게 합니다! <u>함께 나아가 마음을 합하여 진정으로 화목해야 합니다!</u> 하늘이 덕 있는 이에게 명할 때는, 오복과 오장(다섯 등급의 의복 모양)으로 합니다! 하늘이 죄 있는 이를 벌할 때

는, 오형과 오용(다섯 가지 형벌)으로 합니다! 정치상의 업무는, 힘써야 합니다! 힘써야 합니다!   [尚書(상서)]〈皋陶謨(고요모)〉

皋陶曰：“都! 亦行有九德. 亦言, 其人有德, 乃言曰, 載采采.” 禹曰：“何？”
皋陶曰：“寬而栗, 柔而立, 愿而恭, 亂而敬, 擾而毅, 直而溫, 簡而廉, 剛而塞, 彊而義. 彰厥有常, 吉哉! 日宣三德, 夙夜浚明, 有家. 日嚴祗敬六德, 亮采, 有邦. 翕受敷施, 九德咸事, 俊乂在官, 百僚師師. 百工惟時, 撫于五辰, 庶績其凝.”

고요가 말했다: “아! 행함에는 또한 구덕(아홉 가지 덕)이 있습니다. 그 사람에게 덕이 있으면, 이에 가리고 가려 행했다고 말합니다.” 우가 말했다: “어떤 것입니까?” 고도가 말했다: “관대하면서도 엄격하고, 온유하면서도 확고히 서며, 정중하면서도 함께 하고, 다스리면서도 공경하며, 길들이면서도 강인하고, 정직하면서도 부드러우며, 질박하면서도 청렴하고, 강직하면서도 정성스러우며, 굳세면서도 의로운 것이니, 항상 그러함을 밝히면, 길합니다. 날마다 세 가지 덕을 널리 펴고, 아침저녁으로 삼가 밝히면 가문을 소유할 수 있습니다. 날마다 여섯 가지 덕을 엄격하게 떨치고 공경하며, 명확하게 분간하면, 나라를 소유할 수 있습니다. 합해 거두어 널리 베풀어서, 아홉 가지 덕을 모두 섬기면, 뛰어난 인재가 관직에 있게 되어, 모든 관료들이 기준으로 삼고 따를 것입니다. 모든 관료들이 때에 맞춰, 오진(오행)을 따르면, 모든 공적이 이루어질 것입니다.”

[尚書(상서)]〈皋陶謨(고요모)〉

予違, 汝弼, 汝無面從, 退有後言. 欽四鄰! 庶頑讒說, 若不在時, 侯以明之, 撻以記之, 書用識哉, 欲並生哉! 工以納言, 時而颺之, 格則承之庸之, 否則威之.”

나의 어긋남을, 그대가 바로잡아야 하니, 그대는 면전에서는 따르고, 물러나서 뒷말을 남기지 마시오. 사방을 공경하시오! 모든 요사스럽고 간특한 말은, 만약 좋지 않으면, 과녁으로 밝히고, 회초리로 기억하며, 글로 기록하여, 함께 살고자 하오! 악관이 바친 말로서, 때에 맞춰 드높이니, 바로잡으면 곧 받아들여 그를 등용하고, 그렇지 않으면 그를 떨치겠소."

[尙書(상서)] 〈益稷(익직)〉

伊尹乃明言烈祖之成德, 以訓于王. 曰: "嗚呼! 古有夏先后, 方懋厥德, 罔有天災. 山川鬼神, 亦莫不寧, 暨鳥獸魚鼈咸若."

이윤이 이에 열조(탕왕)가 이룬 덕을 분명히 말함으로써, 임금을 훈계하였다. 아! 옛날 하나라의 선왕들은, 바야흐로 그 덕을 힘쓰셨기에, 천재(天災)가 없었습니다. 산천의 귀신들은, 역시 편안하지 않음이 없었고, 조수나 어별(물에 사는 동물)들이 더불어 좇았습니다. [尙書(상서)] 〈伊訓(이훈)〉

今王嗣厥德, 罔不在初, 立愛惟親, 立敬惟長, 始于家邦, 終于四海. 嗚呼! 先王肇修人紀, 從諫弗咈, 先民時若. 居上克明, 爲下克忠, 與人不求備, 檢身若不及. 以至于有萬邦, 茲惟艱哉.

이제 임금(태강)께서 그 덕을 이으시려면, 처음부터 살피지 않으면 안 되니, 사랑을 세우는 것은 부모를 생각하시고, 공경함을 세우는 것은 연장자를 생각하시며, 집안과 나라에서 시작하여 온 천하에서 마쳐야 합니다. 아! 선왕께서는 백성의 기강을 바로잡아 다스리셨고, 간언을 따라 어기지 않으셨으니, 이전의 백성들은 늘 따랐습니다. 윗자리에 있으면 능히 밝히고, 아랫자리에 있으면 능히 충성하며, 사람들과 함께 함에 모든 것을 갖추기를 바라지 않았고, 자신의 몸을 단속함에 미치지 못하는 것처럼 하셨습니다. 그럼으로써 만방을 소유하기에 이르렀으니, 이것은 어려운 것입

니다. [尙書(상서)] 〈伊訓(이훈)〉

周公日: 嗚呼! 我聞日: 昔在殷王中宗, 嚴恭寅畏, 天命自度, 治民祇懼, 不敢
荒寧. 肆中宗之享國七十有五年. 其在高宗, 時舊勞于外, 爰暨小人. 作其
卽位, 乃或亮陰, 三年不言. 其惟不言, 言乃雍, 不敢荒寧, 嘉靖殷邦, 至于小
大, 無時或怨. 肆高宗之享國五十有九年. 其在祖甲, 不義惟王, 舊爲小人.
作其卽位, 爰知小人之依, 能保蕙于庶民, 不敢侮鰥寡. 肆祖甲之享國三十
有三年.

주공이 말했다: '아! 제가 듣건대: 옛날 은나라 임금 중종은, 엄숙히 삼가
며 공경하고 두려워하여, 천명을 스스로 헤아렸고, 백성을 다스림에 공경
하고 두려워하여, 감히 편안함에 빠지지 않았습니다. 드디어 중종은 나라
를 칠십 오년 누리셨습니다. 고종이 재위했을 때, 오랫동안 밖에서 수고
로우셨고, 이에 소인(신분이 낮은 백성)들과 함께 하였습니다, 그 즉위를 해
서는, 이에 상을 입으시고, 삼년동안 말하지 않았습니다. 말하지 않았으
나, 말하면 온화했지만, 감히 편안함에 빠지지 않았으니, 은나라가 아름답
고도 평안해졌습니다. 낮은 사람이건 높은 사람이건, 원망하는 이가 없게
되었습니다. 드디어 고종은 나라를 오십 구년 누리셨습니다. 조갑이 재위
해서는, 의로운 왕이 아니라 하고, 오래 소인(신분이 낮은 백성)이 되었습니
다. 즉위하여서는, 이에 소인(신분이 낮은 백성)의 의지함을 알고, 수많은 백
성들을 능히 보호하고 사랑하였으며, 감히 홀아비나 과부를 업신여기지
않았습니다. 드디어 조갑은 나라를 삼십 삼년 누리셨습니다.

[尙書(상서)] 〈無逸(무일)〉

즉 노자는 이 문장을 통해서 상고시대 태평성대의 통치도리 중 하나인
'和(화)'를 부각시킴으로써, 어느 누구 하나 漏落(누락)되지 않고 모두가 함

께 해야 한다고 역설한 것이다.

62-4: 故立天子, 置²⁵⁸⁾三公, 雖有拱璧²⁵⁹⁾以先駟
馬²⁶⁰⁾, 不如坐進²⁶¹⁾此道.

따라서 천자를 옹립하고, 삼공(周代의 太師, 太傅, 太保)을
설치함에, 비록 공벽이 앞에 가고 사마(말 네 필이 끄는 수레)가
뒤따르는(성대한 규모의 진상을 하는) 것이, 앉아서 이러한 도를
진상함보다 못하다.

*三公(삼공)은 天子(천자)를 보좌하는 최고의 벼슬로, 먼저 다음의 기록
을 살펴보자.

"立太師, 太傅, 太保. 玆惟三公.
태사, 태전, 태보를 설치하였으니, 이것이 바로 삼공이다.

[尙書(상서)] 〈周官(주관)〉

周(주)나라의 삼공은 太師(태사), 太傅(태전), 太保(태보)였는데, 사실 이 삼
공은 주나라 이전부터 이미 존재했으니 또 다음의 기록들을 살펴보자.

以西伯昌·九侯·鄂侯 爲三公.

---

258) 置(치): 세우다, 배치하다.
259) 拱璧(공벽): 크고 둥근 모양의 옥, 귀한 물건.
260) 駟馬(사마): 천자나 대신들만이 타는 말 네 마리가 끄는 수레.
261) 進(진): 올리다, 바치다, 진상하다.

(은나라 紂〔주〕임금은) 서백창, 구후, 악후를 삼공으로 삼았다.

周侯昌, 及九侯, 鄂侯, 爲紂三公.
周(주)나라 제후인 창, 그리고 구후, 악후가, 紂(주)임금의 삼공(太師, 太傅, 太
保)이 되었다.　　　　　　　　　　[十八史略(십팔사략)] 〈殷王朝篇(은왕조편)〉

위의 기록들은 모두 殷(은)나라 때의 史實(사실)로, 이처럼 삼공제도는
주나라 이전에 이미 존재했었음을 알 수 있다.

*이 문장은 62-3의 내용을 실천하기 위해서 해야 하는 구체적인 행위
를 예를 들어 풀어 쓴 부분으로, 외형이 중요하기는 하지만 '도'의 본질을
추구하는 것이 더욱 중요함을 피력하고 있으니, 성대한 의식을 치르는 등
의 형식적인 예절을 중시하기보다 內實(내실)을 기하여 훌륭한 인물을 관
리로 등용해야 함을 강조하고 있다. 이와 관련하여 다음의 기록을 살펴보
자.

皐陶作士以理民. 帝舜朝, 禹·伯夷·皐陶相與語帝前. 皐陶述其謀曰: "信其
道德, 謀明輔和." 禹曰: "然, 如何?" 皐陶曰: "於! 愼其身修, 思長, 敦序九
族, 衆明高翼, 近可遠在已." 禹拜美言, 曰: "然." 皐陶曰: "於! 在知人, 在
安民." 禹曰: "吁! 皆若是, 惟帝其難之. 知人則智, 能官人; 能安民則惠, 黎
民懷之. 能知能惠, 何憂乎讙兜, 何遷乎有苗? 何畏乎巧言善色佞人?" 皐
陶曰: "然, 於! 亦行有九德, 亦言其有德." 乃言曰: "始事事, 寬而栗, 柔而
立, 願而共, 治而敬, 擾而毅, 直而溫, 簡而廉, 剛而實, 强而義, 章其有常, 吉
哉. 日宣三德, 蚤夜翊明, 有家. 日嚴振敬六德, 亮采, 有國. 翕受普施, 九德
咸事, 俊乂在官, 百吏肅謹. 毋教邪淫奇謀. 非其人居其官, 是謂亂天事.(생

노자의 재구성 | 정치이념으로 본 도덕경

략)"

고요는 士(사: 선비)로서 백성을 다스렸다. 순임금이 조회하면 우, 백이, 고요는 순임금 앞에서 서로 더불어 임금 앞에서 의논하였다. 고요가 계책을 펴서 말했다: "정말로 덕을 따르면, 계책은 명확해지고 재상들은 화합할 것입니다." 우가 말했다. "그렇소, 어떻게 해야 하오?" 고요가 말했다: "아! 몸 수양을 삼가고, 오랫동안 생각하며, 구족을 돈독하게 하고 차례를 매기면, 많은 현명한 이들이 보좌할 것이니, 가까운 데서부터 먼 곳에 이를 수 있을 따름입니다." 우는 훌륭한 말에 절하여, 말했다: "그렇습니다." 고요가 말했다: "아! 사람을 이해하는데 있고, 백성을 편안하게 하는 데 있습니다." 우가 말했다: "아! 모두가 이와 같으니, 요임금도 그것을 어려워하셨습니다. 사람을 이해하면 곧 지혜로우니, 관리가 될 수 있고; 백성을 편안하게 할 수 있으면 은혜로우니, 일반 백성들이 그를 그리워할 것입니다. 이해할 수 있고 은혜로울 수 있으면, 어찌 환두를 근심할 것이고, 어찌 유묘를 내쫓을 것이며, 어찌 교묘하게 말하고 얼굴빛을 꾸미는 간사하고도 아첨하는 사람을 두려워하겠습니까? 고요가 말했다: "그렇습니다, 아! 또한 아홉 가지 덕을 갖춰 행해야 하니, 그 덕을 갖춤에 대해 쉽게 말해보겠습니다." 이에 말했다: "국가의 대사에 종사하기 시작하면, 관대하면서도 엄격하고, 온유하면서도 확고히 서며, 정중하면서도 함께 하고, 다스리면서도 공경하며, 길들이면서도 강인하고, 정직하면서도 부드러우며, 질박하면서도 청렴하고, 강직하면서도 정성스러우며, 굳세면서도 의로운 것이니, 항상 그러함을 밝히면, 길합니다. 날마다 세 가지 덕을 널리 펴고, 아침저녁으로 삼가 밝히면 가문을 소유할 수 있습니다. 날마다 여섯 가지 덕을 엄격하게 떨치고 공경하며, 명확하게 분간하면, 나라를 소유할 수 있습니다. 합해 거두어 널리 베풀어서, 아홉 가지 덕을 모두 섬기면, 뛰어난 인재가 관직에 있게 되어, 모든 관료들이 엄숙하고 삼갈 것입니다. 간사함과 음란함 기묘한 꾀를 본받지 마십시오. 그 사람이 아닌데 그 관직에 있으면, 이를 하늘의 대사를 어지럽히는 것이라 일컫습니다. (생략)

[史記(사기)] 〈夏本紀(하본기)〉

禹曰:"於, 帝! 愼乃在位, 安爾止, 輔德, 天下大應. 淸意以昭待上帝命, 天其重命用休." 帝曰:"吁, 臣哉, 臣哉! 臣作朕股肱耳目. 予欲左右有民, 女輔之;余欲觀古人之象, 日月星辰, 作文繡服色, 女明之;予欲聞六律五聲八音, 七始咏, 以出入五言, 女聽. 予卽辟, 女匡拂予, 女無面諛, 退而謗予. 敬四輔臣. 諸衆讒嬖臣, 君德誠施皆淸矣." 禹曰:"然, 帝卽不時, 布同善惡則毋功."

우가 말했다: "아, 임금이시여! 신중하여 이에 재위하시면, 임금님의 거동이 편안하실 것이고, 덕을 도우면, 세상이 크게 응할 것입니다. 맑은 뜻으로써 인도하여 하늘의 명을 기다리시면, 하늘이 명을 삼가여 관대함을 베풀 것입니다." 순임금이 말했다: 아! 신하로다, 신하로다! 신하는 짐의 다리 팔 귀 눈(중신)이다. 나는 좌우에 백성이 있기를 원하니, 그대가 도와주시오; 나는 옛사람의 도리와 일월성신을 관찰하여, 의복의 양식을 수놓고자 하니, 그대는 명확히 하시오; 나는 여섯 가지의 소리와 음률의 다섯 가지, 여덟 가지의 악기의 가락, 일곱 가지의 시가로써, 오언(仁, 義, 禮, 智, 信)을 전달하고자 하니, 그대는 경청하시오. 내가 만약 벗어나면, 그대는 나를 바로 잡으시오. 그대는 앞에서는 아첨하다가, 물러나서 나를 비방해서는 안 되오. 사방의 보좌하는 신하들을 공경하시오. 아첨으로 총애를 받는 수많은 신하들에 대해서는, 임금의 덕이 성실하게 베풀어지면 모두 깨끗해질 것이오." 우가 말했다: "그렇습니다, 임금께서 만약 때를 맞추지 않으시면, 선과 악이 함께 베풀어져, 공적을 이룰 수 없습니다."

[史記(사기)] 〈夏本紀(하본기)〉

이처럼 상고의 태평성대에는 임금이나 신하 할 것 없이 모두 忠言(충언)을 아끼지 않음으로써 항상 삼가는 모습을 보였으니, 노자는 천자를 옹립하고 삼공을 설치함에 화려하고도 성대한 의식을 거행하는 것이 곁에서 충언을 아끼지 않는 것만 못하다고 보았다. 즉 여기에서도 노자는 번거롭고 형식적인 당시의 예악제도를 대단히 반대했음을 간접적으로 알 수 있는데, 이와 관련하여서는 38장 38-6의 '상급의 예는 작위하는 바가 있으나 응답하지 않을 때면, 곧 팔을 걷어붙이고 상급의 예를 내버린다.' 라는 말과 그 설명부분을 참고할 수 있다.

62-5: 古之所以貴此道者何 ?

예부터 이러한 도를 귀히 여김은 어찌된 것인가?

62-6: 不曰以求得, 有罪[262]以免邪[263]!
□□以□□, □□以□□!

[대구법]

(아름다운 말을) 말하지 않아도 얼음을 구할 수 있고, 고귀한 행동을 하지 않아도 재앙을 면할 수 있는 것이다!

---

262) 有罪(유죄): 고귀한 행동을 하지 않다. 여기서 "有罪(유죄)"는 오늘날의 "죄가 있다" 라는 뜻이 아니라, 62-2의 "尊行(존행: 고귀한 행동)"을 하지 않는 행위를 일컫는 것이다.

263) 邪(사): 재화, 재앙. 여기서는 대구로 보아야 하기 때문에, 어조사 야로 쓰인 것이 아니라, 사악할 사로 쓰였다고 봐야한다.

*이 문장을 '얻음을 구할 수 있고, 훌륭하지 못한 행위가 있어도 재앙을 면할 수 있음을 말하는 것이 아니겠는가!'라고 번역하는 경우가 있는데, 이러한 번역에는 문제가 있어 보인다. 그 이유는 7장의 7-3과 39장의 39-5에 이미 '非(비)~邪(야)?'의 句文(구문) 형태로 '~아니겠는가?'라는 反問(반문) 구조가 보이기 때문이니, 따라서 이 문장의 앞 구절은 본래 '不曰美言以求得'이라고 표현되어야 하지만, 뒤의 '有罪以免邪!'와 대구를 맞추기 위해 일부러 압축하여 '美言(미언)'을 생략한 것으로 추측할 수 있다. 즉 노자는 이 문장을 통해서 '美言(미언: 아름다운 말)'과 '尊行(존행: 고귀한 행동)'이 중요하기는 하지만 62-3에서 말한 것처럼 그렇지 못하더라도 버릴 수는 없다고 하였으니, 이 역시 '和(화: 어느 것 하나 버리지 않고 다 같이 함께 함)'을 강조함으로써 '도'를 귀히 여기고 지키는 것이 더욱 중요함을 피력하고 있는 것이라고 볼 수 있는 것이다. 이제 62장의 전체적인 문장구조 분석을 통해서 다시 한 번 상술한 내용을 정리해 보자.

62-1: 道者萬物之奧, ①善人之寶, ②不善人之所保.
도는 만물의 오묘함으로서, ①선량한 이의 보물이고, ②선량하지 못한 이가 지켜야 하는 바이다.

62-2: ③美言可以市, ④尊行可以加人.
③아름다운(훌륭한) 말은 예복에 청색과 검정색을 반반씩 수놓은 꽃무늬일 수(아름답게 수식할 수) 있고, ④고귀한 행동은 남에게 보탬이 될 수 있다.

62-3: 人之不美, 何棄之有.
사람이 아름답지(훌륭하지) 못하다고 해서, 어찌 그를 버릴 수 있겠는가.

62-6: ③不曰以求得, ④有罪以免邪!

③(아름다운 말을) 말하지 않아도 얻음을 구할 수 있고, ④고귀한 행동을 하지 않아도 재앙을 면할 수 있는 것이다!

먼저 노자는 62-1에서 '도' 라는 것이 오묘한 것으로 '和(화)' 를 기초로 하기 때문에, 62-3과 같이 좋은 것이든 나쁜 것이든 모두 함께 가는 것이라고 하였다. 또 이러한 "도' 는 62-1의 ①과 같이 선량한 이의 보물이기에 62-2와 같고, 62-1의 ②와 같이 선량하지 못한 이가 지켜야 하는 바이기에 62-6과 같다고 한 것이다. 아울러 62-2 ③의 아름다운 말과 ④의 고귀한 행동을 分離(분리)하여 62-6 ③의 아름답지 않은 말과 ④의 고귀하지 않은 행동과 각각 對句(대구) 및 對照(대조)를 이루게 하였다.

62-7: 故爲天下貴.

그러므로 세상이 귀히 여긴다.

第63章：無難(무난)

63-1: 爲無爲, 事無事, 味無味, 大²⁶⁴⁾小, 多²⁶⁵⁾少,
報怨以德.
□無□, □無□, □無□, 大小, 多少, 報怨
以德.

[대구법]

무위(작위하지 않음)를 하고, 무사(일을 만들지 않음)로 행하며,
무미함(담백함)을 맛보고, 작은 것을 중히 여기고, 적은 것을
중히 여기며, 원한을 갚음은 덕으로서 한다.

* '大小(대소)'와 '多少(다소)'는 앞에 있는 구조가 '동사+명사'의 형태
이므로, 마찬가지로 '동사+명사' 구조로 봐야 한다. 또한 63-2부터 마지
막까지 설명하는 내용들이 모두 매사 작은 일부터 중히 여기고 신중히 해
야 한다는 의미를 지니기 때문에, 위와 같이 해석하는 것이 문장맥락상 서
로 통하게 된다.

* '무미함을 맛본다.'는 것은 35장의 35-3의 '도의 입에서 나옴은(도
를 설명하면), 담백하여 그 맛이 없다.'는 말과 연계하여 그 뜻을 이해할 수
있다.

* '원한을 갚음은 덕으로 한다.'는 것은 과연 어떠한 의미를 갖는 것일
까? 먼저 다음의 기록들을 살펴보자.

舜父瞽叟頑, 母嚚, 弟象傲, 皆欲殺舜. 舜順適不失子道, 兄弟孝慈. 欲殺, 不
可得;卽求, 嘗在側.
순의 아버지 고수는 고집 세고, 어머니는 간사하고, 동생 상은 교만하여,

---

264) 大(대): 중히 여기다, 중시하다.
265) 多(다): 아름답게 여기다, 중히 여기다.

모두 순을 죽이고자 하였다. 순은 거스르지 않고 좇아 자식 된 도리를 잃지 않았고, 동생에게 형 노릇하여 효성스럽고도 자애로웠다. 죽이고 싶어도, 얻을(죽일) 수 없었지만: 부르면, 항상 곁에 있었다.

[史記(사기)] 〈五帝本紀(오제본기)〉

帝舜有虞氏, 姚姓, 或曰名重華, 瞽瞍之子, 顓頊六世孫也. 父惑於後妻, 愛小子象, 常欲殺舜, 舜盡孝悌之道, 烝烝乂, 不格姦.

제순 유우씨는, 요가 성인데, 혹자가 말하기를 이름은 중화라고 하니, 고수의 아들이자, 전욱의 6세손이다. 아버지가 후첩에게 미혹되어, 작은 아들 상을 사랑하고, 항상 순을 죽이고자 하였는데, 순이 부모에 대한 효도와 형제에 대한 우애의 도를 다하니, 이에 어질음으로 나아가, 환난에 이르지 않았다.
[十八史略(십팔사략)] 〈五帝篇(오제편)〉

이처럼 '덕' 으로 그 원한을 갚으면 결국 상대방을 감화시켜 죄를 뉘우치게 할 수 있으니, 그 窮極(궁극)은 49장 49-2의 '선량한 자는 내가 그를 선량하게 대하고, 선량하지 못한 자도 내가 그를 선량하게 대하면, 품행(덕)이 선해진다.' 는 말과 연계하여 이해할 수 있다. 이와 관련하여, 또 다음의 기록을 살펴보자.

唯仁人放流之, 迸諸四夷, 不與同中國. 此謂唯仁人爲能愛人, 能惡人.

오직 어진 사람만이 그들을 내쫓아, 사방의 오랑캐 지역으로 물리쳐, 나라 안에서 더불지 못하게 한다. 이를 일컬어 오직 어진 사람만이 능히 타인을 사랑할 수 있고, 능히 타인을 미워할 수 있다고 하는 것이다.

[禮記(예기)] 〈大學, 傳(대학, 전)〉

이를 종합해보면, 공자의 儒家思想(유가사상)과 노자의 '원한을 갚음은 덕으로서 한다.' 는 가치관에는 '포용' 의 기준과 범위에 있어 분명한 차이점이 존재함을 알 수 있다.

63-2: 圖難於其易, 爲大於其細.
□□於其□, □□於其□.

[대구법]

어려운 일을 도모하려면 쉬울 때에 착수해야 하고, 큰일을 하려면 자잘한 일부터 시작해야 한다.

*이와 연계하여 다음의 기록들을 살펴보자.

曰若稽古, 皋陶曰: "允迪厥德, 謨明弼諧." 禹曰: "兪!如何 ？" 皋陶曰: "都! 愼厥身, 修思永. 惇敍九族, 庶明勵翼, 邇可遠在茲."

이에 옛일을 상고하여, 고요가 말했다: "진실로 그 덕을 따르면, 계책이 밝아져 조화롭도록 도울 것입니다." 우가 말했다: "그렇습니다! 어찌해야 합니까?" 고요가 말했다: "아! 그 몸을 삼가고, 의지를 오래 닦아야 합니다. 구족을 도탑게 펴고, 많은 어진 사람들이 힘써 도우면, 가까운 곳에서 먼 곳으로 갈 수 있음이 여기에 있습니다."   [尚書(상서)] 〈皋陶謨(고요모)〉

嗚呼! 愼厥終, 惟其始, 殖有禮, 覆昏暴. 欽崇天道, 永保天命.

아! 그 끝을 삼가려면 그 시작을 생각해야 하니, 예가 있으면 키우고, 어둡고 포악하면 엎으십시오. 하늘의 도를 삼가 공경해야, 하늘의 도를 영구히 보존할 것입니다."   [尚書(상서)] 〈仲虺之誥(중훼지고)〉

若升高, 必自下. 若陟遐, 必自邇.

높은 곳에 오르려면, 반드시 낮은 곳에서 시작해야 합니다. 먼 곳에 가려면, 반드시 가까운 곳에서 시작해야 하는 것과 같습니다.

[尙書(상서)] 〈太甲下(태갑하)〉

즉 노자의 이러한 작은 것에서부터 점차 큰 것으로 가야한다는 '一步一脚印(일보일각인: 한 걸음에 한 발자국)' 또는 '스텝 바이 스텝(step by step)' 가치관은 이미 노자 이전부터 존재하고 있었고, 정치를 하는 지도자들이 갖춰야 할 필수 덕목 중의 하나였음을 알 수 있다.

63-3: 天下難事必作於易, 天下大事必作於細.
天下□事必作於□, 天下□事必作於□.

[대구법]

세상의 어려운 일은 반드시 쉬운 데서 양성되고, 세상의 큰일은 반드시 자잘한 데서 발생한다.

63-4: 是以聖人終[266]不爲大, 故能成其大.

이 때문에 성인은 시종 큰일을 하지 않으니(일이 커지기를 기다렸다가 하지 않으니), 그러므로 큰일을 이룰 수 있다.

---

266) 終(종): 항상, 늘, 시종.

*이는 바로 '有備無患(유비무환)' 을 말하는 것으로, 64장 64-1의 '그것이 안정적일 때 유지하기 쉽고, 그것이 징조를 보이지 않을 때 도모하기가 쉬우며, 그것이 무를 때 해소하기가 쉽고, 그것이 미약할 때 없어지기가 쉬우니, 발생하기 전에 그것을 처리하고, 혼란스럽기 전에 그것을 다스려야 한다.' 라는 표현과 서로 통하니, 함께 연계하여 살펴볼 수 있다.

63-5: 夫輕諾必寡信, 多[267]易[268]必多難[269].
夫□□必□□, □□必□□.

[대구법]

무릇 쉬이 승낙하면 반드시 신용이 적어지고, 지나치게 쉽게 보면 반드시 재난이 많아진다.

63-6: 是以聖人猶[270]難之, 故終無難矣.

이 때문에 성인은 오히려 그것(작은 일)을 어려워 하니(얕보지 않으니), 그러므로 시종 어려움이 없다.

　*이는 위의 63-5와 함께 연결하여 살펴볼 필요가 있는데, 이와 관련하여 다음의 기록들을 살펴보자.

---

267)　多(다): 쓸데없다, 지나치다.
268)　易(이): 쉽게 보다, 경시하다.
269)　難(난): 재난, 환란, 재앙.
270)　猶(유): 오히려.

慮善以動, 動惟厥時. 有其善, 喪厥善, 矜其能, 喪厥功. 惟事事乃其有備, 有
備無患. 無啓寵納侮. 無恥過作非. 惟厥攸居, 政事惟醇. 黷于祭祀, 時謂弗
欽. 禮煩則亂, 事神則難.

선하다고 생각되면 움직이고, 행동은 그 때에 맞아야 합니다. 선하다고
여기면 선함을 잃고, 재능을 자랑하면 그 공을 잃게 됩니다. (해야 할) 일에
종사하면 이에 준비하게 되니, 준비함이 있으면 후환이 없습니다. 총애하
거나 업신여기지 말고, 허물을 부끄러워하여 잘못을 저지르지 말아야 합
니다. 그 머무르는 바를 생각하면(자신의 자리에 있으면), 정치가 순박해집
니다. [尙書(상서)] 〈說命(열명)〉

說拜稽首曰: 非知之艱, 行之惟艱, 王忱不艱, 允恊于先王成德, 惟說不言有
厥咎.

부열이 절하고 머리를 조아리며 말했다: "아는 것이 어려운 것이 아니라,
행하는 것이 어려운 것입니다. 임금께서 정성껏 하여 어렵다고 여기지 않
으시면, 능히 선왕이 이루신 덕을 따를 것이니, 저 부열이 말씀드리지 않
는다면 (저에게) 허물이 있는 것입니다." [尙書(상서)] 〈說命(열명)〉

즉 노자는 史實(사실)들을 통해서 어려운 일은 작은 데에서 시작되니 일
이 커지기 전에 해결해야 하고, 큰일을 하기 위해서는 먼저 삼가여 작은
데에서부터 착실하게 한 걸음 한 걸음 나아가야 한다는 실천의 도리를 깨
우쳐 알리고자 한 것임을 알 수 있다.

第64章：愼終(신종)

64-1: 其安易持, 其未兆[271]易謀, 其脆[272]易泮[273],
其微易散[274], 爲之於未有, 治之於未亂.
其□易□, 其□□易□, 其□易□, 其□易
□, □之於未□, □之於未□.

[대구법, 대구법, 열거법]

그것(상황)이 안정적일 때 유지하기 쉽고, 그것(사건)이
징조를 보이지 않을 때 도모하기가 쉬우며, 그것(사물)이
무를 때 해소하기가 쉽고, 그것(일)이 미약할 때 없어지기가
쉬우니, (사건이) 있기(발생하기) 전에 그것을 처리하고,
혼란스럽기(동요하기) 전에 그것을 다스려야 한다.

*이미 63장의 63-4에서 언급한 것처럼 이 63장과 64장은 내용상 서로
이어지는데, 이 문장은 특히 '有備無患(유비무환)'의 도리를 설명한 것이
다. 또 이러한 '유비무환'의 관념은 노자가 처음 시작한 것이 아님을 다음
의 기록을 통해서도 알 수 있다.

居寵思危, 罔不惟畏. 弗畏, 入畏.
영화로움에 자리했을 때 위태로움을 생각하고, 두려워하지 않음이 없도
록 해야 합니다. 두려워하지 않으면, 두려움에 빠지게 됩니다.

[尚書(상서)] 〈周官(주관)〉

---

271) 兆(조): 예시하다, 징조를 보이다.
272) 脆(취): 연하다, 무르다, 부드럽다.
273) 泮(반): 녹다, 풀리다.
274) 散(산): 흩어지다, 해소하다.

64-2: 合抱[275]之木, 生於毫末[276].九層之臺, 起於
累土.千里之行, 始於足下.
□□之□, □於□□.□□之□, □於□
□.□□之□, □於□□.

[대구법, 열거법]

아름드리의 큰 나무는, 지극히 작은 것에서 생겨난다.
구층의(높은) 누각은, 흙을 쌓는 데에서부터 시작된다(한
줌의 흙에서부터 쌓는 것이다). 천리 길을 가는 것은 발아래에서(한
걸음으로부터) 시작되는 것이다.

*큰일을 해내기 위해서는 작은 일부터 차근차근 해나가야 한다는 도리
는 공자 역시 마찬가지로 주장한 바 있다. 이러한 측면에서 보았을 때, 노
자와 공자는 다시 한 번 동일한 가치관을 소유했음을 단편적으로나마 類
推(유추)할 수 있을 것이다. 또 이 문장 역시 63장과 맥락상 서로 상통하니,
작은 일에서 큰 일로 나아가야 하고 항상 삼가야 한다는 도리를 설명하고
있는데, 이러한 도리는 다음의 기록들을 통해서도 여실히 드러난다.

無輕民事惟難, 無安厥位惟危, 愼終于始.
백성의 일을 가벼이 여기지 말고 어려움을 생각하며, 그 지위를 편안하게
여기지 말고, 끝을 삼가려면 시작부터 삼가야 합니다.

[尙書(상서)] 〈太甲下(태갑하)〉

君子之道, 辟如行遠必自邇, 辟如登高必自卑.

---

275) 合抱(합포): 양 팔로 껴안다.
276) 毫末(호말): 지극히 적은 분량.

군자의 도는, 비유컨대 멀리 가려면 반드시 가까운 데서 시작해야 하는 것과 같고, 비유컨대 높이 올라가려면 반드시 낮은 데서 시작해야 하는 것과도 같다.

[禮記(예기)] 〈中庸(중용)〉

64-3: 爲者敗之, 執者失之.
□者□之, □者□之.

[대구법]

작위하는 이는 그것을 망치고, 집착하는 이는 그것을 잃는다.

*이는 그 天性(천성)을 어기고 억지로 작위하거나 집착하면 일을 그르친다는 도리를 설명하고 있는데, 노자는 여기서 다시 한 번 '무위'의 중요성을 강조하고 있다. 이와 관련하여 唐宋八大家(당송팔대가) 중 하나인 柳宗元(유종원)의 작품 [種樹郭橐駝傳(종수곽탁타전)]을 살펴보기로 한다.

郭橐駝, 不知始何名. 病僂, 隆然伏行, 有類橐駝者, 故鄕人號之駝. 駝聞之, 曰: "甚善. 名我固當." 因捨其名, 亦自謂橐駝雲. 其鄕曰豊樂鄕, 在長安西. 駝業種樹, 凡長安豪富人爲觀游及賣果者, 皆爭迎取養. 視駝所種樹, 或移徙, 無不活; 且碩茂, 蚤實以蕃. 他植者雖窺伺效慕, 莫能如也. 有問之, 對曰: "橐駝非能使木壽且孶也, 以能順木之天, 以致其性焉爾. 凡植木之性, 其本欲舒, 其培欲平, 其土欲故, 其筑欲密. 旣然已, 勿動勿慮, 去不復顧. 其蒔也若子, 其置也若棄, 則其天者全, 而其性得矣. 故吾不害其長而已, 非有能碩而茂之也. 不抑耗其實而已, 非有能蚤而蕃之也. 他植者則不然: 根拳而土易. 其培之也, 若不過焉則不及. 苟有能反是者, 則又愛之太殷, 憂之太勤. 且視而暮撫, 已去而復顧 ; 甚者爪其膚以驗其生枯, 搖其本以觀其疏密, 而木之性日以離矣. 雖曰愛之, 其實害之 ; 雖曰憂之, 其實仇之, 故不我若也, 吾又何能爲哉 ?"問者曰 :"以子之道, 移之官理, 可乎 ?"駝曰 :"我知種樹而已, 官理非吾業也. 然吾居鄕, 見長人者, 好煩其令, 若甚憐焉, 而卒以禍. 且暮, 吏來而呼曰 :'官命促爾耕, 勗爾植, 督爾獲, 蚤繰而緖, 蚤織而縷, 字而幼孩, 遂而雞豚 !'鳴鼓而聚之, 擊木而召之. 吾小人輟飧饔以勞吏, 且不得暇, 又何以蕃吾生而安吾性耶 ? 故病且殆. 若是, 則與吾業者, 其亦有類乎 ?"問者嘻曰 :"不亦善夫 ! 吾問養樹, 得養人術."傳其事以爲官戒也.

곽탁타는 본래 어떤 이름이었는지 알지 못한다. 곱사병을 앓아, 등이 솟아 구부리고 다녀서, 낙타와 비슷함이 있었다. 그래서 마을 사람들이 그를 타(駝)라고 불렀다. 타가 듣고는 말하기를 : "참으로 좋구나. 이름이 내게 꼭 맞는다."라고 하였다. 이름을 버리고, 스스로를 역시 탁타라고 불렀다. 그 마을은 풍악이라고 불렸으니, 장안의 서쪽에 있었다. 타는 나무를 심는 것을 업으로 삼았다. 무릇 장안의 세도가, 부자, 觀賞(관상)하며 노니는 이들 및 과일을 파는 이들이 모두 다투어 맞이하여 나무를 키우게 하였다. 타가 심은 나무를 보면, 혹시 옮기더라도 살지 않는 것이 없었고 ; 또한 무성하여, 빨리 과실이 번성했다. 다른 나무 심는 이들이 비록 엿보고 모방하여도, 능히 같게 할 수 없었다. 어떤 이가 물으니, 대답하여 말했다 : "(나) 탁타가 나무를 오래 살게 하고 우거지게 할 수 있는 것이 아니라, 나무의 천성을 능히 따름으로써, 그 본성을 다하게 할 뿐입니다. 무릇 나무의 본성은, 그 뿌리가 펴기를 바라고, 그 흙을 돋움은 고르기를 바라며, 그 흙은 본래의 것이기를 바라고, 흙을 다짐은 촘촘하기를 바라는 것이지요. 이미 그렇게 하면, 건드려서는 안 되고 걱정해서도 안 되고, 떠나면 다시 돌아보지 말아야 합니다. 심을 때는 자식 같이 하지만, 내버려둘 때는 버린 듯이 하면, 곧 그 천성이 온전해져서, 그 본성을 얻게 되는 것이지요. 따라서 나는 그 성장을 해치지 않을 뿐, 크고 무성하게 할 수 있는 것은 아닙니다. 그 열매 맺음을 억누르고 없애지 않을 뿐, 일찍 번성하게 할 수 있는 것은 아닙니다. 다른 나무 심는 이들은 그렇지 않으니: 뿌리를 구부리고 흙을 바꿉니다. 그 흙을 돋움은 지나치지 않으면 곧 미치지 못합니다. 참으로 능히 이와 반대로 하는 이들이 있으니, 곧 그것을 사랑함이 지나치게 두텁고, 그것을 걱정함에 지나치게 부지런합니다. 아침에 보고 저녁에 어루만지며, 이미 떠났으나 다시 돌아와서 돌보니; 심한 자는 그 껍질을 긁어서 그것이 싱싱한지 시들었는지 검사해 보고, 그 뿌리를 흔들어서 심어진 상태가 성긴지 촘촘한지 살펴보아, 나무의 본성이 점차 흩어지게 (떠나게) 됩니다. 비록 그것을 사랑한다고 말하지만, 사실은 그것을 해치는 것이요; 비록 그것을 걱정한다 말하지만, 사실은 그것을 죽이는 것이라서, 그러므로 나와 같을 수가 없는 것이니, 내가 또 어찌 할 수 있겠습니까?"

묻는 이가 말했다: "그대의 도(道)를, 관청의 다스림으로 바꾸는 것이, 가능하겠습니까?" 탁타가 말했다: "나는 나무 심는 것을 알 따름이지, 관청의 다스림은 나의 본업이 아닙니다. 그런데 내가 고을에 살면서, (관청의) 수장을 보니, 그 명령을 성가시게 하기를 좋아하던데, (이는 백성들을) 심히 어여삐 여기는 듯하지만, 마침내는 화를 입히게 됩니다. 아침저녁으로, 관리가 와서 소리쳐 말합니다: '관청에서 너희들의 경작을 재촉하게 하고, 너희들의 번식을 권면하게 하며, 너희들의 수확을 감독하게 하고, 서둘러서 우선 누에고치를 켜게 하며, 서둘러서 실로 옷감을 짜게 하고, 어린 아이들을 양육하도록 하며, 닭과 돼지를 키우게 하도록 명령하셨다!' 북을 울려 그들(백성들)을 모으고, 목제 악기를 두드려 그들(백성들)을 소집합니다. 우리 서민들은 저녁밥과 아침밥을 기워(보충하여) 관리들을 위로하기에, 또한 겨를이 없으니, 또 어찌 우리 삶을 번성케 하고, 우리 본성을 편

하게 하겠습니까? 그러므로 병들고 게을러집니다. 이와 같으니, 곧 나의 본업과, 또한 비슷한 점이 있지 않을까요?" 묻는 이가 기뻐하며 말했다: "훌륭하지 않은가! 나는 나무 키우는 것을 물었는데, 사람 돌보는 방법을 얻었다. 그 일을 전하여서 관청의 훈계로 삼겠습니다."

윗글을 읽고 있노라면, 노자가 주장하는 '무위'가 과연 어떠한 의미를 지니는 것인지 확연하게 이해할 수 있을 것이다. 즉 '무위'란 아무 것도 하지 않고 자연으로 돌아가는 것이 아니라, 그 天性(천성)을 다 할 수 있도록 삼가 노력하여 환경을 조성해주고 기초를 탄탄히 다져준 후에는 마치 버린 듯이 하여 스스로 그 천성을 누리도록 한다는 것이다. 이처럼 노자는 '무위'를 통한 統治(통치)를 가장 이상적인 정치형태로 여기고 부단히 주장하였기에, 지나치게 엄격한 법률이나 禮樂制度(예악제도)로 구속하는 것을 극렬하게 반대하였던 것이다. 이와 별개로, 상술한 [종수곽탁타전]을 통해서 유종원은 노자의 '무위'를 가장 온전하게 이해하고, 나아가 이를 알기 쉽게 寓話(우화) 형식으로 풀이한 인물이었다는 사실을 짐작할 수 있다.

64-4: 是以聖人無爲, 故無敗 ; 無執, 故無失.
是以聖人無□, 故無□ ; 無□, 故無□.

[대구법]
이 때문에 성인은 작위하지 않아, 그러므로 실패함이 없고;
집착하지 않아서, 그러므로 잃지 않는다.

64-5: 民之從事, 常於幾成而敗之, 愼終如始, 則無敗事.

사람들이 일을 함에, 항상 거의 완성될 즈음에 그것(일)을 그르치니, 시작할 때처럼 끝까지 신중하면, 곧 일을 그르치지 않는다.

*이 문장은 직유법이 쓰였다. 이는 오늘날 이야기하는 '初志一貫(초지일관)'의 도리를 설명한 것인데, 이 문장을 통해서도 당시에 얼마나 신중함과 삼감을 중시했는지 알 수 있다. 이 점에 대해서는 61장의 61-5에서 상세하게 논한 바 있으니 참고하기로 한다.

64-6: 是以聖人欲不欲, 不貴難得之貨;學不學, 復²⁷⁷⁾衆人之所過²⁷⁸⁾;以輔萬物之自然, 而不敢爲.

이 때문에 성인은 (남들이) 하고자 하지 않는 것을 하고자 하고, 얻기 어려운 물건을 귀히 여기지 않으며; (남들이) 배우지 않고자 하는 것을 배우고, 일반인들이 1. 잘못하는바(허물)를 되돌려 2. 지나치는 바를 채워; 그럼으로써 만물의 자연스러움을 보조하지, 감히 작위하지는 않는다.

---

277) 復(복): 1. 회복하다, 되돌리다, 면제하다 2. 채우다.
278) 過(과): 1. 과오 2. 지나치다.

*여기서 '復衆人之所過(복중인지소과)'는 위에서 제시한 것처럼 두 가지로 해석이 모두 가능하다. 하나는 '잘못한 바를 되돌린다.' 즉 '허물이 없도록 다시 되돌린다.' 로 해석하는 경우이고, 또 하나는 '지나친 바를 채우다.' 즉 '이미 지나쳐버려 부족해진 부분을 채우다.' 로 해석하는 경우인데, 결국 의미는 모두 相通(상통)한다.

  *마지막 부분의 '만물의 자연스러움을 보조하지, 감히 작위하지는 않는다.' 라는 구절은 결국 각기 그 천성을 누릴 수 있도록 상황을 만들어주는 것이 바로 '무위'의 窮極(궁극)이라는 것이니, 이를 통해서 64-3에서 소개한 [種樹郭橐駝傳(종수곽탁타전)]의 저자인 柳宗元(유종원)이야말로 노자의 참뜻을 이해한 인물이라고 할 수 있을 것이다. 이제 아래에 이러한 천성을 위배한 결과가 어떠한 것인지를 단적으로 보여주는 史實(사실)들을 참고적으로 소개한다.

  穆王將征犬戎, 祭公謀父諫曰:“不可. 先王燿德不觀兵. 夫兵戢而時動, 動則威; 觀則玩, 玩則無震.(생략) 至于文王·武王, 昭前之光明而加之以慈和, 事神保民, 無不欣喜.(생략) 布令陳辭而有不至, 則增脩於德, 無勤民於遠. 是以近無不聽, 遠無不服.(생략) 王遂征之, 得四白狼四白鹿以歸. 自是荒服者不至.

  목왕이 장차 견융을 정벌하려 하자, 제공 모보가 간하여 말했다: “불가합니다. 선왕께서는 덕을 밝혔지 무력을 보이지는 않으셨습니다. 무릇 무력이란 거두었다가 때가 되면 움직이는 것이니, 움직이면 위엄이 있으나; 보이면 곧 장난이 되니, 장난하면 곧 위엄이 없게 됩니다. (생략) 문왕과 무왕에 이르러, 전대의 광명을 밝히고 자애와 화목을 더하여, 신을 섬기고 백성을 보호하였으니, 기뻐하지 않는 이들이 없었습니다. (생략) 명령을 선포하고 타일러도 이르지 않으면, 곧 한층 더 덕을 수양했고, 백성들이 먼 곳에서 근무하지 않게 했습니다(원정에 동원하지 않았습니다). 이 때문에 가까이는 듣지 않는 이가 없고, 멀리는 복종하지 않는 이가 없게 되었습니다. (생략) 왕은 마침내 그들을 정복하고, 흰 이리 네 마리와 흰 사슴 네 마리를 얻어서 돌아왔다. 이때부터 황복 지역이 이르지 않았다(귀속하지 않았다).

[史記(사기)] 〈周本紀(주본기)〉

이러한 내용은 다음에도 보인다.

王將征犬戎, 祭公謀父諫曰: 先王耀德不觀兵, 王不聽征之, 得四白狼四白鹿以歸, 自是荒服不至, 諸侯不穆.

왕(목왕)이 장차 견융을 정벌하려 하자, 제나라 공작 모보가 간하여 말했다: 선왕께서는 덕을 빛내셨으니, 무력을 보이지 않았습니다. 왕이 듣지 않고 정벌하여, 네 마리 흰 이리와 네 마리 흰 사슴을 얻어서 돌아오니, 이때부터 변방의 복속하지 않고, 제후들이 화목하지 않았다.

[十八史略(십팔사략)] 〈周王朝篇(주왕조편)〉

第65章：大順(대순)

65-1: 古之善爲道者, 非以明民, 將以愚之.
古之善爲道者, □以□□, □以□□.

[대구법, 대조법]

옛날에 도를 잘 행하는 이는, 백성들을 밝음(기민함)으로 이끌지 않고, 장차 우매함(우직함, 순박함)으로 이끌려고 하였다.

*여기서 '明(명)' 과 '愚(우)' 는 二元化(이원화) 즉 文字(문자)는 같지만 기존에 쓰인 의미와는 다르게 해석해야 함에 유의해야 한다. 다시 말해서, '明(명)' 은 '사리사욕에 밝다, 영리하다' 라고 해석하여 3장 3-3, 10장 10-4 및 81장 81-3의 '知(지)' 와 같은 의미로, 그리고 '愚(우)' 는 '明(명)' 에 반대되는 뜻으로 이해해야 한다. 20장의 20-9와 38장의 38-9에서 설명한 바 있듯이 '愚(우)' 는 '우매함, 우직함, 순박함' 으로 해석해야 하니, 즉 대동의 사회에서는 엄격한 법령이나 예악제도로 백성들을 억지로 구속하지 않고, 또한 공동의 목표에 의해 하나가 되었기 때문에 개인의 營利(영리)를 추구하지 않았다는 의미이다. 노자가 이러한 주장을 펼친 이유는 57장과 58장에서 상세하게 열거되어 있으니, 함께 연계하여 이해할 필요가 있다.

*그렇다면 왜 노자는 줄곧 이러한 '우매함' 의 정치를 강조하고 있는 것일까? 일반적으로 말해서 '우매함' 이라고 함은 '어리석음, 우둔함' 을 뜻하는데, 이는 이미 36장의 36-3에서 설명한 바 있듯이 '군자가 덕이 가득차면 용모가 우매한 것처럼 보인다.' 는 말뜻으로 접근해야 하니, 노자는 법령이나 예악제도 등을 통한 인위적인 정치를 반대하고 '옛날에 '도' 를 잘 행한 이들' 즉 상고시대 태평성대를 이끈 성인들처럼 '덕치' 로 백성들을 다스려야 한다고 본 것이다. 이제 36장의 36-3에서 이미 제시했던 노자의 말을 다시 한 번 살펴보면, 그 의미를 보다 명확하게 이해할 수 있을 것이다.

吾聞之, 良賈深藏若虛, 君子盛德, 容貌若愚.

내가 들으니, 훌륭한 장사꾼은 깊숙이 숨겨 마치 비어있는 듯 하고, 군자가 덕이 가득차면 용모가 우매한 것처럼 보인다고 하오.

[史記(사기)] 〈老子韓非列傳(노자한비열전)〉

65-2: 民之難治, 以其智多.

백성들을 다스리기 어려운 것은, 그 기민함이 많기 때문이다(지나치게 기민하기 때문이다).

*여기서 '智(지)'는 '知(지)'와 같은 의미로서, 바로 10장의 10-4에서 언급한 바 있는 '小知(소지: 작은 앎)' 즉 하늘의 뜻에 순응하여 '덕'으로 통치하지 않고 禮樂(예악)이나 법 등의 '제도'를 강화하여 지배하는 것을 가리킨다. 노자는 이 문장을 통해서, 백성들이란 그들에게 주어진 고유의 天性(천성)이 있는 법인데, 이러한 천성을 위배하여 자꾸 인위적인 법령이나 예악제도로 그들을 억누르려 하니, 오히려 그들을 다스리기가 더욱 어려워진다고 말하고 있다.

65-3: 故以智治國, 國之賊[279]; 不以智治國, 國之福.

□以智治國, 國之□; □以智治國, 國之□.

[대구법, 대조법]

그러므로 기민함으로 국가를 다스리는 것은, 국가의 재앙이요; 기민함으로 국가를 다스리지 않는 것은, 국가의 복이다.

*이 문장은 위의 65-2와 연계하여 64장 64-3에서 소개한 유종원의 [종수곽탁타전]을 음미해보면, 그 뜻을 명확하게 이해할 수 있다.

65-4: 知此兩者, 亦稽式[280]; 常知稽式, 是謂玄德.

이 두 가지를 이해하는 것, 역시 준칙이니; 항상 준칙을 이해하는 것, 이를 현덕이라고 일컫는다.

*노자는 여기서 다시 한 번 '常(상: 영원함, 항구함, 변함없음)'을 강조하고, 이러한 두 가지를 이해하여 '常'이 지켜지는 것을 '玄德(현덕: 심오한 덕)'이라고 말하고 있다. '常'의 개념은 16장의 16-5에서 상세하게 언급한 바 있으니 참고하기로 한다.

---

279) 賊(적): 적, 반역자, 손상.
280) 稽式(계식): 법식, 준칙.

65-5: 玄德深矣, 遠矣, 與物反矣, 然後乃至大順.
玄德□矣, □矣, □□□矣, 然後乃至大順.

[대구법, 열거법]

현덕은 심오하고, 아득하여, 사물과 반대되니, 그러한 후에야 대순(지극한 자연에의 순응)에 이른다.

*'현덕은 심오하고 아득하여 사물과 반대된다.' 라는 말은 '현덕은 사물의 보편적 이치와 서로 다르다.' 라는 것이니, 여기서 '사물' 은 바로 '일반적인 현상' 을 가리킨다. 소위 '일반적인 현상' 이라 함은 지식이나 재물이 많아질수록 쉬워지고, 적을수록 어려워진다는 俗世(속세)의 가치관을 일컫는데, 노자는 '현덕' 이란 이러한 '일반적인 현상' 과 반대된다고 하였으니, 이는 65-3에서 말한 바와 같이 '知(지)' 가 많아질수록 다스리기가 어려워지고, '知' 가 적어질수록 다스리기가 오히려 쉬워진다는 도리를 다시 한 번 설명하고 있는 것이다.

*그렇다면 '大順(대순)' 은 과연 어떠한 의미를 함축하고 있는 것일까? 먼저 다음의 기록을 살펴보자.

四體旣正, 膚革充盈, 人之肥也. 父子篤, 兄弟睦, 夫婦和, 家之肥也. 大臣法, 小臣廉, 官職相序, 君臣相正, 國之肥也. 天子以德爲車, 以樂爲御, 諸侯以禮相與, 大夫以法相序, 士以信相考, 百姓以睦相守, 天下之肥也. 是謂大順. 大順者, 所以養生送死, 事鬼神之常也.

사지가 모두 바르고, 피부가 완전한 것은, 사람의 넉넉함이다. 부자가 돈독하고, 형제가 화목하며, 부부가 조화로운 것은, 집안의 넉넉함이다. 대신은 본받고, 소신은 청렴하며, 관직에 서로 질서가 있고, 임금과 신하가 서로 바로 잡아주는 것은, 나라의 넉넉함이다. 천자는 덕으로 수레를 삼고, 음악으로 (수레를) 몰며, 제후는 예로서 서로 같이하고, 대부는 법도로 서로 따르며, 士(사)는 믿음으로 서로 헤아리고, 귀족들은 화목함으로 서로 지키면, 세상의 넉넉함이다. 이를 대순이라고 이른다. 대순이란 것은, 따라서 산 사람을 기르고, 죽은 사람을 보내며, 귀신을 섬기는 일을 변함없이 행하는 것이다.

[禮記(예기)] 〈禮運(예운)〉

위의 내용을 살펴보면 천자가 '덕'으로 나라를 다스리고, 신하들은 각자의 所任(소임)을 다하며, 서로 '和(화: 화목함)'와 '信(신: 믿음)'을 지키면 대순에 이른다고 말하고 있다. 여기서 한 가지 주목할 점은 '제후는 예로서 서로 같이한다.'는 부분이 38장 38-6의 '상급의 예는 작위하는 바가 있으나 응답하지 않을 때면, 곧 팔을 걷어붙이고 그것(상급의 예)을 내버린다.'와 38-7에서 말한 '그러므로 도를 잃은 후에 비로소 덕이 있고, 덕을 잃은 후에 인이 있으며, 인을 잃은 후에 의가 있고, 의를 잃은 후에 예가 있다.'라는 표현과는 분명히 상호 背馳(배치)된다는 것인데, 그 밖의 내용들은 기본적으로 일치하고 있다는 것이다. 이를 통해서, 노자가 말하는 '대순'과 공자의 '대순'에는 분명한 차이점과 공통점이 공존한다는 사실을 엿볼 수 있거니와, 노자의 '대순'은 궁극적으로 34장의 34-1에서 언급한 '大道(대도)' 즉 '大同(대동)'과 같은 개념임을 알 수 있다. 이와 관련하여 '대동'의 정의는 80장의 80-3을 참고한다.

第66章 : 下之(하지)

66-1: 江海所以能爲百谷王者, 以其善下之, 故能 爲百谷王.

강과 바다가 모든 계곡의 우두머리가 될 수 있는 것은, 그것(강과 바다)이 능숙하게 그(계곡) 아래에 있기 때문이니, 그러므로 모든 계곡의 우두머리가 될 수 있다.

*노자는 줄곧 지도자란 늘 아래에 처해야 한다고 주장하고 있는데, 소위 아래에 처한다는 것은 바로 백성을 공경해야한다는 뜻이니 61장과도 그 맥락이 서로 통한다. 이 문장과 관련하여 다음의 기록들을 살펴보면, 다시금 노자의 취지를 명확하게 이해할 수 있다.

帝曰:"(생략) 可愛非君? 可畏非民? 衆非元后, 何戴? 后非衆, 罔與守邦. 欽哉! 愼乃有位, 敬修其可願, 四海困窮, 天祿永終. 惟口出好興戎, 朕言不再."

(순)임금이 말했다: (생략) 사랑할 만한 것이 임금이 아니겠소? 두려워할 만한 것이 백성이 아니겠소? 백성들은 임금이 아니면 누구를 받들겠소? 임금은 백성이 아니면, 더불어 나라를 지킬 사람이 없소. 공경하시오! 삼가면 이에 자리가 있게 되고, 공경하여 베풀면 바랄 수 있으니, 온 나라가 곤궁해지면, 하늘이 준 복록도 영영 끝나게 되오. 입에서 나는 것(말)은 곧잘 전쟁을 일으키니, 나는 다시 말하지 않겠소." [尚書(상서)]〈大禹謨(대우모)〉

公季卒, 子昌立, 是爲西伯. 西伯曰文王. 遵后稷・公劉之業, 則古公・公季之法, 篤仁, 敬老, 慈少. 禮下賢者, 日中不暇食以待士, 士以此多歸之, 伯夷・叔齊在孤竹, 聞西伯善養老, 盍往歸之.

공계가 죽고 아들 창이 즉위하니, 이 사람이 서백이다. 서백은 (후대에) 추존된 문왕으로, 후직과 공류의 사업을 따르고 고공과 공계의 법도를 본받아 성실하고 인자하며 늙은이를 공경하고 아랫사람에게 사랑을 베풀었다. 어진 사람에게는 예의로 자신을 낮추었는데, 한낮에는 식사할 겨를도 없이 士(사)들을 접대하였으므로, 士들은 이 때문에 서백에게 많이 몰려들었다. 백이와 숙제는 고죽에 있었는데 서백이 노인을 잘 봉양한다는 소문을 듣고 함께 가서 서백에게 귀의했다.　　　　　[史記(사기)] 〈殷本紀(은본기)〉

이와 같은 내용이 다음 기록에도 보인다.

昌退而修德, 諸侯多叛紂歸之.
창이 물러나 덕을 닦으니, 제후들 대부분이 주왕을 배반하고 그에게 귀속되었다.　　　　　　　　　　　[十八史略(십팔사략)] 〈殷王朝篇(은왕조편)〉

古公卒, 公季立, 公季卒, 昌立, 爲西伯. 西伯修德, 諸侯歸之.
고공이 죽자, 공계가 즉위했고, 공계가 죽자, 창이 즉위했으니, 서백(서쪽 제후의 우두머리)이 되었다. 서백이 덕을 닦으니 제후들이 귀속하였다.
　　　　　　　　　　　　　[十八史略(십팔사략)] 〈周王朝篇(주왕조편)〉

이 모든 내용들이 '덕'을 닦고 자신을 낮춤으로써 결국에는 우두머리가 되었다는 점을 밝히고 있으니, 노자의 뜻은 바로 이러한 의미를 함축하고 있는 것이 아니겠는가?

66-2: 是以欲上²⁸¹⁾民, 必以言下²⁸²⁾之;欲先民, 必
以身後之.

是以欲□民, 必以□□之;欲□民, 必以□
□之.

[대구법]

이 때문에 백성의 위에 처하려면(백성을 통치하려면), 반드시 말을
함에 있어 그(백성)에게 낮춰야 하고; 백성을 영도하려면,
반드시 몸을 백성들 뒤에 두어야 한다.

*이와 관련하여서는, 다음의 기록들을 살펴보면 그 취지를 이해할 수
있다.

曰:"后克艱厥后, 臣克艱厥臣, 政乃乂, 黎民敏德." 帝曰:"俞! 允若玆, 嘉言
罔攸伏, 野無遺賢, 萬邦咸寧. 稽于衆, 舍己從人, 不虐無告, 不廢困窮, 惟帝
時克."

(우가) 말했다: "임금이 능히 그 임금 자리를 어려워하고, 신하가 능히 그
신하 자리를 어려워하면, 정치가 이에 다스려지고, 수많은 백성들이 덕에
힘쓰게 될 것입니다." (순)임금이 말했다: "그렇소! 진실로 이와 같다면,
좋은 말이 숨겨지는 바가 없고, 현명한 이들이 모두 등용되어 민간에 인물
이 없게 되어, 만방이 모두 평안할 것이오. 여러 사람에게 상의하고, 자기
를 버리고 남을 따르며, 의지할 곳이 없는 이들을 깔보지 않고, 곤궁한 이
들을 버리지 않는 것은, 오직 (요)임금만이 늘 해내셨소."

[尙書(상서)] 〈大禹謨(대우모)〉

---

281) 上(상): 위에 서다, 통치하다.
282) 下(하): 낮추다.

노자의 재구성 | 정치이념으로 본 도덕경

一饋十起, 以勞天下之民.

(우 임금은) 한 번 식사를 할 때 열 번을 일어나니, 그럼으로써 세상의 백성을 위해 애썼다. 　　　　　[十八史略(십팔사략)] 〈夏王朝篇(하왕조편)〉

다시 말해서, 노자는 지도자란 言行(언행)에 신중하고 백성들을 어려워 해야 함과 더불어 그들을 위해 애써야 한다고 보았으니, 민심을 살피고 政務(정무)를 돌보느라 잠시도 쉴 틈이 없었던 周(주)나라 武王(무왕)의 아우 周公(주공)이 머리를 감다가도 손님이 오면 머리채를 쥐고 만나고 음식을 먹다가도 뱉고 만났다는 '握髮吐哺(악발토포)' 故事(고사) 역시 이와 같은 맥락인 것이다.

66-3: 是以聖人處上而民不重, 處前而民不害.是以天下樂推而不厭.以其不爭, 故天下莫能與之爭.
是以□□□□而民不□, 處前而民不害.是以□□□□而不□.以其不爭, 故天下莫能與之爭.

[대구법]

이 때문에 성인은 (백성의) 위에 처하지만 백성이 부담스러워하지 않고, (백성의) 앞에 처하지만 백성이 방해된다고 여기지 않는다. 이 때문에 세상이 기꺼이 추대하고 저버리지 않는다. 그(성인)가 (남과) 다투지 않기 때문에, 세상에는 감히 그(성인)와 서로 다툴 이가 없다.

*태평성대의 정치가 이러하지 않았겠는가? 앞에서 누차 설명했듯이

노자는 줄곧 태평성대 특히 대동사회로의 복귀를 주장하고 있는데, 이와 관련하여 다음의 기록을 살펴보면 좀 더 확실하게 이해할 수 있을 것이다.

帝曰：“來, 禹! 降水儆予, 成允成功, 惟汝賢. 克勤于邦, 克儉于家, 不自滿假, 惟汝賢. 汝惟不矜, 天下莫與汝爭能. 汝惟不伐, 天下莫與汝爭功. 予懋乃德, 嘉乃丕績, 天之歷數在汝躬, 汝終陟元后. 人心惟危, 道心惟微, 惟精惟一, 允執厥中. 無稽之言勿聽, 弗詢之謀勿庸. 可愛非君？可畏非民？衆非元后, 何戴？后非衆, 罔與守邦. 欽哉! 愼乃有位, 敬修其可願, 四海困窮, 天祿永終. 惟口出好興戎, 朕言不再.”

(순)임금이 말했다：“오시오, 우여! 물이 내려(홍수가 발생하여) 나를 주의시켰는데, 믿음을 이루고 공을 이루었으니, 그대의 어질음 때문이오. 나라에 능히 부지런하고, 집안에 능히 검소하며, 스스로 만족하여 위대한 체하지 않으니, 그대의 어질음 때문이오. 그대는 자랑하지 않기에, 세상은 그대와 기량을 다툴 수 없고, 그대가 드러내지 않기에, 세상은 그대와 공을 겨룰 수가 없소. 나는 그대의 덕을 독려하고, 그대의 큰 공을 기리니, 하늘의 헤아림이 그대 몸에 있어서, 그대가 결국에는 임금에 오를 것이오. 사람의 마음은 위태롭고, 도의 마음은 희미하니, 정성스럽고도 한결같이, 그 중을 진실로 잡아야 하오. 상의하지 않은 말은 듣지 말고, 상의하지 않은 계책은 쓰지 마시오. 사랑할 만한 것이 임금이 아니겠소? 두려워할 만한 것이 백성이 아니겠소? 백성들은 임금이 아니면 누구를 받들겠소? 임금은 백성이 아니면, 더불어 나라를 지킬 사람이 없소. 공경하시오! 삼가면 이에 자리가 있게 되고, 공경하여 베풀면 바랄 수 있으니, 온 나라가 곤궁해지면, 하늘이 준 복록도 영영 끝나게 되오. 입에서 나는 것(말)은 곧잘 전쟁을 일으키니, 나는 다시 말하지 않겠소.”　　　　　　　　　　[尙書(상서) 〈大禹謨(대우모)〉]

또 노자는 중간에서 '이 때문에 세상이 기꺼이 추대하고 저버리지 않는다.' 라고 하였으니, 이는 다음의 기록을 살펴보면 쉬이 이해할 수 있다.

堯知子丹朱之不肖, 不足授天下, 於是乃權授舜. 授舜, 則天下得其利而丹朱病; 授丹朱, 則天下病而丹朱得其利. 堯曰: "終不以天下之病而利一人", 而卒授舜以天下. 堯崩, 三年之喪畢, 舜讓辟丹朱於南河之南. 諸侯朝覲者不之丹朱而之舜, 獄訟者不之丹朱而之舜, 謳歌者不謳歌丹朱而謳歌舜. 舜曰 "天也", 夫而後之中國踐天子位焉, 是爲帝舜.

요임금은 아들 단주가 못나고 어리석어, 세상을 넘겨주기에 부족하다는 것을 알았고, 그래서 이에 정권을 순에게 주었다. 순에게 주면, 곧 세상이 이로움을 얻고 단주가 원망을 하지만; 단주에게 주면, 곧 세상이 원망하고 단주가 이로움을 얻게 되는 것이다. 요임금이 말했다: "결국에는 세상이 원망함으로써 한 사람을 이롭게 할 수 없다", 그래서 마침내 세상을 순에게 주었다. 요임금이 죽고, 3년상이 끝나자, 순은 단주에게 양보하고 남하의 남쪽으로 물러났다. 제후 중에 조정에 알현하는 이들이 단주에게 가지 않고 순에게 갔으며, 소송을 하는 이들이 단주에게 가지 않고, 순에게 갔으며, 칭송하는 이들이 단주를 칭송하지 않고 순을 칭송했다. 순이 "운명이로다!" 라고 말하고, 대저 중원으로 돌아가 천자의 자리에 올랐으니, 이가 순임금이다.   [史記(사기)] 〈五帝本紀(오제본기)〉

아울러 노자는 끝에서 '성인은 (남과) 다투지 않기 때문에, 세상에는 감히 그와 서로 다툴 이가 없다.' 고 하였는데, 이와 관련하여서는 다음의 기록을 참고할 수 있다.

二十有八載, 帝乃殂落. 百姓如喪考妣; 三載, 四海遏密八音.

28년이 지나고, (요)임금이 죽었다. 귀족들이 마치 부모상을 하는 것과 같았고, 3년 동안, 사방에서 팔음을 끊고 삼갔다.

[尙書(상서)] 〈堯典(요전)〉

이러한 내용은 다음의 기록에도 보인다.

堯辟位凡二十八年而崩. 百姓悲哀, 如喪父母. 三年, 四方莫擧樂, 以思堯.
요는 임금 자리를 벗어난 지 무릇 28년 만에 죽었다. 귀족들이 슬퍼했으니, 마치 부모를 잃은 듯하였다. 3년 동안, 사방에서 음악을 행하지 않음으로써, 요를 그리워했다.

[史記(사기)] 〈五帝本紀(오제본기)〉

이처럼 백성들은 임금이 죽자 마치 부모를 잃은 듯했으니, 어느 누가 감히 그와 서로 다툴 수 있었겠는가? 이러한 표현은 22장 22-2의 '이 때문에 성인은 하나로 파악하여, 세상을 다스리는 규범으로 삼는다. 자기의 안목에만 의존하지 않기 때문에 명확하게 판단하고, 스스로 옳다고 여기지 않기 때문에 (시비를) 분명히 하며, 스스로 자랑하지 않기 때문에 공로가 있고, 거만하지 않기 때문에 서열이 높아진다. 무릇 다투지 않기 때문에, 그러므로 세상은 그와 다툴 수가 없다.' 라는 말과 맥락상 서로 통하니 함께 연계하여 이해할 수 있다.

第67章 : 不肖(불초)

67-1: 天下皆謂我道大, 似不肖[283].

세상은 모두 나의 도가 커서, 마치 비슷한 것이 없는 것
같다고 말한다.

*일반인들에게 어떠한 개념이나 사물을 설명할 때 그와 유사한 개념이
나 사물에 견주어 이해시키는 것이 가장 쉽고도 효과적인 방법인데, '도'
라는 것은 다른 어떤 유사한 것에 견주어 설명할 방법이 없으니 이해하기
가 어렵다는 뜻이다. 이미 앞에서 누차 강조했듯이 노자의 '도'는 대동의
사회에 도달하기 위한 핵심이고, 이러한 노자의 최종목표는 대동사회로의
복귀이기 때문에, 그것이 현실세계에서 바라보면 도달하기 어려운 마치
'노스텔지아의 손수건'과도 같은 理想鄉(이상향)에 대한 향수라서 비슷한
것이 없는 것이다. 이 문장을 1장의 1-1 '도라는 것은, 말할 수 있으면, 영
원한 도가 아니고, 명이라는 것은, 부를 수 있으면, 영원한 이름이 아니다.'
라는 말에 對比(대비)시켜보면 그 뜻을 보다 명확하게 이해할 수 있으니, 좀
더 구체적으로 말해서 이 문장에서 '道大(도대: 도가 크다)'는 즉 '大道(대도:
커다란 도)'를 가리키고, 이 '도'는 '무명'과 같은 개념이 되며, 이 '무명'
은 바로 '常(무한함, 영원함)'을 가리킨다. '常'의 개념에 대한 풀이는 16장의
16-5를 참고하기로 하고, 이제 이와 관련하여 다음의 기록을 살펴보자.

孔子適周, 將問禮于老子. 老子曰: "子所言者, 其人與骨皆已朽矣, 獨其言
在耳. 且君子得其時則駕, 不得其時則蓬累而行. 吾聞之, 良賈深藏若虛, 君
子盛德, 容貌若愚. 去子之驕氣與多欲, 態色與淫志, 是皆無益于子之身. 吾
所以告子, 若是而已." 孔子去, 謂弟子曰: "鳥, 吾知其能飛; 魚, 吾知其能

---

283) 肖(초): 비슷하다, 닮다.

노자의 재구성 | 정치이념으로 본 도덕경

遊;獸, 吾知其能走. 走者可以爲罔, 遊者可以爲綸, 飛者可以爲矰. 至于龍
吾不能知, 其乘風雲而上天. 吾今日見老子, 其猶龍邪!"

공자가 주나라에 가서, 장차 노자에게 예에 대하여 묻고자 하였다. 노자
가 말했다: "그대가 말하는 바는, 그 육신과 뼈가 모두 이미 썩었고, 오직
그 말만이 있을 따름이오. 게다가 군자는 때를 만나면 마차를 타지만, 때
를 만나지 못하면 떠도는 것이오. 내가 들으니, 훌륭한 장사꾼은 깊숙이
숨겨 마치 비어있는 듯 하고, 군자가 덕이 가득차면 용모가 우매한 것처럼
보인다고 하오. 그대의 교기와 다욕, 태색과 음지를 버리시오. 이는 모두
그대의 몸에 무익하오. 내가 그대에게 말해줄 것은 이와 같을 따름이오."
공자가 떠나, 제자들에게 말했다: "새는, 내가 날 수 있음을 알고, 물고기
는, 내가 헤엄칠 수 있음을 알며; 짐승은, 내가 달릴 수 있음을 안다. 달리
는 것은 그물로 잡을 수 있고, 헤엄치는 것은 낚시로 잡을 수 있으며, 나는
것은 활을 쏘아 잡을 수 있다. 용에 대해서는 내가 알 수 없으니, 바람과
구름을 타고 하늘에 오른다. 내가 오늘 노자를 보았는데, 마치 용과도 같
구나!"

[史記(사기)] 〈老子韓非列傳(노자한비열전)〉

공자가 노자를 찾아가 '예'에 대해서 묻자 노자는 공자를 훈계하였고,
이에 공자는 돌아와 제자들에게 노자란 인물은 마치 한 마리의 용과도 같
다고 하였으니, 심지어 공자가 보기에도 노자라는 인물은 일반인들이 감
히 犯接(범접)하기 어려운 이상적인 가치관을 지닌 인물이 아니었을까?

67-2: 夫唯大, 故不肖.

무릇 크기에, 그러므로 비슷한 것이 없다.

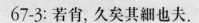

67-3: 若肖, 久矣其細也夫.

만약 비슷하다면, 오래전에 그것은 작아졌다.

　*67-2와 67-3은 함께 엮어서 살펴보아야 하는데, 노자는 이미 25장과 41장에서 '大(대)'의 개념에 대해 설명한 바 있다. 25-3에서는 '나는 그 이름을 알지 못하는데, 그것을 일컬어 도라고 하고, 그것에 억지로 이름을 붙이니 대(크다)라고 하는데, 대는 지나감을 일컫고, 지나감은 멀어짐을 일컬으며, 멀어짐은 반대로 됨(다시 가까워짐)을 일컫는다.'라고 하여, '大'라는 것이 너무나 커서 억지로 이름을 붙인 것이라고 하였고, 41-9에서는 '대단히 큰 사각형은 모퉁이가 없고, 대단히 큰 기구는 늦게 이루어지며, 대단히 큰 소리는 잘 들리지 않고, 대단히 큰 형상은 형체가 없으며, 도는 분명하지 않아 이름이 없다.'라고 하여, '大'라는 것이 너무나 커서 감히 비슷한 것을 찾을 수가 없다고 하였다. 따라서 노자는 '도'라는 것이 너무나 커서 억지로 '크다'라고 이름을 붙이고, 이러한 '크다'는 개념과 비슷한 것이 없기에 어떤 유사한 것으로 대체하여 비유할 수 없다고 한 것이다. 물론 여기서 말하는 '도'는 '大道(대도)'를 말하는 것이니, '大道'와 비슷한 존재가 있다면 '도'로서의 가치가 그만큼 없어진다. 이는 바꿔 이야기해서, 오늘날 대동과 비슷한 개념이 있었다면 그 자체로 이미 노자가 말하려는 '도'의 의미를 상실한다는 것이다. 아울러 '細(세)'는 '有名(유명)' 즉 '小道(소도)'를 가리키니, '유한함'으로 보아도 무방하다고 하겠다.

67-4: 我有三寶, 持而保之.

나에게는 세 가지 보물이 있어, 그것을 지키고 보호한다.

*노자는 세 가지 보물로 '그것' 즉 '도'를 지키고 보호한다고 하였으니, 이 세 가지 보물은 바로 '도'의 하위개념이 된다는 사실에 유의해야 한다. 또한, 이는 42장 42-1의 '도는 하나를 낳고, 하나는 둘을 낳으며, 둘은 셋을 낳고, 셋은 만물을 낳는다.' 라는 말과도 연계하여 이해할 필요가 있다.

67-5: 一曰慈, 二曰儉, 三曰不敢爲天下先.

첫 번째는 자애로움을 말하고, 두 번째는 검소함을 말하며, 세 번째는 감히 세상의 앞에 서지 않음을 말한다.

*이 문장을 보면 노자가 말하는 세 가지 보물이라는 것이 孔子(공자)가 중시하는 그것들과 크게 다르지 않음을 알 수 있는데, 이를 통해서 노자와 공자의 사상적 기반이 기본적으로는 같은 곳에서 나왔음을 간접적으로나마 엿볼 수 있다. 이제 노자가 말하는 '慈(자: 자애로움)'에 대해서 먼저 살펴보자.

子路問强. 子曰: 南方之强與, 北方之强與, 抑而强與? 寬柔以敎, 不報無道, 南方之强也, 君子居之. 衽金革, 死而不厭, 北方之强也, 而强者居之. 故君子和而不流, 强哉矯! 中立而不倚, 强哉矯! 國有道, 不變塞焉, 强哉矯! 國無道, 至死不變, 强哉矯.

자로가 강함을 물었다. 공자가 말씀하시기를: 남방의 강함인가, 북방의 강함인가, 아니면 너의 강함인가? 너그럽고 부드러움으로 가르치고, 무도함에 보복하지 않는 것은, 남방의 강함이니, 군자가 머문다. 병기와 갑옷을 깔고(늘 전쟁을 하고), 죽어도 싫증내지 않는 것은, 북방의 강함이니, 따라서 흉포한 자가 머문다. 따라서 군자는 중에 서지 한쪽에 기대지 않으니, 강하도다 꿋꿋함이여! 중에 서서 기울어지지 않으니, 강하도다 꿋꿋함이여! 나라에 도가 있으면, 성실함이 변하지 않으니, 강하도다 꿋꿋함이여! 나라에 도가 없으면, 죽음에 이르러도 변하지 않으니, 강하도다 꿋꿋함이여!

[禮記(예기)] 〈中庸(중용)〉

이는 공자가 제자 자로에게 '남방의 강함' 즉 '너그럽고 부드러움'을 설명한 것인데, 아래 67-6의 '자애롭기 때문에 용감할 수 있다.' 와 67-7의 '자애로움은 버리고 용감함만을 우선시하니, 사경(死境)에 이른다.' 라는 구절을 함께 대입시켜 보면, 그 내용상 '慈'와 완벽하게 일치하고 있다. 특히 67-7의 '용감함'은 바로 '북방의 강함'을 일컫는 것이니, 문맥을 이해하는데 참고하기 바란다. 다음으로, '儉(검)'에 대해서 살펴보자.

帝堯陶唐氏, 伊祈姓, 或曰名放勛, 帝嚳子也. 其仁如天, 其知如神, 就之如日, 望之如雲, 以火德王, 都平陽, 茅茨不剪, 土階三等.

제요 도당씨는, 이기가 성인데, 혹자가 말하기를 이름은 방훈이라 하니, 제곡의 아들이다. 그 인자함은 하늘과 같았고, 그 지혜로움은 귀신과 같아서, 따르기를 마치 해와 같이 하고, 우러르기를 마치 구름과 같이 하였으니, 불의 덕으로 임금이 되고, 평양을 도읍으로 하여, 지붕을 이는 짚을 자르지 않고, 흙 계단은 세 단이었다.

[十八史略(십팔사략)] 〈五帝篇(오제편)〉

觀于華, 華封人曰: 噫, 請祝聖人, 使聖人壽富多男子. 堯曰: 辭, 多男子則多懼, 富則多事, 壽則多辱.

화 지역을 살피니, 화의 봉인(수령)이 말했다: 아, 성인을 축복하나니, 성인께서 장수하고 부유하며 아들이 많기를 바랍니다. 요임금이 말했다: 사양하겠소. 아들이 많으면 곧 두려워할 일이 많고, <u>부유하면 곧 일이 많으며</u>, 장수하면 곧 욕된 일이 많소.　　　　[十八史略(십팔사략)]〈五帝篇(오제편)〉

　　이는 堯(요)임금의 언행을 묘사한 기록인데, 이처럼 태평성대를 구가한 성인들은 나라와 백성들을 위해서 사적으로 富(부)를 축적하지 않고 검소한 생활을 했기 때문에 오랫동안 임금의 자리에 있으면서 백성들의 추앙을 받을 수 있었던 것이니, 아래 67-6의 '검소하기 때문에 넓힐 수 있다.'는 말과 함께 이해하면 그 뜻을 보다 명확하게 이해할 수 있다. 마지막으로 '不敢爲天下先(불감위천하선)'에 대해서 살펴보자.

大旱七年, 太史占之曰: 當以人禱. 湯曰: 吾所爲請者, 民也, 若必以人禱, 吾請自當.

큰 가뭄이 칠년이라, 태사가 점을 쳐 말했다: 마땅히 사람으로서(사람을 제물로 바쳐서) 기도를 해야 합니다. 탕이 말했다: "내가 바라는 바는 백성을 위해서이니, 만약 반드시 사람으로서 기도해야 한다면, <u>나는 스스로 담당하기를</u>(제물이 되기를) 청한다.

[十八史略(십팔사략)]〈殷王朝篇(은왕조편)〉

　　이는 商(상 = 殷: 은)나라의 湯(탕)이 백성을 위해 자신이 기꺼이 아래에 처하여 희생되기를 원했다는 史實(사실)을 기록한 내용으로, 이러한 그의 백성들을 사랑하는 마음이 있었기에 임금이 될 수 있었다. 이 문장 역시 아래 67-6의 '감히 세상의 앞에 서지 않기 때문에, 천하의 우두머리가 될 수 있다.'는 말과 함께 이해하면 그 뜻을 보다 명확하게 이해할 수 있을 것이다.

이제 38장의 38-7에서 제시했던 노자의 가치관 模式圖(모식도)에 42장 42-1의 '도는 하나를 낳고, 하나는 둘을 낳으며, 둘은 셋을 낳고, 셋은 만물을 낳는다.' 및 상술한 내용들을 덧붙여 보다 종합적인 가치관 체계를 완성시킬 수 있는데, 바로 아래와 같이 도식화할 수 있다. 아울러 노자는 64장의 64-5에서 '愼(신)'을 강조하고 있으므로, 이러한 '신중함' 역시 '信(신)'과 더불어 전제조건이나 바탕이 된다고 이해할 수 있다.

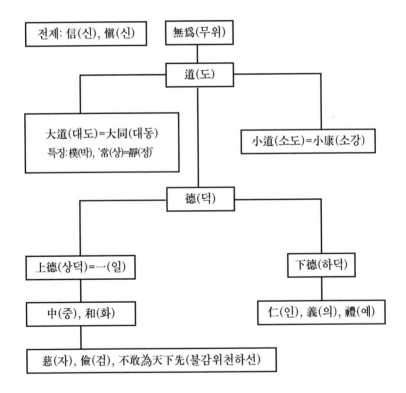

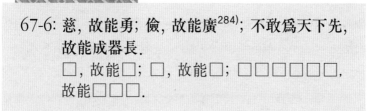

67-6: 慈, 故能勇; 儉, 故能廣[284]; 不敢爲天下先,
故能成器長.
□, 故能□; □, 故能□; □□□□□□,
故能□□□.

[대구법]
자애롭기 때문에 용감할 수 있고; 검소하기 때문에 넓힐
수 있으며; 감히 세상의 앞에 서지 않기 때문에, 천하의
우두머리가 될 수 있다.

*이 말은 과연 어떠한 의미를 함축하고 있는 것일까? 이제 구체적인 事
例(사례)들을 통해서 하나씩 분석해보기로 하자. 우선 '자애롭기 때문에 용
감할 수 있다.'는 말과 관련된 史實(사실)을 살펴보자.

舜父瞽叟頑, 母嚚, 弟象傲, 皆欲殺舜. 舜順適不失子道, 兄弟孝慈. 欲殺, 不
可得; 卽求, 嘗在側.
순의 아버지 고수는 고집 세고, 어머니는 간사하고, 동생 상은 교만하여,
모두 순을 죽이고자 하였다. 순은 거스르지 않고 좇아 자식 된 도리를 잃
지 않았고, 동생에게 형 노릇하여 효성스럽고도 자애로웠다. 죽이고 싶어
도, 얻을(죽일) 수 없었지만: 부르면, 항상 곁에 있었다.

[史記(사기)] 〈五帝本紀(오제본기)〉

순은 온 가족이 자신을 죽이려 들었지만 자애로움으로 그들을 대했기
에 그들을 두려워하고 피하기보다는 용기 있게 항상 그들의 곁에 있을 수

---

284) 廣(광): 넓히다, 확충하다.

있었고, 이러한 자애로움으로 결국 왕위에까지 오를 수 있게 되었다. 다음으로는 '검소하기 때문에 넓힐 수 있다.' 는 말에 대해서 살펴보자.

順天地之紀, 幽明之占, 死生之說, 存亡之難. 時播百穀草木, 淳化鳥獸蟲蛾, 旁羅日月星辰水波土石金玉, 勞勤心力耳目, 節用水火材物. 有土德之瑞, 故號黃帝.

천지의 규율, 음양의 점, 죽음과 삶의 말씀, 국가 존망의 어려움을 따랐다. 때마다 온갖 곡식과 초목을 뿌리고, 금수와 곤충을 순화시켰으며, 일월성신, 물결, 토석, 금옥을 두루 망라하고, 마음과 힘 귀와 눈에 힘쓰며, 물불 목재와 재물을 아껴 썼다. 토덕의 상서로움이 있어서, 따라서 황제라고 불렸다.   [史記(사기)]〈五帝本紀(오제본기)〉

高辛生而神靈, 自言其名. 普施利物, 不於其身. 聰以知遠, 明以察微. 順天之義, 知民之急. 仁而威, 惠而信, 脩身而天下服. 取地之財而節用之, 撫敎萬民而利誨之, 曆日月而迎送之, 明鬼神而敬事之. 其色郁郁, 其德嶷嶷. 其動也時, 其服也士. 帝嚳漑執中而遍天下, 日月所照, 風雨所至, 莫不從服.

고신(제곡)은 태어나면서 신통하고 영묘하여, 스스로 자신의 이름을 말했다. 두루 베풀어 만물을 이롭게 하였지만, 자신에게는 아니었다(자신을 돌보지 않았다). 귀가 밝아 멀리까지 알았고, 눈이 밝아 작은 것을 살폈다. 하늘의 법도를 따르고, 백성의 긴요함을(백성들이 무엇을 긴요하게 생각하는지를) 알았다. 어질면서도 위엄 있고, 은혜로우면서도 믿음이 있었으며, 자신을 닦았기에 세상이 복종했다. 땅의 재물을 얻어 아껴 쓰고, 백성을 위로하고 가르치면서 이롭게 인도하였으며, 해와 달을 셈하여 맞이하거나 전송하였고, 귀신을 밝혀서 공손히 섬겼다. 그 얼굴빛은 그윽하고, 그 덕은 높았다. 그 움직임은 때에 맞았고, 그 의복은 士의 것이었다(임금의 복장이 아니었다). 제곡은 이미 중을 잡아 두루 세상에 미쳤으므로, 해와 달이 비치는 곳과, 바람과 비가 이르는 곳이면, 복종하지 않는 것이 없었다.

[史記(사기)] 〈五帝本紀(오제본기)〉

이처럼 黃帝(황제)와 帝嚳(제곡)은 항상 아끼고 검소한 생활을 함으로써 '덕'을 쌓아 결국에는 백성들의 신망을 얻었으니, '검소하기 때문에 넓힐 수' 있었던 것이다. 마지막으로 '감히 세상의 앞에 서지 않기 때문에, 천하의 우두머리가 될 수 있다.'는 말에 대해서 살펴보기로 하자.

古公亶父復脩后稷·公劉之業, 積德行義, 國人皆戴之. 薰育戎狄攻之, 欲得財物, 予之. 已復攻, 欲得地與民. 民皆怒, 欲戰. 古公曰: "有民立君, 將以利之. 今戎狄所爲攻戰, 以吾地與民. 民之在我, 與其在彼, 何異? 民欲以我故戰, 殺人父子而君之, 予不忍爲." 乃與私屬遂去豳, 度漆·沮, 踰梁山, 止於岐下. 豳人擧國扶老攜弱, 盡復歸古公於岐下. 及他旁國, 聞古公仁, 亦多歸之.

고공단보는 후직과 공류의 공적을 다시 닦아, 덕을 쌓고 의를 행하자, 나라 사람들이 모두 그를 받들었다. 훈육과 융적이 그를 공격하여, 재물을 얻으려고 하자, 재물을 주었다. 얼마 되지 않아 다시 공격하여, 땅과 백성을 얻고자 했다. 백성들이 모두 노하여, 싸우려 했다. 고공이 말했다: 백성들이 있어 임금을 세우는 것은, 장차 그들을 이롭게 하려는 것이다. 지금 융적이 공격하는 바는, 나의 땅과 백성 때문이다. 백성들이 나에게 있는 것이, 저들에게 있는 것과, 어찌 다르겠는가? 백성들이 나 때문에 고로 싸우면, 사람들의 부자를 죽여 임금이 되는 것이니, 나는 차마 못하겠다." 이에 고공은 가신들과 더불어 마침내 빈 지역을 떠나, 칠수와 저수를 건너, 양산을 넘어, 기산 아래에 머물렀다. 빈 지역 사람 전부 노인을 부축하고 어린이의 손을 이끌어, 모두 다시 기산 아래의 고공에게 귀속했다. 더불어 다른 이웃나라에서, 고공의 어질음을 듣고, 역시 많은 이들이 그에게 귀속했다.

[史記(사기)] 〈周本紀(주본기)〉

　古公亶父(고공단보)는 자신이 왕으로 군림하는 것이 오히려 백성들에게 害(해)가 된다고 판단하여 과감하게 자신의 신분을 버리고 떠났으니, 이야말로 세상의 앞에 서지 않는 것이 아니겠는가? 하지만 결국에는 백성들이 그의 이러한 결정에 감복하여 오히려 자신들의 터전을 버리고 고공단보를 따라 귀속하였기에, 천하의 우두머리가 될 수 있었던 것이다. 이처럼, '慈'와 '儉' 그리고 '不敢爲天下先'은 42장의 42-1에서 언급했던 것과 같이 모두 궁극적으로는 帝位(제위)에 오르는 사람이 마땅히 갖춰야 하는 마음가짐이자 '덕치'의 근간이 되는 것이니, 따라서 이를 통해 다음 기록의 내용을 이해할 수 있다.

故大德者必受命.
따라서 큰 덕을 지닌 이는 반드시 (하늘의) 명을 받는다.

[禮記(예기)] 〈中庸(중용)〉

　상술한 바와 같이, 여기서 말하는 '명을 받는다.'는 것은 물론 '하늘의 명을 받아서 국가의 지도자가 된다.'는 뜻으로 풀이해야 한다.

67-7: 今舍慈且[285]勇, 舍儉且廣, 舍後且先, 死矣.
今舍□且□, 舍□且□, 舍□且□, 死矣.

[대구법, 열거법]

오늘날 자애로움은 버리고 용감함만을 우선시하고,
검소함을 버리고 넓히는 것만을 우선시하며, 뒤로 물러남을
버리고 나설 것만을 우선시하니, 사경(死境)에 이른다.

*하지만 노자는 여기서 현실 세태를 비판하고, 또 이러한 '덕치'의 근
간이 되는 세 가지 요소를 버리면 어김없이 '死境(사경)'에 이른다고 경고
하고 있는데, 이제 구체적인 사례들을 들어 그 내용들을 하나씩 분석해보
기로 한다. 우선 '자애로움은 버리고 용감함만을 우선시하니, 사경에 이
른다.'는 말과 관련된 史實(사실)을 살펴보자.

穆王將征犬戎, 祭公謀父諫曰: "不可.先王燿德不觀兵. 夫兵戢而時動, 動則
威; 觀則玩, 玩則無震.(생략) 至于文王·武王, 昭前之光明而加之以慈和, 事
神保民, 無不欣喜.(생략) 布令陳辭而有不至, 則增脩於德, 無勤民於遠. 是以
近無不聽, 遠無不服.(생략) 王遂征之, 得四白狼四白鹿以歸. 自是荒服者不
至.

목왕이 장차 견융을 정벌하려 하자, 제공 모보가 간하여 말했다: "불가합
니다. 선왕께서는 덕을 밝혔지 무력을 보이지는 않으셨습니다. 무릇 무력
이란 거두었다가 때가 되면 움직이는 것이니, 움직이면 위엄이 있으나; 보
이면 곧 장난이 되니, 장난하면 곧 위엄이 없게 됩니다. (생략) 문왕과 무왕
에 이르러, 전대의 광명을 밝히고 자애와 화목을 더하여, 신을 섬기고 백

---

285) 且(차): 우선하다, 중시하다.

성을 보호하였으니, 기뻐하지 않는 이들이 없었습니다. (생략) 명령을 선포하고 타일러도 이르지 않으면, 곧 한층 더 덕을 수양했고, 백성들이 먼 곳에서 근무하지 않게 했습니다(원정에 동원하지 않았습니다). 이 때문에 가까이는 듣지 않는 이가 없고, 멀리는 복종하지 않는 이가 없게 되었습니다. (생략) 왕은 마침내 그들을 정복하고, 흰 이리 네 마리와 흰 사슴 네 마리를 얻어서 돌아왔다. 이때부터 황복 지역이 이르지 않았다(귀속하지 않았다).

[史記(사기)] 〈周本紀(주본기)〉

여기서 말하는 '용감함'이란 바로 '북방의 강함이니, 따라서 흉포한 자가 머문다.' 즉 자애로움이 아니라 무력으로 군림하려 들면 사람들이 귀속하지 않고 떠나게 되어, 결국에는 사경에 이르게 된다는 뜻이다. 다음으로 '검소함을 버리고 넓히는 것만을 우선시하니, 사경에 이른다.'는 말뜻에 대해 살펴보기로 하자.

帝桀之時, 自孔甲以來而諸侯多畔夏, 桀不務德而武傷百姓, 百姓弗堪. 乃召湯而囚之夏臺, 已而釋之. 湯修德, 諸侯皆歸湯, 湯遂率兵以伐夏桀.
걸임금 때에 이르러, 공갑 이래로 제후들 대부분이 하나라를 배반하니, 걸은 덕에 힘쓰지 않고 무력으로 백성들을 해하니, 백성들이 견디지 못했다. 이에 탕을 불러 하대에 가두었는데, 얼마 되지 않아 그를 풀어주었다. 탕이 덕을 닦으니, 제후들이 모두 탕에게 귀속했고, 탕은 결국 군대를 이끌어 하나라의 걸을 토벌했다. [史記(사기)] 〈夏本紀(하본기)〉

孔甲之後, 歷王皐, 王發, 至王履癸, 號爲桀, 貪虐力能伸鐵鉤索. (생략) 爲瓊宮瑤臺, 殫民財, 肉山脯林, 酒池可以運船, 糟堤可以望十里, (생략) 國人大崩.

공갑 이후, 왕고 왕발을 거쳐, 왕 이계에 이르렀으니, 걸이라고 불렀는데, 탐욕스럽고 사나웠으며 힘은 능히 쇠갈고리로 된 밧줄을 펼 수 있었다. (생략) 옥으로 장식한 궁궐과 누각을 짓고, 백성들의 재물을 다하여, 고기로 숲을 만들고, 술로 만든 못은 배를 띄울 수 있었으며, 술지게미로 쌓은 둑에서 십리를 볼 수 있었는데, (생략) 나라 백성들(의 신망)이 크게 무너졌다.　　　　　　　　　　[十八史略(십팔사략)]〈夏王朝篇(하왕조편)〉

紂伐有蘇氏, 有蘇以妲己女焉, 有寵其言皆從; 厚賦稅, 以實鹿臺之財, 盈鉅橋之粟, 廣沙丘苑臺, 以酒爲池, 懸肉爲林, 爲長夜之飮, 百姓怨望, 諸侯有畔者.

주왕이 유소씨를 정벌하여, 유소씨가 달기로 짝지어주니(달기를 바치니), 사랑하여 그녀의 말을 모두 따랐다; 부세를 두터이 하여, 그럼으로써 녹대의 재물을 튼튼하게 하고, 거교의 곡식을 채워, 사구와 원대를 넓혔으며, 술로 못을 만들고, 고기를 매달아 숲을 만들어, 며칠이고 계속 술자리를 벌였으니, 백성들이 원망하고, 제후들 중에 배반하는 이들이 있었다.

　　　　　　　　　　　　　　　[十八史略(십팔사략)]〈殷王朝篇(은왕조편)〉

　주지하다시피, 桀紂(걸주)는 堯舜(요순)과 상반되는 暴君(폭군)들로 유명하다. 이 두 임금은 백성들을 자애로움으로 다스리지 않고 사치하는 등의 暴政(폭정)을 행하여 백성들의 신망을 잃어서 결국에는 비극적인 결말을 맞이하게 되었으니, 이것이 바로 사경에 이른 것이 아니겠는가? 이제 마지막으로 '뒤로 물러남을 버리고 나설 것만을 우선시하니, 사경에 이른다.'는 말뜻에 대해 알아보자.

　厲王卽位三十年, 好利, 近榮夷公. 大夫芮良夫諫厲王曰："王室其將卑乎.

夫榮公好專利而不知大難. 夫利, 百物之所生也, 天地之所載也, 而有專之,
其害多矣. 天地百物皆將取焉, 何可專也? (생략) 夫王人者, 將導利而布之
上下者也. 使神人百物無不得極, 猶日怵惕, 懼怨之來也. (생략) 匹夫專利,
猶謂之盜, 王而行之, 其歸鮮矣.

여왕은 30년 동안 재위했는데, 이익을 좋아하고 영이공을 가까이 했다.
대부 예랑부가 여왕에게 간하여 말했다: "왕실이 장차 쇠할 것입니다. 무
릇 영이공은 이익을 독점하기를 좋아하나 큰 재앙은 알지 못합니다. 무릇
이익이란, 만물에서 생기는 바이고, 천지가 완성하는 바인데, 독점하게 되
면, 그 피해가 많아집니다. 천지와 만물은 모두가 얻기를 바라는데, 어찌
사사로이 할 수 있겠습니까? (생략) 무릇 왕이란 사람은, 장차 이익을 이끌
어 위아래로 베푸는 사람입니다. 귀신과 사람 만물로 하여금 지극함을 얻
지 못하는 바가 없도록 하고, 오히려 날마다 두려워 조심해야 하며, 원망
이 이르게 될까 걱정해야 합니다. (생략) 필부가 이익을 독점해도, 가히 도
적이라 일컫는데, 왕이 그것을 행하면, 귀속하는 이들이 드물 것입니다.

[史記(사기)] 〈周本紀(주본기)〉

임금이란 백성들을 위해서 자신을 낮추고 삼가야 하는 법인데, 厲王(여
왕)은 大夫(대부)인 芮良夫(예랑부)의 忠言(충언)을 받아들이지 않아 결국 國運
(국운)이 쇠하게 되었으니, 이 여시 사경에 이른 것이 아니겠는가? 이처럼
노자는 史實(사실)들에 의거하여, 논리적이고도 명쾌하게 자신의 정치적
관점을 피력하고자 하였다.

67-8: 夫慈, 以戰則勝, 以守則固.天將救之, 以慈衛之.

夫慈, 以□則□, 以□則□.天將救之, 以慈衛之.

[대구법]

무릇 자애로움이란, 그것으로서 전쟁에 쓰면 곧 승리하고,
그것으로서 수비에 쓰면 곧 견고해진다. 하늘이 장차 그를
구원하려 하면, 자애로움으로 그를 지킨다.

*상술한 내용은 69장 69-4의 '그러므로 필적하는 군대가 서로 맞부딪
히면, 자애로운 쪽이 이긴다.' 라는 표현에서도 유사한 관점이 보이는데,
이와 관련하여 다음의 기록을 살펴보자.

三旬, 苗民逆命. 益贊于禹曰:"惟德動天, 無遠弗屆. 滿招損, 謙受益, 時乃
天道. 帝初于歷山, 往于田, 日號泣于旻天, 于父母, 負罪引慝. 祇載見瞽瞍,
夔夔齋栗, 瞽亦允若. 至誠感神, 矧茲有苗."禹拜昌言曰:"俞!"班師振旅.
帝乃誕敷文德, 舞干羽于兩階, 七旬, 有苗格.

삼십 일 동안, 묘족이 명을 거역했다. 익이 우를 도와 말했다: "오직 덕만
이 하늘을 움직이니, 먼 곳이라도 굴복합니다. 자만은 손해를 부르고, 겸
손은 이익을 받으니, 늘 이와 같은 하늘의 도리입니다. (순)임금께서는 처
음 역산에서, 밭에 나가셨을 때, 매일 하늘과 부모에게 울부짖으시며, 죄
를 스스로 짊어지고 사특함을 이끌었습니다(모든 죄를 자기 탓으로 돌렸습니
다). 고수를 공경하여 받들고, 조심하고 재계하여 삼가시니, 고수 역시 진
실로 따르게 되었습니다. 지극한 정성은 귀신을 감동시키니, 하물며 이
묘족이야." 우는 훌륭한 말에 절하며 말했다: "그렇습니다!" 군사를 돌려

제사를 바로잡았다. (순)임금은 이에 위엄과 덕망을 넓게 펴고, 두 섬돌에
서 방패춤(武舞)과 깃털춤(文舞)을 추시니, 칠십 일이 지나, 묘족들이 감복
했다.   [尙書(상서)] 〈大禹謨(대우모)〉

이는 바로 '남방의 강함'을 이야기하는 대목으로, 상대방을 무력으로
제압하지 않고 너그러움과 부드러움으로 대하면, 상대방이 오히려 감복
하여 귀속된다는 도리를 단편적으로 시사하고 있는데, 즉 노자가 36장의
36-2, 43장의 43-1, 52장의 52-5, 76장, 78장에서 이미 누차 강조한 바 있는
'부드러움이 강함을 이긴다.' 는 가치관은 바로 이러한 '慈(자: 자애로움)' 을
내포하는 것이기도 하다. 아울러 이 문장을 통해서, 노자의 가치관이 '宇
宙(우주)' 나 '陰陽(음양)' 등을 논하는 形而上學的(형이상학적)인 철학을 논하
는 것이 아니라, 史實(사실)에 근거한 현실에서 수용되는 보편타당한 정치
이념을 말하는 것임을 다시 한 번 확인할 수 있다.

第68章 : 不爭(부쟁)

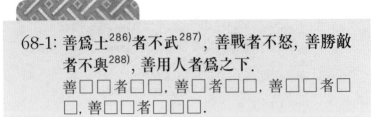

68-1: 善爲士[286]者不武[287], 善戰者不怒, 善勝敵
者不與[288], 善用人者爲之下.
善□□者□□, 善□者□□, 善□□者□
□, 善□□者□□□.

[대구법, 열거법]

뛰어난 군인은 용맹을 뽐내지 않고, 전쟁에 뛰어난 이는
분노하지 않으며, 적을 이기는데 뛰어난 이는 더불어
함께 하지 (적과 뒤섞여 교전하지) 않고, 사람을 씀에 뛰어난 이는
그(상대방)에게 낮춘다.

*이는 67장에서 줄곧 언급하는 '慈(자: 자애로움)'를 염두에 두고 이해해
야 한다. 또한 여기서 '善爲士者(선위사자)'를 15장의 15-1과 마찬가지로
'성인'으로 해석해야 하니, 당시에는 오늘날과 같이 '文人(문인)'과 '武人
(무인)'의 구분이 명확하지 않았던 것으로 보이기 때문이다. 아울러 노자가
이 문장에서 피력하고자 하는 바는, 67장 67-8에서 제시한 우가 苗族(묘족)
을 감화시킨 내용을 읽어보면 쉬이 이해할 수 있다.

---

286) 士(사): 선비, 군인.
287) 武(무): 용맹을 떨치다.
288) 與(여): 더불어 함께하다, 부딪히다, 섞이다.

是謂不爭之德, 是謂用人之力, 是謂配天,
古之極.
是謂□□□□, 是謂□□□□, 是謂□□,
古之極.

[대구법, 열거법]

이를 다투지 않는 덕이라고 이르고, 이를 사람을 쓰는
능력이라고 이르며, 이를 하늘에 부합한다고 일컬으니,
상고(오랜 옛날)의 정점(극치)이다.

*여기에서 '古(고)'는 오랜 상고의 태평성대를 일컫고, 그 중에서도 특
히 '대동시대'를 지칭한다. 즉 노자는 이 문장을 통해서도 일관되게 대동
시대로의 복귀를 주장하고 있으니, 요순시대가 바로 이러하지 않았던가?

第69章 : 哀者勝(애자승)

用兵有言：吾不敢□□而□□, 不敢□□而
□□.

[대구법, 대조법]

군대를 부리는 이가 말하기를: 나는 감히 전쟁을
일으키지는 못하고 응전할 뿐이며, 감히 한 치를
나아가지는 못하고 한 자를 물러난다.

*여기서는 앞과 뒤의 말이 대구가 되는데, 즉 수동적으로 응전하기 때
문에 앞으로 나아가 공격하지 않고 뒤로 물러나며 항전한다는 뜻이다. 다
시 말해서 노자는 '도'가 있을 때에 무력을 통한 전쟁이란, 부득이한 경우
에 어쩔 수 없이 抗戰(항전)의 형태로만 하는 것이라고 구체적으로 말하고
있다.

---

289) 主(주): 주인이 되다, 능동적으로 전쟁을 일으키다.
290) 客(객): 손님이 되다, 수동적으로 전쟁에 맞서다.
291) 寸(촌): 尺(척)의 1/10 3.3cm 정도.

69-2: 是謂行無行²⁹²⁾, 攘²⁹³⁾無臂²⁹⁴⁾, 扔²⁹⁵⁾無敵, 執無兵.
是謂□無□, □無□, □無□, □無□.

[대구법, 열거법]

이는 행할 전투태세가 없고, 걷어붙일 팔이 없으며, 무찌를 적이 없고, 잡을 무기가 없음을 이르는 것이다.

*이 역시 전쟁이란 근본적으로 해서는 안 될 것이고, 부득이한 경우에 수동적으로 응전하는 것이지 능동적으로 나아가 행하는 것이 아님을 밝히고 있다.

69-3: 禍莫大於輕敵, 輕敵幾喪吾寶.

화는 적을 가벼이 여기는 것보다 큰 것이 없고, 적을 가벼이 보다가는 하마터면 나의 보물을 잃게 된다.

* '화는 적을 가벼이 여기는 것보다 큰 것이 없다.'는 말의 의미는 상대방을 항상 두려워하고 신중해야 한다는 뜻이니, 노자는 이를 어기면 나의 보물 즉 67장에서 언급한 '자애로움, 검소함, 감히 세상의 앞에 서지 않음'을 잃게 된다고 보았다. 이 세 가지 보물을 잃게 되면 백성을 아끼고 사

---

292) 行(항): 군대의 대열.
293) 攘(양): 걷어 올리다.
294) 臂(비): 팔.
295) 扔(잉): 부수다, 깨뜨리다. .

랑하는 자세를 잃게 되는 것이니, 결국에는 패망에 이르게 되는 것이다. 이러한 마음가짐은 '戰戰兢兢(전전긍긍)'과도 밀접한 관련을 맺고 있는데, 이 '전전긍긍'이라는 말은 본래 [詩經(시경)]의 〈小雅·小旻(소아·소민)〉에 나오는 표현으로, 오늘날의 쓰임과는 달리 '두려워서 벌벌 떨며 조심한다.' 는 의미를 지니고 있다. 또한 [論語(논어)] 〈泰伯篇(태백편)〉에서도 曾子(증자)가 이 詩句(시구)를 인용하여, 반성하며 두려워한다는 의미로 썼으니, 모두 이 문장과 맥락상 서로 통하게 되는 것이다.

69-4: 故抗兵相加, 哀[296]者勝矣.

그러므로 필적하는 군대가 서로 가해지면(맞부딪히면),
자애로운 쪽이 이긴다.

*이 문장에서 '哀(애)'는 '불쌍히 여기다, 애처로이 여기다, 동정하다' 는 의미로 해석되니, 바로 '慈(자)'와 상통한다고 볼 수 있다. 그렇다면 노자가 이 문장을 통해서 피력하고자 하는 바는 바로 67장 67-8의 '무릇 자애로움이란, 그것으로서 전쟁에 쓰면 곧 승리하고, 그것으로서 수비에 쓰면 곧 견고해진다. 하늘이 장차 그를 구원하려 하면, 자애로움으로 그를 지킨다.' 라는 표현과 일맥상통하여, '자애로움의 중요성'을 강조하고 있다고 볼 수 있는 것이다.

---

296) 哀(애): 불쌍히 여기다, 애처로이 여기다, 동정하다.

第70章：懷玉(회옥)

70-1: 吾言甚易知, 甚易行; 天下莫能知, 莫能行.
吾言甚易○, 甚易●; 天下莫能○, 莫能●.

[대구법, 반복법]

나의 말은 매우 이해하기가 쉽고 매우 실행하기가 쉬운데;
세상은 이해하지 못하고, 실행하지 못한다.

*이는 노자의 '도'가 그간 보편적으로 받아들여져 왔던 '形而上學的 (형이상학적) 無爲自然(무위자연)의 도'를 지칭하는 것이 아님을 여실히 보여 주고 있다. 만일 노자가 주장하는 바가 '형이상학적 개념의 무위자연의 도'라면 오늘날까지도 일반인들의 상식으로 노자의 가치관을 이해할 수 없어야하는데(사실 그러하지만), 노자가 이처럼 자신의 말이 이해하기 쉽고 실행하기 쉽다고 한 이유는 '小康(소강)'을 버리고 '大同(대동)'으로 복귀하기만 하면 된다고 판단했기 때문이다. 또 '세상은 이해하지 못하고, 실행하지 못한다.'고 하였는데, 이는 세상 사람들이 무지하다고 얕본 것이 아니라 노자와 당시 사람들 사이에 이미 사상적 乖離感(괴리감)이 상당히 존재하였음을 나타내는 것이니, 당시 대부분의 사람들이 이미 '소강'만을 외치는 상황에서 노자는 '대동'을 주장하였음을 간접적으로 엿볼 수 있다.

*시기적으로 보았을 때 노자와 공자는 동일한 시대를 살고 있었으니 이는 東周(동주) 즉 春秋時代(춘추시대)였고, 이때는 비록 겉으로는 여전히 天子(천자)의 존재를 인정하였지만, 사실상 모든 제후국들이 하나같이 자신의 이권과 세력만을 확장하기 위해 애쓰던 시기 즉 '소강'마저도 무너진 상황이었기 때문에, 천자의 지위는 西周(서주) 때와 확연히 달랐다. 당시 周(주)나라의 史官(사관)이었던 노자가 보기에는 하늘의 '도'가 이미 땅에 떨어졌고 또 모두가 '소강'으로의 복귀를 외치기에만 급급했기 때문에, 이

에 53장의 53-5에서 '이를 일컬어 훔쳐서 자랑한다고 하니, 도가 아니다!' 라고 구체적으로 서술한 것처럼 세상에 '도'가 없어졌으니 말을 아끼고 나라를 떠나 서쪽으로 향하여 세상을 유유히 떠돌려고 했던 것이리라.

70-2: 言有宗[297], 事有君[298].
□有□, □有□.

[대구법]
말에는 요지가 있고, 일에는 주체가 있다.

*여기서 말하는 '言(언)'과 '事(사)'는 언뜻 보기에는 노자의 '말'과 '일'을 이야기하는 것 같지만, 사실상 궁극적으로는 상고시대 태평성대를 이끈 성인들의 그것을 말하는 것이니, 바로 '대동'의 '말'과 '일'을 나타낸다. 이는 아래 70-3의 문맥과 연계하여 이해할 필요가 있다.

297) 宗(종): 주지, 요지.
298) 君(군): 영주, 주체.

70-3: 夫唯無知, 是以不我知.知我者希, 則²⁹⁹⁾我
者貴.

夫唯無知, 是以不我知.□我者□, □我者
□.

[대구법]

무릇 (이러한 도리를) 모르니, 이 때문에 나를 이해하지 못한다.
나를 이해하는 이가 드무니, 나를 본받는 이가 귀하다(찾기가
어렵다).

*여기서 '是以不我知(시이불아지)'는 '是以不知我(시이부지아)'의 語順(어
순)을 잘못 배열한 것으로 보인다.

*이는 70-2에서도 이미 잠깐 언급한 것처럼, 노자의 말뜻을 이야기 하
는 것이 아니라 '대동'의 '말'과 '일' 즉 '대동사회의 도리'를 가리키는
것이다. '대동의 도리'를 알지 못하니, 노자가 주장하는 '대동으로의 복
귀'를 이해하지 못하고, 이러한 개념을 이해하는 이가 드무니, 노자와 같
이 '대동으로의 복귀'를 함께 논하고 배우며 주장하는 이들을 찾기가 어
려운 것이다.

70-4: 是以聖人被褐懷玉.

이 때문에 성인은 겉에는 (거친) 베옷을 걸치고 있지만
속에는 (아름다운) 옥을 품고 있다.

---

299) 則(칙): 본받다, 모범으로 하다.

*이 문장은 일단 문맥상의 의미를 살펴보면 겉은 보잘 것 없는 듯하지만, 실제로는 대단히 훌륭하다는 뜻인데, 그 구체적인 含意(함의)를 이해하기 위해서 다음의 기록들을 살펴보자.

觀于華, 華封人曰: 噫, 請祝聖人, 使聖人壽富多男子. 堯曰: 辭, 多男子則多懼, 富則多事, 壽則多辱. 封人曰: 天生萬民, 必授之職, 多男子而授之職, 何懼之有, 富則使人分之, 何事之有, 天下有道, 與物皆昌, 天下無道, 脩德就閑, 千歲厭世, 去而上僊, 乘彼白雲, 至于帝鄉, 何辱之有.

화 지역을 살피니, 화의 봉인(수령)이 말했다: 아, 성인을 축복하나니, 성인께서 장수하고 부유하며 아들이 많기를 바랍니다. 요임금이 말했다: 사양하겠소. 아들이 많으면 곧 두려워할 일이 많고, 부유하면 곧 일이 많으며, 장수하면 곧 욕된 일이 많소. 봉인이 말했다: 하늘이 만백성을 낳으면, 반드시 그 직분을 부여하니, 아들이 많은데 직분을 주면 무슨 근심이 있고, 부유한데 사람들로 하여 그것을 나누게 하면, 무슨 일이 있으며, 세상에 도가 있으면, 만물과 더불어 모두 번창하고, 세상에 도가 없으면, 덕을 닦으며 한가로이 지내다가, 오랜 세월이 지나고 세상에 염증이 나면, 버리고 위로 올라가, 저 흰 구름을 타고, 제향(하느님이 있다는 곳)에 이르니, 무슨 욕될 일이 있겠습니까.　　　　　[十八史略(십팔사략)] 〈五帝篇(오제편)〉

老子曰: "子所言者, 其人與骨皆已朽矣, 獨其言在耳. 且君子得其時則駕, 不得其時則蓬累而行. 吾聞之, 良賈深藏若虛, 君子盛德, 容貌若愚."

노자가 말했다: "그대가 말하는 바는, 그 육신과 뼈가 모두 이미 썩었고, 오직 그 말만이 있을 따름이오. 게다가 군자는 때를 만나면 마차를 타지만, 때를 만나지 못하면 떠도는 것이오. 내가 들으니, 훌륭한 장사꾼은 깊숙이 숨겨 마치 비어있는 듯 하고, 군자가 덕이 가득차면 용모가 우매한

것처럼 보인다고 하오."　　　　[史記(사기)] 〈老子韓非列傳(노자한비열전)〉

是故居上不驕, 爲下不倍, 國有道, 其言足以興, 國無道, 其默足以容.
이 때문에 위에 있어도 교만하지 않고, 아래가 되어도 등지지 않는다. 나라에 도가 있으면, 그 말은 족히 흥하고, 나라에 도가 없으면, 그 침묵은 족히 용납된다.　　　　[禮記(예기)] 〈中庸(중용)〉

　　결국 이 말의 함의는 53장의 53-5에서 이미 구체적으로 논한 바 있듯이, 당시에는 나라에 '도'가 있으면 더불어 함께하고, '도'가 없으면 말을 아끼고 나라를 떠나 세상을 유유히 떠도는 것이 하나의 不文律(불문율)이었는데, 노자가 처한 東周(동주)는 이미 天子(천자)의 지위가 땅에 떨어지고, 전쟁이 빈번히 발생하였으며, 하나같이 자신의 사리사욕만을 다투어 '도'를 이야기하는 이들이 거의 없었다. 이에 당시의 성인들 즉 노자와 뜻을 같이 하는 이들은 괜히 무도한 지도자에게 충언을 하려다 죽임을 당하지 않기 위해서, 세속을 떠나 乞人(걸인)이나 우둔한 이의 행색을 하고 정처 없이 떠돌았으니, 이에 노자는 이처럼 표현한 것이다. 이 문장의 속뜻을 단순히 '성인은 검소하여 겉모습에 크게 연연치 않는다.' 라고 해석할 수도 있으나, 그렇게 되면 내용 전개상 위의 문장들과 문맥이 통하지 않게 됨에 유의해야 한다. 아울러 이 문장은 직접적인 상관관계가 있다고 볼 수는 없을지라도 어떠한 각도에서 바라보면, 38장 38-10의 '이 때문에 대장부는 돈후함에 머무르지 각박함에 머무르지는 않고, 내실을 기하려 하지 화려함을 쫓지 않는다.' 와 39장 39-7의 '옥과 같이 귀하기보다는, 차라리 돌과 같이 단단한 것이 낫다.' 라는 말과도 연계하여 이해할 수 있을 것이다.

第71章 : 不病(불병)

무지를 주재하는 것이, 가장 좋고; 앎을 주재하지 못하는
것은, 결점이다.

*이 문장은 '주어(동사+명사), 서술어'의 어순을 지닌 구조임에 유의하
여 해석해야 한다. 3장 3-3의 '늘 백성들로 하여금 무지하고 욕망도 없게
하여, 무릇 슬기로운 이가 감히 작위하는 바가 없도록 하는 것이니, 무위
로서 행하면, 곧 다스리지 못할 것이 없다.'와 10장 10-4의 '백성을 사랑
하고 나라를 다스림에 있어, 앎이 없을 수 있겠는가?'라는 말에서도 밝힌
바 있듯이, 노자는 '知(지)'가 생겨나면서 혼란스러워졌다고 생각했기 때
문에 줄곧 '無知(무지)'를 주장하여, 백성들로 하여금 앎이 없도록 해야 한
다고 한 것이니, 즉 '무지'가 가장 이상적인 것인데 알도록 하면 이는 폐
단이 된다는 뜻이다. 다시 한 번 강조하지만, 여기서 말하는 '知'는 오늘
날의 의미와 달리 禮樂(예악)이나 법 등의 번잡한 制度(제도)를 나타내니, 10
장의 10-4와 65장의 65-2에서 말하는 '小知(소지)'를 가리킨다. 이제 이와
관련하여, 다음의 기록을 다시 한 번 살펴보자.

(생략) 有老人, 含哺鼓腹, 擊壤而歌曰: 日出而作, 日入而息, 鑿井而飮, 耕田
而食, 帝力, 何有於我哉.
(생략) 한 노인이 있어, 입에 음식을 잔뜩 물고 배를 두드리며, 땅을 치며
노래하기를: 해가 뜨면 일하고, 해가 지면 쉬며. 우물을 파서 마시고, 밭을

---

300) 知(지): 맡다, 주관하다, 주재하다.
301) 上(상): 위에 있다, 첫째이다.
302) 病(병): 결점, 폐단, 하자.

갈아서 먹으니, 임금의 힘이, 어찌 나에게 있을까라고 하였다.

[十八史略(십팔사략)] 〈五帝篇(오제편)〉

이처럼 '鼓腹擊壤歌(고복격양가: 배를 두드리고 땅을 치며 부른 노래)'로 널리 알려진 이 내용은 한 노인이 세상 걱정이 없이 늘 편안한 마음으로 자신의 天性(천성)을 다하며 지내는 대동의 모습을 그렸으니, 바로 노자가 꿈꾸는 가장 이상적인 상황 즉 최상의 가치를 간접적으로 표현하는 것이다. 이는 17장 17-1과 17-2의 '가장 훌륭한 지도자는 그(지도자)가 존재함을 안다. 그 다음가는 지도자는 그와 친근하고 그를 칭찬한다. 그 다음가는 지도자는 그를 두려워한다. 그 다음가는 지도자는 그를 경멸한다.' 라는 말과 연계하여 이해할 수 있다.

71-2: 夫唯病³⁰³⁾病, 是以不病.

무릇 결점을 꺼리게 되면, 이 때문에 결점이 없다.

*이는 앎을 主宰(주재)하지 못하는 것은 결점이 되니, 앎을 주재하지 못하는 것을 꺼리게 되면 즉 '무지' 하도록 하여 질박해지면, 결점이 없는 이상적인 상태가 된다는 뜻이다. 따라서 71-1의 延長線上(연장선상)에서 그 의미를 이해할 수 있다.

---

303) 病(병): 어려워하다, 꺼리다.

71-3: 聖人不病, 以³⁰⁴⁾其病病, 是以不病.

성인은 결점이 없는데, 그 결점을 결점으로 여기기에, 이
때문에 결점이 없다.

*'그 결점을 결점으로 여긴다.' 라는 말은 항상 신중하고도 삼가는 勤
愼(근신)의 자세를 가리키는데, 이와 관련하여 다음의 기록들을 살펴보면
그 뜻을 보다 명확하게 이해할 수 있다.

> 쯤十有二牧曰: "食哉惟時! 柔遠能邇, 惇德允元, 而難任人, 蠻夷率服."
> 십이목과 상의하여 말했다: "먹는 것은 때를 맞춰야 하나니! 먼 곳을 편안
> 하게 하여 능히 가깝게 하고, 덕에 힘써 백성들에게 진심으로 대하며, 사
> 람을 씀에 삼가면, 만이족(오랑캐)이 좇아 복종할 것이오."
>
> [尙書(상서)] 〈舜典(순전)〉

> 益曰: "吁! 戒哉! 儆戒無虞, 罔失法度. 罔游于逸, 罔淫于樂. (생략) 罔違道以
> 幹百姓之譽, 罔咈百姓以從己之欲. 無怠無荒, 四夷來王."
> 익이 말했다: "아! 경계하소서! 근심이 없을 때 경계하고, 법도를 잃지 말
> 아야 합니다. 편안히 놀지 말고, 즐거움을 탐하지 말아야 합니다. (생략) 도
> 를 어김으로써 귀족들의 찬양을 일으키지 말고, 귀족들을 어김으로써 자
> 기의 욕망에 따르지 말아야 합니다. 게으르지 않고 허황되지 않으면, 사
> 방의 오랑캐들이 임금에게 올 것입니다."   [尙書(상서)] 〈大禹謨(대우모)〉

이처럼 성인은 항상 삼가는 자세를 보임으로써 '무지' 를 주재하기 때

---

304) 以(이): 여기다.

문에, 통치를 함에 있어서 이상적인 상황을 구현할 수 있었다. 이미 앞에서도 누차 언급한 바 있듯이 여기서 성인이라 함은 구체적으로 태평성대를 이끈 성인들을 말하는데, 특히 17장 17-1의 '가장 훌륭한 지도자는 그(지도자)가 존재함을 안다.' 라는 말과 연관지어보면, 이는 대동사회의 성인들과 같은 존재를 지칭한다고 볼 수 있다.

第72章 : 不厭? 不厭!(불엽? 불염!)

72-1: 民不畏威, 則大威至.

백성들이 위엄을 두려워하지 않으면, 곧 더 큰 위엄이
도래한다.

*이 문장의 구체적인 함의는 백성들이 지도자들을 신뢰하지 않게 되면
더 이상 그들을 따르지 않고, 이러한 백성들이 지도자들의 권위를 무서워
하지 않게 되면, 지도자들은 오히려 그보다 더 큰 권위를 내세워 백성들을
누르려한다는 뜻이니, 58장의 58-1 '그 다스림에 매우 혼미하면, 그 백성
들은 편안하게 순종하고, 그 다스림에 너무 자세하면, 그 백성들은 불완전
해진다.' 및 74장 74-1의 '백성들이 죽음을 두려워하지 않는데, 어찌 죽음
으로 그들을 위협하겠는가?' 라는 말뜻과 서로 통하게 된다.

72-2: 無狎³⁰⁵⁾其所居, 無厭³⁰⁶⁾其所生.
無□其所□, 無□其所□.

[대구법]
그(백성들의) 처지를 업신여기지 말고, 그 생계를 짓누르지
말아야 한다.

*이는 지도자가 나라를 다스림에 있어 항상 삼가고, 억지로 백성들의
天性(천성)을 짓누르지 말아야 한다는 도리를 설명하고 있는데, 이와 관련
하여 다음의 기록을 살펴보면 노자가 설명하고자 한 바를 좀 더 명확하게

---

305) 狎(합): 업신여기다, 희롱하다.
306) 厭(엽): 누르다.

이해할 수 있을 것이다.

舜曰: "龍, 朕畏忌讒說殄僞, 振驚朕□. 命汝爲納言, 夙夜出入朕命, 惟信."
순이 말했다: "용, 짐은 참언(위선적인 말)과 혼미한(도리를 망치는) 행위를 두려워하고 꺼리니, 짐의 백성을 놀라게 하오. 그대를 납언으로 명하니, 아침저녁으로 짐의 명령을 전달하고, 오직 성실하시오."

[史記(사기)] 〈五帝本紀(오제본기)〉

또한 다음 기록의 내용 역시 참고할 만한 가치가 있다.

堯子丹朱, 舜子商均, 皆有疆土, 以奉先祀. 服其服, 禮樂如之. 以客見天子, 天子弗臣, 示不敢專也.
요의 아들 단주, 순의 아들 상균, 모두 봉토를 얻어, 그럼으로써 선조께 제사를 올렸다. 그 옷(천자의 아들이 입는 옷)을 입었고, 예악 역시 마찬가지였다. 빈객으로써 천자를 만났고, 천자는 신하로 대하지 않았으니, 감히 전횡하지 않았음을 보여준다. [史記(사기)] 〈五帝本紀(오제본기)〉

禹(우)는 임금이 되고 나서도 선왕들의 후손을 홀대하지 않고 정중하게 대했으며 포용하였으니, 15장의 15-5 '정중하니 그것은 마치 포용하는 듯하다.' 라는 말뜻과도 분명 일맥상통하는 점이 있다고 하겠다.

72-3: 夫唯不厭, 是以不厭[307].

무릇 (지도자가) 누르지 않으니, 이 때문에 (백성들이) 싫어하지
않는다.

*지도자가 백성들을 누르지 않고 그 천성을 다하게 한다고 하였으니,
이것이야말로 '덕치'가 아니고 무엇이겠는가? 따라서 이는 66장과 내용
이 상통하게 되고, 노자는 그러한 결과로 80장과 같은 이상적인 사회가 구
현된다고 보았던 것이다.

72-4: 是以聖人自知不自見, 自愛不自貴.
是以聖人自□不自□, 自□不自□.

[대구법]
이 때문에 성인은 자신을 주재하려고 하지 자신의 안목에
의지하지 않고, 자신을 가엾게 여겼지 자신을 귀히 여기지
않는다.

*이 문장은 2장 2-4의 '만물을 만들지만 간섭하지 않고, 낳아 기르지만
소유하지 않으며, 행하지만 의지하지 않고, 공적을 이루지만 머무르지 않
는다. 무릇 머무르지 않기에, 이 때문에 (그의 공적은) 사라지지 않는다.', 7
장 7-2의 '이 때문에, 성인은 자기를 뒤에 두지만 자기가 앞서게 되고, 자
기를 도외시하지만 자기를 보존할 수 있다.', 9장 9-5의 '공을 이루면 자

---

307) 厭(염): 싫어하다.

신은 물러나는 것이, 하늘의 도리이다.', 22장 22-2의 '이 때문에 성인은 하나로 파악하여, 세상을 다스리는 규범으로 삼는다. 자기의 안목에만 의존하지 않기 때문에 명확하게 판단하고, 스스로 옳다고 여기지 않기 때문에 분명히 하며, 스스로 자랑하지 않기 때문에 공로가 있고, 거만하지 않기 때문에 서열이 높아진다. 무릇 다투지 않기 때문에, 그러므로 세상은 그와 다툴 수가 없다.', 24장 24-2의 '자신의 안목에만 의존하는 이는 명확하게 볼 수 없고, 스스로 옳다고 여기는 이는 분명히 할 수 없으며, 스스로 자랑하는 이는 공로가 없고, 거만한 이는 두각을 나타낼 수 없다.', 34장 34-2의 '시종 위대하다고 여기지 않기 때문에, 그러므로 위대함을 이룰 수 있다.', 66장 66-1의 '강과 바다가 모든 계곡의 우두머리가 될 수 있는 것은, 강과 바다가 능숙하게 계곡 아래에 있기 때문이니, 그러므로 모든 계곡의 우두머리가 될 수 있다.', 77장 77-7의 '이 때문에 성인은 행하지만 의지하지 않고, 공을 이루지만 머무르지 않으며, 그 현명함을 드러내려 하지 않는다.' 등의 내용들을 정리하여 핵심적으로 개괄한 부분이라고 볼 수 있다. 즉 이는 '성인은 항상 삼가여 자신을 살핌으로써 결점이 없도록 노력하지, 결코 자만하거나 앞에 서려고 하지 않는다.' 는 뜻으로 풀이할 수 있는 것이다.

72-5: 故去彼取此.

그러므로 후자(저것)를 버리고 전자(이것)를 취하는 것이다.

*여기서 '후자' 와 '전자' 는 72-4의 '自知不自見, 自愛不自貴. 자신을 주재하려고 하지 자신의 안목에 의지하지 않고, 자신을 가엾게 여겼지

자신을 귀히 여기지 않는다.' 를 가리키는 것으로, '후자' 는 '自見: 자신의 안목에 의지한다.' 와 '自貴: 자신을 귀히 여긴다.' 를 말하고 '전자' 는 '自知: 자신을 주재하려고 한다.' 와 '自愛: 자신을 가엾게 여긴다.' 를 말하는 것이니, 결국 노자는 이 문장을 통해서 '성인은 자신을 아끼려 하거나 귀히 여기지 않고, 자신을 이해하고 아끼려 한다.' 는 도리를 부각시키고 있다.

第73章：繟然(천연)

73-1: 勇於敢[308]則殺[309], 勇於不敢則活.
勇於□則□, 勇於□□則□.

[대구법, 대조법]

구태여 하려 하면 곧 죽게 되고, 구태여 하려하지 않으면 곧
살게 된다.

*이 문장은 억지로 하려하면 오히려 손해가 나기 때문에 천성이나 순
리에 따라야 한다고 주장하는 것이니, 바로 '무위'를 강조하고 있는 것
이다.

73-2: 此兩者或利或害, 天之所惡, 孰知其故?

이 두 가지는 이롭기도 하고 해롭기도 한데, 하늘이
싫어하는 것은, 누가 그 연유를 알겠는가?

*이 문장은 '或 A 或 B'의 형식으로 쓰였기 때문에, 'A하기도 하고, B
하기도 하다.'라고 해석해야 한다.

*여기서 노자는 29장 29-4의 '그러므로 사물은 앞서기도 하고 뒤따르
기도 하며, 가볍게 내쉬기도 하고 급하게 내뿜기도 하며, 강건하기도 하고
허약하기도 하며, 억누르기도 하고 파괴하기도 한다.', 42장 42-4의 '그러
므로 사물은 때로는 손해를 입는 것이 오히려 이익을 얻을 수 있고, 때로
는 이익을 얻는 것이 오히려 손해를 입을 수 있다.'와 58장의 58-2에서 이

---

308) 敢(감): 구태여, 함부로.
309) 殺(살): 죽다. 여기서는 자동사로 쓰였음에 유의한다.

미 설명한 바 있는 '塞翁之馬(새옹지마)'의 도리를 다시 한 번 강조하고 있다. 이는 특히 58장 58-2와 58-3의 '화는 복이 의지하는 바이고, 복에는 화가 숨어있는 바이니, 누가 그 끝을 알겠는가? 그것에는 표준이 없어서, 올바름도 기이함이 되고, 선함도 요상함이 되니, 사람들이 미혹됨은, 그 시간들이 이미 오래되었도다.' 라는 구절과 내용상 일치하니, 그만큼 하늘의 뜻을 이해하기가 어렵다는 말로 이해할 수 있다.

73-3: 是以聖人猶難[310]之.

이 때문에 성인은 오히려 그것(구태여 하려 하는 것)을 삼간다.

*하늘은 고정되지 않아 감히 그 뜻을 헤아리기가 어렵기 때문에, 성인들은 항상 삼가고 천성을 위배하여 억지로 행하지 않았다고 하였으니, 이와 관련하여 다음의 기록을 살펴보자.

周公曰: 嗚呼! 厥亦惟我周太王王季, 克自抑畏. 文王卑服卽康功田功, 徽柔懿恭, 懷保小民, 惠鮮鰥寡. 自朝至于日中昃, 不遑暇食, 用咸和萬民. 文王不敢盤于遊田, 以庶邦惟正之供, 文王受命惟中身, 厥享國五十年. 周公曰, 嗚呼.
주공이 말했다: '아! 또한 우리 주나라 태왕과 왕은, 능히 스스로 조심하고 두려워하셨습니다. 문왕은 허름한 옷을 입고 곧 편히 해주는 일과 밭일을 하셨으니, 아름답게 복종하고 훌륭하게 공경하여, 신분이 낮은 백성

---

310) 難(난): 삼가다, 꺼리다.

들을 아끼고 보호하며, 홀아비와 과부들을 사랑하고 새로이 하셨습니다. 아침부터 한낮을 거쳐 해가 기울 때까지, 한가하게 밥을 먹지 못하고, 모든 백성들을 다 화목하게 하셨습니다. 문왕은 감히 노닐거나 사냥하지 않고, 그럼으로써 온 나라를 올바름으로 받드셨으니, 문왕이 천명을 받은 것이 단지 마흔이었고, 나라를 오십 년 누리셨습니다.

[尙書(상서)] 〈無逸(무일)〉

은나라의 문왕은 나이 마흔에 천명을 받아 임금이 되었고 오십 년이나 그 자리를 지켰으니, 이처럼 성인은 다스림에 항상 삼가고 백성들을 억지로 누르지 않았으며 그 천성을 누릴 수 있도록 최선을 다하였음을 알 수 있다.

> **73-4:** 天之道, 不爭而善勝, 不言而善應, 不召而
> 自來, 繟311)然而善謀.
> 天之道, 不□而善□, 不□而善□, 不□而
> □□, □□而善□.

[대구법, 열거법]

하늘의 도리는, 싸우지 않아도 잘 이기고, 말하지 않아도 잘 반응하며, 부르지 않아도 스스로 오고, 느슨해도 일을 잘 꾸민다.

*따라서 노자는 순리에 위배되지 않고 하늘의 도리 즉 '천성'을 따르

---

311) 繟(천): 느슨하다.

면, 모든 것이 순탄하게 잘 돌아갈 수 있다고 표현한 것이다.

73-5: 天網恢恢[312], 疏[313]而不失[314].

하늘의 그물은 크고 넓어서, 성기지만 새지 않는다.

*노자는 하늘의 도리란 작위하거나 구태여 하지 않기 때문에, 일반적인 관점에서 언뜻 보기에는 매우 성긴 것 같지만 실제로는 그렇지 않다는 것을 설명하고 있다. 이는 대동의 사회에서는 법률과 예악제도를 강화하지 않고 오히려 '덕' 으로 다스렸기 때문에 부실한 듯하지만, 사실상 그렇지 않다는 말이다. 좀 더 구체적으로 말해서, 노자는 소강사회의 입장에서 보면 대동사회의 통치는 매우 어눌하고 부족한 것 같지만, 실제로는 그렇지 않다는 것을 강조하고 있는 것이니, 이제 이와 관련하여 다음의 기록을 살펴보면 그 의미를 좀 더 명확하게 이해할 수 있을 것이다.

湯出, 見野張網四面, 祝曰 : "自天下四方皆入吾網." 湯曰 : "嘻, 盡之矣!"
乃去其三面, 祝曰 : "欲左, 左 ; 欲右, 右 ; 不用命, 乃入吾網." 諸侯聞之, 曰 :
"湯德至矣, 及禽獸."
탕이 나가서, 들에 사면으로 그물을 펼쳐놓고, "세상 사방 모두가 내 그물로 들어오게 하소서" 라고 비는 이를 보았다. 탕이 말했다 : "아, 다 잡으려하는구나!" 이에 삼면을 거두고, "왼쪽으로 가려면, 왼쪽으로, 오른쪽으

---

312) 恢恢(회회): 넓고 큰 모양.
313) 疏(소): 성기다.
314) 失(실): 새다, 빠뜨리다.

로 가려면, 오른쪽으로 가게 하소서; 명령을 따르지 않으면, 이에 내 그물로 들어오게 하소서."라고 빌었다. 제후들이 듣고, 말했다: "탕의 덕이 지극하니, 금수에게까지 미쳤구나."　　　　　　　[史記(사기) 〈殷本紀(은본기)〉]

이러한 내용은 다음의 기록에서도 보인다.

湯出, 見有張網四面而祝之曰: 從天降, 從地出, 從四方來者, 皆罹吾網. 湯曰: 噫, 盡之矣. 乃解其三面, 改祝曰: 欲左左, 欲右右, 不用命者, 入吾網. 諸侯聞之曰: 湯德至矣, 及禽獸.

탕이 나가다가, 그물을 사방에 펼치고는 하늘에서 내려오고, 땅에서 나오며, 사방에서 온 것이, 모두 내 그물에 걸려라하고 비는 사람을 보았다. 탕이 말했다: 아, 지나치다. 이에 그 삼면을 풀고, 바꿔 기원하며 말했다: 왼쪽으로 가고 싶으면 왼쪽으로 가고, 오른쪽으로 가고 싶으면 오른쪽으로 가며, 목숨이 필요 없는 자는 내 그물에 들어오라. 제후들이 듣고 말했다: 탕의 덕이 지극하여, 금수에게까지 미쳤구나.

[十八史略(십팔사략) 〈殷王朝篇(은왕조편)〉]

노자의 이러한 가치관은 41장과 45장에서도 잘 나타나고 있으니, 41-7의 '넓은 덕은 마치 부족한 듯하고, 덕을 베푸는 것은 마치 남몰래 하는 듯하다.', 41-9의 '대단히 큰 사각형은 모퉁이가 없고, 대단히 큰 기구는 늦게 이루어지며, 대단히 큰 소리는 잘 들리지 않고, 대단히 큰 형상은 형체가 없으며, 도는 분명하지 않아 이름이 없다.', 45-1의 '크게 이룸은 마치 결함이 있는 듯하지만, 그 쓰임에는 폐해가 없다.', 45-2의 '아주 가득 찬 것은 마치 비어있는 듯하지만, 그 쓰임에는 다함이 없다.' 등의 표현을 통해서도 거듭 이러한 도리를 강조하고 있음을 알 수 있다.

第74章 : 代大匠斲(대대장착)

74-1: 民不畏死, 奈何以死懼之？

백성들이 죽음을 두려워하지 않는데, 어찌 죽음으로 그들을
위협하겠는가?

*이 문장은 설의법으로 쓰였는데, 72장 72-1의 '백성들이 위엄을 두려
워하지 않으면, 곧 더 큰 위엄이 도래한다.' 라는 말과 연계하여 살펴볼 필
요가 있다. 즉 이 말은 백성들의 천성에 순응하여 다스리는 것이 정치인
데, 이를 위배하여 강압하기 시작하면 백성들이 처음에는 따르는듯하지
만 잠시일 뿐이고, 이를 해결하기 위해서 더욱 강압하다가 결국에는 백성
들의 怨聲(원성)을 사고 급기야 반발하게 된다는 뜻이다.

74-2: 若使民常畏死, 而爲奇者吾得執而殺之, 孰敢？

만약 백성들로 하여금 늘 죽음을 두려워하게 하고, 이상한
행동을 하는 이를 내가 잡아다 죽인다면 누가 감히 또
그리하겠는가?

*이 문장 역시 설의법으로 쓰였는데, 여기서 '나' 는 노자 자신을 일컫
는 것이 아니라, 노자와 같은 가치관을 지닌 이 즉 '성인' 을 뜻함에 유의
해야 한다. 이는 특히 27장 27-1과 27-2의 '길을 잘 다니면 수레바퀴로 남
는 흔적이 없고, 말을 잘 하면 흠으로 책망 당함이 없다. 계산을 잘 하는 이
는 산가지를 쓰지 않고, 문을 잘 닫는 이는 빗장이 없어도 열 수 없도록 하
며, 매듭을 잘 짓는 이는 밧줄이 없어도 풀 수 없도록 한다.' 라는 말과 함

께 연계해보면 그 뜻을 더 명확하게 이해할 수 있는데, 다시 말해서 성인은 통치를 함에 있어 항상 삼가여 백성의 뜻에 위배되지 않고 이에 백성들이 싫어하지 않게 되어 자연스럽게 그의 결정을 따르게 된다는 뜻이니, 이제 위의 문장과 관련하여 다음의 기록들을 살펴보자.

於是舜歸而言於帝, 請流共工於幽陵, 以變北狄;放驩兜於崇山, 以變南蠻;
遷三苗於三危, 以變西戎;殛鯀於羽山, 以變東夷:四罪而天下鹹服.
이에 순은 돌아와 임금에게 말하여, 공공을 유릉으로 유배시킴으로써 북적을 변화시키고;환두를 숭산으로 추방함으로써, 남만을 변화시키며;삼묘를 삼위로 내쫓음으로써, 서융을 변화시키고;곤을 우산에서 죽임으로써 동이를 변화시키기를 청했으니:넷을 벌주니 세상이 모두 복종했다.

[史記(사기)] 〈五帝本紀(오제본기)〉

舜登用, 攝行天子之政, 巡狩. 行視鯀之治水無狀, 乃殛鯀於羽山以死. 天下皆以舜之誅爲是.
순이 등용되어, 천자의 정치를 대신하여, 순시했다. 그는 곤이 물을 다스리는데 공적이 없음을 보고, 이에 곤을 우산에서 처형했다. 세상이 모두 순의 형벌이 옳다고 여겼다.

[史記(사기)] 〈夏本紀(하본기)〉

노자는 줄곧 당시의 정치상황에 대해 불만을 지녔으니, 자신과 같은 생각을 가진 이들 즉 태평성대를 이끈 성인들과 같은 이들로 하여금 정치를 하게 하면, 더 좋은 사회 즉 대동사회로 복귀하게 되어 보다 나은 안녕을 가져다 줄 수 있다고 피력하고 있는 것이다.

74-3: 常有司³¹⁵⁾殺者殺, 夫代司殺者殺, 是謂代大 匠斲³¹⁶⁾.

항상 살인을 담당하는 이가 죽여야 하니, 무릇 살인을
담당하는 이를 대신하여 살인하는 것, 이는 뛰어난
기술자(전문 목수)를 대신하여 (나무를) 베는 것을 이른다.

*이 문장의 앞부분은 형벌을 내릴 때에 뛰어난 지도자 즉 성인이 적절
하고도 합리적으로 처리해야 함을 말하는 것이니, 다음의 기록을 살펴보
면 노자의 취지를 이해할 수 있다.

象以典刑, 流宥五刑, 鞭作官刑, 朴作教刑, 金作贖刑. 眚災過, 赦 ; 怙終賊,
刑. 欽哉, 欽哉, 惟刑之恤哉!
법에 따라 형벌을 내렸으니, 오형(잔인한 다섯 가지 형벌)은 유배형으로 용서
하고, 채찍질로 관형(관아의 형벌)을 삼았고, 회초리로 교형(학교의 형벌)을 삼
았으며, 금전으로 속형(죄를 면하는 것)을 삼았다. 과실로 일어난 재해는, 사
면해주었으나; 뉘우치지 않으면, 형벌로 다스렸다. "삼갈지니, 삼갈지니,
형벌의 신중함이여!"   [尙書(상서)] 〈舜典(순전)〉

이러한 내용은 다음의 기록에도 보인다.

象以典刑, 流宥五刑, 鞭作官刑, 撲作教刑, 金作贖刑. 眚災過, 赦 ; 怙終賊,
刑. 欽哉, 欽哉, 惟刑之靜哉!

---

315) 司(사): 맡다, 주관하다, 담당하다.
316) 斲(착): 쪼개다, 베다.

법에 따라 형벌을 내렸으니, 오형(잔인한 다섯 가지 형벌)은 유배형으로 용서하고, 채찍질로 관형(관아의 형벌)을 삼았고, 회초리로 교형(학교의 형벌)을 삼았으며, 금전으로 속형(죄를 면하는 것)을 삼았다. 과실로 일어난 재해는, 사면해주었으나; 뉘우치지 않으면, 형벌로 다스렸다. "삼갈지니, 삼갈지니, 형벌의 깨끗함이여!"   [史記(사기)] 〈五帝本紀(오제본기)〉

반면에, 뒷부분은 비유법을 써서 '뛰어난 지도자'를 '뛰어난 기술자(전문 목수)'로 표현하였는데, '살인을 담당하는 이를 대신하여 살인하는 것, 이는 뛰어난 기술자를 대신하여 베는 것을 이른다.'라고 하였으니, 바로 효율적인 관리 등용의 중요성을 강조하고 있는 것이다. 이는 10장 10-3의 '관직을 줌에 깨끗하고 들여다봄에 통달함에 있어, 결점이 없을 수 있는가?', 53장 53-3의 '조정은 관직을 줌이 심하고, 밭에는 잡초가 무성함이 심하며, 창고는 비어있음이 심하다.', 77장 77-4의 '세상의 도리는 그렇지 않아서, 부족함을 착취하여 그럼으로써 남는 것을 돕는다.' 등의 내용들과도 긴밀한 관계를 맺고 있으니, 상호 연계하여 이해할 필요가 있다.

74-4: 夫代大匠斲者, 希有不傷其手矣.

무릇 뛰어난 기술자(전문 목수)를 대신하여 베면서, 그 손을 다치지 않는 자는 드물다.

*여기서도 노자는 비유법을 통해서 정치는 반드시 정치그릇이 있는 자가 해야 한다고 주장하고 있으니, 이는 그만큼 인재 등용에 신중해야 함을 강조하고 있는 것이다. 이제 이와 관련하여 다음의 기록을 살펴보자.

帝曰：“咨! 四岳. 朕在位七十載, 汝能庸命, 巽朕位.”岳曰：“否德忝帝位.”
曰：“明明揚側陋.”

(요)임금이 말했다: “아! 사악이여. 짐이 재위한 지 70년인데, 그대는 천명
을 변치 않게 할 수 있으니, 짐의 자리를 사양하겠소.” 악이 말했다: “덕이
없어 임금 자리를 더럽힐 것입니다.” 임금이 말했다: “뛰어난 이를 밝히
고 미천하거나 숨어 지내는 이를 드러내 주시오.”

[尙書(상서)] 〈堯典(요전)〉

舜曰：“咨, 四岳! 有能奮庸熙帝之載, 使宅百揆, 亮采惠疇?”
순이 말했다: “상의할 것이니, 사악이여! 힘써 임금의 사업을 변치 않고
빛내고, 관직을 맡겨, 진실로 가려 백성들에게 베풀 수 있는 이가 있겠
소?”

[尙書(상서)] 〈舜典(순전)〉

舜謂四嶽曰：“有能奮庸美堯之事者, 使居官相事.”
순임금이 사악에게 말했다: “요임금의 사업을 힘써 변치 않게 하고 기릴
수 있는 이가 있다면, 관직을 맡겨 업무를 돕게 하겠소.”

[史記(사기)] 〈五帝本紀(오제본기)〉

此二十二人咸成厥功: 皐陶爲大理, 平, 民各伏得其實; 伯夷主禮, 上下咸
讓; 垂主工師, 百工致功; 益主虞, 山澤辟; 棄主稷, 百穀時茂; 契主司徒, 百
姓親和; 龍主賓客, 遠人至; 十二牧行而九州莫敢辟違; (생략).
이 스물두 사람은 모두 그 공적을 세웠는데: 고요는 대리가 되어, 가지런
하게 하니, 백성들이 모두 실제에 맞아 복종했고, 백이가 예를 주관하니,
위아래가 모두 양보했으며; 수가 공사를 책임지니, 모든 공인들이 공적을
이루었고; 익이 우를 맡으니, 산과 물이 다스려졌으며; 기가 직을 맡으니,

온갖 곡식이 때맞춰 무성하였고; 설이 사도를 맡으니, 귀족들이 화목해졌고; 용이 빈객을 책임지니, 멀리 있는 사람들이 왔으며; 12목이 실행하자 9주(나라 안)가 감히 회피하거나 어기지 않게 되었으니; (생략).

[史記(사기)] 〈五帝本紀(오제본기)〉

"非其人居其官, 是謂亂天事.(생략)"
그 사람이 아닌데 그 관직에 있으면, 이를 하늘의 대사를 어지럽히는 것이라 일컫습니다. (생략)　　　　　[史記(사기)] 〈夏本紀(하본기)〉

伊尹乃言曰: 先王昧爽丕顯, 坐以待旦, 旁求俊彦, 啓迪後人, 無越厥命以自覆.
이윤이 이에 말했다: "선왕께서는 먼동이 틀 무렵에 크게 밝히고자, 앉아서 아침을 기다리셨고, 뛰어난 인재와 훌륭한 선비들을 두루 찾아 구하여, 후인들을 계도하셨으니, 그 명을 어김으로써 스스로 엎어지지 마십시오.

[尙書(상서)] 〈太甲上(태갑상)〉

任官惟賢材, 左右惟其人. 臣爲上爲德, 爲下爲民, 其難其愼, 惟和惟一.
관리를 임용함에 어진 이와 재능 있는 이를 생각하고, 좌우에는 그 사람(임용한 어질고 재능 있는 이)을 세우십시오. 신하(臣下)는 위로는 덕을 행하고, 아래로는 백성들을 위하는 것이라, 어렵고도 신중히 해야 하니, 오직 조화롭고 한결같아야 합니다.　　　　[尙書(상서)] 〈咸有一德(함유일덕)〉

官不及私, 昵惟其能, 爵罔及惡, 德惟其賢.
관직은 사사로이 미치지 않도록 하여야 하니, 오직 유능한 자를 가까이 하고, 작위는 악한 이에게 미치지 않도록 하여야 하니, 오직 현명한 이에게

베풀어야 합니다.   [尙書(상서)] 〈說命(열명)〉

無以巧言令色便辟側媚, 其惟吉士. 僕臣正, 厥后克正, 僕臣諛, 厥后自聖. 后德惟臣, 不德惟臣.

교묘하게 꾸미는 말을 하거나 아첨하는 태도나 남의 비위를 맞추거나 아양을 떠는 이는 거느리지 말고, 어진 선비를 세워야 합니다. 따르는 신하가 바르면, 그 임금이 능히 바르게 될 것이고, 따르는 신하가 아첨하면, 그 임금은 스스로 성스러워할 것이니, 임금의 덕은 신하 때문이고, 부덕한 것도 신하 때문입니다.   [尙書(상서)] 〈冏命(경명)〉

이처럼 당시에도 어떠한 지도자와 관료를 뽑느냐에 따라 國運(국운)이 바뀌게 되었으니, 옛 성인들은 이미 인재 등용의 중요성에 대해 깊이 인식하고 있었음을 알 수 있다. 이러한 74장의 내용은 바로 아래 75장과 직접적으로 연계되니, 함께 살펴볼 필요가 있다.

第75章：有為(유위)

백성들이 기아에 허덕이는 것은, 그 위쪽(지도자)이 부세(세금)를 많이 받기 때문이니, 이 때문에 (백성들이) 기아에 허덕인다.

*이미 75장의 내용은 74장과 연계하여 이해할 필요가 있다고 한 바 있는데, 이 문장에서는 당시의 현세 통치 및 부패현황에 대해 노골적으로 폭로하고 있다. 또한 이러한 문장구조는 아래 두 문장과 대구를 이룸에 유의한다.

백성들을 통치하기가 어려운 것은, 그 위쪽(지도자)이 작위함이 있기 때문이니, 이 때문에 통치하기 어렵다.

*여기서 노자는 백성들을 통치하기가 어려운 이유가 바로 백성들의 '천성'을 따르지 않고 억지로 작위하기 때문이라고 밝히고 있다.

75-3: 民之輕死, 以其求生之厚, 是以輕死.
　　　民之□□, 以其□□之□, 是以□□.

백성들이 죽음을 가벼이 하는 것은, 그들(백성)이 생계 (물질적이고 현실적인 삶)에 대한 중시를 추구함이 많기 때문이니, 이 때문에 죽음을 가벼이 여긴다.

　*이 문장은 72장 72-1의 '백성들이 위엄을 두려워하지 않으면, 곧 더 큰 위엄이 도래한다.', 74장 74-1의 '백성들이 죽음을 두려워하지 않는데, 어찌 죽음으로 그들을 위협하겠는가?' 라는 말과 직접적으로 연관된다. 다시 말해서, 이는 지도자가 하늘의 뜻 즉 '천성'을 저버리고 백성들을 잘못 계도하여 그들로 하여금 생계를 지나치게 중시하게 하면, 백성들은 그 생계에 집착한 나머지 죽음조차도 가벼이 여기게 되고, 지도자는 이에 지나치게 엄격한 법률과 제도를 내세워 그들을 억지로 제압하려 하지만 뜻대로 아니 되며, 이에 지도자가 더욱 강화된 법률과 제도로 다시 백성들을 제압하려 하지만, 결국에는 통제할 수 없는 지경에 이른다는 뜻이 되는 것이다.

75-4: 夫唯無以生爲者, 是賢於貴生.

무릇 생계(물질적이고 현실적인 삶)때문에 작위함이 없는 자, 이는 생계(물질적이고 현실적인 삶)를 귀히 여기는 이보다 현명하다.

　*따라서 노자는 이 문장을 통해서 지도자가 사리사욕을 추구하는 것을 경계하고 있으니, 노자가 추구하는 '물질적이고 현실적인 삶 때문에 작위함이 없는' 이상적인 상황이 바로 80장에서 구체적으로 제시되고 있다.

第76章 : 柔弱 II(유약 II)

76-1: 人之生也柔弱, 其死也堅强.
□之生也□□, 其死也□□.

[대구법, 대조법]

사람이 살아있을 때는 유연하지만, 죽으면 뻣뻣해진다.

76-2: 萬物草木之生也柔脆, 其死也枯槁[317].
□□□□之生也□□, 其死也□□.

[대구법, 대조법]

만물의 초목이 살아있을 때는 부드럽지만, 죽으면 말라버린다.

*76-1과 76-2는 사실상 하나로 연결된 문장으로, 내포된 含意(함의)는 아래 76-3에서 구체적으로 설명하기로 한다.

---

317) 枯槁(고고): 시들다, 마르다.

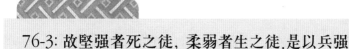

76-3: 故堅强者死之徒, 柔弱者生之徒.是以兵强
則不勝, 木强則兵.强大處下, 柔弱處上.

故□□者□之徒, □□者□之徒.是以□□
則□□, □□則□.□□處□, □□處□.

[대구법, 대조법]
그러므로 강경한 것은 죽음의 부류에 속하고, 연약한
것은 삶의 부류에 속한다. 이 때문에 무기(전쟁)로 강박하면
곧 패배하고, 나무가 단단하면 곧 무기가 된다(쓰임이 있다).
강대함은 아래에 처하고, 부드러움이 위에 처한다.

*30장 30-1의 註釋(주석)에서도 간단히 설명한 바 있지만, 여기서 '兵
强(병강)'을 '무기(군대)가 강하다.'로 해석하는 것은 문제가 있다. 상식적
으로 말해서, 군대가 강한데 어찌 패하겠는가? 즉 여기서 말하는 '부드러
움'이란 바로 '남방의 강함'을 뜻하고, '강경함'이란 '북방의 강함'을
일컫는 것이니, 다시 한 번 다음의 기록을 통해서 그 참된 의미를 음미해
볼 수 있다.

子路問强. 子曰: 南方之强與, 北方之强與, 抑而强與? 寬柔以敎, 不報無道,
南方之强也, 君子居之. 衽金革, 死而不厭, 北方之强也, 而强者居之. 故君
子和而不流, 强哉矯! 中立而不倚, 强哉矯! 國有道, 不變塞焉, 强哉矯! 國無
道, 至死不變, 强哉矯.
자로가 강함을 물었다. 공자가 말씀하시기를: 남방의 강함인가, 북방의 강
함인가, 아니면 너의 강함인가? 너그럽고 부드러움으로 가르치고, 무도함
에 보복하지 않는 것은, 남방의 강함이니, 군자가 머문다. 병기와 갑옷을
깔고(늘 전쟁을 하고), 죽어도 싫증내지 않는 것은, 북방의 강함이니, 따라서

흉포한 자가 머문다. 따라서 군자는 중에 서지 한쪽에 기대지 않으니, 강하도다 꿋꿋함이여! 중에 서서 기울어지지 않으니, 강하도다 꿋꿋함이여! 나라에 도가 있으면, 성실함이 변하지 않으니, 강하도다 꿋꿋함이여! 나라에 도가 없으면, 죽음에 이르러도 변하지 않으니, 강하도다 꿋꿋함이여!

[禮記(예기)] 〈中庸(중용)〉

　　따라서 지금까지 우리가 이해해 온 노자의 '부드러움이 강함을 이긴다.'는 논리는 그 말뜻을 곧이곧대로 해석해서는 안 되는 것이니, 노자의 '부드러움'은 바로 '남방의 강함' 즉 '덕'을 통한 너그럽고도 부드러운 통치를 말하는 것이고, 반면에 '강경함'이란 '북방의 강함' 즉 '무력이나 지나치게 엄격한 법률과 예악제도를 통한 강압적인 통치'를 일컫는 것이다. 또한, 이러한 측면에서는 노자와 공자가 그 가치관을 같이하고 있음을 다시 한 번 확인할 수 있다.

第77章 : 張弓(장궁)

77-1: 天之道, 其猶張弓與!

하늘의 도리는, 그것이 마치 활시위를 당기는 것과 같다!

*여기서 노자는 직유법을 써서 자신의 주장을 피력하고 있는데, 이러한 比喩(비유)는 다음의 기록을 보면 노자의 독창적인 修辭法(수사법)이 아니었음을 알 수 있다.

> 伊尹乃言曰: 先王昧爽丕顯, 坐以待旦, 旁求俊彦, 啓迪後人, 無越厥命以自覆. 愼乃儉德, 惟懷永圖. 若虞機張, 往省括于度, 則釋, 欽厥止, 率乃祖攸行. 惟朕以懌, 萬世有辭.
>
> 이윤이 이에 말했다: "선왕께서는 먼동이 틀 무렵에 크게 밝히고자, 앉아서 아침을 기다리셨고, 뛰어난 인재와 훌륭한 선비들을 두루 찾아 구하여, 후인들을 계도하셨으니, 그 명을 어김으로써 스스로 엎어지지 마십시오. 신중하여 이에 검소한 덕을 행하시고, 장구한 계책을 품으십시오. <u>우인이 쇠뇌에 활시위를 얹어, 가서 화살 끝이 법도에 맞는지 살피고, 곧 (활을) 발사하는 것처럼</u>, 그 행동거지를 공경하고, 이에 선조가 행하신 바를 따르면, 제가 그럼으로써 기쁘고, 만세(萬世)에 말씀이 남을 것입니다."
>
> [尙書(상서)] 〈太甲上(태갑상)〉

이처럼 당시에는 '활시위를 당기는 것과 같다.'는 표현을 보편적으로 활용하였음을 알 수 있는데, 그 말뜻은 아래 77-2에서 구체적으로 풀어쓰고 있다.

77-2: 高者抑³¹⁸⁾之, 下者擧之, 有餘者損之, 不足者補之.

□者□之, □者□之, □□者□之, □□者□之.

[대구법, 열거법]

(조쭌한 것이) 높으면 그것을 낮추고, 낮으면 그것을 높여주며, (힘이) 남으면 그것을 덜어주고, 부족하면 그것을 보충해준다.

*이는 바로 '中(중: 어느 한 쪽에 치우치지 않고 그 중간 즉 객관적이고도 공정한 태도를 유지하는 것)'과 '和(화: 어느 것 하나 소외됨이 없이 함께 어우러짐)'의 개념을 비유의 기법을 통해서 구체적으로 설명하고 있는 것이니, 보다 구체적인 내용은 4장 4-3의 '和(화)'와 5장의 5-4에 나오는 '中(중)'과 '和(화)'에 대한 설명부분을 참고하기 바란다.

77-3: 天之道, 損有餘而補不足.

하늘의 도리는, 남는 것을 덜어 부족함을 보충해준다.

*77-2와 77-3은 노자의 '도' 즉 대동사회의 정치도리를 설명한 것으로 바로 '中(중)'과 '和(화)'를 말하는 것이니, 이제 이와 관련하여 다음의 기록을 살펴보자.

---

318) 抑(억): 누르다, 숙이다.

帝舜謂禹曰：“女亦昌言.” 禹拜曰：“於, 予何言! 予思日孶孶.” 皋陶難禹
曰：“何謂孶孶?” 禹曰：“(생략) 與益予衆庶稻鮮食. (생략) 與稷予衆庶難得之
食. 食少, 調有餘補不足, 徙居. 衆民乃定, 萬國爲治.” 皋陶曰：“然, 此而美
也.”

순임금이 우에게 말했다：“그대 또한 덕이 있는 말을 해보시오.” 우가 절
하여 답했다：“아! 제가 어찌 말하겠습니까! 저는 하루 종일 부지런함을
생각하고 있습니다.” 고요가 삼가 우에게 말했다：“무엇을 부지런하다고
일컫습니까?” 우가 말했다：“(생략) 직과 더불어 백성들에게 구하기 어려
운 음식을 주고, 음식이 모자라면, 남음이 있는 것을 옮겨 부족함을 보충
해주었으며, 옮겨 살게 했습니다. 백성들이 이에 안정되고 ,온 나라가 다
스려졌습니다.” 고요가 말했다：“그렇습니다. 이는 훌륭합니다.”

[史記(사기)] 〈夏本紀(하본기)〉

이처럼 대동사회에서는 남는 것으로 부족함을 보충함으로써 소외됨
없이 모두가 함께 더불어 지냈으니, 어찌 노자가 그러한 사회를 그리워하
지 않을 수 있었고 또 그러한 사회로 돌아가자고 주장하지 않을 수 있었겠
는가?

77-4: 人之道則不然, 損不足以奉[319]有餘.

사람(세상)의 도리는 그렇지 않아서, 부족함을 착취하여 그럼으로써 남는 것을 돕는다.

*이는 노자가 처해있던 당시의 정치행태 즉 남을 돌보지 않고 오직 자신의 사리사욕만을 추구하는 풍조를 비판한 문장이니, 이와 관련하여 53장과 75장의 내용을 참고할 수 있다.

77-5: 孰能有餘以奉天下?

누가 풍족함으로써 세상을 도울 수(받들 수) 있겠는가?

77-6: 唯有道者.

도가 있는 자이다.

*77-5와 77-6에서는 문답법을 쓰고 있는데, 이 문장에서 노자는 대동사회로의 복귀를 노골적으로 주장하고 있으니, '도가 있는 자'는 바로 '대동사회를 이끈 성인'들을 뜻한다.

---

319) 奉(봉): 받들다, 돕다.

[대구법]

**이 때문에 성인은 행하지만 의지하지 않고, 공을 이루지만
머무르지(집착하지) 않으며, 그 현명함을 드러내려 하지
않는다.**

*이 문장에서 이야기하는 바는 노자가 이미 앞에서 누차 강조해왔던
대동사회를 이끈 성인들의 정치태도를 나열한 것으로, 67장의 67-5에서
언급한 '자애로움'과 '검소함' 그리고 '감히 세상의 앞에 서지 않음'을
기반으로 하여 '중'과 '화'를 중심으로 하는 '純一(순일)한 덕의 통치' 즉
'德治(덕치)'를 실현해야 함을 강조하였다. 이는 2장 2-3의 '이 때문에, 성
인은 무위로서 일을 처리하고, 억지로 말하지 않는(불언의) 가르침을 행한
다.', 7장 7-2의 '이 때문에, 성인은 자기를 뒤에 두지만 자기가 앞서게 되
고, 자기를 도외시하지만 자기를 보존할 수 있다.', 9장 9-5의 '공을 이루
면 자신은 물러나는 것이, 하늘의 도리이다.', 22장 22-2의 '이 때문에 성
인은 하나로 파악하여, 세상을 다스리는 규범으로 삼는다. 자기의 안목에
만 의존하지 않기 때문에 명확하게 판단하고, 스스로 옳다고 여기지 않기
때문에 분명히 하며, 스스로 자랑하지 않기 때문에 공로가 있고, 거만하지
않기 때문에 서열이 높아진다. 무릇 다투지 않기 때문에, 그러므로 세상은
그와 다툴 수가 없다.', 24장 24-2와 24-3의 '자신의 안목에만 의존하는 이
는 명확하게 볼 수 없고, 스스로 옳다고 여기는 이는 (시비를) 분명히 할 수
없으며, 스스로 자랑하는 이는 공로가 없고, 거만한 이는 두각을 나타낼

수 없다. 그것은 도에 있어서, 먹다 남은 음식이나 군더더기라고 말하여, 만물이 그들을 싫어하니, 그러므로 도가 있는 사람은 머물지 않는다.', 34 장 34-2의 '시종 위대하다고 여기지 않기 때문에, 그러므로 위대함을 이룰 수 있다.', 61장 61-4의 '그러므로 낮춤으로써 얻게 되고, 낮추지만 얻는다.', 66장 66-2의 '이 때문에 백성의 위에 처하려면, 반드시 말을 함에 있어 백성에게 낮춰야 하고; 백성을 영도하려면, 반드시 몸을 백성들 뒤에 두어야 한다.', 72장 72-4의 '이 때문에 성인은 자신을 이해하려고 하지 자신을 드러내려 하지 않고, 자신을 아끼려 하지 자신을 귀히 여기지 않는다.' 등의 내용들과 다시 한 번 연계하여 살펴보면, 노자의 참뜻을 명확하게 이해할 수 있다.

第78章：若反(약반)

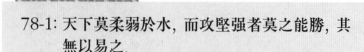

세상에는 물보다 연약한 것이 없지만, 강경한 것을
공격하는 것으로는 그것(물)을 이길 수 있는 것이 없으니,
그것을 대체할 수 있는 것이 없다.

*이 문장은 비교법으로 쓰였는데, 이 내용은 43장과 76장에서도 보이
고 있으니 상호 연계하여 이해할 수 있다. 특히, 76-3에서 노자는 이미 '강
경한 것은 죽음의 부류에 속하고, 연약한 것은 삶의 부류에 속한다.' 라고
하여 구체적으로 밝힌바 있는데, 여기서는 '물' 로 '부드러움의 덕치' 를
빗대어 설명하고 있음에 유의한다. 즉 노자는 일관성있게 '덕치' 를 통해
서 나라를 다스리던 '대동사회' 를 지지하고, '무력이나 지나치게 엄격한
법률과 예악제도' 로 나라를 다스리는 '소강사회' 를 거듭 비판하고 있는
것이다.

78-2: 弱之勝强, 柔之勝剛, 天下莫不知, 莫能行.
　　　　□之勝□, □之勝□, 天下莫不知, 莫能行.

[대구법]
약한 것이 강한 것을 이기고, 연약한 것이 강경한 것을
이기는데, 세상에는 모르는 이가 없지만, 능히 행하는 자가
없도다.

*41장 41-2의 '수준이 중간인 선비가 도를 들으면, 있는 듯 없는 듯한
다.' 는 말과 직접 연결된다. 즉 이 문장을 통해서, 노자는 '덕치' 를 구현

하는 '대동사회' 의 이로움을 모르는 이가 없지만, 그럼에도 불구하고 모두가 '소강' 에 연연해하는 현실을 한탄하고 있다.

78-3: 是以聖人云;受國之垢[320], 是謂社稷主;受國不祥, 是爲天下王.

是以聖人云;受國□□, 是謂□□□;受國□□, 是爲□□□.

[대구법]

이 때문에 성인이 말하길; 국가의 치욕을 책임져야, 사직의 주인(군주)이라고 일컫고; 국가의 재난을 책임져야, 세상의 군왕이 된다.

*그러므로 노자는 이와 같이 결론을 맺음으로써, 나라를 이끄는 지도자의 자격을 限定(한정)시키고 있다. 이제 이와 관련하여 다음의 기록을 살펴보자.

禹爲人敏給克勤;其筍不違, 其仁可親. 其言可信;聲爲律, 身爲度 .稱以出;亹亹穆穆, 爲綱爲紀. (생략) 禹傷先人父鯀功之不成受誅, 乃勞身焦思, 居外十三年, 過家門不敢入. 薄衣食, 致孝於鬼神. 卑宮室, 致費於溝洫. (생략) 食少, 調有餘相給, 以均諸侯.

우는 사람됨이 민첩하고도 부지런했으니; 싹(바탕)은 어긋남이 없고, 인자함은 가까이할 수 있었다. 말은 믿을 수 있었으니; 말하면 규율이 되고, 행

---

320) 垢(구): 티끌, 수치.

하면 법도가 되었다. (명확하게) 헤아려 드러내었으니; 부지런하고도 온화하여, 기강이 되었다. (생략) 우는 돌아가신 아버지 곤이 공을 이루지 못해 형벌을 당한 것이 마음 아팠기에, 이에 몸을 수고롭게 하고 애태우며, 밖에서 지낸지 13년 동안, 집 문을 지나도 감히 들어가지 않았다. 입고 먹는 것을 소홀히 하고, 귀신을 극진히 섬겼다. 거처를 누추하게 하고, 수로에 비용을 다 썼다. (생략) 식량이 적으면, 남음이 있는 곳에서 옮겨 서로 공급하여, 그럼으로써 제후들을 고르게 하였다.   [史記(사기)] 〈夏本紀(하본기)〉

이는 다음의 기록에도 보인다.

鯀陻洪水, 舜擧代鯀, 勞身焦思, 居外十三年, 過家門不入.
곤이 홍수를 막았는데, 순이 (우를) 올려 곤을 대신하게 하니, 몸을 수고로이 하고 애를 태워, 밖에 머문 지 13년 동안, 집의 문을 지나도 들어가지 않았다.   [十八史略(십팔사략)] 〈夏王朝篇(하왕조편)〉

이와 별개로, 아래에 제시하는 기록들은 모두 '소강사회'의 '성인'들에 대한 행적이기 때문에 노자의 '대동'에 대한 가치관과 완벽하게 일치하지 않을 수 있지만, 궁극적으로는 내용상 긴밀하게 연계되기에 소개하고자 한다.

古公亶父復脩后稷·公劉之業, 積德行義, 國人皆戴之. 薰育戎狄攻之, 欲得財物, 予之. 已復攻, 欲得地與民. 民皆怒, 欲戰. 古公曰:"有民立君, 將以利之. 今戎狄所爲攻戰, 以吾地與民. 民之在我, 與其在彼, 何異? 民欲以我故戰, 殺人父子而君之, 予不忍爲." 乃與私屬遂去豳, 度漆·沮, 踰梁山, 止於岐下. 豳人擧國扶老攜弱, 盡復歸古公於岐下. 及他旁國, 聞古公仁, 亦多歸之.

고공단보는 후직과 공류의 공적을 다시 닦아, 덕을 쌓고 의를 행하자, 나라 사람들이 모두 그를 받들었다. 훈육과 융적이 그를 공격하여, 재물을 얻으려고 하자, 재물을 주었다. 얼마 되지 않아 다시 공격하여, 땅과 백성을 얻고자 했다. 백성들이 모두 노하여, 싸우려 했다. 고공이 말했다: 백성들이 있어 임금을 세우는 것은, 장차 그들을 이롭게 하려는 것이다. 지금 융적이 공격하는 바는, 나의 땅과 백성 때문이다. 백성들이 나에게 있는 것이, 저들에게 있는 것과, 어찌 다르겠는가? 백성들이 나 때문에 고로 싸우면, 사람들의 부자를 죽여 임금이 되는 것이니, 나는 차마 못하겠다."

이에 고공은 가신들과 더불어 마침내 빈 지역을 떠나, 칠수와 저수를 건너, 양산을 넘어, 기산 아래에 머물렀다. 빈 지역 사람 전부 노인을 부축하고 어린이의 손을 이끌어, 모두 다시 기산 아래의 고공에게 귀속했다. 더불어 다른 이웃나라에서, 고공의 어질음을 듣고, 역시 많은 이들이 그에게 귀속했다.

[史記(사기)] 〈周本紀(주본기)〉

이는 다음의 기록에도 보인다.

獯鬻攻之, 去邠, 渡漆沮, 踰梁山, 邑於岐山之下居焉, 邠人曰: 仁人也, 不可失. 扶老携幼以從, 他旁國皆歸之.

훈육(흉노족)이 침입하자, 빈 지역을 떠나, 칠저를 건너, 기산 아래에 도읍을 이루어 사니, 빈 지역 사람들이 말했다: (고공단보는) 어진 사람이니, 잃을 수 없다. 노인을 부축하고 어린이를 이끌고 따르니, 다른 옆의 나라 사람들이 모두 그에게 귀속했다.

[十八史略(십팔사략)] 〈周王朝篇(주왕조편)〉

大旱七年, 太史占之曰: 當以人禱. 湯曰: 吾所爲請者, 民也, 若必以人禱, 吾
請自當.

큰 가뭄이 칠년이라, 태사가 점을 쳐 말했다: 마땅히 사람으로서(사람을 제
물로 바쳐서) 기도를 해야 합니다. 탕이 말했다: "<u>내가 바라는 바는 백성을
위해서이니, 만약 반드시 사람으로서 기도해야 한다면, 나는 스스로 담당
하기를(제물이 되기를) 청한다.</u>

[十八史略(십팔사략)] 〈殷王朝篇(은왕조편)〉

노자가 말하는 '국가의 치욕을 책임져야, 사직의 주인이라고 일컫고;
국가의 재난을 책임져야, 세상의 군왕이 된다.' 는 것은 바로 이러한 태도
를 의미하는 것이 아니겠는가?

78-4: 正言若反.

본래의 의미(진의)는 반대인 것과 같다.

*이 문장은 직유법으로 쓰였다. 노자는 [도덕경]을 집필하면서 적잖은
反語法(반어법)을 쓰고 있는데, 그 이유로 이 같은 가치관을 제시하고 있다.
이와 관련하여, 노자는 또 25장의 25-3에서 '나는 그 이름을 알지 못하는
데, 그것을 일컬어 도라고 하고, 그것에 억지로 이름을 붙이니 대(크다)라고
하는데, 대는 지나감을 일컫고, 지나감은 멀어짐을 일컬으며, 멀어짐은 반
대로 됨(다시 가까워짐)을 일컫는다.' 라고 말했고, 40장의 40-1에서는 '반대
(대립면)는, 도의 움직임이요; 유약함은, 도의 효용이다.' 라고도 하였으며,
65장의 65-5에서는 '현덕은 심오하고, 아득하여, 사물과 반대되니, 그러한

후에야 대순(지극한 자연에의 순응)에 이른다.' 라고 표현하였으니, 이에 노자는 반어법을 사용하는 취지를 명확하게 밝히고 있는 것이다. 다시 말해서 노자는 사물의 對立面(대립면)을 제시함으로써 자신이 표현하고자 하는 바를 돌려서 시사하고 있으니, 이는 노자의 가치관이 반어법으로 관통하는 중요한 근거가 된다. 이러한 반어법에 대해서는, 25-3에서 구체적으로 설명한 바 있으니 참고하기로 한다.

第79章：無親(무친)

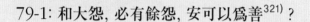

79-1: 和大怨, 必有餘怨, 安可以爲善³²¹⁾ ?

큰 원한을 화해시키면서, 반드시 원한의 잔재가 있다면,
어찌 훌륭하다고 할 수 있겠는가?

*이 문장에서 노자는 참된 성인이란 반드시 '中(중)' 과 '和(화)' 가 기반
이 되는 '덕치' 를 베풂으로써 모두가 수긍할 수 있는 정치를 해야 한다고
강조하고 있으니, 이와 관련하여, 다음의 기록을 살펴보자.

> 於是舜歸而言於帝, 請流共工於幽陵, 以變北狄 ; 放驩兜於崇山, 以變南蠻 ;
> 遷三苗於三危, 以變西戎 ; 殛鯀於羽山, 以變東夷 : 四罪而天下鹹服.
> 이에 순은 돌아와 임금에게 말하여, 공공을 유릉으로 유배시킴으로써 북
> 적을 변화시키고 ; 환두를 숭산으로 추방함으로써, 남만을 변화시키며 ; 삼
> 묘를 삼위로 내쫓음으로써, 서융을 변화시키고 ; 곤을 우산에서 죽임으로
> 써 동이를 변화시키기를 청했으니 : 넷을 벌주니 세상이 모두 복종했다.
>
> [史記(사기)] 〈五帝本紀(오제본기)〉

즉 이 문장은 지도자의 자질에 대해 언급하고 있는 것이라서, 74장
의 74-2 '만약 백성들로 하여금 늘 죽음을 두려워하게 하고, 이상한 행동
을 하는 이를 내가 잡아다 죽인다면 누가 감히 또 그리하겠는가.' 그리고
74-3 '항상 살인을 담당하는 이가 죽여야 하니, 무릇 살인을 담당하는 이
를 대신하여 살인하는 것, 이는 뛰어난 기술자를 대신하여 베는 것을 이른
다.' 는 내용과 직접적으로 연결된다고 볼 수 있다.

---

321) 善(선): 훌륭하다.

79-2: 是以聖人執左契, 而不責³²²⁾於人.

이 때문에 성인은 좌계를 가지고 있지만, 사람들에게
재촉하지 않는다.

*이 문장에서는 '덕'을 '좌계를 갖고 있지만 재촉하지 않음'으로 표
현하였으니 환유법을 사용한 것인데, 여기서 '左契(좌계)'는 채무 영수증
을 말하는 것으로, 古代(고대)에는 계약을 할 때 부신(符信)을 둘로 나누어 왼
쪽의 것을 자기가 갖고, 오른쪽의 것을 상대방에게 주었다.

79-3: 有德司契, 無德司徹.
□德□□, □德□□.

[대구법, 환유법]
덕이 있는 이는 사계이고, 덕이 없는 이는 사철이다.

*이 문장에서 말하는 '司契(사계)'는 고대의 회계 관리인으로, 차용증
서를 관리하였기 때문에 침착하고 여유가 있었던 반면, '司徹(사철)'은 역
시 회계 관리인이지만, 세수(稅收)를 관리하였기 때문에, 착취하여 악착같
이 받아내었다. 따라서 노자는 환유법을 활용하여 이처럼 '덕이 있는 이'
와 '덕이 없는 이'를 표현한 것이다. 그러므로 '덕이 있는 이'는 태평성
대를 이끈 성인을 뜻하고, 이와 반대로 '덕이 없는 이'는 노자가 처한 현
세의 지도자를 가리킨다고 볼 수 있을 것이다. 노자의 이러한 현세 통치에

---

322) 責(책): 요구하다, 재촉하다.

대한 비판 태도는, 53장과 75장 그리고 77장 77-4의 '사람(세상)의 도리는 그렇지 않아서, 부족함을 착취하여 그럼으로써 남는 것을 돕는다.' 라는 구절과 연계하여 이해할 수 있다.

79-4: 天道無親, 常與善人.

하늘의 도리는 편애함이 없으니, 항상 선한 이와 함께 한다.

*이와 관련하여, 다음의 기록을 살펴보자.

伊尹申誥于王曰, 嗚呼! 惟天無親, 克敬惟親, 民罔常懷, 懷于有仁, 鬼神無常享, 享于克誠, 天位艱哉. 德惟治, 否德亂. 與治同道, 罔不興. 與亂同事, 罔不亡. 終始愼厥與, 惟明明后.

이윤(伊尹)이 거듭 임금에게 고하였다: "아! 하늘은 친한 이가 없어서, 능히 공경하는 이만을 친근히 대하고, 백성들은 항상 그리워하는 사람이 없어서, 어진 이를 그리워하며, 귀신은 항상 흠향하는 사람이 없어서, 능히 정성스러운 사람에게 흠향하니, 하늘이 준 지위는 어렵습니다. 덕으로 다스려야 하니, 덕을 부정하면 어지러워집니다. 바로잡음을 베풀어서 함께 이끌면, 흥하지 않을 수 없고, 무도함을 베풀어서 함께 부리면, 망하지 않을 수 없습니다. 시종 베풀음에 신중하면, 훌륭한 임금을 밝힐 것입니다.

[尙書(상서)] 〈太甲下(태갑하)〉

이처럼, 노자가 이 문장에서 밝히는 바는 사실 東西古今(동서고금)을 막론하고 존재하는 古典的(고전적)인 도리인 것이니, 항상 어질고 선량하며,

정성을 다하고 '덕'으로 바로잡아야 한다고 주장하고 있는 것이다.

第80章 : 小國寡民(소국과민)

[대구법]
**나라가 작고 백성이 적으면, 각양각색의 기물이 있어도
쓰지 않고, 백성들이 죽음(목숨)을 중시하여 멀리 이사하지
않게 된다.**

*60장의 60-1을 보면 '대국을 다스리는 것은 작은 생선을 굽는 것과 같
다.' 라고 하였으니, 그만큼 대국을 다스린다는 것은 대단히 어렵고도 신
중해야 하는 것이라서, 노자는 이와 같이 '나라가 작고 백성이 적어야' 통
치하기가 수월하다고 주장하고 있다. 중간에서 '각양각색의 기물이 있어
도 쓰지 않는다.' 고 한 것은 75장 75-4의 '무릇 생계(물질적이고 현실적인 삶)때
문에 작위함이 없는 자, 이는 생계를 귀히 여기는 이보다 현명하다.' 라는
말과 연계해보면 그 의미를 명확하게 이해할 수 있으니, 바로 대동 사회
백성들의 삶에 대한 자세를 말하는 것이다. 또한 마지막에서는 '백성들
이 죽음을 중시하여 멀리 이사하지 않게 된다.' 고 하였으니, 이는 72장의
72-1 '백성들이 위엄을 두려워하지 않으면, 곧 더 큰 위엄이 도래한다.'
및 74장 74-1 및 74-2의 '백성들이 죽음을 두려워하지 않는데, 어찌 죽음
으로 그들을 위협하겠는가? 만약 백성들로 하여금 늘 죽음을 두려워하게
하고, 이상한 행동을 하는 이를 내가 잡아다 죽인다면 누가 감히 또 그리
하겠는가.' , 75장 75-3의 '백성들이 죽음을 가벼이 하는 것은, 그들이 생

---

323) 什伯(십백): 다양하다, 각양각색이다.

계(물질적이고 현실적인 삶)에 대한 중시를 추구함이 많기 때문이니, 이 때문에 죽음을 가벼이 여긴다.'라는 말과 연계해보면 그 의미를 확실하게 파악할 수 있으니, 역시 대동 사회 백성들의 심리를 설명하고 있는 것이다. 이는 종합적으로 분석해보면 사실상 지도자의 자세를 말하는 것으로, 당시의 사회적인 분위기로 보아 삶의 터전을 버리고 타지로 이동하는 것은 위험한 일이지만 그럼에도 불구하고 멀리 이사를 가는 것은, 본래의 터전에 사는 것이 이렇듯 목숨을 걸고 타지로 이동하는 것보다 못하기 때문이다. 만약 지도자가 나라를 잘 다스림으로써 삶의 터전이 행복하다면, 굳이 목숨을 걸고 멀리 이사를 가겠는가? 바로 여기서 노자의 종합적이고도 뚜렷한 정치관이 드러나니 '小國寡民(소국과민)'이다. 이미 앞에서 언급한 바 있듯이, 노자는 周(주)나라의 史官(사관) 신분으로 三皇五帝(삼황오제)로부터 夏(하), 商(상), 周(주)나라에 이르기까지의 역사를 전반적으로 파악하고 있었고, 이에 天子(천자)의 나라인 주나라의 몰락을 직접 목도하고는 大國(대국)을 다스린다는 것이 얼마나 힘든 것인지를 이해하였기 때문에, 이러한 종합적인 통치이념을 제시한 것이다. 이제 이와 관련하여 다음의 기록을 살펴보자.

堯曰:"嗟! 四嶽:朕在位七十載, 汝能庸命, 踐朕位." 嶽應曰:"鄙德忝帝位." 堯曰:"悉舉貴戚及疏遠隱匿者." 衆皆言於堯曰:"有矜在民間, 曰虞舜." 堯曰:"然, 朕聞之.其何如?" 嶽曰:"盲者子.父頑, 母嚚, 弟傲, 能和以孝, 烝烝治, 不至奸." 堯曰:"吾其試哉." 於是堯妻之二女, 觀其德於二女.

요임금이 말했다: "아, 사악이여! 짐이 재위한 지 70년인데, 그대는 천명을 변치 않게 할 수 있으니, 짐의 자리에 오르시오." 사악이 대답했다: "덕이 낮아 임금 자리를 욕되게 할 것입니다." 요임금이 말했다: "귀족이거나 관계가 먼 사람 숨어 사는 사람 모두를 천거해주시오." 모두가 요임금

에게 말했다: "민간에 홀아비가 있는데, 우순이라 합니다." 요임금이 말했다: "그러한가, 짐은 그에 대해 들었소. 그는 어떠하오?" 사악이 말했다: "장님의 아들입니다. 아버지는 완고하고, 어머니는 간사하며, 동생은 교만하지만, 능히 온화하게 부모님을 섬기고, 나아가 수양하니, 어지러움에 이르지 않게 되었습니다." 요가 말했다: "내가 그를 시험해보겠소." 이에 요는 두 딸을 그에게 시집보내어, 두 딸에게서 그의 덕을 살폈다.

[史記(사기)] 〈五帝本紀(오제본기)〉

　堯(요)임금이 인재를 천거하라고 하자 모두가 민간에 있는 홀아비인 舜(순)을 추천하였고, 이에 요임금은 그에 대해서 들은 바가 있다며 시험해보겠다고 하였다. 여기서 상식적으로 이해할 수 없는 것이 바로 '어떻게 한 나라의 임금으로서 민간에 있는 홀아비의 이름조차도 들을 수 있었겠는가?' 라는 점이다. 즉 위의 기록을 통해서 추측할 수 있듯이, 당시의 사회는 '小國寡民(소국과민)' 의 상황이었기 때문에 임금일지라도 민간의 홀아비 이름조차 들을 수 있었던 것이고, 이때는 요임금이 태평성대를 이끌던 시대였으니 '소국과민' 이 바로 '大同社會(대동사회)' 를 가리키는 것임을 傍證(방증)하는 것이다.

80-2: 雖有舟輿, 無所乘之;雖有甲兵, 無所陳[324]
之;使人復結繩而用之.
　雖有□□, 無所□之;雖有□□, 無所□之;
　使人復結繩而用之.

[대구법]

**비록 배나 수레가 있어도, 그것을 탈 일이 없고, 비록
무기가 있어도, 그것을 드러낼 일이 없으니; 사람들이 다시
끈으로 매듭지어 그것을 사용하게끔 한다**(사람들이 결승문자를 쓰던
시대로 돌아가게 된다).

*죽음을 무릅쓰고 멀리 이사 갈 일이 없으니 배나 수레가 있어도 탈 일
이 없을 것이요, 죽음을 두려워하고 '中(중)'과 '和(화)'로 다스려 모두가
함께 어우러지니 전쟁을 할 일도 없을 것이다. 또한 마지막으로 結繩文字
(결승문자)를 쓰던 시대로 돌아가게 된다고 하였는데, 이는 바로 상고시대로
의 복귀를 노골적으로 드러내고 있는 것이니, 노자는 상술한 내용들을 통
해서 대동사회가 이상사회임을 구체적으로 밝히고 있는 것이다.

---

324)　陳(진): 늘어놓다, 진열하다, 드러내다.

80-3: 甘其食, 美其服, 安其居, 樂其俗, 鄰國相望, 雞犬之聲相聞, 民至老死不相往來.

□其□, □其□, □其□, □其□, □□相□, □□□□相□, □□□□□相□□.

[대구법, 대구법]

그 음식이 달고, 그 의복이 아름다워지며, 그 거처가 편안해지고, 그 풍속이 즐거워지며, 이웃나라가 서로 바라다 보이고, 닭과 개의 소리가 서로 들리게 되니, 백성들이 늙어 죽을 때까지 서로 왕래하지 않게 된다.

*노자는 여기서 그가 그리는 이상사회의 모습을 보다 구체적으로 묘사하고 있으니, 이는 노자의 '도' 가 바로 대동시대와 긴밀하게 연결되어 있음을 확실하게 알려주고 있다. 이제 다음에서 '대동' 에 대한 기록을 살펴보기로 하자.

昔者仲尼與于蠟賓. 事畢, 出遊于觀之上, 喟然而歎. 仲尼之歎, 蓋歎魯也. 言偃在側, 曰:"君子何歎?"孔子曰:"大道之行也, 與三代之英, 丘未之逮也, 而有志焉. 大道之行也, 天下爲公. 選賢與能, 講信修睦. 故人不獨親其親, 不獨子其子. 使老有所終, 壯有所用, 幼有所長, 矜寡孤獨廢疾者皆有所養. 男人分, 女有歸. 貨, 惡其棄于地也, 不必藏于己;力, 惡其不出于身也, 不必爲己. 是故謀閉而不興, 盜竊亂賊而不作. 故外戶而不閉. 是謂大同.

예전에 공자가 납빈(신들의 가호에 보답하기 위해 올리던 제사)에 참여했다. 일이 끝나고, 누각에 올라 둘러보고는, 길게 탄식을 하였다. 공자가 탄식한 것은, 아마도 노나라를 한탄한 것이리라. 언언이 곁에 있다가, 말했다: "군자(스승)께서는 어찌하여 탄식하십니까?" 공자가 말했다: "큰 도가 실행

될 때와, 삼대(夏, 商, 周)의 훌륭한 인물들이 정치를 하던 때는, 내가 이를 수 없었으나, 기록이 남아있다. 큰 도가 실행되던 때는, 세상이 公天下(공천하)였다. 어질고 재능 있는 이들을 선발하고, 신용을 중시하며 화목함을 갖췄다[325]. 그러므로 사람들은 자신의 어버이만이 어버이가 아니었고, 자신의 자식만이 자식이 아니었다. 노인들로 하여금 귀속되는 바가 있게 하였고, 장년은 쓰임이 있었으며, 어린이들은 키워짐이 있었고, 늙어 부인이 없는 이, 늙어 남편이 없는 아낙, 부모 없는 아이, 자식이 없는 노인, 장애인들이 모두 부양받는 바가 있었다. 사내에게는 직분이 있었고, 아낙은 媤家(시가)가 있었다. 재물은, 땅에 버려지는 것을 싫어하였지만(지니고 싶어 하였지만), 반드시 자기가 소유하지는 않았고; 힘은, 자기 몸에서 나오지 않음을 싫어하였지만(자신이 직접 쓰려 하였지만), 반드시 자신을 위해서 쓰지는 않았다. 이 때문에 계략이 막혀 일어나지 못하고, 도적이나 반란이 발생하지 않았다. 그러므로 밖의 대문을 잠그지 않았다. 이를 대동이라고 일컫는다.

[禮記(예기)] 〈禮運(예운)〉

鄭玄(정현)의 [三禮目錄(삼례목록)]에 따르면 〈예운〉은 중국 상고시대 三皇五帝(삼황오제)의 沿革(연혁)과 '음양' 조화의 이치를 기록한 것이니, 곧 중국 고대로부터 전해지는 제도와 규정 등에 대한 변천 법칙을 정리한 글이라고 볼 수 있다. 여기서 우리는 '큰 도가 실행될 때와, 삼대(夏, 商, 周)의 훌륭한 인물들이 정치를 하던 때는, 내가 이를 수 없었으나, 기록이 남아있다. 큰 도가 실행되던 때는, 세상이 公天下(공천하)였다.' 라는 말에 주의를 기울일 필요가 있는데, 즉 공자는 상고시대를 '큰 도가 실행되던 시대'와 '三代(삼대)' 의 두 범주로 나누고 있으며, '큰 도가 실행되던 시대는 公

---

325) 이는 바로 "中(중)" 과 "和(화)" 로 다스렸음을 뜻한다.

天下(공천하)였다.' 라고 말하고 있다는 점이다. 바로 이러한 점에서 보았을 때, 최소한 노자와 공자의 '대동' 에 대한 가치관은 문명 일치한다고 할 수 있을 것이니, 이와 관련하여 노자와 공자 사상의 공통점과 차이점에 대해서는 분명히 짚고 넘어갈 가치가 있는 것이다. 이 문제는 차후 별도로 반드시 풀어야 할 숙제로 남기고, 이제 이러한 대동 사회를 이끌었던 지도자들은 과연 어떠한 마음가짐으로 임했는지 단편적인 기록으로나마 살펴보자.

> 帝曰：“咨! 四岳. 朕在位七十載, 汝能庸命, 巽朕位.” 岳曰：“否德忝帝位.”
> 曰：“明明揚側陋.”
> (요)임금이 말했다: “아! 사악이여. 짐이 재위한 지 70년인데, 그대는 천명을 변치 않게 할 수 있으니, 짐의 자리를 사양하겠소.” 악이 말했다: “덕이 없어 임금 자리를 더럽힐 것입니다.” 임금이 말했다: “뛰어난 이를 밝히고 미천하거나 숨어 지내는 이를 드러내 주시오.”
>
> [尙書(상서)] 〈堯典(요전)〉

이처럼 지도자의 보이지 않는 각고의 노력이 있었기에, 백성들은 임금이 자기에게 해준 것이 무엇이냐고 원망하고, 또 편안한 마음으로 자신들의 천성을 다 누릴 수 있지 않았겠는가? 이처럼 대동 사회를 이룩하기 위해서, 지도자들은 '握髮吐哺(악발토포)' 의 자세로 임하여 항상 성실함과 신중함을 잃지 않으려 했으니, 어찌 딴 마음을 품거나 권력을 누릴 틈이 있었겠는가? 이처럼 백성들을 위해서 시종일관 최선을 다했으니, 그러한 지도자가 죽었을 때 어찌 백성들이 자신의 부모를 잃은 것처럼 슬퍼하지 않을 수 있었겠는가?

第81章 : 知者不博(지자불박)

81-1: 信言不美, 美言不信.
○言不●, ●言不○.

진실한 말은 아름답지 않고, 아름다운 말은 진실하지 않다.

*이 문장은 연쇄법과 대구법으로 쓰였는데, 특히 맨 마지막의 81-4를 제외하고 81장 전체가 대구의 형식으로 쓰였음은 눈여겨볼 만하다. 또한, 여기서의 '美言(미언)'은 62장 62-2의 '美言'과는 다른 의미로 쓰였음에 유의한다.

81-2: 善者不辯[326], 辯者不善.
○者不●, ●者不○.

선량한 이는 교묘하게 말하지 않고, 교묘하게 말하는 이는 선량한 이가 아니다.

*이 문장 역시 연쇄법과 대구법으로 쓰였고, 위의 문장과 구조상 역시 대구를 이룬다. 이는 내용상 위의 81-1과 함께 연계해야 하는데, 이제 이와 관련하여 다음의 기록을 살펴보자.

> 帝乙崩, 子辛立, 是爲帝辛, 天下謂之紂. 帝紂資辨捷疾, 聞見甚敏;材力過人, 手格猛獸;知足以距諫, 言足以飾非;矜人臣以能, 高天下以聲, 以爲皆出己之下.

---

326) 辯(변): 교묘하게 말하다.

을임금이 죽고, 아들 신이 즉위하니, 이 사람이 신제이다. 세상은 그를 주라고 불렀다. 주임금은 천성적으로 말솜씨가 좋고 행동이 빨랐으며, 보고 들음에 매우 영리했고; 능력이 일반인을 능가했으며, 맨손으로 맹수와 맞섰고; 지혜는 충분히 간언을 막을 수 있었으며, 말은 충분히 거짓으로 꾸며낼 수 있었고; 능력을 신하들에게 자랑하고, 명성을 세상에 드높이려 했으며, 모두가 자기 아래라고 여겼다.   [史記(사기)] 〈殷本紀(은본기)〉

위에서 제시한 기록을 살펴보면 紂(주)임금의 사람됨이 공자가 말하는 '巧言令色(교언영색)'과 일맥상통하는데, [論語(논어)]의 〈學而篇(학이편)〉과 〈陽貨篇(양화편)〉에서 공자는 거듭 '巧言令色鮮矣仁(교언영색선의인: 교묘한 말과 아첨하는 얼굴을 하는 사람은 어진 사람이 드물다.)'라고 말하고 있다. 따라서 이러한 관점에 있어서도, 노자와 공자는 원칙적으로 뜻을 같이 한다고 볼 수 있는 것이다.

81-3: 知者不博, 博者不知.
○者不●, ●者不○.

아는 이는 폭넓게 알지 않고, 폭넓게 아는 이는 알지 못한다.

*이 문장 역시 연쇄법과 대구법이 쓰였고. 위의 두 문장과도 내용이나 구조상 대구를 이룬다. 특히 내용상 81-1이나 81-2의 연장선상에서 생각해야 하는데, 이 말은 10장 10-6의 '세상을 이해함에 있어, 작위함이 없을 수 있겠는가?', 47장의 '대문을 나가지 않아도 세상을 알 수 있고; 창밖을 보지 않아도 하늘의 도를 알 수 있다. 나가는 것이 멀수록 아는 것이 적

어진다. 이 때문에 성인은 왕래하지 않고도 알 수 있고, 보지 않고도 이해할 수 있으며, 행하지 않고도 이룰 수 있다.', 48장 48-1의 '배움에 종사하면 날로 늘어나고, 도에 종사하면 날로 줄어든다.' 라는 말들과 연계하여 살펴보면 그 뜻을 어렵지 않게 이해할 수 있다. 좀 더 구체적으로 말해서, 성인은 '도의 본질' 즉 '大知(대지)'를 추구하기 때문에 군이 멀리 나가서 '폭넓게 앎' 즉 '小知(소지)'를 찾는데 허비하지 않는데 반해, 그렇지 못한 이는 '小知(소지)'를 추구하다 보니 정작 '大知(대지)'를 파악하지 못한다는 의미인 것이다.

81-4: 聖人不積, 既以爲³²⁷⁾人, 己愈有; 既以與人, 己愈多.天之道, 利而不害; 聖人之道, 爲而不爭.
聖人不積, 既以□人, 己愈□; 既以□人, 己愈□.□之道, □而不□; □□之道, □而不□.

[대구법, 대구법]

성인은 쌓아두지 않고, 그럼으로써 타인을 위 하니(위하여 쓰니), 자기는 더욱 있게 되고; 그럼으로써 타인에게 베푸니, 자기는 더욱 넉넉해진다. 하늘의 도리는 이롭지 해가 되지 않고; 성인의 도리는 (타인을) 위하지 (타인과) 다투지 않는다.

*노자는 이 문장을 통해서 성인은 자신을 위해 쌓아두지 않고 베푸니, 오히려 자신은 더욱 넉넉해진다고 주장하였으니, 이와 관련하여 다음의

---

327) 爲(위): 위하다.

기록들을 살펴보자.

禹爲人敏給克勤;其筍不違, 其仁可親. 其言可信;聲爲律, 身爲度. 稱以出;
亹亹穆穆, 爲綱爲紀. (생략) 禹傷先人父鯀功之不成受誅, 乃勞身焦思, 居外
十三年, 過家門不敢入. 薄衣食, 致孝於鬼神. 卑宮室, 致費於溝淢. (생략) 食
少, 調有餘相給, 以均諸侯.

우는 사람됨이 민첩하고도 부지런했으니; 싹(바탕)은 어긋남이 없고, 인자
함은 가까이할 수 있었다. 말은 믿을 수 있었으니; 말하면 규율이 되고, 행
하면 법도가 되었다. (명확하게) 헤아려 드러내었으니; 부지런하고도 온화
하여, 기강이 되었다. (생략) 우는 돌아가신 아버지 곤이 공을 이루지 못해
형벌을 당한 것이 마음 아팠기에, 이에 몸을 수고롭게 하고 애태우며, 밖
에서 지낸지 13년 동안, 집 문을 지나도 감히 들어가지 않았다. 입고 먹는
것을 소홀히 하고, 귀신을 극진히 섬겼다. <u>거처를 누추하게 하고, 수로에
비용을 다 썼다.</u> (생략) 식량이 적으면, 남음이 있는 곳에서 옮겨 서로 공급
하여, 그럼으로써 제후들을 고르게 하였다.

[史記(사기)] 〈夏本紀(하본기)〉

帝舜謂禹曰:"女亦昌言." 禹拜曰:"於, 予何言! 予思日孶孶." 皐陶難禹
曰:"何謂孶孶?" 禹曰:"(생략) 與益予衆庶稻鮮食. (생략) 與稷予衆庶難得之
食. 食少, 調有餘補不足, 徙居. 衆民乃定, 萬國爲治." 皐陶曰:"然, 此而美
也."

순임금이 우에게 말했다: "그대 또한 덕이 있는 말을 해보시오." 우가 절
하여 답했다: "아! 제가 어찌 말하겠습니까! 저는 하루 종일 부지런함을
생각하고 있습니다." 고요가 삼가 우에게 말했다: "무엇을 부지런하다고
일컫습니까?" 우가 말했다: "(생략) <u>직과 더불어 백성들에게 구하기 어려</u>

운 음식을 주고, 음식이 모자라면, 남음이 있는 것을 옮겨 부족함을 보충
해주었으며, 옮겨 살게 했습니다. 백성들이 이에 안정되고, 온 나라가 다
스려졌습니다." 고요가 말했다: "그렇습니다. 이는 훌륭합니다."

[史記(사기)] 〈夏本紀(하본기)〉

이처럼, 禹(우)는 자신을 돌보거나 자신을 위해 쌓아두지 않고 항상 삼
가여 백성들에게 베풂으로써, 결국 舜(순)임금에게 그 '덕'을 인정받아 임
금 자리에 오르게 되고 또 오늘날까지 존경을 받게 되었으니, 이것이야말
로 '성인은 쌓아두지 않고, 그럼으로써 타인을 위하니, 자기는 더욱 있게
되고; 그럼으로써 타인에게 베푸니, 자기는 더욱 넉넉해진다.' 는 도리를
실천한 것이 아니겠는가? 노자의 이러한 주장은 7장 7-2의 '이 때문에, 성
인은 자기를 뒤에 두지만 자기가 앞서게 되고, 자기를 도외시하지만 자기
를 보존할 수 있다.' 와 7-3의 '자기를 사사로이 하지 않기 때문이 아닌가?
그러므로 사사로움을 이룰 수 있는 것이다.' 라는 문장과도 일맥상통하니,
상호 연계하여 이해할 수 있다.

　*또한 노자는 마지막에 '성인의 도리는 (타인을) 위하지 다투지 않는
다.' 라고 하였는데, 이는 22장 22-2의 '이 때문에 성인은 하나로 파악하
여, 세상을 다스리는 규범으로 삼는다. 자기의 안목에만 의존하지 않기 때
문에 명확하게 판단하고, 스스로 옳다고 여기지 않기 때문에 (시비를) 분명
히 하며, 스스로 자랑하지 않기 때문에 공로가 있고, 거만하지 않기 때문
에 서열이 높아진다. 무릇 다투지 않기 때문에, 그러므로 세상은 그와 다
툴 수가 없다.' 와 66장 66-3의 '이 때문에 성인은 위에 처하지만 백성이
부담스러워하지 않고, 앞에 처하지만 백성이 방해된다고 여기지 않는다.
이 때문에 세상이 기꺼이 추대하고 저버리지 않는다. 그가 다투지 않기 때
문에, 세상에는 감히 그와 서로 다툴 이가 없다.' 라는 말과도 역시 일맥상
통하니, 상호 연계하여 다시금 그 뜻을 음미해볼 수 있다.

1. 노자의 [도덕경]은 '無爲(무위)-道(도)-德(덕)-中(중)-和(화)-慈(자)-儉(검)-不敢爲天下先(불감위천하선)'의 가치관을 중심으로, 1장부터 81장까지 끊임없이 상호 내용이 맞물려 서술되고 있다. 특히 이 가치관의 체계에서 빠질 수 없는 요소이자 특징이 바로 '一(일)'과 '常(상)', '樸(박)' 그리고 '靜(정)'임은 이미 본론에서 수차례 밝힌 바 있다. 이러한 노자 가치관의 핵심은 바로 하늘이 각각에게 부여한 천성에 따르는 聖人政治(성인정치)인데, 여기서 노자가 줄곧 언급하는 '성인'이란 구체적으로 상고시대부터 周(주)나라 때까지 태평성대를 이끈 성인들 특히 대동시대의 三皇五帝(삼황오제) 및 그들을 보필한 현명한 신하들을 지칭한다. 또 하나 노자가 주장하는 바는 결국 나라를 잘 다스리려면 삼가여 인재를 잘 등용해야 하고, 이러한 인재를 선발하는 것이 바로 지도자의 가장 큰 역할이자 능력이라는 점이다.

사실 노자는 일관되게 소강의 '예'와 '법'을 통한 통치를 반대하여 '덕치'를 펴는 대동사회로의 복귀를 주장하고 있기 때문에, 본문에서 소강사회 성인들의 업적을 함께 제시하는 것에는 다소 모순이 발생할 수 있다. 하지만 노자의 근본 취지가 태평성대로의 복귀이고, 그 중에서도 궁극적으로 대동사회로의 복귀를 주장하고 있는 것이기 때문에 독자들의 이해를 돕기 위한 차원에서 함께 소개하는 것이니, 이 점에 대해서는 독자들의 오해가 없기를 바라는 바이다.

또한 노자와 공자는 각각 도가사상과 유가사상의 창시자로 인식되고 있는데, 본 저서에서 노자의 사상을 증명하기 위해 적잖이 儒家典籍(유가전적)의 기록들을 인용한 것에 대해 문제점을 제기하는 이들이 있을 지도 모른다. 사실, 이는 엄밀히 말해서 유가사상을 존숭하는 이들이 말하는 '道不同, 不相爲謀(도불동, 불상위모)'의 원칙에 위배된다. 하지만 필자는 노자의 [도덕경]을 번역하고 분석하는 과정에서 노자와 공자 이 두 인물의 근본 사상에 적잖은 공통분모가 있음을 발견하였고, 그로 인해서 부득이하게 어떠한 개념을 설명할 때 유가전적에서 그 근거가 되는 문구들을 빌려온 것이니, 추후 노자와 공자의 공통분모와 차이점에 대해서는 다시 정리하여 소개할 것을 약속하는 바이다. 특히나 들어가는 글에서 제시한 [史記(사기)] 〈老子韓非列傳(노자한비열전)〉의 내용을 살펴보면, 분명 노자는 공자를 전면적으로 비평하고 있는 것이 아니라, 부분적으로 지적하고 있음을 알 수 있다. 따라서 필자는 이러한 점에 착안하여, 노자와 공자 두 인물의 공통분모 범위 안에서 이 문제를 해결하고자 한 것이다. 좀 더 구체적으로 말해서, 주지하다시피 노자의 사상을 이해할 수 있는 서적은 거의 유일하게 [도덕경]만이 남아있는 현실에서 필자 개인의 심증만으로 이를 풀이한다면 이는 부득이하게 주관적인 虛構(허구)가 될 수 있고, 또 노자의 [도덕경]을 설명하는 지면에서 유가사상과의 공통점과 차이점을 논술하다보면 자칫 의도하지 않게 저서가 다른 방향으로 흘러갈 수 있기 때문에 구체적인 언급을 피한 것이니, 독자 여러분의 많은 양해를 바라며 차후 노자와 공자 사상의 비교서적에서 보다 상세하게 서술할 수 있기를 기대한다.

아울러 [도덕경] 각 句文(구문)의 함의를 분석함에 있어 설득력을 높이기 위해 인용한 史籍(사적)들이 반복된 경우가 적잖이 있는데, 이는 당시의 전통적인 글쓰기 즉 微言大義(미언대의)를 풀이하는 근거를 제시하는 과정에서 자료의 제한성 때문에 부득이하게 중복 인용한 것이니, 독자들의 양해를 구하는 바이며 향후 더 많은 전적들을 섭렵함으로써 보강할 수 있기를 희망한다.

2. 노자의 '도'는 '형이상학적 개념의 無爲自然(무위자연)의 도'가 아니라 '대동'과 긴밀한 관계를 맺고 있는 통치이념으로 봐야 한다. 당시에는 오늘날 우리가 인식하는 과학적인 개념에서의 우주 대혼돈(카오스)이 아닌, 뒤섞임 즉 하늘과 땅과 사람과 동물 자연이 한데 어우러져 있는 상태를 '대동'이라고 일컬었다. 다시 말해서 노자는 '소강'을 추구하는 세태에 반대하여, 그보다 더 상위개념에 있는 '대동'으로 돌아가야 함을 주장한 것이다. 또한 대동 사회는 어떠한 말이나 제도 등의 명분화된 개념으로 설명될 수 있는 것이 아니라 삼가고 노력하며 몸소 실천하는 모습을 통해서 실현되는 것이기에, 노자는 항상 '도'를 이야기 할 때 모호하고 명확하지 않으며 말로 형용할 수 없기에 반대로 말한다는 것을 강조하고 있다. 이러한 측면에서 보면, 노자는 가장 오래된 이상주의를 꿈꾸던 사람이었고, 그의 [도덕경]은 가장 오래된 이상주의적 정치이념서적이었으며, 송나라 때의 유종원은 당시 노자의 가치관을 가장 온전하게 이해하고 있었던 인물로 볼 수 있을 것이다.

여기서 노자는 과연 어떠한 인물이었는지에 대해서 짚고 넘어갈 필요가 있는데, 漢代(한대)의 역사가인 司馬遷(사마천)은 [史記(사기)]의 〈老子韓非列傳(노자한비열전)〉에서 노자로 추정되는 인물로 세 명이 있다고 언급하였다.[328] 첫 번째로 이이(李耳: B.C 571 - ?)라는 인물을 들었는데, 字(자)는 聃(담)

---

328) 원문은 다음과 같다. 老子者, 楚苦縣歷鄕曲仁里人也, 姓李氏, 名耳, 字聃, 周守藏室之史也. 孔子適周, 將問禮於老子.(이하 생략) 老子脩道德, 其學以自隱無名爲務. 居周久之, 見周之衰, 乃遂去. 至關, 關令尹喜曰: 子將隱矣, 彊爲我著書, 於是老子乃著書上下篇, 言道德之意五千餘言而去, 莫知其所終.(이하 생략) 或曰: 老萊子亦楚人也, 著書十五篇, 言道家之用, 與孔子同時云.(이하 생략) 自孔子死之後百二十九年, 而史記周太史儋見秦獻公曰: 始秦與周合, 合五百歲而離, 離七十歲而霸王者出焉. 或曰儋卽老子, 或曰非也, 世莫知其然否.

이고 楚(초)나라 사람으로 공자(孔子: B.C 552 - B.C 479)가 禮(예)를 배운 사람이
고 周(주)나라가 쇄락하게 되자 곧 주나라를 떠나 서쪽으로 가려는데, 당시
관문을 책임지던 尹喜(윤희)라는 인물의 요청으로 오천여 자로 된 [도덕경]
상, 하권을 써주었다고 하였으며 그의 최후는 알지 못한다고 하였다. 두
번째로 언급한 인물은 공자와 역시 동시대의 老萊子(노래자)로 그의 저서가
15편 있었다고 전해지며, 세 번째로 언급한 인물은 太史儋(태사담)으로, 공
자가 죽은 지 100년 이상 경과한 때인 秦(진)나라의 獻公(헌공)과 대담을 했
다고 하였다. 따라서 본문에서 서술한 내용들과 상술한 말들을 유기적으
로 조합해보면, 노자는 아마도 사마천이 첫 번째로 언급한 인물이 맞지 않
을까 추론해 볼 수 있는데, 이 문제에 대해서는 향후 보다 세밀한 연구가
뒷받침되어야 할 것으로 보인다.

건물을 세우려면 먼저 기반을 다져야하고, 그 기초위에 기둥을 세우고
지붕을 얹는 것이다. 기둥이 없는데 어떻게 지붕을 세울 수 있을 것이고,
기초를 다지지 않았는데 어찌 기둥을 세울 수 있겠는가? 필자의 집필 의도
는 기존의 노자 [도덕경] 해석이 잘못되었기 때문에 새로이 하겠다는 것이
라기보다, 수천 년 동안 지속되어온 연구를 바탕으로 새로운 각도에서 재
조명하겠다는 것이다. 이에 행여나 틀린 부분이 있다면 諸(제) 학자들의 아
낌없는 질책을 바라고, 나아가 감히 본 저서가 노자의 [도덕경] 연구에 있
어 하나의 이정표로 남을 수 있기를 희망한다. 끝으로, 북경대학 재학시절
학문의 길을 이끌어주신 석사지도교수 費振剛(Fei, zhen-gang)선생님과 박사
지도교수이신 故 褚斌杰(Chu, bin-jie)선생님께 깊은 존경과 감사의 뜻을 전
하는 바이다.

ㅊ

ㅌ

ㅍ

ㅎ

정치이념으로 본 도덕경

노자의 재구성

초판 1쇄 발행일 2012년 3월 31일

지은이 안성재
펴낸이 박영희
편집 이은혜 · 김미선 · 신지항
책임편집 김혜정
인쇄 · 제본 AP프린팅
펴낸곳 도서출판 어문학사
서울특별시 도봉구 쌍문동 523-21 나너울 카운티 1층 132-891
전화: 02-998-0094 / 편집부1: 02-998-2267, 편집부2: 02-998-2269
홈페이지: www.amhbook.com
트위터: @with_amhbook
블로그: 네이버 http://blog.naver.com/amhbook
다음 http://blog.daum.net/amhbook
e-mail: am@amhbook.com
등록: 2004년 4월 6일 제7-276호

ISBN 978-89-6184-263-1 93150
정가 26,000원

이 도서의 국립중앙도서관 출판시도서목록(CIP)은 e-CIP홈페이지(http://www.nl.go.kr/ecip)와
국가자료공동목록시스템(http://www.nl.go.kr/kolisnet)에서 이용하실 수 있습니다.
(CIP제어번호: CIP2012001202)

※잘못 만들어진 책은 교환해 드립니다.